中國社會科學院創新工程學術出版資助項目

「「清儒學案」曹氏書札」整理

李立民⊙整理

中國社會科學出版社

圖書在版編目(CIP)數據

《〈清儒學案〉曹氏書札》整理/李立民整理.—北京：中國社會科學
出版社，2016.9
ISBN 978 - 7 - 5161 - 7893 - 5

Ⅰ.①清… Ⅱ.①李… Ⅲ.①學術思想—思想史—
中國—清代 Ⅳ.①B249.05

中國版本圖書館 CIP 數據核字(2016)第 063160 號

出 版 人 趙劍英
責任編輯 羅 莉
責任校對 李 林
責任印製 戴 寬

出 版 中國社會科學出版社
社 址 北京鼓樓西大街甲 158 號
郵 編 100720
網 址 http://www.csspw.cn
發 行 部 010 - 84083685
門 市 部 010 - 84029450
經 銷 新華書店及其他書店

印 刷 北京明恒達印務有限公司
裝 訂 廊坊市廣陽區廣增裝訂廠
版 次 2016 年 9 月第 1 版
印 次 2016 年 9 月第 1 次印刷

開 本 710×1000 1/16
印 張 26.75
插 頁 2
字 數 445 千字
定 價 96.00 元

序

　　欣悉李立民博士整理之《〈清儒學案〉曹氏書札》，經專家嚴格評審，業已納入中國社會科學院創新工程出版資助項目，行將送請中國社會科學出版社出版，謹致祝賀。

　　二十世紀八十年代初，在國家博物館的前身中國歷史博物館參加座談會，有幸拜謁史學界老前輩傅振倫、史樹青二位先生。承二老不棄，多賜教誨。後來，傅先生以論究地方志問題專著相贈，我有關地方志的若干知識，就是向傅先生學到的。史先生得知我當時正在讀《清儒學案》，還召我至先生東城寓所，出示所藏之《〈清儒學案〉曹氏書札》。時間過得真快，轉瞬間三十餘年過去。二〇一四年初，歷史所幾位年輕同事來寒舍探望，告我《〈清儒學案〉曹氏書札》已由線裝書局出版。兩週後，承梁仁志博士受累，由近代史所圖書館將書札影印件三大冊送來。我用了三天時間，將此一書札瀏覽一過，當年的諸多疑問，頓時釋然，不禁為之大快。惟書札出版未經精心校勘，故而編排順序前後倒置，失誤尚多，是為美中不足。立民博士早先從治目錄學起步，勤奮好學，獲悉此一情況，遂精心比勘，暗自用功。未及一年，《〈清儒學案〉曹氏書札》整理本初成，元元本本，先後秩然。得見立民博士此一創獲，喜出望外，再三叮囑進一步做好校勘工作，爭取早日公諸同好。

　　據知，近年北京大學沙志利博士亦在潛心整理《〈清儒學案〉曹氏書札》，且有可喜階段性成果問世。同樣一部文獻，志利、立民兩位博士分頭用力，各自出版，這大概就叫做一致百慮，殊途同歸。以一人之辛勤勞作，而省去眾多學人檢核之功夫，從而共同促進學術事業，這不正是吾國學人數千年一脈相承的好傳統嗎？謹向立民、志利二位博士致以崇高敬意。

陳祖武　謹識

二〇一六年三月二日

目　录

整理前言

一九二八年，徐世昌召集往日同仁，倡議纂修《清儒學案》。時世昌蟄居天津，故委託其門人曹秉章在北京曹氏家中設立修書處。諸同仁每周五相聚，商討編修事宜及彙報各自進展。會後，曹秉章將其大要修書一通，並附已潤色《學案》稿數篇，一同寄往天津。徐世昌閱後，凡有商榷者，隨手批閱，復寄回京。如此往還《書札》，凡四百餘通，在修書的近十年間未嘗中斷，是為《〈清儒學案〉曹氏書札》。

這些《書札》對於考察《清儒學案》的纂修經過，深入挖掘其纂修思想具有重要的文獻價值。然而，《曹氏書札》並未公諸於世，一些致力於《清儒學案》研究的前輩學者未及得見。上世紀九十年代初，中國社科院學部委員陳祖武先生嘗於史樹青先生處得見《書札》概貌，但此後這批《書札》便再無人問津。直至二〇〇七年，線裝書局方將其影印付梓，然而由於素未精心整理，故而尚存有諸多問題亟待解決。

其一，《書札》原稿在編排時多有混亂，而已出版的《書札》並未重新按年代順序編排，致使多數相鄰的書札在內容上各不相屬。儘管大部分的書札末署有月、日，卻未署系於何年。加之所署之月、日，有按陽曆者，有按陰曆者；甚至有原本是同一書札內容的數紙，卻被錯置在不同書札之間，更使之頭緒紛繁。因此，只有在通讀全部《書札》的基礎上，重新以時間先後將之排序，才能確切地梳理《清儒學案》各案的纂修分工，總結其在不同階段中的纂修特點及其利弊得失等等，以填補《清儒學案》目前研究的不足。

其二，這些《書札》內容十分豐富，還涉及了參修諸公的生活片段，特別是他們之間的走訪與雅集等社會交往活動。只有將這些《書札》重新按時間先後順序編排，才能從整體上勾連出《清儒學案》纂修的學術環境，揭示諸公的纂修經歷與心態，從而有助於對《清儒學案》客觀的評價。

其三，徐世昌在每封書札上以草書形式所批閱的內容，對《清儒學案》的研究也十分重要，而目前學術界尚未對其內容作充分的研究。由於線裝書局是影印出版的原稿，故首先需要對其內容作進一步的識讀。

有鑒於此，筆者對《〈清儒學案〉曹氏書札》的整理包括以下幾個主要方面：其一，將四百餘通《書札》重新按時間先後順序編排。其二，對《書札》中徐世昌的草書批語進行識讀。其三，對《書札》中所涉及的重要人物，注釋其生平；對《書札》中記載的當時未能搜訪到的文獻，今據《中國古籍總目》等相關目錄書籍，加以注釋，略述其流藏概況。其四，為與原稿保持一致，凡文中所出現的異體字、通假字等，均不作統一處理；有些書名的省略，亦依原稿。希望此次整理，能對《清儒學案》相關問題研究的深入有所裨益。

《書札》在整理過程中，得到了陳祖武先生的幫助與鼓勵。陳先生對《清儒學案》研究甚深，百忙之中，助我識讀徐世昌的草書批語，使我不能識別的文字迎刃而解；在整理初稿完成後，又提出了諸多中肯建議，讓我獲益匪淺。先生提攜後學之誠意，令我難忘。另外，還曾與朱曦林師弟互相探討《書札》排序得失，也收獲良多。歷史所袁立澤先生、林存陽先生、楊艷秋先生、梁仁志先生，也撥冗答疑，中國社會科學出版社羅莉女士也為《書札》的編校付出甚多，於此一並致謝。但由於筆者能力所限，其中不足之處，祈望方家裁察賜教。

李立民

二〇一六年八月

民國十八年己巳(1929)①

夫子大人鈞座：

敬稟者，茲呈上閏枝②草出《亭林學案》兩冊，曼仙③草出《習齋學案》兩冊，叔進④草出《船山學案》一冊（此稿閏枝尚未細閱）【徐批：各《學案》冊隨後閱過，再寄回】，書衡⑤補選《閨秀詩》兩冊【徐批：《閨秀詩》二巨冊，閱過寄回，請查入】，附《姓名單》一紙，又書衡陳答上次批諭各語一紙【徐批：已讀過】，叔進寫來《詩匯》封面及簽字四紙（封面字似以筆畫稍粗者為佳），均祈鑒定，批示寄下。此肅，恭叩福安。受業曹秉章謹稟。【徐批：封面擇出一紙寄回，即察入發刻。《道士》又添入者，何時寄閱?】

民國十八年己巳(1929)三月二十日⑥

夫子大人鈞座：

敬稟者，茲呈上補選《道士詩》一冊【徐批：前已閱過寄回矣】，叔

---

① 本書札 2007 年曾在線裝書局影印出版，收入《名家書札墨跡》第 11 冊至 13 冊。本次整理，為與其相參照，每札在頁下注中皆有標號。本札在《名家書札墨跡》中為第 13 冊，第 267 頁，即標為 13:267，以下皆同。

② 夏孫桐（1857—1941），字閏枝，晚號閏庵，江蘇江陰人。據過溪《清儒學案纂輯記略》曰："開始擬具編纂方案，商榷體例案名，然後各人分擔功課，由夏氏持其總。"於《學案》纂修貢獻最大。

③ 章華（1872—1930），字曼仙，湖南長沙人，光緒二十一年（1895）進士，授庶吉士，散館改工部主事。徐世昌任總統時，曼仙任政事堂僉事、國務院僉事。曼仙去世時，所成《學案稿》不多，未成者多由沈兆奎續編。

④ 鄭沅（1866—?），字叔進，湖南長沙人，光緒二十一年（1895）進士。民國元年，任大總統秘書。及袁世凱稱帝，引疾而辭。南京國民政府成立後，任農礦部秘書。嘗纂《中國學報》，論鄭玄學雜讖緯。接踵其父業而成《獨笑齋金石題跋》。叔進在上海，亦參與《學案》早期之纂修。惟難於求書，故所編之案，多為簡略。章華去世後，亦請辭。

⑤ 王式通（1864—1931），字志庵，號書衡，山西汾陽人。在《學案》纂修初期，與夏閏枝共同承擔《學案》稿件的審閱工作，深為閏枝推許。

⑥ 12:99。

進寄來二彭、汪、羅《學案稿》一冊，閩枝來《二曲學案稿》一冊，葆之①來《高郵學案稿》二冊，曼仙來補錄《習齋交游稿》一冊、《恕谷學案稿》一冊【徐批：各《學案》均閱過寄回，即察入】，又敬宜②來校勘《政書》錯誤單一件【徐批：《政書》③ 初印無多，俟修改後再印】，伏乞詧鑒。恭叩福安，餘容續稟。受業曹秉章謹稟。三月二十日。

【徐批：《詩匯》已刻成若干？尚有若干未繕寫？請晤沅叔④催促，以期早日竣工。】

錢孫⑤刻又寄來《楊園學案》一冊，俟閩枝閱後，再行寄鑒。⑥【徐批：所有《學案》均請閩兄核定，須一律後，再寄來津為囑。】

民國十八年己巳(1929)四月初一日⑦

夫子大人鈞座：

敬稟者，上次諭飭將前擬《〈學案〉編輯概略》另鈔一分寄呈，以備參核，日前封寄《學案稿》及補選《道士詩》，忘記一併包入，茲特另封郵呈，伏乞鑒督。【徐批：已寄到。】恭叩福安。受業曹秉章謹稟。四月

---

①　閔爾昌（1872—1948），字葆之，江蘇江都人。任《清儒學案》總校，始終參與了《學案》的纂修、校勘工作。

②　徐鼐霖（1865—1940），永吉尚禮人，原名立坤，字敬宜，又作敬一。民國八年，任吉林省長。擅詩文，工書法。著有《徐鼐霖集》。

③　文中所稱“政書”，即《退耕堂政書》。據《徐世昌年譜》載，《退耕堂政書》刻成於民國十七年（1928）八月（《近代史資料》總70號，第50頁）。此處據“徐批”，則其初刻成後，又加校勘修訂。

④　傅增湘（1872—1950），四川江安人，字淑和，號沅叔，晚號藏園居士。清光緒二十四年（1898）進士，庶吉士散館後，授編修。民國年間，曾任教育總長、故宮圖書館館長等職。主要承擔了《清儒學案》求書、刊印、校勘等事宜。

⑤　金兆蕃（1868—1950），字錢孫，浙江嘉興人，光緒十九年舉人。其參與《學案》早期之纂修，因寓居上海，搜書不便，又因病纏身，故辭其事。今《學案》中算學諸家，多出其手。據《中國古籍總目》史部載，上海圖書館藏有《清儒學案存稿》不分卷，或即其遺稿。

⑥　是札後所接12：100，其內容中有沈羹梅參與《學案》事，實則沈羹梅在1931年方參與《學案》之纂修，故疑其錯亂。

⑦　13：277。

初一日。【徐批：各冊中均有加簽。外書六冊。】

《概略》初擬成時，閏枝曾云此種編輯辦法，事前約略懸擬，**斷難合式**。因同人於此事皆非素習，必須辦出數案，或以援引煩難，或以體段參差，從困難苦思中生出意見，然後可以商量邃密，從容脩①正，漸歸一致。即鈞座一稿未見，驟然閱此，亦恐茫無頭緒也。

日前星期五，諸同人來會，閏枝發言曰："我辦此數月，至今日始知前擬之《編輯概略》不能處處適用矣。當時擬此《概略》，大半皆以宋元、明各儒《學案》成書為準，率以其書中於本人案後分門太多，有家學，有門人，有弟子，有再傳弟子，有同學，有從游，有私淑，過於繁瑣。今作《學案》，求書甚難，若分門過多，徵引過詳，轉恐挂一漏萬，因將'同學'、'從游'二者，一概列於友朋中，名為'交游'，自謂可以賅括矣。乃近作《陸桴亭案》，見陳確菴與之實係幼小時即同塾讀書，既長，同行講學，後乃同列'嘉定四先生'之中，斷非尋常交游可比，非名為同學不可，故《桴亭案》中必須加'同學'一門也。② 此外各案，應否加此一門，須隨時留心考查，斟酌為之，以免貽笑於人。此一層辦法，亦須加入《概略》之中也。"

日前，鈞座發還之亭林、習齋、船山各《學案稿》，其中批示各語，諸同人傳讀，均云觀此可見鈞座從前寂居宣南十有餘年，闇然無聞，其立志之宏、講學之精、閱書之多、有斷非當時卿士所能望其項背者，真堪傾服。傳觀後，閏枝先帶去細看矣。

至曼仙所錄習齋文中言韓侂胄、王安石二事，當曼仙交稿來時，閏枝閱之，卻〔確〕有"錄此似不甚妥"之言。迨讀批示之語，遂拍手曰："是極是極！我當時雖覺懷疑，祇是說不出道理來。"今當俟其細看交還後，再交曼仙酌量脩正也。

若習齋弟子中惲皋聞、戴子高及某某者三人，曼仙已於第二次所呈補錄習齋弟子、交游中補入矣。戴子高是講訓詁者之大導師，僅見於此處，尚不足以盡見其學也。惟鍾林〔鋑〕者，曼仙云到處考查，苦不得其著作之名。各書中所敘述者，為習齋弟子，文中亦不言其學問著

① "脩"疑為"修"。書札中作者多處混用，特此說明。

② 今《桴亭學案》中未列"同學"一目。陳瑚（確庵）入"桴亭交游"中。

述，但言其侍習齋飲，有當筵對客舞刀之事，近於小說家言。再四籌思，未敢漫為引錄。【徐批：其藏書者，至今尚有存者，其後不肯出示。其著述多未刊行，可先查《顏李叢書》中有無，再行搜求。可託齊樹楷①等物色。】②

至叔進所作《船山學案》，闓枝本言其作太嫌單薄。惟船山著作極多，鈞座《書目》中有一部，詩社中亦有一部。叔進自有之書，凡大部頭皆已散棄殆盡，現在行篋中自亦不能多帶書籍。初到上海，人地生疏，借書亦不容易。章已作函問之，如手頭無《船山全書》，當在五條③及社中書內檢一部寄之也。【徐批：許多，搜求加入。】

敬宜日前交來于次棠遺書一部，囑為撰入《學案》。其書內為奏議、詩文_{詩已早為選入《詩匯》矣}、語錄、日記各種。其人係得詞林後，從倭文端講性命之學，自應附入倭文端弟子之列。《倭文端案》，查分功單內，分在叔進名下。北人著作，恐上海益難訪求。鈞座所藏《倭文端遺書》，不知在京在津【徐批：當在京寄】，請飭管書人查明，即行檢交章處，以便與于書同寄叔進。

《文選樓叢書》究竟在京在津？日前葆之來，章將《彙刊書目》④目錄翻出，令其閱看。據伊先開出應用者四種，章已開單向五條查取矣。前日曾又開寄鐵林⑤，亦請飭管書人一查。如在津，即將單開各種檢出，與前書一同寄下。

前呈敬宜所開校勘《政書》訛誤各條，章簽註各語（闕）

---

① 齊樹楷（1869—1953），自號㘷齋，直隸蠡縣人。清光緒十九年（1893）舉人。曾留學日本。1921 年，任北京四存中學校長。

② 今《清儒學案》卷十一《習齋學案》"習齋弟子"中已錄有鍾氏著作六部。

③ "五條"，或指徐世昌在北京的居住地。據陳宗蕃《燕都叢考》云："前總統徐東海公宅在五條胡同。"徐世昌侄孫徐延沖先生在《徐世昌的北京故居——弢園》中亦云徐世昌故居在北京東四五條鐵營胡同三號。而今人馮小川編《北京名人故居》中則稱徐世昌故居位於東城區東四六條，今北京市 128 中學校址。

④ 此當為《彙刻書目》，清顧修編，初刻於嘉慶四年，後又有增補。該書是我國最早的一部叢書目錄，共收錄叢書凡二百七十餘種。

⑤ 朱寶仁，字鐵林，河南開封人。主要負責管理徐世昌在天津的藏書。在《學案》纂修期間，負責與在北京修書的諸公間的信札往來等事宜。

民國十八年己巳（1929）五月十五日[①]

夫子大人鈞座：

敬稟者，前月迭奉鈞諭各件，以月餘來病體濕熱大作，幾又有牽動風痺復發之勢，未能動筆肅復，至為悵惘。近日，胃仍呆滯，食物粘膩，舌苔黃黑厚膩，腑氣不通，胸際煩悶，有時口角微歪，亦復流涎。服丁醫藥燥濕之品太多，因請閩枝酌改服之。又經楊祗菴、傅治鄉介紹，從前銓敘局僉事徐思允來診，云濕熱及痰蓄滯中焦，仍須由養陰入手，加以降胃和氣，再擬治法。今日已服一帖，且看再過兩日如何。【徐批：久病須善調養，能常常行動否？】

頒給同人《歸雲樓集》各一部，均已當面交之。[②] 惟陶心如[③]一部尚未取去，因伊近來並不常至章處也。

鈞座近年所刻《詩集》之外，前聞心如云尚有《退耕堂硯譜》。當《詩集》未到時，章先奉得鈞函，並致送名單，當一一告之同人。一日，同人均在章處，適心如亦來，皆問其《硯譜》已刻成否，伊云亦早刻成矣。同人因而復思得《硯譜》一部，屬章再為陳請。刻下如尚有存者，可否再各寄下一部，伏乞鈞示。【徐批：尚未做套，久存箱篋，容再檢查尚有若干。】

《道士詩》已奉到。此詩本由籛孫補選，亦即由伊雇人抄寫。書衡雖看過兩次，於字之訛奪處，實未留心，誤字仍所不免。釋智水詩【徐批：名了亮】，前年曾交叔進，現查實未入選。【徐批：曾寫有"節略"寄去，須補入。】

《凡例》、《序文》，據書衡云，內中均有"選得若干人，詩若干首"

---

①　13：71。

②　據賀培新輯《徐世昌年譜》卷下民國十八年己巳（1929）七十五歲條云："一月，校定《晚晴簃詩匯》樣本，酌定《序文》、《凡例》。審定《清儒學案概略》。輯近作詩為《歸云樓集》，至是刻成。"（《近代史資料》總第70號，第50頁）

③　陶洙（1878—1961），字心如，江蘇武進人。晚寓天津，藏書頗豐。《清儒學案》的刊刻事宜，多由其聯絡。

之句，必須俟全書編齊，將人數、詩數全數算出，填寫清楚，方可付刊也。

現在編出，擬即送沅叔發繕者，為《閨秀》《道士》《釋子》《屬國》四種，共十八卷。光緒朝詩，雖以書衡多所補選，實已早交沅叔，故文楷齋亦多寫出，且已有校正發刻者。【徐批：據此是已編齊矣，即請其速繕，速刻，速校。】

至鈞諭云《詩匯》刻成者尚不甚多，不知均隨時校正否，章處校對之件，無論寫本、刻本，均隨到隨校，一經校出，即令文楷齋來取去。心如每到章處，必云校件以章處為最細最速，不知其是否出諸面譽，我師日後見沅叔時一問，自可畧知情形也。若刻本中有訛錯，至不可思議者，係寫本校過，發交修改，而寫手改後，^{修改時往往有應改此字而誤改彼字者}忘記再送章處校勘，即行付刻所致。此一層，與心如亦曾談及。至校書之難，一在記憶力之健，一在隨時考核之勤。故每有一字，平日只知如此寫，見筆畫稍異者，即以為訛。及一翻字書或韻書，而誤者不誤，不誤者反誤矣。所以此事萬不敢潦草也。

賈先生[①]記憶力既強，腹笥又富，凡所校論，同人皆極傾佩。而前次交來各卷中，子細考核之，亦稍有不符之處。如三十七卷內"袚襫"之"襫"，應作"示"旁，不作"衣"旁；"眉憮"二字不誤，《漢書》"京兆眉憮"，"憮"在七麌韻。三十九卷內"葛宜南有"之"有"字，不衍，葛宜號南有。四十一卷內"蒸嘗"之"蒸"，與"烝"通，《爾雅》"冬祭曰蒸"，似不必改"蒸"為"烝"。四十六卷內"猺糠"之"猺"，不必改作"餢"，《漢書》"猺糠及米"，是"猺"本作犬旁。五十卷內"鸞鳳爭翔騫"之"騫"，係押"先"韻，似非"騫"字之誤。六十三卷內"實活我士"之"士"，係押"紙"韻，似非"土"字之誤。五十四卷內"擁腫材"之"擁"，似不必改作"臃"，《莊子》"其大本擁腫"，是"擁"亦作手旁也。【徐批：刻書古不必改，即以近時字體號為館閣體，余曾屢見改者轉誤矣。】校書祇要能字無俗體，而皆有來歷，亦可云細到矣。至若何始可稱為精本，則誠不敢言也。

今日許鴻順來，云鐵林明日可到平。不盡之言，當再詳告轉陳。病甚

① 據《徐世昌年譜》民國十九年庚午（1930）七十六歲條載："是歲邸中延賈君玉先生延琳，授一佺兩孫讀。"

不能多書，口述亦頗費力。祗此，恭請福安。受業曹秉章謹稟。五月十五日。

【徐批：黎喆園選本詩、陳氏一門選本詩，如寫出，即寄來。《學案》諸君近日編輯如何？天漸炎熱，日日握管伏案，亦甚苦也！】

民國十八年己巳(1929)[①]

張文襄《思舊集》，秉章約略記得前年高澤畬曾以一本呈，由鈞座發下，是抄本，抑是紅印樣本，卻記不得矣。當時即交書衡閱選，選後仍將原本呈繳鈞座。至其中皆係誰何，刻更無從記憶矣，即亦無從查考。昨日問之書衡，據云凡文襄所錄之人，實已入選，無一遺漏，李羲鈞詩即在其內。尹會一、尹嘉銓父子之詩，均已選過矣。

上次發下之《詩匯》紅印樣本數冊中，有頁之次序顛倒者，此實裝訂工人之疏忽。其責任全在經管此事者之隨時認真叮囑，訂好後將呈鈞座閱看再子細檢閱一遍，有錯誤處，隨即退回另裝，自無此等毛病矣。此數冊，章處實先未見過。迨奉到發下之本，又越數日，文楷齋又送來校看。問其裝訂如此草率，何以遂呈總統？據云，聞得總統催得甚緊，故趕緊趕出數本，交由陶九爺送去。章當即切戒其下次千萬留神，至裝訂全書時，尤需格外留神。嗣即告知心如，囑其子隨時子細督察。現在刻出之本，已送章處，經汪伯雲與家叔[②]校過者共一百十六卷。未刻之寫本，已多日不送來。昨又由電嚴催，並問心如去矣。

《詩匯》九十五卷中有海鹽陳寶摩石麟詩，賈先生以其原集名《小信天巢詩鈔》，又以《詩話》中有"寶摩系出宋菊磵居士九萬翁[③]，署所居曰小信天巢"之語，簽批："石麟當姓高，何以作姓陳，殊不可解，疑'陳'乃'高'之訛"云云。章按：海鹽陳氏，系出宋武烈王高瓊。其裔

---

① 12：157。因本札有沅叔重陽赴日本云云，則定為八月末九月初。

② "家叔"即曹葆宸君儒。汪、曹二人不僅擔任了《晚晴簃詩匯》的校勘工作，而且也參與了《清儒學案》的相關編輯。據慧遠《〈清儒學案〉編纂經過記略》曰："另有助理鈔寫，汪惟韶伯雲、曹葆宸君儒，開始擬具編纂方案，商酌案名體例，然後分別佀任功課。"

③ 高翥（1170—1240），南宋詩人，字九萬，號菊磵，余姚人。

孫有高諒，贅於陳氏，其子遂承母姓為陳。厥後，子孫繁衍，竟成大族。故陳、高二氏至今不結婚姻，亦有以陳、高二字為雙姓者。此種雙姓，未曾見諸史冊者，江浙等處往往有之，無足怪也。又問之朱小汀，^{小汀亦海鹽人，故問之}據云海鹽陳氏，皆由海甯分支，往往有父入甯庠，子入鹽庠者，兩邑互試，無從分晰，故海甯陳氏鄉、會試硃卷履歷中，亦列入寶摩兄弟輩諸人也。又聞書衡云，清初海甯陳之遴，亦信天翁之裔也。賈先生校書之精細，真可佩服。惟遇有疑誤之字，欲即得證據而改正之，亦甚不易。若此陳、高兩姓，非浙西人不得而知，非有小汀之同為海鹽人素常研討鄉邑掌故者，尤不能知之如此之確切也。

《學案》鈔寫有不一律處，因係各人自覓鈔手者，多並由各人自校，不盡由章處發交一兩人專鈔之故。將來鈔正本時，自當細心校正。登載之文，有接寫者，有不接寫者，曾亦問過閨、書二君。據云：接寫者，係必須登載、一無疑問之作；不接寫者，係恐將來編卷時或嫌卷帙太多，有須刪去者，或更有須抽換之處，故為留一地步。

新刻邵位西《半巖［廬］遺文》，①位西先生之孫邵章所搜輯，^{邵章即叔芸之親家}閨、書諸人皆有之。書衡作此案時，所應登載之件，皆由邵章鈔送與伊也。

章實齋之書，從前皆係零星單行本。近年，劉翰怡②始搜輯完全彙刻之，名曰《章氏遺書》，書衡有之。③鈞座如要此書，可囑書衡作函致翰怡，向其索一部也。【徐批：此處有此書。】

周篛谷先生④所著書，皆無刻本。惟其文稿及所著之《正名》兩稿，

---

① 是編又曰《半巖廬遺集》。邵懿辰（1810—1861），字位西，仁和人。邵章（1872—1953），字伯絅，懿辰之長孫。據胡玉縉《許廎經籍題跋》卷四集部《半巖廬遺集》條曰："是集凡文三十七首、詩九十二首。光緒戊申，其孫章所刊，視吳氏望三益齋、潘氏滂熹齋本較為完備。"（《續四庫提要三種》，第731頁）

② 劉承幹（1881—1963），字貞一，號翰怡，浙江南潯鎮人。家富藏書，建有嘉業堂藏書樓，被譽為民國第一藏書家。

③ 學誠著述原稿，臨終時曾交與王宗炎整理。然學誠次子章綬以王氏所編，多有未善，又經劉子敬等君整理，錄副八冊。王氏編本後為沈曾植所藏。據謝國楨《續修四庫全書總目提要·叢書部》曰："劉承幹憙刊群書，乃借沈藏王本，復據舊鈔本重校勘，成《章氏遺書》三十卷、《外編》十八卷，並附校刊記於後。書刊成後，又獲《歷代紀年經緯考》、《歷代紀元韻覽》二書，用為是書之《補遺》。章氏著述，始有善本矣。"（第614頁）

④ 周震榮（1730—1792），字青在，號篛谷，浙江嘉善人，乾隆十七年舉人。今《清儒學案》卷九十六《實齋學案》中附載其傳。

前年沈羹梅①在書肆中見之，索價極昂，力不能買，而愛其書，借之而
歸。以不知嘉善周某為誰，持以示章，章與羹梅、季湘三人遂每人鈔留一
部。章初以為，文人畢世精神所寄，必非時代所能湮沒，二百年展轉飄
零，以入於秉章之手，竊意冥漠之中，有不忘付託之意。斯時，我師編輯
《學案》之事尚未發端也。迨去年奉諭編輯《學案》②，始知鬼神具有前
知，殆欲附登《學案》，以垂不朽之業乎？興思及此，為之悚然。因以其
書示之同人，僉曰可登。書衡以其與章實齋交情最厚，相處最久，實齋文
中亦盛稱之，遂取以附實齋之後。天壤茫茫，三百年來，似此而湮沒無
聞、書籍亦不可蹤跡者，豈可數乎？凡此之類，諸同人前已擬有辦法，書
在《編輯概略》之後，載繹鈞諭所謂"或存其名，或存其事實，或著其
書名，以俟後人之考究。多盡一分心，自少一分遺漏"等語，自當遵照
辦理。

《曾文正學案》，分在曼仙名下，刻下尚未動手。《曾文正案》中所應
附屬之人實多，一時搜羅考查，正難齊備。若黃子壽、張廉卿、吳摯甫及
史康侯之尊人，前議皆列文正附案中。吳之下又須附賀松坡、趙湘帆兩
人，附案中再有附案，實嫌拖沓。似祇好於吳之案後加一按語，云吳之弟
子中有賀某，賀再傳而有趙某，以存其名。【徐批：文正之案，南方之人
尚甚多，皆須搜求，不可遺漏，亦不嫌其多。】但一登賀、趙兩人，與上
次鈞批"以宣統三年為斷"一語，不甚相符合。不作正案，或亦無妨乎？
當與諸君細商之。【徐批：桐城學派，為有清特起者，故須詳其源流。另
書一紙，請酌。】

叔進又寄來鄭子尹、孫芝房兩案，徵引極為單薄，蓋伊求書甚難也。
秉章竊謂鄭子尹似應與莫氏父子同列，孫芝房則係《曾文正案》中附屬

---

① 沈兆奎（1885—1955），字無夢，號羹梅，江蘇吳江人。沈家本從子。喜文史，收藏甚
富。著有《無夢庵遺稿》《江西青雲譜志》等書。《學案》纂修末期，夏孫桐辭去纂修工作後，
《學案》的纂修則主要由沈兆奎、朱彭壽二君擔負。
② 據陳祖武先生云："民國十七年，徐世昌復網羅舊日詞臣友好，倡議纂修《清儒學案》。
九月，初擬《清儒學案目錄》，時年七十四歲。從此，他的晚年精力，則多在《清儒學案》纂修
之中。"（《清儒學案·點校說明》，第 2 頁）據此，《清儒學案》之纂修當始於 1928 年。是札稱
"去年奉諭編輯《學案》"云云，由此推測，則是札當為 1929 年。

人才。①【徐批：請閱兄再為徵引。】

　　書衡每云，凡大案中，附見之人宜多，即葆之所作阮文達、高郵父子三案，皆嫌附見之人太少。即後來之俞曲園，亦是高郵附案中人物。蓋曲園卅六歲罷官後，始治經學，其詩中曾有句說明，係私淑高郵也。

　　心如交來《詩匯》紅樣本十六卷，計八冊，屬為轉呈，祈督閱。惟此樣本仍未先交章處校過，其來信云"別有草樣一分，已另飭送交"之語，章處並未送到也。原信並以附上。【徐批：已交君玉校矣。】

　　曼仙所作之《習齋學案稿》，前呈由鈞座批回後，經閏枝遵照批示，詳加修正。【徐批：用閏兄潤色之本，原稿留存備查。】茲伊交來繕清本及原稿各一冊，又葆之所作《儀徵學案稿》及《附案稿》各一冊，閏枝亦均閱過，特一併寄呈督核，仍請批示。【徐批：閏兄本內亦加簽數紙，請閱酌辦。】

　　《夏峯全書》，不知在津在平。如在津，即祈飭檢寄下，以便送交閏枝閱看。【徐批：四存學校有一部，可索觀，即囑鐵林函告齊校長送交也。】

　　鈞座前為錢孫所書之聯，當即寄南，伊已收到，屬章代為陳謝。惟云賜撰聯句上下兩語，均非所敢承耳。

　　沅叔於重陽動身赴日本，據云由津浦車迳赴上海，附輪放洋，在津無耽擱，不趨叩師門矣。

　　章近時藥雖未斷，而內熱猶盛，稍一看字寫字，即覺腦筋與眼珠皆痛。惟胃納稍鬆，近日可吃［喫］小饅頭一枚半。此外無可告慰。【徐批：內熱是否服藥太多，或有熱藥。】

　　賈先生前屬轉託叔進為題書冊各簽，茲已寫好寄來，務求飭交。

　　【徐批：詩社諸友人前後共若干人，請詳查，另置一冊，錄其姓名、字、籍貫，以免遺忘。俟暇時，再選其所著詩，或編一《晚晴簃選詩人姓名錄》，每人作一簡明小傳，亦甚可觀。為詩社中留一佳話，必傳之作也。執事以為何如？】

---

　　① 鄭珍（1806—1864），字子尹，貴州遵義人。今《清儒學案》卷一百六十九鄭珍《巢經學案》中，附入莫友芝。孫鼎臣（1819—1859），字子餘，號芝房，湖南善化人。其附入"湘鄉交游"中。

民國十八年己巳（1929）九月十六日^①

夫子大人鈞座：

　　敬稟者，數奉諭言，並為錢孫書聯，當已寄去；暨閱後發下之《學案稿》中有批示數箋，遵即傳示同人。嗣又奉到發下宜陽趙金鑑《飄滄詩稿》一冊，遵交書衡補選，刻已選出，應將原書奉繳。【徐批：均收到。】原書內夾有隴西劉書圃詩，前已選過，仍夾書中附呈。鈞座又問劉笠先生詩選幾首，並飭將《小傳》《詩話》抄上。另紙附請鑒督。又附上晚晴信箋白紙與毛邊紙各四束。【徐批：均收到。】所有應行稟陳之語，另行條列別箋，伏乞垂鑒。恭叩福安。受業曹秉章謹稟。九月十六日。【徐批：外另有書答二紙。清恙冬令易於調養，一冬留意，不可受涼，春令必可見好也。《習齋案》初稿本內，鄙見中閏兄所注，均已拜讀，甚有見地。此次定稿冊內，亦有鄙注，仍請酌定。】

民國十八年己巳（1929）九月十七日^②

夫子大人鈞座：

　　敬稟者，前上一稟，暨《學案稿》五冊，並託鐵林各語，想已一一達到矣。重陽大雪，繼以大風，陡作嚴寒。秋行冬令，不可謂非變象也。聞沽上無雪而亦寒，甚緬。【徐批：有微雪。】維福躬康勝，興衞綏宜，至頌至頌。章素體畏寒，已著羊裘。雖尚瑟縮不堪，而又不敢昇火，室中

---

　　① 11：330。是札之所以確定為 1929 年，有如下原因：其一，是札稱“數奉諭言，並為錢孫書聯，當已寄去”，與上札 12：157“鈞座前為錢孫所書之聯，當即寄南，伊已收到”有相符合處。其二，徐批中“《習齋案》初稿本內，鄙見中閏兄所注，均已拜讀，甚有見地”，亦與上札“曼仙所作之《習齋學案稿》，前呈由鈞座批回後”，有連屬處。其三，趙金鑑《飄滄詩稿》即 1929 年刊印，故徐氏將此書發下，以補《詩匯》之闕略。另，是札後所接 11：331，疑有錯亂，別附於 1930 年後。

　　② 13：62。

偶有火氣，便覺頭脹也。【徐批：室中宜暖，不可受寒。】陳仲丈、季丈兩殘稿鈔出後，章細校兩徧，又託書衡子細斟酌一過。① 仲丈詩有實在無可脩飾者，又刪去四首，計留五十二首。季丈詩亦刪去兩首，計留六十三首。仲丈文九首，不再刪。茲特寄呈鈞鑒，仍求酌定，另鈔清本再付印。【徐批：收到。近閱《學案》，尚未及看。】其原鈔底本，俟大葫蘆來，當還之。又代擬序兩通，一併附上，並祈削政是叩。【徐批：收到。】專肅，恭請福安。受業曹秉章謹稟。九月十七日。【徐批：九月二十五日信先到，九月十七日信後到。】

再稟者，今日闓枝交來新編楊名時《凝齋學案》一冊，又增輯姚文田《秋農學案》一冊【徐批：此增輯本較周備，即用此本】，用併呈請鑒定。前交五條遇便帶呈之徐星伯、魏古微、張月齋、何願船、沈敦三等《學案》五冊，未知何日帶到，祈諭鐵林便中函知為叩。【徐批：早已看過寄回，想早收到矣。】秉章謹再稟。【徐批：楊、姚二冊，均閱過寄回，請察入。姚長於《說文》，加入甚好。】

民國十八年己巳(1929)九月二十五②

夫子大人鈞座：

敬稟者，日前寄呈姚文田《秋農學案稿》、楊名時《凝齋學案稿》各一冊，仲英丈詩、文殘稿各一冊，季房丈詩殘稿一冊，附代擬序文稿兩通，計應登鑒矣。【徐批：均閱過寄回。近閱《學案》，尚未及校。】今日由五條取來手諭一函，並閱後發回徐松、魏源、張穆、何秋濤、沈垚等五人《學案稿》各一冊。茲再呈上闓枝新校出書衡所編黃式三《儆居學案稿》兩冊，請賜鑒定【徐批：均閱過寄回】；又呈繳邵位西《尚書傳授同異考》一本，河南新刻《中州先哲傳》九本，並祈督收。【徐批：收到。】所有應行稟陳之語，仍條列於後，統希垂鑒。專肅，恭叩福安。受業曹秉

---

① 陳仲丈，即陳文騄（1840—1904），字仲英，湖南祁陽人，同治十三年進士，授編修，著有《養福齋殘稿》；陳季丈，即陳文騉，字季舫，著有《漱潤廬殘稿》。兩書有天津徐世昌退耕堂民國十九年（1930年）鉛印本，今為國家圖書館所藏。

② 13：58。

章謹稟。九月二十五日。

　　邵位西之書，闓枝、書衡處皆有之，且位西《半巖學案》，書衡已早編出，此書現無用處。①

　　《中州先哲傳》，去年鈞座曾發下鈔本《中州遺獻錄》兩函，似即是《先哲傳》之底本，早已交闓枝處矣。今刻本裝九冊，冊首無序，亦無目錄，不知李敏修②究已刻完否？【徐批：尚未刻完。】且書中各傳類次，獨缺《儒林》一門，不知何故。【徐批：尚未刻好。】日昨以示闓枝，伊云有《遺獻錄》在，此書亦可繳還矣。

　　《顏氏學記》，未見過，鈞座既有此書，請即寄下。【徐批：已寄去。】

　　今年寒早，秉章已著羊裘，煤鑪尚未升也。八月節後，胃口漸好，兩餐皆喫米飯。近日白菜已甚佳，且有凍豆腐，以豬肉油煮之極爛，以之侑食，殊覺腴美。夜眠雖仍須寅刻以後方能成睡，睡至巳、午方起，故精神亦甚好也。惟大溲每日一次【徐批：應是一次方好】，已年餘矣，近數日忽又不能應時，恐腸胃又有熱耳。仰承垂問，謹以附陳。【徐批：天漸嚴寒，飲食起居須格外留意。一冬保衛合宜，春暖便更強健也。】

　　敬宜今年甚見憔悴，時常有病。近患脾泄，闓枝令其服於朮，云甚見效也。【徐批：請代為問候。】

　　【徐批：《黃氏學案》二冊，閱過寄回，請察入。上次二本，又姚初纂不用稿一本，③ 均寄回，請查收。】

民國十八年己巳（1929）十月十一日④

夫子大人鈞座：

　　敬稟者，許鴻順來，帶到閱後發下《學案稿》四冊，內有批示各語，

---

　　①　今邵懿辰入《清儒學案》卷二〇四《諸儒學案》中。

　　② 　李時燦（1866—1943），字敏修，河南衛輝府人。清光緒十八年進士，授刑部主事。民國後，曾任河南教育司司長、清史館協修、中州文獻徵集處總編輯。於鄉邦文獻的整理，貢獻頗多。今《中州先哲傳》，有民國二十四年（1935）刻本傳世。

　　③　姚，指姚文田，《秋農學案》經夏闓枝增輯，故其初稿本不用。參見上札 13：62（民國十八年九月十七日）。

　　④　11：158。

遵即傳示同人，同深傾服之至。【徐批：沅叔何時可歸來？】魏柏鄉分在葆之名下，尚未動手。閏枝即儗作《夏峯學案》，所需之書，尚未據性存交到，祈再催之。（今日陳愷來，說已交在伊處矣，明日即令馬英峯往取。）【徐批：已送到，當已轉交。】《詩匯》最後交去之《閨秀》《方外》各種，再四催問，日前始據文楷齋送到《閨秀》寫樣一卷，可謂延玩之極矣。【徐批：仍請時時催促，如遲緩，年底必不可齊。】而《閨秀詩》，書衡尚欲有所增補，故章處校後，書衡即取去，再細行閱看也。章近日眠食尚好，天雖漸冷，而以熱重之故，仍不敢多著衣服。且仍不能看字寫字，稍一用心，眼珠、後腦即覺脹痛，眼中紅翳尚未退。刻下仍服許醫之藥，已入冬令，擬再遲數日，仍服大活絡丹。友人云，此藥須一起服四十丸，不能間斷。章前年僅服八九丸，頗覺有效，現嘯籠照張少軒處之方配制送人，章已向其索得，故欲再一試之也。【徐批：是濕熱是躁熱，須辨清楚，方好下藥。】敬一修族譜成①，屬章作序，並屬章代求鈞座賜一序文。如蒙允可，亦仍由章具草，呈請鑒定可也。【徐批：可，即請代作。】陳仲騫云，鈞座屬其夫人所畫六象，一范少伯，一張留侯，一諸葛武侯【徐批：陶宏景，非武鄉侯也】，一李鄴侯，一陳希夷，尚有一人伊忘之矣【徐批：邵康節】，亦屬章代請開示。專肅，恭叩福安。餘容再稟。受業曹秉章謹稟。十月十一日。【徐批：籛孫、叔進近又寄《學案》稿本來否？辦《學案》往還之函牘及批註各語，均請彙存。將來撰《凡例》時，或有可採取之處也。】

民國十八年己巳(1929)十一月十一日②

夫子大人鈞座：

　　敬稟者，日昨有鐵林寄到手諭兩箋，並蒙書賜觀化詩條幅一張，謹當付之裝池，藏為世寶。所有應行寄呈之件、包，送五條遇便帶上。一切稟

---

　　① 敬一，即傅韜霖，今國家圖書館藏有《吉林永吉徐氏宗譜》四卷，民國十八年（1929）刻本。

　　② 11：166。

陳之語，條列於後，仍候批示，祗遵。專肅，恭請福安。受業曹秉章謹稟。十一月十一日。

鈞座囑陳仲騫夫人所畫六象，伊以陶宏景《象稿》無處尋覓，僅畫得范少伯、張留侯、李鄴侯、陳希夷、邵康節五象，裝冊囑代寄呈，伏乞鑒存。【徐批：收到，其定價每人六圓，共三十圓，已囑鐵林遇便寄去。】伊並云，前在鈞處見有《高士象》刻本【徐批：有照片在鐵林處，無刻本】，擬請遇便寄書於章時，一併寄下，借伊一閱。

敬一《譜序》，章為鈞座代擬一通，伊已閱過，特畫格紙十張，囑連稿一併寄呈，叩求鈞座興到時，親筆為之一寫。《序文》本不甚長，如嫌字多，或有不妥處，伏乞削改後再寫。【徐批：近日看書，未及寫。隨後即寄去。】

刁蒙吉、吳元默兩人著作，便中可請即為寄下。【徐批：已寄去矣。】以刁係習齋交游中人，前作《習齋學案》已敘明，刁先生包下註云“別有某某學案”，是須另列專案矣，其書到後，再交闓枝酌辦。吳氏之案，尚未有人提及，書來後再作商量何如？

闓枝現正著手《夏峯學案》，《北學編》《洛學編》兩書甚為緊要，鈞座應有此書，祈即飭人檢出，速寄為禱。【徐批：已屬其送去矣。】

曼仙前作之《恕谷學案》，經鈞座批示後，闓枝現又復輯一案，呈請鑒定。【徐批：用此本。】又曼仙所作郭筠仙《養知學案》一冊，金錢孫新寄來《李穆堂學案》一冊，閔葆之所作《凌次仲學案》一冊，均經闓枝閱過，一共五冊，寄呈鈞鑒，俟奉到批示再定。惟李、郭、凌三人，作為專案能否站得住，將來或分別加入何人附案內，或敘於《諸儒學案》之中，尚須子細斟酌，方能妥當也。[1]【徐批：均閱過寄回，即察入。每冊中，另書所見，請酌定。】

前買先生校《詩匯》內卷一百七第二十二頁，黎簡詩“鮮柯五千里”，買先生改“鮮柯”為“(牂)柯”。按：《史記·司馬相如傳》“南至(牂)柯為徼”，(牂)柯皆作牛旁，買先生蓋據此；《字典》(牂)柯一作“牂柯”，牛旁乃俗“柯”字，是(牂)柯二字均應作“爿”旁也。卷一百十二，黃愷鏞、黃凱鈞，買先生疑二人既是弟兄，何以“愷”

---

① 今李綬、郭嵩燾、凌廷堪三人均立為專案，分別在《清儒學案》卷五十五、卷一百八十二、卷一百十二。

"凱"二字各異。按：此二人乃嘉善人，凱鈞為霽青太守之父，於章家亦是老親，其家所刻《詩集》及《誌》書，與其子姓所送鈔本中"愷""凱"二字均異寫，不知何故，不敢擅改。卷一百十三葉〔頁〕，燕詩訓狐嘯簷句，賈先生改"訓"字為馬旁。按："訓狐"二字見《唐書》，即鵂鶹之別名也，仍作"訓"為是。【徐批：已交賈君玉閱過。】

　　前稟內所言"選詩參校姓名錄辦法"一節，奉批諭照辦。葆之謂：前人刻書，參校姓名但寫名號、籍貫，不注履歷，列在《凡例》之後，今欲細書履歷，作為一卷，附於書後，前人無此例，今作創格，似屬非宜。其言亦持之有理。章細思之，履歷亦不易敘。如少璞、珍午諸公，民國官銜如何寫法？寫之，與所選詩人《小傳》，如易實甫之類，未免體例不符；不寫，又嫌過略。可否如葆之所說，仍用前人舊例，但寫姓名、籍貫，附於《凡例》之後；或另寫詳細履歷一份，單訂一冊，不發刻，與《詩匯》稿本同存鈞處，以備查考。仍候批示，祗遵。【徐批：不必矣。此為將來單刻《詩話》時發此議，刻下《詩匯》已將刻成，不必再多此一舉也。將來亦只要名號、籍貫，不要履歷。】

　　沅叔尚未歸來。【徐批：聞沅叔有來津，準何時來？】心如云，《詩匯》寫工已寫完，年底【徐批：當是陽曆】可以告竣，尚有三十餘卷未刻者，須俟明年了結矣。【徐批：仍請催速刻。】

　　章今年濕熱發作，自春至冬，迄未稍減，種種狀況，迭經詳陳，屢蒙厓注。諭令靜養，實深感紉。前月，改延紹興人趙穗生診視_{此人從前係湖北知縣，以醫道見賞於張文襄者，}認定章左脅下之痞塊為病根。_{此症係庚申年大病後所起者。}謂為溼熱走入肝絡，真水被邪溼耗散，肝木失養，枯燥生風，化熱挾氣，與痰存聚脅下，久恐成疽，切忌動氣用心。且肝為筋海，手足屬肝，臂屬於脾，脾土又受木乘，是以筋絡拘攣，治當養血潤肺，兼扶脾腎而分清濁之氣，將來如能使積溼托出皮膚，發現癬瘰，則內滯可消，筋路亦可通暢矣。又謂凡體中發現之熱象，皆內風所化，非真正之熱，終由水虧木燥，所以喜涼畏熱，必須扶補水源而益脾土，一生一制，乃得其宜。現已六易其方，尚未見有大效。伊又謂緩瘰難求速效，況當收閉之時，非春暖不能奏功也。年來所請醫生，皆專服養陰之藥，論斷病癥，從未有如此透切者，或可仰叨福庇，借此醫之力而起沉疴，實為大幸。【徐批：春暖當大見效。】

　　章之親家吳德徵鍾駿，南京人而入籍開封者，在津浦路局辦事多年，其元配夫人為姚伯慎之女，於鈞座為表彌甥壻，其繼配為李叔泉之姪女，

係府上之甥壻，擬求鈞座賜以雙欵對聯一副，另具丹籤，伏乞鑒詧。其聯仍寄章轉交為叩。【徐批：隨後寫去。】

【徐批：今年已辦成《學案》共計約有幾冊，請查示為盼。已辦成《學案》抄錄不一律者，是否隨時即繕清本？陳、許諸人無事時，抄寫何件？來書五冊，均閱過寄回，請察入。】

民國十八年己巳（1929）十二月初一日①

夫子大人鈞座：

敬稟者，上次蕭稟詳陳一切【徐批：前書早已奉答矣】，並呈上《學案稿》五冊【徐批：《學案》閱過，均已寄回，想已收到矣】、畫象冊五頁，聞五條人云不多幾日，始交車站上人帶津，度應登鑒矣。茲再呈上《學案稿》十三冊（附清單一紙）【徐批：收到】，間枝均有簽注，伏乞鑒定批示，祗遵。【徐批：俟閱後再行答復。】所有應行稟陳各節，仍再條列於後。專此，恭請福安。受業曹秉章謹稟。季冬朔日。

《詩匯‧參校姓氏錄》，沅叔亦云於古無徵，未便創作。是仍以列一"參校姓氏單"於《凡例》之後，但書籍貫、名號，不敘小傳，仍候酌定。【徐批：前已答復此件，亦照前次來書，俟單印刻《詩話》時纔用，刻下全詩將已刻成，並不用此也。陰曆年底，刻詩尚有若干未刻者，請催問明白，示知為盼。】

《詩匯‧閨秀詩》中，因沅叔新買得汪訒菴所選《擷芳集》②，其中名人之配，如黃石齋夫人之類甚多，皆不可缺者，必須補錄【徐批：請速補選，至懇至懇】。又《小傳》履歷極為詳明，《詩話》與輯錄事實亦極翔實，應即據以修改，日來書衡正在著手此事。

---

① 12:52。

② 汪啟淑（1728—1799），字秀峰，號訒庵，歙縣人。官至工部都水司郎中。據《杭郡詩輯》載：汪氏"嗜古有奇癖，藏書百廚。乾隆三十七年詔訪遺書，訒庵家進呈六百餘種，恩賞《古今圖書集成》一部，士林榮焉。少工吟詠，當杭董甫太史歸田之後，與樊榭諸老結社南屏"。其所著《擷芳集》乃清代閨秀類詩歌總集，據法式善《梧門詩話》卷十六曰："本朝閨秀之盛，前代不及。汪訒庵駕部所纂《擷芳集》，一千七百餘家，人各繫以小傳，真大觀也。"

日前，發下賈先生覆校《詩匯》樣本八冊，章處早經校過。其中，卷一百二十九第八頁"絃詩埶詩"，賈先生疑"絃"字下是"謂"；查原本，實是"詩"字，商之書衡，仍遵原本，不敢妄改。卷一百三十第二十頁"毒冥熱"三字，賈先生疑有訛；查係"毒熱惱"。又卷八十第二十二頁"暗門"，此卷偶然得句，賈先生疑"門"字有訛；查原本，是"門"，然不可解，恐是"捫"字之訛，刻本落去手旁，現已改"捫"。又卷一百三十一，第二頁"孫登大笑山花開"句，賈先生疑"笑"字是"嘯"字之訛；查原本，實是"笑"字，不知別有出典否，商之書衡，亦不敢妄改。又卷一百二十六，（第）二十頁"巧家廳"，賈先生注云："《清一統志》無'巧家廳'"；按："巧家廳"是雲南著名產銅之地，今改巧家縣，但不知"巧家廳"是何時設置①，賈先生所閱《一統志》是何年所修之本，然不能竟謂無此地名也。又第七頁"吳振棫詩話"中，"質憪"之"憪"字，賈先生批"查無此字"；查此《詩話》，乃出吳印丞之手，印丞落筆向來謹慎，不肯稍留疵纇，惟詩文中好寫碑版古體，書衡云此"憪"字即漢碑中字也。此外，如"圖塔布"之作"圖輪布"，"良誠"之作"良成"，賈先生據《館選錄》為言，章處所據則原書與《進士題名錄》，一字之偏旁，刻本各有歧異，無論何書，往往有之，不足論也。【徐批：均交賈君玉閱過。】

叔進前後寄來各《學案稿》，久未檢呈，現經閨枝閱出，各加簽注，一并寄上，伏候批示。【徐批：稍存數日，閱一過即寄回，請閨兄酌定編纂。】

章近日依舊氣悶且促，胃亦呆滯，尚在服藥，請紓厪注。【徐批：天冷亦可在室內行步，不可呆坐。】

幹臣於十月中安葬，② 其子承懋歸去料理，一切平安。日前北來相晤，云過津見華七爺，云鈞座有目疾，閱字或作書畫皆不甚得力。【徐批：今年目力大差，極不愛寫小字、看小字書也。】伏念我師今年心境過惡，尚祈攝衛珍重，無任企禱之至。南北親友欲得鈞書楹聯者甚多，有寫

---

① 今（嘉慶）《大清一統志》中確無"巧家廳"。然據《清續文獻通考》卷三百二十五《輿地考》，雲南省東川府所領巧家廳，"在府北一百五十里，初為會澤縣治。雍正六年，縣移附郭。嘉慶十九年，析會澤北境，置北緯二十六度四十五分，西經十三度七分"。

② 錢能訓（1869—1924），字幹臣，浙江嘉善人。清光緒二十四年進士。民國成立後，屢任要職，與徐世昌關係甚密。1914年，徐世昌出任國務卿，錢氏嘗協其處理政務。

出單欵現成者，求賜寄十副為叩。【徐批：寄去拙書對聯十副，請察入。】

《北學編》、《洛學編》兩書，賀性存迄未覓得，章擬託其向書鋪各購一部，恐其不能見信，請諭飭速購交來為要。【徐批：已另託人代購也。】

陳仲騫乞賜借之《高士傳》刻本，便中乞賜寄下。【徐批：記得前已攜去數本，當再飭人檢得，即寄去。】

日前，五條交來王肇晉所著之《論語經正錄》一部【徐批：由此處寄去者】，說是王大人要的。① 【徐批：非也。】然此事章並不接洽，昨經問之書衡，伊目下亦並不需用此書。【徐批：如目下不用，可即寄。】且此書春間鈞處已經發下一部，存在章處，現又來一部，共兩部矣。容存俟編到此人，與動筆之人閱看可也。【徐批：留一部在彼，為編書之用，或即交叔［書］衡一閱可也。】

月前，一達弟徵求同人作二叔挽辭。② 茲謹附上五箋，請閱後轉交一達弟彙存。【徐批：已交去。】

【徐批：先將此信批回，《學案稿》及清單，稍遲數日再寄回也。諸同人各贈《硯譜》一部，另有清單，隨後寄到，即請分交。】

民國十九年庚午(1930)正月初七日③

夫子大人鈞座：

敬稟者，客臘先後奉到發下閱過《學案稿》一包、江詩一本，又書三部、批單一紙，均已誦悉。所有應行稟陳之語，條列於後。恭叩春祺，

---

① 王肇晉(1816—1885)，字捷之，號榕泉，深澤人。其論學以朱子為宗。今《清儒學案》未收其人。據《續修四庫全書總目提要》經部四書類《論語經正錄》條曰："(肇晉)嘗謂國家以經義取士，首試四書文，蓋使天下士由朱子之學上窺鄒魯。沿習既久，逐末忘本，以聖賢明道教人之書，給取功名，而閣閎於行。正學不明，士風日下，欲纂集一編，以救時弊。……是書體例仿《禮記集說》，闡明義理，以朱子之說為主。自朱子以下，宋元明至清代先儒，采錄者亦百餘家。其間有與朱子之說異者，則加附按以明之。……其於《論語》雖無討論發明之功，而收采富博，要不失為參考之要籍焉。"

② 徐世光(1857—1929)，字友梅，號少卿，徐世昌之二弟。據《徐世昌年譜》民國十八年(1929)條載："七月一日，聞(世光)病重，往視之，已彌留。戌初逝世。"

③ 11:174。本札"徐批"中有"新年諸同人均代道候道念"，由此可知為正月。

敬請福安。受業曹秉章謹稟。初七日。【徐批：新年諸同人均代道候道念，不另。】

江懷庭《道腴室詩》，未曾選過。此即叔海之尊人詩，刻未久。① 昔年叔海在社選詩，無一言道及，亦可怪也。原書便中當寄繳。

來集之《倘湖樵書初編》、孫志祖《讀書脞錄》兩書，均交書衡閱看去矣。何西夏《經義》，同人皆不知此人之名，閏枝取去閱看，云且看其書如何，再作區處。

又前次寄來湯文正分纂之《明史稿》，② 閏枝云，文正案稿已定，此書無關學問，亦無甚用處。惟向來未見此書，暇時須一看，故仍留章處。

此次《學案稿》十三冊，叔進手筆居多，伊在上海借書為難。其來信云，所需之書皆借自東方圖書館，歲杪，該館須改組，俟其《章程》改定後，方能再借，目下不免少有停頓。其所編輯，仍覺過於簡單，有待修飾、擴充、考訂者甚多。閏枝云，若皆由此間為之修改，不免太煩，擬與書衡商量審擇，或分半寄，令自行修改。【徐批：請速酌定，免致延擱也。】

上次，諭詢編出之稿共有若干種，茲特開單呈閱。單外尚有十來種，閏枝未曾閱出，又錢孫新寄來姚秋農、嚴鐵橋兩稿，閏枝亦尚未閱，故均不列入。【徐批：請閏兄修正後，隨時寄閱為盼。】

叔進寄來各稿，皆其自行鈔寫，故多行書，且所纂稿中皆小學家，文中多古體字，繕清本時，必須再加細校，庶免舛誤。

《大興朱氏學案》分在書衡處，將來案稿編成，必能詳備也。

冬臘之間，有江西人熊埴，持世緗信，並奉其祖松之所著《禮記授讀》一書來，云已呈鈞座閱過，蒙允作序【徐批：序文已收交士湘矣】。又囑章為之介紹柯鳳老，求其作序。章當即作信與之，令其攜書自往修謁。越兩日復來，云已見鳳老，鳳老閱其書，極口讚揚，稱為黃鐘大呂之音，極為深奧，非一時所能領略。次日書衡來，云與鳳老相遇，鳳老已將熊書作序一事告之，

---

① 江懷庭，生卒年不詳，字蘭皋，福建汀州人，同治六年任璧山知縣。江瀚（1853—1931），字叔海，曾任京師大學堂文科學長、禮制館長等。

② 湯斌，（1627—1687）號潛庵，河南睢州人。康熙二十一年，曾任明史總裁，分纂《明史稿》二十卷，即《太祖本紀》四卷、《曆志》三卷、《后妃傳》一卷、《列傳》十二卷。《湯斌集》中有《題〈明史〉事疏》。

並云其書甚為不佳，可見鳳老世故之深矣。① 所有鈞座允熊之序，即屬書衡代作，茲經擬來，謹呈鈞鑒。閱定後，即交世緗轉交熊埴可也。

《閨秀詩》十卷，應補之詩、應改之《詩話》，均已竣事，書衡已交至章處。惟前數卷，手民早已寫出，交由各處校過，現在人既增加，詩亦增多，前數次校對時，有舛誤處，業經裁割黏貼，此次《詩話》再加修改，勢難再行割補，決非重寫重校不可。又因卷頁太厚，將各卷之詩，依次另行勻排卷數，重寫目錄，大費工夫，約元宵後，方可交付手民。【徐批：請修訂後，即發繕發刻為囑。】

章近時服藥如舊，惟胃納呆滯稍減，腹不知餓，已兩年矣。自臘月二十以後，每至下午四五鐘，腹輒覺餓，每餐食亦稍加，且喫米飯，亦不覺膩，似是佳象。胸背腰脊作癢，皮膚起有小瘰，立春後，天氣和暖，或可漸有起色。知關厪系，謹以附陳。【徐批：春暖必大見效也。】

【徐批：近又作寄懷執事一詩，匆匆未及書去。山妻久病，年前又兼時癢，近已稍可。然虛弱已極，醫藥亦甚難著手。② 余則頑健如常也。】

民國十九年庚午(1930)四月初六日 ③

夫子大人鈞座：

敬稟者，自師母昇仙後，已將兩月未經作稟上承興居。雖迭託去人代申鄙悃，而惓惓之私，實與日俱積。又迭據來人傳述我師垂念之切，益增

---

① 柯劭忞（1850—1933），字鳳孫，號蓼園，山東膠縣人。今國家圖書館藏有《禮記授讀》十一卷，民國十九年（1930）影印本。書前有柯氏序，末署“庚午春正月”，其略曰：“高安熊子容先生《禮記授讀》，以鄭學為標準，以陸《釋文》、孔《疏》為津逮，意有不洽，則取衛氏湜、陳氏澔《集說》以補。蓋先生之意，欲使學者由淺而深，由訓詁而推之名物、象數，而之義理。雖曰家塾讀本，而治經之途徑備，治小戴之學，蓋未有及先生者。惜未成而已捐館舍，然標明宗旨，發揮義例，使後學有門徑之可循，其必傳後世無疑也。”又據吳廷燮《續修四庫全書總目提要》經部禮類“《禮記授讀》”條曰：“宋元諸儒，則多錄朱子之說，間錄欽定御案。按清代經學為盛，注疏三禮者，多守漢儒家法，而不輕引御案。蓋以詁釋本有師承，即如釋氏釋《周禮》，多有先二鄭及杜子春之說。疏家亦如之。倘引御案，則近於別黑白而定一尊，非師儒釋經之本恉。是書則引御案頗多。”

② 據《徐世昌年譜》民國十九年庚午（1930）七十六歲條載：“二月後，席夫人病漸沉重，至三月一日午刻逝世。”

③ 11：340。

忸怩，賤體一切依然。惟自三月以來，天氣風多雨少，終日昏霾，稍見晴明，即覺燥熱，故濕熱又已蠢動，胃又覺膩，夜眠成寐又遲，精神亦不及臘、正兩月為佳。惟左脇痞塊漸見低平，此服趙醫藥之功效也。伊本云必此痞能消，經絡方可活動。若如所言，立夏後，或可託庇漸見痊愈。茲呈上《學案稿》五冊，葛煜珊小象題詠一本，葛嗣淰父子求書聯扇各件共一卷【徐批：年老眼花，久不寫應酬字。因其有年家之誼，特為書之寄去，請轉交】，又敬一屬轉呈墨寶手卷一個，伏乞詧收【徐批：收到】。所有應行稟陳之事，條列於後，仍候批示。恭叩福安，百唯珍重。受業曹秉章謹稟。四月初六日。【徐批：《學案》近久未閱，稿本約計當纂成未送閱者甚多，請檢查開示，俟闓兄閱定，即送閱為盼。曼仙又有纂成之稿否？】

平湖葛嗣淰，係戶部朗中葛煜珊金炇之子。煜珊與鈞座為丙戌同年。民國二三年間，嗣淰到京，曾以其父小象〔像〕求題詩，茲將詩冊石印，寄贈鈞座一本，屬為轉呈。嗣淰之子昌楣，係庚戌優貢，朝考亦出門下。現伊父子寄來箋對兩副、扇面一張，屬為代求墨寶，又代伊外甥莫寄蘋求書一聯。惟來箋並不甚佳，且書烏絲方格（原札闕）①，書時不知合用否。如不合用，或將寫現成者，調換與之，扇面似不書亦無妨也。茲將來件一併寄呈，伏乞裁酌。【徐批：扇面嬾寫，仍寄還。】

鈞座給敬一之泐石草書，伊已鉤出發刻，將原件裝訂成卷，屬章代為呈繳，並請詧收。

闓枝交來《夏峯學案稿》一冊。又錢孫所作《戴東原學案稿》一冊，闓枝業已看過，皆有簽注。錢孫又有孫志祖《頤谷學案稿》及翟灝《晴江學案稿》各一冊，此兩冊闓枝亦已看過。孫志祖《讀書脞錄》一書，前奉鈞座發下，已交書衡。現錢孫所作此案，書衡並已看過，云俟鈞座閱後，將來彙編時，再行細酌。【徐批：鄭叔進近寄《學案稿》來否？請示知為要。】

《詩匯》據陶心如云，約尚有十卷未上版，而未送章處閱校之紅印樣本，實有廿卷。此事實因後來補選光緒末年及閨秀詩刪改閨秀詩話，展轉改易，寫本至黏貼裁割，至無可再易，其勢不能不重新另寫。故寫本尚有七八卷未曾送校，而章處《總目》中人數、詩數均不能即行結出，《姓氏

---

① 以下原本缺出。今據其內容，所續接者當為 13:75。

韻編》亦不能即行寫定。現在人數雖已結出，共六千一百五十七家，詩數約兩萬七千首左右，總須寫本及紅印樣本全數到齊，再細行核對，方可作定。仍求鈞座嚴催心如為要。【徐批：昨又屬鐵林催傅沅叔。】

　　【徐批：前日沅叔來談及，大約端節可刻竣，惟校對亦請速催。至《總目》《序文》等件，亦請速辦，務於節前一律告齊，不可再遲也。昨沅叔有信來，已屬鐵林再催矣。先將此信寄回。葛對扇寄去，請查入。《學案》五冊，俟閱完再寄。】

民國十九年庚午(1930)五月初八日①

夫子大人鈞座：

　　敬稟者，日前奉到手諭，並閱後發回《學案稿》五冊，均已誦悉。所有應行稟陳之語，謹一一條列於後，仍請批示，祗遵。專肅，恭叩福安。受業曹秉章謹稟。五月初八日。【徐批：《詩匯》請沅叔擬預約券，不知擬好否？《學案》有閏兄閱定之本，仍請隨時寄來為盼。】

　　近時刻詩遲延之故，前稟業已陳明。書衡增補脩改之處，實屬太多，展轉寫校，太費工夫。不獨《小傳》《詩話》再三酌改，即選定之詩，亦有抽換之處。日前，閨秀詩又增一人，幸名次在後，排在卷末，尚不十分費事。刻工因改易太多，愈多愈錯誤，愈催愈忙，愈忙愈亂。章處校閱者，則隨到隨校，校後即行發還，均有簿籍可稽，決無延誤。日前，心如云有九卷已上板而未刻完，未上板者尚有一卷，與鈞處所聞數目似尚不符也。【徐批：已上板，請催速刻速校；未上板，請催速上板速刻。從此截止，不再加增也。】

　　方望溪詩，原選一首，《詩話》中云：“絕少流傳，僅見一首，可稱吉光片羽。”云云。賈先生簽注云：“今通行本《望溪集外文》，載詩十五首，此云僅見一首，未允。”云云。按：《望溪集外文》，社中人實未之見，賈先生所說，書衡極為佩服，謂賈先生細心博覽，可稱諍友。原擬之

《詩話》，本嫌過於說煞，現已重行改易，參以活筆。再各《小傳》《詩話》，雖經多人再三考證，又時加脩改，實不敢謂一無錯誤也。著作之難，於此可見矣。

發回之《夏峯》《東原》各學案，閨枝取去重行細閱。據云，《先哲傳》所載夏峯弟子，均已子細看過，其中無根據者太多，故有斟酌之處。至夏峯年歲，係據《年譜》而書，《先哲傳》與《年譜》不符，以從《年譜》為是。【徐批：照議。已閱過寄回，請查收。】

閨枝新又撰出顧棟高《震滄學案稿》一冊，特以呈鑒。【徐批：收到，閱後即寄回。】

曼仙擬出曾文正《湘鄉正案》一冊，閨枝已取去閱看。《湘鄉附案》中人，"交游"已作成一冊，云日內即可交來；"弟子"附案，則尚未成也。

叔進前寄來《陳恭甫父子學案》一冊，又《胡石莊學案》一冊，閨枝均取去閱看。俟其看後交來，再行寄呈。

閨枝處未看成之稿甚多，實以覓書甚難，故有耽延。閨枝曾云，既須自己動筆，再看他人之作，再隨時出外尋覓書籍，實覺精神不濟，欲請書衡幫同閱看，書衡尚未允許也。

曼仙作《湘鄉附案》，買《羅山遺書》一部、湯海秋《浮邱子》一部，兩書共計價洋四元二角，已由陳愷在"留存備用款"內支付矣。

上次手諭中云，《陸稼書學案》內有洞庭席氏，飭將其名號、事實詳細摘錄。此《案》係錢孫所作，章已函囑，查明鈔寄矣。[①]

民國十九年庚午(1930)六月十六日[②]

夫子大人鈞座：

敬稟者，前奉手諭，並買先生校過《詩匯》樣本七冊，繼又奉到發

---

① 是段之後所接 11:329 當為錯亂。今據其內容，將之附於 12:70 札（民國二十二年癸酉，1933 年八月廿二日）後。理由詳見 11:329 札（民國二十二年八月）注釋。

② 13:30。

還《梁溪二高學案》一冊，鐵林又寄來朱師轍之祖若父《著述目錄》一冊，均已誦悉。茲呈上沅叔交來鈞著《題跋》①寫本，曁底稿各一冊【徐批：收到】，請校閱後發還付刻，又上次發下湯潛盦分纂之《明史稿》十六本【徐批：收到】，並請詧收。此外應行稟陳之語，條列於後。肅此，恭叩福安。受業曹秉章謹稟。六月十六日。

【徐批：沅叔所擬之預約券，即速寄來一閱，以便斟酌定價也。】

《翁同龢詩話》中有鈞批云："'雋上'，'雋'字是'貽'字之誤。"按：《詩話》原文"淵穎堅凝，青邱雋上，殆兼擅其勝"云云，是以吳淵穎、高青邱兩人為比，非以青邱、貽上為比也，"雋"字不誤。【徐批：即照舊。】

朱師轍之祖朱駿聲，江蘇元和人，曾為安徽黟縣校官，遂家於黟。其子若孫，皆生長於黟，操黟縣土音，不通官話。朱師轍亦能文，且略知目錄之學。②昔在國務院，秉章曾屢見之，但言語極為難懂，與之談話，頗不容易，故無深交。其祖著作，惟《說文通訓定聲》一書，為人所共見共知之作。此書當道、咸間，曾經進呈，因由校官得賞國子博士銜。其人是否曾文正幕客，及是否文正弟子，容交曼仙子細考察，再行酌定。③其著作種類極多，然皆未刊之本，能否采取入《學案》，亦須得原書子細看過再定，不能僅據《目錄》鈔敘之，便算了事也。

【徐批：《詩匯》已刻完否？脩改尚有若干本？校對尚有若干本？請分別催促成書為盼。】

---

① 今台灣文聽閣圖書有限公司 2008 年出版《退耕堂題跋》一書，乃據民國十八年（1929）天津徐氏刻本影印。

② 朱師轍（1879—1969），字少濱，祖朱駿生，父朱孔彰。據朱師轍自云："民國初建，袁世凱為總統，設清史館，以趙爾巽為館長，修清史，欲以籠絡清遺老，先君亦受聘協修，撰咸、同列傳。……余初佐先君赴館調查考證，後繼先君任協修，常與夏閏枝丈商略史例，柯鳳孫、王晉卿二老復與余善，故於館事能知其詳。"（氏著《清史述聞·自序》）

③ 朱駿聲今立為專案，即《清儒學案》卷一百四十九朱駿聲《豐芑學案》。據之，朱氏為錢大昕門人。又據《行述》曰："道光末，廣西學使瑞安孫公鏘鳴奏請許海內文學之士獻所自著書。得詔通諭天下。府君遂於咸豐元年，以截取知縣入都，繕寫《說文通訓定聲》《古今韻準》《柬韻》《說雅》共四十卷上之。文宗皇帝覽其書，優詔褒嘉加國子監博士銜，乃不就。截取仍為黟縣訓導。"

民國十九年庚午(1930)六月十七日^①

夫子大人鈞座：

敬稟者，昨肅一稟，並寄呈各件，已交文楷齋矣，文楷齋人約一二日內，動身來津。今日沅叔又交來《退耕堂題跋》卷三，寫本及底稿各一冊，並《硯銘》寫本及底稿各一冊，閏枝交來改正叔進所作《李文清學案》【徐批：太簡略，即用閏兄重輯本】，連叔進原稿各一冊，一併交文楷齋帶呈，敬祈督閱。《桴亭學案》中《惲日初附案》，閏枝云業經刪去矣^②，合併稟陳。專肅，恭叩福安。受業曹秉章謹稟。六月十七日。【徐批：《強齋學案》閱過寄回，請察入。體中近日如何？甚念。】

民國十九年庚午(1930)六月廿七日^③

夫子大人鈞座：

敬稟者，前籛孫寄來應撝謙《潛齋學案》、沈昀《旬華學案》各一冊，書衡所編陳奐《南園學案》、李慈銘《越縵學案》各一冊，均經閏枝覆閱交來，茲特寄呈鈞鑒。【徐批：均閱過寄回。今日閏執事得一孫，甚可喜。有此抱孫之樂，久病必大好也。】又上次發還《強齋學案稿》內，鈞座手批王輅云云，茲閏枝有答復一箋，並以附呈。【徐批：箋後注數語，請閏辦。】所有應行稟陳各語，容另稟。【徐批：尚未見到。】專此，恭叩福安。受業曹秉章謹稟。八月二日。【徐批：此次寄來《學案稿》四冊，均閱過寄回，請察入。】

---

① 13：311。

② 今《清儒學案》將惲日初入"彙旃交游"中，"桴亭交游"中亦有互著。

③ 13：349。疑13：349札至11：152札所署時間均為陽曆，原因詳見11：152札（民國十九年十二月十五日）腳註。

民國十九年庚午(1930)九月廿四日①

夫子大人鈞座：

敬稟者，日前寄呈師母《事略》，暨陳仲騫夫人所繪我師小像，想已達到。《事略》必須我師大加刪削，方可以示人；小像則遠不如陶寶如所繪之《愛菊圖》也。【徐批：絕不是我，只可置之。附寄去《事略》二冊。】章久不讀我師之詩，亦久不見我師之畫，連日披讀鈞著《歸雲樓詩集》及《題畫詩》兩種，覺我師之詩與畫，皆有地負海涵之勢，足以通神造化，橫絕古今，決非尋常藝苑中人所能解也。【徐批：昨交鐵林寄去去年珂羅板影印畫二冊，當已收到。】茲呈上《望溪學案》一冊，祈賜鑒定。此外應行稟陳之語，一一條列另箋，伏乞批示，祗遵。專肅，恭叩福安。受業曹秉章謹稟。十一月十四日。

胡霖峯昔呈其遠祖著作，時適在顏、李兩先生入祀孔廟之後，蓋亦思覬覦兩廡特豚也。霖峯既呈書於鈞座，復託袁紹明邀秉章小酌於其寓中。據云，其遠祖係夏峯弟子。秉章當叩其呈書之意，並告以如欲躋顏、李而入兩廡，非有當道鉅公呈請不可，如欲請主座為刊行各書，不才當為晉言。伊云既如此，則請主座先看書再說可也。旋即奉諭，將各書交江叔海審閱。叔海閱後，頗多貶詞，遂即置之。直至去年纂輯《學案》，又交闓枝閱看，闓枝評其書，亦與叔海所見相同。惟其人確是一抱道君子，復細加考查，附於《夏峯學案》私淑之列。② 現其書已無用處，是以檢呈請（闕）

---

① 11：21。

② 今《清儒學案》卷一《夏峰學案》"夏峰私淑"中載有胡具慶一人，并附載其《四書惕中錄》《求是山房文稿》中數篇，即胡霖峯所請。

民國十九年庚午(1930)九月廿五日^①

　　諭問《〈詩匯〉凡例》中"以生於近代者為斷"一語，如何解法。章按，此條原文云："從前選家，懼涉標榜，往往不錄生存。茲編亦從其例，凡所甄采，以生於近代者為斷。"云云。此事初開辦時，凡所甄錄之人，本定以宣統三年為斷。嗣因朱桂卿、徐梧生、梁節菴諸人，皆歿於宣統三年之後，其詩萬不能不收，故書衡作《凡例》，援陳石遺選清詩題為"近代詩鈔"之例，以"近代"二字為有清之代名詞，猶曰以清代為斷也。今蒙指出，覺此句實屬欠醒，其毛病尤在"近代"之上加"生於"二字，刻擬去"生於"二字，改為"凡所甄采，以清代為斷"。

　　諭參閱姓氏各辦法，亦甚周到，仍與書、閏兩君商之。此事今年春夏間已奉諭從緩，俟將來另刻《詩話》時再說。章此次又復提出者，實由於賈先生之請，既不敢冒然徇之，又不便拒。且任校勘者，實不止伊一人，僅登伊一人之名，他人必有閒話，今鈞座既不徇賈先生之請，他人卻亦無希冀及此者。至參閱各家，鈞座不肯掩人之善、沒人之勞之盛意，早經眾口仰誦，決不妄詡蹄涔之助，冀留簡末之名，竟請皆付緩議可也。

　　文楷齋近一月來趕工極快，所有《詩匯》應脩改之處，皆將修改齊全，可見從前竟是有意耽延也。日前見陶心如，云一百五十卷二百部已印出矣，下餘五十卷未印，則亦不須幾日即可印成，似可由鐵林函告沅叔，令於年內先行裝訂一兩部呈覽。

　　諭問《顏李學記》中所載弟子，今編《學案》有無遺漏，弟子中有

---

　　① 12:62。本札因錯亂，原無時間標識。據其內容，徐世昌有詢問《詩匯·凡例》之事，而今退耕堂本《晚晴簃詩匯》卷首有徐世昌序，署"民國十八年十二月"。據此，是札似當為1929年。然又據是札所稱"昨日星期五，閏枝交來新輯成《望溪學案稿》冊"，而其上札11:213（庚午年九月廿四日）中所言上呈《望溪學案》事，即是星期五。又是札中稱書衡將在下周五帶來黃黎洲《南雷學案》、黃子壽《陶樓學案》，檢其下札11:42所署"十二月二十六日"，亦為庚午年星期五。據此，是札時間當為庚午年（1930）。實際上，徐世昌《晚晴簃詩匯》在1929年以後，又幾經修改，至少1931年又有出版。（參見閔爾昌《記〈晚晴簃詩匯〉》）

無南人。① 按:《學記》所載弟子,頗有南人。今《學案稿》中所列者,僅十之七八,其餘皆以無著作可考,故未列入。閏枝云,將來脩正時,尚須逐一細加查考,特此時尚論不到耳。至戴望書中所登者,《顏李叢書》中已皆有之,無再可采矣。《學記》日内當即呈繳。【徐批:收到。】

諭問祁文端《潪欱亭集》,社中有此書否。查此是詩集,社中有此書,在五條。鈞座如要看,可飭賀、陳諸人檢取也。祁文恪云云,書衡云,文恪品誼,自可遵諭於《文端傳》後附書數語。已將原稿取回增補矣。【徐批:茲物色得祁文恪公詩集,應另抄去,可列入《文端傳》後。】

諭問國初諸大儒尚有幾家未纂輯。查現成各稿中,尚僅一張清恪未輯,前呈清單内,已詳載矣。

諭問左文襄有著述否。閏枝云,文襄著述恐無可入《學案》者。②

諭姚惜抱、劉大櫆、劉孟塗諸人如何纂輯,望溪以後,此派學問亦為有清一代特色,且多於經學一門有著述,其流派至今猶存,宜自國初至今合而計之,酌一辦法。按,桐城古文家自清初至今,應分三段,最初為望溪,中則惜抱,最後為摯甫。每一人《案》中,均可含納無數名家。去年已與閏枝、書衡商定辦法,恰與鈞座此諭意見相同。現聞閏枝纂輯《望溪案》已脫稿,此尚是入手第一步。俟其稿呈鑒後,看所撰列能否合式,再請批示,遵行。【徐批:已閱過,甚好。】

諭問畿輔儒學家均分給何人編纂,《畿輔先哲傳》由何人閱看,《畿輔書徵》亦可一閱。《先哲傳》與《書徵》,同人均有其書,隨時可以翻檢,故未專交一人閱看。當開辦之初,同人各據所知,與舊有書傳中所列者,略具諸儒姓氏,編為《草目》:閏枝、書衡所據者,為繆筱珊所撰之《清史·儒林》《文苑》兩傳稿,與坊間印行之《清史列傳》稿;葆之則據《畿輔先哲傳》與《中州徵獻錄》分摘直隸、河南兩省之人,彙敘成目。呈鑒後,隨即會同諸人參互勻派纂輯,並非按省分派。現在儘目錄單中所有者,逐一編輯完全後,如有遺漏,再行檢補,此亦應有之手續。至編輯之先後,亦並不按單開次序,得有何人之書,即先編何人之案。所用書,有假之圖書館者,有假之書鋪與友朋者,有各人所自有者。圖

---

① 戴望所著曰《顏氏學記》,其卷十有《顏李弟子錄》所錄弟子凡一百零八人,私淑二人。

② 左宗棠今入《清儒學案》卷一百七十八《湘鄉學案》"湘鄉交游"内,載其奏稿《請禁絕回民新教摺》、書牘《上賀蔗農先生》兩文。

書館與書鋪之書，不能多延時日，假得即動手，用畢即還。友朋之書，可稍緩。若自有之書，則更可緩緩動手矣。我師必係近閱所成各稿，無一畿輔之人，故爾動問及此。然諸人辦理此事，纂輯之先後，總以得書之遲早為斷。且有已得書而甄錄文字為難者，亦有因考查其交游、弟子，展轉遲延者。諸人於此實各有一種鄭重矜慎之心，又不得不詳陳於鈞座也。

以上各條前夜寫出。昨日星期五，闓枝交來新輯成《望溪學案稿》冊，用特呈鑒。【徐批：已閱過寄回。】望溪附案中所列王兆符、查慎行、王澍、姜宸英、戴名世、姚範諸人，皆非原編目錄中所有。故以人數論，將來書成時，必較目中所列為多也。書衡又輯成黃黎洲《南雷學案》兩冊、黃子壽《陶樓學案》一冊，闓枝有動筆處，今日書衡帶回，另加脩正去矣，下星期五當可寄呈。【徐批：已寄來，閱過寄回。】

劉鎬仲《求放心齋文集》，秉章昔有一部，為籛孫索去。鈞處當尚有印本，便中請賜寄一部，再交闓枝閱看。【徐批：已屬鐵林取交執事矣。】

賀松坡《文集》之外，有經學著述否？【徐批：已函問性存矣。】

民國十九年庚午(1930)十一月初七日^①

夫子大人鈞座：

敬稟者，日前詳陳一稟，並呈上《望溪學案》一冊，度已登鑒矣。【徐批：原稿寄回，上有注字。】昨鐵林到平，祗奉批諭，暨師母《事略》清本三冊，敬已誦悉。惟《事略》我師並未大加改削，子細閱之，其中拖沓不文之處實多，刻下即須分送柯、王、夏三公，作《傳》《誌》《碑文》之用，已不及再改。聞鐵林云，我師擬俟《傳》《誌》等文作成後，與《事略》彙刊為一書。然《事略》非再加細改，務使語語簡淨不可也。【徐批：《事略》即請吾弟再加潤色，另寄去抄好清本一件，以便吾弟就此刪改。】茲呈上闓枝閱出書衡所纂黃梨州《南雷學案》兩冊、黃子壽

---

① 11：42。

《陶樓學案》一冊，並呈繳《顏氏學記》一函【徐批：收到】，又昔年胡霖峯所呈其遠祖胡具慶著作多種，另附清單一紙，統祈鑒詧是叩。【徐批：均收到。】再，胡氏著作中《日記》兩種，從前曾奉諭，另抄清本，是以各有兩部，合併陳明。【徐批：收到。】專肅，恭叩福安。受業曹秉章謹稟。十二月二十六日。附另箋六紙。

　【徐批：兩次寄來共四冊，均已閱過寄回，祈察入。《詩匯》成後，吾弟如有精神，可否作一《選詩記》，敘十餘年成書之原委，得一篇精美之文字，再將前後所有選詩之人，照前吾弟之議，開列於後，校勘者亦可敘入，前作之徵《詩匯》駢文，亦可附入。此種小著作，將來選叢書必收入。執事以為何如？吾弟如作此，亦必傳之作也。】

民國十九年庚午(1930)十一月三十日^①

夫子大人鈞座：

　敬稟者，日前鐵林寄到劉鎬仲《文集》四本，又頒賜珂羅板印畫冊二本，均敬謹展奉。昨日又奉批諭，並閱後發回《南雷》《望溪》《陶樓學案稿》共四冊，師母《事略》兩冊，敬已誦悉。葆之新輯江聲《艮庭學案》一冊，書衡新輯程恩澤《春海學案》、邵晉涵《南江學案》各一冊，均經閏枝閱定，茲特呈請鑒閱。所有應行稟陳之語，仍條列於左。恭叩福安。受業曹秉章謹稟。一月十八日。【徐批：江、程、邵學案三冊，閱過寄回，請收入。】

　祁文恪詩集名，已囑書衡加入《文端傳》語中矣。選詩時，曾託人向文恪後人尋詩，屢問不得，今乃刻稿，可怪也。【徐批：近祁世兄欲刻，尚未刻也。】

　《陶樓學案》附列王重三先生，已遵諭將子某云云，囑書衡加入矣。^②由此類推，《摯甫傳》後辟置，自亦可附書也。

---

　①　11：31。

　②　王重三，即王振綱。今《清儒學案》卷一百八十四《陶樓學案》"陶樓交遊"中收入王振綱，其後附"重三家學"中，收入其子王樹柟。

作《顏李學記》之戴望，前書衡將其附於陳奐《南園學案》。茲書衡又與闇枝商量，覺不甚妥貼，擬移附顏、李"私淑"之列。① 凡現在所成案中附列之人，將來須移動者，恐正多也。【徐批：所論甚是，即請照辦。】

《周禮政要》《墨子間詁》《明夷待訪錄》三書，秉章均有之，容檢出寄呈。

師母《事略》，容再子細酌改之。亦曾與闇枝說過，俟其將《傳》作成後，即請其認真改削，冀可看得也。【徐批：柯文已脫稿，隨後抄去。】

《選詩記》之作，章不敢辭，但文筆太劣，不足傳耳。禮制館事，平日亦頗思作一文記之，總不敢輕易動筆也。②【徐批：此二文為必傳之作，吾弟可鼓勇為之。】

闇枝近又輯成《惜抱學案》正案一冊，以附案人太多，《傳》已作出，應采列之文未齊，蓋借書甚不易也。

陽湖派諸家，若惲子居、張皋文而外，著名者亦甚多。③ 闇枝云，其學派本與吳、皖兩派為近，然推不出領袖大師，遠不似桐城之有統系可言也。

劉鎬仲以主事改知縣，入粵不知歷官何縣，事蹟一無可考，陳伯嚴序中亦言之不詳。鈞座如有所知，祈開示，以為纂輯者作《傳》之用。【徐批：余從前知之，近亦想不起來矣。已託賈君玉函詢其次子，不知能得回音否。】

葆之囑代乞賜給《東三省沿革表》一部，便中請即寄下。【徐批：已囑鐵林寫信五條取送矣。】

【徐批：此次寄來《學案》三冊，閱過寄回，請察入。劉孚京或載入其伯《傳》後，或列入《劉庠案》後，請卓裁。】

---

① 今《清儒學案》將戴望仍入"南園弟子"中，又於"習齋私淑""嘯山交游""曲園弟子""籀廎交游"中分別互著。

② 禮制館成立於民國三年十二月，隸屬總統府政事堂，負責編訂民國吉、兇、軍、賓、嘉五禮。由徐世昌任總裁，楊士琦、錢能訓任副總裁，江瀚任總編纂，郭則澐任提調。民國五年，因經費不支而停辦。

③ 陽湖派是清乾隆、嘉慶年間興起的古文流派，由張惠言、惲敬開創。據《清史列傳·惲敬傳》曰："國朝文氣之奇推魏禧，文體之正推方苞，而介乎奇正之間者，惟敬。苞之文學者尊為桐城派，至敬出，學者乃別稱為陽湖派云。"陽湖派繼起者有李兆洛、董士錫、周濟、蔣彤、鍾麟、吳德旋等人。

民國十九年庚午(1930)十二月初七日^①

夫子大人鈞座：

　　敬稟者，昨將《明夷待訪錄》《周禮政要》《墨子閒詁》三書共計十一冊，包送五條，候便帶呈。【徐批：收到，閱後再寄還。】柯鳳老又交來我師《詩稿》多冊【徐批：收到】，有鈔本，有印本，伊有致鐵林信一箋，亦未寫明本數。【徐批：《學案》三冊，均已閱過寄回，請察入。】沅叔交來鈞著《題跋》及《文存》紅印樣本共五冊【徐批：收到】，閨枝新輯《惜抱學案》正案一冊（附案尚未成，故先成正案），葆之輯沈彤《果堂學案》一冊，書衡輯戚學標《鶴皋學案》一冊，亦均經閨枝看過，茲特一併呈上。【徐批：收到，閱過寄回。】恭叩福安，伏維鑒詧。受業曹秉章謹稟。一月二十五日。

民國十九年庚午(1930)十二月初九日^②

夫子大人鈞座：

　　敬稟者，日前交五條帶呈《明夷待訪錄》等書三種，昨又交五條帶呈柯鳳老交還鈞著《詩稿》多本，及沅叔囑代呈鈞著《題跋》《文存》等樣本五冊，並呈《學案稿》三冊，計可先後登鑒矣。【徐批：前函已答覆矣。】茲書衡交來代擬《老子玄贊序》一通，計兩紙，附原書一本，又彙覆前數次發回《學案》中批示各語，條列四箋，並抄呈黃梨洲《明文案·敘文》兩通，共計四紙，用特一併寄呈鈞鑒。【徐批：均收到。】恭叩福安。受業曹秉章謹稟。一月二十七日。

　　【徐批：上次《學案》三冊，均閱過寄回矣。《詩匯》年內不知能裝

---

① 11:318。
② 11:319。

訂成若干部，請問明示知。鳳孫撰室人《墓碑》已脫稿，茲抄寄，請吾弟閱定。又抄去劉鎬仲《事略》一分〔份〕，請酌用。】

民國十九年庚午(1930)十二月十五日①

夫子大人鈞座：

敬稟者，日昨奉到頒賜臨晉、唐草書四種印本九部，章當謹拜領。給金錢孫者，容即郵去；給鄭叔進者，俟其子來取薪時給之。此外，諸君來時，即一一照單分致也。茲有書衡編出惠周惕《研谿學案》及閻若璩《潛邱學案》各一冊，閏枝均已閱過，用特寄呈鈞座，伏乞鑒督。【徐批：均已閱過寄回，請察入。】恭叩福安。受業曹秉章謹稟。臘月望日。

《程春海學案》內，鈞批："'交游'中未列阮文達。"按：阮文達是春海之師，故不能列入"交游"。《文達案》內，則已列春海於"弟子"中也。

又批："《癸巳類稿》，五條藏書中有之，可就近一問。"按：俞理初《癸巳類稿》《癸巳存稿》兩書，閏枝、書衡及章均有之。《理初學案》，書衡早已編出，此書現無所用。

鈔示劉庠《史傳》，已交閏枝矣。又批諭云："劉孚京或列入《劉庠案》後。"按：劉庠亦不能立專案，似是曾文正附案中人物。且不知其所著之書曾否刊行，目下有處可求否。

錢孫料理其夫人喪事，忙碌月餘，刻已由滬回里。來信云，年內當可再成一兩案也。

叔進新寄來編出桂文燦、陳澧兩案，閏枝均取去覆看矣。叔進信中云，伊所分之功課，除已成各稿外，餘者書無可借，無從著手。章與閏翁

---

① 11:152。是札中稱"《程春海學案》內，鈞批"云云，《春海學案》上呈徐氏閱覽在11:315札（庚午年十一月三十日），末署"一月十八日"；再者，是札中稱"又批諭云：劉孚京或列入《劉庠案》後"云云，徐世昌此批語亦在11:315札中。然是札署"臘月望日"，而其所載內容當在11:315札之後，時間卻置之於前。據此，則11:315札所署"一月十八日"當為陽曆，即農曆庚午年十一月三十日。由此前推，則13:349札至11:319札所署時間，皆當為陽曆。

檢其所分單內未編之案，除王杰、戴敦元二人祇有詩文集，有書無書，本不足重之外，其有著作者，書亦尚有可求。惟叔進在滬，交游太少，故覺訪借為難。因覆函，囑其就近與錢孫函商，託其幫忙代借應用。

師母之《傳》及《墓誌》，閏枝、書衡云儘臘內必繳卷。【徐批：均已收到。日來閱《學案》，尚未及細斟酌也。】

鳳翁所撰《碑文》，祈飭寫官鈔錄寄示。【徐批：已寄去，閱後仍寄回。】

秉章痔患已多年不發，初六夜大解後，忽然發作，越兩日潰破，出血極多，起居亦不便當，苦不可言。請閏翁診視，令服臟連丸，另以瓦松、馬齒莧煎湯薰洗之。昨、今兩日稍好，然尚未收上也。

【徐批：惠、閻兩巨冊，閱過先寄回，請察入。後寄來之《惜抱學案》下冊，俟閱過隨後再寄去。春暖，體中當安善，甚念。同人均代候。】

民國十九年庚午(1930)十二月廿四日^①

夫子大人鈞座：

敬稟者，茲閏枝交來所撰師母《家傳》一通，又《惜抱學案》下冊一冊，用特呈上。【徐批：姚惜抱下冊，已閱過寄回，請察入。】所有日來應行稟陳之語，仍一一條列於後，伏乞鑒督。恭叩福安。受業曹秉章謹稟。臘月廿四日。

發回邵二雲《南江學案》中，批示云："南江後人近刻《遺書》。"書衡云，南江後人現並不聞於時，必無刻書之事。所謂刻書者，當是邵位西之孫邵章也。是仁和邵氏，非余姚邵氏。

又有批問周書昌著作（周書昌以修《四庫》書得名，其《讀書分年日程》，《史傳》未載，似有斟酌，姑列入亦可）。書衡云，周書昌除《詩

---

① 11：147。

集》之外，別無著作。①

沅叔云，明年鈞座擬將《學案》隨編隨刻，可冀速成。閏枝與書衡商量，明春將已編出各大案檢出，詳細檢閱，應增者增，應改者改。審酌安妥後，再鈔清本，呈送鑒定。即作定本，陸續發刻。俟全體編成後，再行排次分卷。

《詩匯》刻成，所有前後在事之人，除已故者之外，應各贈予一部。曾經開單呈奉批准，連敬一，共二十人。昨文楷齋已送書二十部來，業經照單分致。敬一取藍印者一部，秉章亦取藍印者一部，沅叔要藍印、墨印各一部。此外分者，皆墨印。②原擬已故之人，皆不贈給。書衡云，吳印丞之女自刻書來，即司校勘，擬乞將其父所應得者給之。又曼仙之兄覲瀛，思得一部，擬乞將乃弟所應得者給之。閏枝外甥李詵，亦係司校勘之人，乞給一部。又校勘沈兆奎，亦乞給一部。在五條辦事各人，亦均來囑章為乞賞給一部。此外，尚有舊列門下之人，如朱小汀、許季湘之類，當書未刻時，即再三囑章，刻成後為之代乞。用再開單呈鑒，伏乞批示，祇遵。【徐批：先送朱小汀、許季湘各一部，餘暫從緩，俟多印後，再酌送。】

《詩匯》板槧，甚可看得，惟紙劣太無韌性，且錯字尚多。章與家叔及汪伯雲約，隨時看出，即隨手記出。如實在太多，擬作一《勘誤表》，另刊之。【徐批：擬再詳校，修板後再印精本。】

正修稟間，適由五條取到鈞諭，暨閱後發回《學案稿》三冊，鈔示柯鳳翁所撰《碑文》、賈君玉所述《劉鏞仲事略》各一通，均已奉悉。所有應行稟覆之語，謹再條列於後。【徐批：柯文，吾弟閱後寄回，另繕清稿。】

---

① 周永年，字書昌，山東歷城人。據《清史稿藝文志拾遺》史部目錄類載，周永年著有《儒藏說》一卷。（第948頁）

② 藍印本，是古籍正式印刷前的試印本。據此，是時《晚晴簃詩匯》似尚未正式刊印。今中國書店1988年影印本《晚清簃詩匯》，即為影印1929年徐氏退耕堂刊本，其卷首之序，徐世昌亦署為"民國十八年十二月"。然今據是札稱"茲閏枝交來所撰師母《家傳》一通"云云，曹秉章所謂"師母"者，即徐氏夫人席氏，其卒於1930年3月。若將是札定為1929年，則是時席氏夫人尚在，何得為其撰《家傳》？事實上，自席氏去世后，徐世昌即囑曹秉章、柯劭忞、夏孫桐三人分別纂輯席氏之《事略》《碑文》《家傳》，以期匯刊一書。（參見11：42札，庚午年十一月初七日。）此外，是札中又稱"曼仙之兄覲瀛，思得一部，擬乞將乃弟所應得者給之"，則是時章曼仙已故。曼仙去世於1930年8月，則是札亦不能為1929年。綜上，將是札定為庚午年。疑徐氏在1929年僅為《詩匯》作序，然尚未成書，《詩匯》在庚午年末始刊成。此後又有續刊。

《惜抱學案》批示中，問薑塢列何案，叔節父子如何敘列。閏枝現呈之《惜抱附案》"家學"中，僅列石甫一人，薑塢與叔節父子均敘於《石甫傳》中，未知當否，仍請批示。【徐批：甚好甚好。】至"交游""私淑"兩項，閏枝因人多，擬再增一卷，已於《案稿》內粘簽聲明矣。【徐批：如此辦理甚善。】

劉庠自是《曾文正案》中附案人物，劉孚京即附其《傳》後，極為合式。但劉庠之書，不知已刊行否，現在有尋處否。至劉孚京為卓氏之婿，章昔看其《集》中有《卓友蓮傳》，固已知之。《傳》內描寫友蓮先生縱酒豪情，活躍紙上，非胎息龍門，史筆不辦。友蓮先生亦從前勉民表伯"迷局"中人，章童時曾屢見之。一日，酒後臨行，語勉民表伯曰："明天來吃貂套！"蓋次日宴客，質貂套作具也。

殷墟龜版，記得昔年我師曾買數塊，其實其他之骨亦皆有之，故有圓，有長，甚有作橢形者，不盡龜版可知。至究應作何名稱，俟書衡來問之，再行續稟。

鳳老《碑文》甚佳。書衡所作《墓誌》，據云《銘辭》已撰出，《誌文》尚未著手，亟須一看《碑文》，庶兩文敘事詳略，不致犯複。刻即送與閱看也。

師母《事略》，章又遵諭，將添注各語，一一敘入矣。日內繕出，再行寄呈。

章自初六日痔發甚劇，出血極多。刻雖已愈，尚有瓜子大一塊未收上，十餘日來，不勝其苦。此外，尚有諭詢之事，俟星期五同人來，一一問過後，再行續稟。【徐批：近日體中如何？甚念。外寄回《惜抱案》下冊，請察入。】

民國十九年庚午（1930）[①]

夫子大人鈞座：

敬稟者，日前寄呈《惜抱學案》下冊，暨師母《家傳》一通，計應

---

① 　11：155。

鑒及矣。慈書衡交來所撰師母《墓誌稿》一通。秉章前作師母《事略》，日來又遵批示，逐細改正，本擬請閩翁再加改削，閩翁云文無他病，但嫌敘事過於瑣屑，層折太多。若鍊之使整，便不能如此詳盡，且在鈞座口氣中，正以詳為貴，有不嫌其瑣屑者，竟不必再改矣。用特繕正，一併呈請鑒酌。此外，尚有稟陳之語，仍條列於後，並祈垂詧。專肅，恭叩福安。受業曹秉章謹稟。【徐批：《事略》《家傳》尚有數字擬斟酌。日來閱《學案》未暇，稍遲酌定再寄，請酌定。】

程綿莊已附在《習齋案》內"私淑"之列。

何義門，據書衡云，此公一生祇一校勘之學。然行輩極老，聲聞極著，如何論列，須與閩翁審酌再定。[①]

姚薑塢，先已附於《望溪案》內，又見之《惜抱附案·石甫傳》中。

墓誌石，問過文楷齋，據云有現成的，無庸另行採取。

季湘來[②]，云在津曾經晉謁鈞座，姚氏《說文》，已向鈞座陳明，仍由其帶往洮南，一手校勘另寫。【徐批：前寄季湘一長聯，當已轉交。所有印出之《詩匯》已交起否？板片即屬性存收回。】

附：民國十九年庚午(1930)[③]

乃祖醫閭先生賀黃門云云。葆之云：賀醫閭，《明儒學案》中有其人，特不知敘及其孫否。暇日當一查之。[④]秉章又按：西河原文中本云，在禹州遇一高笠先生，髡其首，授以古本《大學》，是賀凌臺先生云云。所謂高笠髡首者，似是一降清之人，已剃髮，戴纓笠，西河不欲道其名，故以高笠先生稱之。然亦一學人也，西河不道其名，後世竟不能知其為誰

---

① 何焯（1661—1722），字屺瞻，號茶仙，浙江長洲人。康熙四十二年進士，授翰林院編修。學者以其先世以"義門"旌，稱"義門先生"。今附入《清儒學案》卷四十一《安溪學案》下"安溪弟子"中。

② 許寶蘅（1875—1961），字季湘，浙江杭州人。曾任民國大總統府秘書、國務院秘書。

③ 11:217。據本札內容，曼仙已經逝世，故將其附於1930年後。

④ 賀欽，字克恭，別號醫閭，定海人。學宗陳獻章白沙。今《明儒學案》卷六載《給事賀醫閭先生欽》，未言及其後人。

何，亦甚可惜也。①

曼仙所餘未編各案，今日闓枝、書衡、葆之三人檢分（闓）

附：民國十九年庚午(1930)②

（闓）子鈔寫。書衡之稿，係伊自己選擇略通文墨者兩人，在伊寓中專供鈔寫，皆由社按字數給鈔資，故字較整齊，訛誤亦較少。鏒孫在南雇人鈔稿，每次亦由社按字數給資。叔進稿係皆自寫，故皆行書字。

現在編出各稿，恐尚有改動，萬不能即謄清本。從前選詩時，選出即鈔，一經另選或刪過，前鈔者便成廢紙，紙張、鈔工不知白費幾多，亦真可惜也。

秉章之病，自去年十月中，改延趙醫診治③，伊謂純是脾、腎兩經溼熱阻於經絡所致，必須補腎扶脾，使真水充足，以抵制邪溼，則經絡或可漸冀流通。【徐批：補腎，腎亦是否體滯，又助溼熱。】自服其藥已大半年，未嘗間斷，雖腿腳仍僵，手指仍難伸屈，而今年溼熱，卻較往年減輕不少。惟胃口有時依然呆滯，夜眠成寐仍遲，卻無大礙。凡友朋來者，無不云氣色較前為佳。章亦自覺體中較前稍為舒適【徐批：宜多行動，諸病自去】，但不能多說話，尤不能與人辨論，遇事仍易著急耳。【徐批：氣分恐亦有病，久病已氣弱，然萬不可多補。】每日不看書，不寫字，不用心，除在庭中小步之外，即閉目枯坐，雖有時煩悶，無如何也。屢蒙垂詢，特用附陳。【徐批：散步、靜坐是卻此病之良藥也。久病宜心靜，而仍有煩悶者，是仍有溼熱鬱於中也。】

---

① 據《四庫全書總目》卷三十七，經部四書類存目《大學知本圖說》條曰："奇齡歷詆先儒，而頗尊其鄉學。其直指'知本'仍王守仁之'良知'。其主'誠意'，則劉宗周之'慎獨'也。而自稱'嵩山廟市高笠先生所傳，為遼東賀欽之孫所秘授'，蓋托詞也。"錢穆先生《中國近三百年學術史》亦云："惟西河逞才好怪，自言得學統於關東之浮屠所謂高笠先生者，其言荒誕，宜為謝山所乘。"

② 13：68。

③ 秉章延請趙醫生診治在1929年，參見11：166札（民國十八年己巳十一月十一日），則是札當為1930年，故附於1930年末。

附：民國十九年庚午(1930)①

《詩匯》寫刻各本，隨到隨校後，即發還文楷齋，應修者修，應改者改。家叔與汪伯雲每無事時，又將底稿逐卷細加磨勘。前月又勘出所選胡天游與任端書有七律一首，一字不異。兩人同時，何以詩竟雷同，殊不可解。因向六條②將胡天游《石笥山房集》尋來，請書衡另選一首易之。此實係卷帙太多，選手不一所致。且此種大毛病，校對時尤難，即時看出後，卷中仍有此毛病與否，殊不敢必也。文楷齋刻書頑誤之處，不待言矣。近來看其手忙腳亂，經理人雜亂無章，毫無條理，往往有令其脩改而仍不脩改，姑且送來搪塞者，甚有催之過急，云校本未取去，或尋不着者，幸章處於各校本均留有細帳，與之閱看，令其再尋，閱數日，居然尋出數卷來。現在，自一卷至七十卷，甫經第二次脩改完竣；七十卷以後，已令其趕緊照覆校本重加脩改矣。

黎唱園詩，③秉章上次說帖中謂"有李小石選過圈識"云云，因第一冊之後，有小石題記兩行。首行云："丙辰冬，義州後學李放拜讀一過，上選用'∞'，次選用'○'。"次行云："丁巳夏重讀。"故定為小石所選。惟丙辰、丁巳已入民國久矣，想是小石向朱古翁借閱而為之選定者。《唱園集》中之詩，實自咸豐甲寅至光緒戊寅為止。【徐批：此後尚有詩，不知散落何處。】至閏翁說帖所云"小冊"，乃是友梅二叔所藏唱園手寫之《詩冊》一小本。從前選詩時，鈞座曾經發下，《冊》中詩皆非《集》中所有，閏翁在《集》中選九首，又在《冊》中選一首，選後秉章即將此《冊》繳還鈞座，計已兩年矣。其《詩集》

---

① 11：331。是札中稱曼仙（章華）已去世，章華去世於1930年六月，故是札當為1930年。

② "六條"，亦指徐世昌在北京的居住地。

③ 黎承忠，字獻臣，號唱園，長汀人。今國家圖書館藏有其所著《葵園詩草》四卷，民國十九年（1930）徐氏退耕堂鉛印本。據徐氏自云："唱園流寓大梁，好為詩。晚年之作不可見。曩時，唱園曾手書數十首貽余弟友梅，有出剩稿之外者，錄而存之。"（《晚晴簃詩匯》卷一百六十七，黎承忠"詩話"條）

之底本，因本有另為選印之議，故至今仍存章處也。現在此《詩冊》不識仍在左右否，抑已歸之二叔處？如能覓得，可請買先生將《冊》中詩，與目下所選錄《集》中詩詳細核對一過。如果為《集》中所無，即可補錄於後，作為《補遺》，亦未為不可也。原《集》底本，鈞座如需閱看，當再寄呈；如不必閱看，秉章即仍交閏翁寄還古翁矣。仍候批示，遵行。【徐批：可由閏兄寄還古翁，俟印好再寄亦可。】

鐵林日前傳述鈞諭商問各節，鈞座因曼仙之逝①，念及編輯事極繁重，而動筆諸人皆已年老，不宜過為延緩。此層秉章早為慮到，事既開辦，總以趕緊成書為第一要義。所最難者，一為搜求書籍，一為鈔寫費事。既得書，須從頭至尾子細詳閱，而後審擇之，論斷之。一案之成，動須三四易稿，是以不能求速。閏翁既須自作，又須審定他人之作，屢言累極，恐精神有來不及之時。然秉章看其神采，固自矍鑠，可喜也。金、鄭二人雖在南中，然所交功課亦不為少。惟鄭所編者，以求書太難，過於簡單，動須增輯。增輯則亦須求書，求書又非易事。故鄭之稿，在閏枝處未閱出者甚多。在事諸人感激知遇，決不能故為延緩。若因經費支絀而議減薪，似亦非鈞座垂恤諸人之本意。惟秉章既不能動筆，而復渥承恩厚，忝食厚糈，為可愧耳。

陳仲丈《養福齋殘稿跋》，錄呈鈞政。可用，即附稿後印之；不可用，棄之可也。【徐批：甚好。】惟仲丈詩中頗多疵累，近體詩尤多失叶處，必須細看，方妥抄出。【徐批：請即潤色為懇。】經鈞座選定後，或再倩書衡一看何如？仍候批示，祗遵。【徐批：即照閏兄圈定選出，可即校正脩政寄來，以便發印。】

曼仙所分編輯《學案》功課，照單內所列應輯人數計算，約成稿僅及四分之一。夏初，輯《湘鄉學案正案》已成，《附案》甫成一半。其稿經閏翁取去，伊當為之續成也。此外未動手者，約尚有三十餘人，內僅一張伯行是大案。如不再聘人，則此三十餘人之《學案》，同人中如何勻派，容與閏、書兩君子細商酌，再行稟聞。如必須聘人，書衡曾云，伊前

---

① 據鄭沅《章君曼仙墓志銘》曰：“君以壬申年七月二十二日生，以庚午閏六月二十二日卒，年五十有九。”（卞孝宣等編《辛亥人物碑傳集》，第 686 頁。）

託嘯麓①代陳之姚詒慶②，實係好手，經術湛深，向來閉戶著書，不甚與人往來，目下在此閒居，若令接曼仙之手，程功必速。此語書衡早與章言之矣，特以附陳。且俟與同人商量辦法後，究竟如何，再行請示辦理。

曼仙所取書籍，僅《顏李叢書》早已交在章處矣。日內俟陳愷來時，令其帶回五條存儲也。又上次章寄呈鈞座湯秋海《浮邱子》一部、《羅忠節遺書》一部【徐批：此書未見】，亦係曼仙經手購用，用畢交還者。

日前星期五，閏枝、書衡、葆之在此聚談，曾云《學案》照眼前已成稿之數目約略計之，再有一年必可齊全，惟須再加一年修補工夫，方可告成，然實不足觀。因此種書本是學人讀書用功、日積月累細致工夫，若曰修補，隨時看書，隨時可增可改，永無盡期也。至少亦須十年，方可望苟完苟美。

鈞座迭次閱後發回之《學案稿》，凡閏、書兩人所作者，伊等皆仍取回，以便隨時脩補刪改。其餘各稿，半在章處，半在閏枝處。

同人所分功課，金錢孫成稿最多，已有十之六七；書衡、葆之均有十之四五；叔進亦已及半；閏枝兼隨時補輯他人之作，故伊自己所成者，僅有十之二三。隨後當再開細單呈鑒也。

曾聞陶心如云，《詩匯》鈞座命先印百部，將來印出之後，凡前後在社選詩之人，除已故者與現不在此、郵寄不便者可不贈給之外，其餘各人，與始終擔任校勘者及經理刻書者，似皆應贈給一部。茲特開單呈請，酌量批示。【徐批：照辦。】

諭詢清初諸大儒《學案》已成者若干，未成者若干。茲特另開清單呈鑒。

黃子壽，曼仙原擬列入《曾文正附案》中。然子壽是否文正弟子，查不出實在證據【徐批：想非曾門弟子，不敢臆斷】。若列在"交游"中，年代相去稍遠，亦不甚合式。至其子再同，雖是《孝友傳》中人物，然實一無著作。日前，閏、書兩君談及子壽學問，實有根柢，政績亦卓卓可稱，其所著《陶樓文鈔》中，尤多傳作，且其弟子亦多。擬為另作專案，將其子附於後。惟其弟子中可稱者，生存人太多耳。【徐批：王晉卿其一也。】

批諭中所言之蘇菊村，閏翁云菊村本擬附《錢衎石案》內【徐批：

---

① 郭則澐（1882—1946），字嘯麓，福建侯官人，癸卯科進士，授翰林院庶吉士，散館授編修。嘗出佐東三省總督幕。著有《十朝詩乘》、《清詞玉屑》等。《辛亥人物碑傳集》卷十五，載有許鍾璐撰《清故誥授光祿大夫頭品頂戴賞戴花翎署浙江提學使司提學使侯官郭公墓表》。

② 姚詒慶（1868—？），字翼堂，號松生，浙江余杭人。光緒乙酉舉人，曾任度支部主事。

主講大梁書院】，因其為衍石弟子高足，與吳拙修學派既異，似皆聞聲相慕，未必訂交也。【徐批：此人著述甚多，惜刻者少。河南李敏修必知其詳，敏修處亦須有河南先哲底稿。】

馮夢華近今數年始去世，若以之入《學案》，似與鈞座原怕“以宣統三年為斷”之語不甚相符。【徐批：大致亦是詞章之學多，應以三年為斷，可不列。因前偶想起，故一問也。①】

陳任中云，近來研求音律，鈞座前刻之《吳棠湖塤譜》②，屬章代求賜給一本。便中寄下轉給是叩。

民國二十年辛未（1931）年初③

夫子大人鈞座：

敬稟者，茲有書衡所編臧琳《玉林學案》兩冊、潘諮《少白學案》一冊，均經閏枝校過，特以寄呈鈞座。所有日來應行稟陳之事，仍一一條列於後，統祈垂鑒。專肅，恭叩福安。受業曹秉章謹稟。【徐批：三冊均閱過寄回，可察入。】

劉鎬仲文集，早交閏枝矣。諭問有讀諸子各作，不知有可採者否。閏枝云，其文固儘有可錄者，但以先覓乃伯劉庠著作為要，否則祇可為之另覓附麗之處。④

吳摯甫以下桐城派古文家，亦歸閏枝一手纂輯。

鈞座欲將《學案稿》隨時付刊，書衡云稍暇當與閏翁先將《小案》

① 馮煦（1842—1927），字夢華，號蒿庵，江蘇金壇人。今《清儒學案》收錄其在“心巢弟子”中。

② 《棠湖塤譜》，清吳潯源撰，今國家圖書館藏有民國十年（1921）石印本。

③ 11:32。確定是札為辛未年初者，原因有二：其一，是札中稱敬宜請代撰縣志序。徐鼐霖（1865—1940），永吉尚禮人，原名立坤，字敬宜，又作敬一。民國八年，任吉林省長。1927年，出任永吉縣志總裁辦事處總裁，編纂《永吉縣志》，於1931年成書，1941年方得刊行。本札所稱“吉林《縣志》”者，即《永吉縣志》。據是書前有徐世昌序，署曰“辛未六月”，則是札當為1931年。其二，是札稱“陳仲丈、季丈兩殘稿原本，日前大葫蘆來拜年，已交還之矣”，則時間當在新年年初。

④ 今劉孚京入《清儒學案》卷一百三十九“簾舫家學”中，附錄中載有《諸子論（儒家）》。

檢出，加以整理，預備發刻。因《小案》著作少，附屬之家數亦少，一經定稿，不致大有更易。《大案》則不然，既有費斟酌處，其附案中亦必有更動處也。【徐批：先刻又與編次不合式，且一刻即不能止，仍以速編輯完竣，再動工發刻為妥。】

鐵林信云，《詩匯》紅印者未見，好紙印者亦未見，現在已送至五條者，卻不知有紅印者與好紙印者否。日前，曾已問之沅叔，據云比月杪須赴滬一行，過津當走詣鈞座，面陳一切也。【徐批：尚未來。】

《詩匯》錯字，固須校正，《詩話》亦須細看。【徐批：請速校正訛字，以便再印。】即如《顏習齋詩話》末句"聞風興起"四字煞不住，昨曾翻示書衡，伊亦云必須改一句也。書衡本擬將《詩話》再子細修改一遍，以為日後仿《明詩綜》，另刊《詩話》之用。①

諭給季湘、小汀之書，皆已送去，均屬代為陳謝。

陳仲丈、季丈兩殘稿原本，日前大葫蘆來拜年，已交還之矣。

敬一纂吉林《縣志》成，擬求鈞座作序，云日前在津業經面求，蒙俯允，諭令交章代擬。惟其《自序》一篇，即係章為之代作，今鈞座之序，必須別具手眼，另出機杼方好。故擬請書衡捉刀，已與敬一言明矣。

【徐批：《詩匯》又印來，可送曼仙之兄章觀瀛一部。此次寄臧、潘兩案三冊，均閱過寄回，請查收。】

民國二十年辛未（1931）七月初四日②

夫子大人鈞座：

敬稟者，茲呈上閩枝新成刁包《用六學案》、張烈《孜堂學案》各一

---

① 《晚晴簃詩話》今華東師範大學 2009 年始刊行。

② 13∶65。是札稱"上次發回張清恪《敬庵學案》內有簽"云云，則張伯行《敬庵學案》是時已編出。然據 11∶335 中，又稱章曼仙去世後，其所餘未完之稿交閩枝續成，"內僅一張伯行是大案"，則章曼仙去世時（1930 年 8 月），《敬庵學案》尚未成。據此，是札有可能是 1931 年 8 月以後。再，是札中有稱書衡云云，書衡去世於 1931 年 8 月。由此可推測，是札當為 1931 年。又是札末署"八月二十七日"，然是時書衡去世不久，徐世昌批語中又有向書衡"道謝"之語，不符常理。疑是札所署為陽曆 8 月 27 日，農曆為七月初四日。又是札下，與是札內容相關聯的 12∶11 札中稱"閏翁近又有病，自中元日起，已三會未到矣"，中元日為農曆七月十五，即使下推三周，其時間亦不至於在農曆八月末，且 12∶11 札又在是札之後，則是札所署者，更有可能是陽曆。

冊，書衡新成《鄞縣二萬學案》上下兩冊【徐批：《學案》均閱過寄回，請查入】，又書衡遵諭撰《〈詩選〉序》一通【徐批：甚好】，秉章遵諭撰《〈詩選〉凡例》一通【徐批：略加潤色】，並呈繳《詩選》底本二十四冊①，及鈔下評語、舊序、題辭共十六紙，統祈鑒督【徐批：均收到】。所有應行稟陳之語，仍條列於後。恭叩福安。受業曹秉章謹稟。八月二十七日。【徐批：昨屬鐵林寄去《五公山人集》一部，想已收到。②《例言》需略加潤色，再抄寄閱。】

書衡之序，自云仿唐駢為之，體格太卑，求削政再刊。【徐批：叔［書］衡作序，的是駢體老手，感佩之至，代為道謝。】秉章所作《凡例》僅五條，能用與否，並祈鈞裁。

上次發回張清恪《敬庵學案》內有簽，諭問吳朝宗、吳徵仲、施誠齋③諸家之書能物色表彰之否。閏枝云無從尋覓矣。冉蟬庵書亦無覓處。【徐批：河南省當有。】又問滿蒙大儒學家有幾人。閏枝云，旗人祇有倭文端一人，此外無所聞也。④【徐批：有無著作？應入何人案中？】

【徐批：上次奉答書中有云 "《王一梧［益］［吾］案》中蘇輿、陳毅二人皆鄞人之門生，是否亦稱'先生'"，未見答覆，請諸君酌定。】

---

① 今國家圖書館藏有《水竹村人詩選》二十七卷，民國間退耕堂刻本。又據《天津通志·出版志》載，《水竹村人詩選》二十七卷六冊，徐世昌著，柯劭忞選，1931 年徐氏退耕堂刻本。

② 《五公山人集》十六卷，明末清初學者王餘佑著。王餘佑，字申之，號五公山人。其學宗孫奇逢，對顏元、李塨的治學亦有影響。其書今國家圖書館有藏，華東師範大學出版社 2011 年亦有出版。今王餘佑列於《夏峯學案》弟子中，又別見於《習齋學案》交游中。徐氏寄《五公山人集》，即為纂修《夏峯學案》所用。

③ 施璜，字虹玉，號誠齋，休寧人，嘗講學於紫陽書院。師事高世泰。著有《誠齋文集》二卷。清徐光文《篁墩程朱闕里祠志》卷六 "列傳" 中有《施誠齋先生傳》。今安徽省圖書館編《安徽文獻書目》中，載有其所著《五子近思錄發明》十四卷、《近思錄纂注》十四卷、《小學發明》六卷（一名《小學近思錄發明》）。

④ 今據恩華纂輯《八旗藝文編目》，將滿蒙諸儒有關經學的個人著述羅列於下。易類：德沛《易圖解》、《周易補注》、肫圖《理象解原》、完顏偉《天人一貫圖說》、強謙《易學答問》、多隆阿《易原》、《易蠡》、（蒙古）英和《讀易擬言內外篇》、《讀易匯參》、《易貫近思錄》、（蒙古）萬選《易注》。書類：肫圖《書經直解》、寶廷《尚書持平》。詩類：肫圖《詩解正宗》、多隆阿《毛詩多識》、平遠《詩經濟變》。禮類：性德《禮記陳氏集說補正》（其書作者有歧義——筆者案）、壽昌《夏小正疏證》。春秋類：敦崇《左傳菁華》。四書類：世續《四書圖說》、慶恕《大學衍義約旨》。理學類：德沛《實踐錄》、《鰲峰書院講學錄》、長庚《溫故錄》。小學類：裕恩《音韻逢源》、性德《詞韻正略》、德進《古今字體考源》、都四德《黃鐘通韻》。經說類：敦崇《經義新評》、（蒙古）和瑛《經史匯參》。

民國二十年辛未(1931)①

夫子大人鈞座:

敬稟者,日前接奉批諭,並閱後發回《學案稿》四冊。又給葆之畫幅與頒給秉章及諸同人之書,遵即一一分致,均屬章代為陳謝,而葆之尤為歡躍也。所有秉章應行稟陳之語,謹仍條列於後,伏乞鑒督。恭叩福安。受業曹秉章謹稟。【徐批:茲寄去邵位西《尚書通義》新出版者,請交閏兄一閱。前纂《位西案》內已列此書否?可補入。小汀多年不見,代為致候。② 近晤敬宜否?代為問候,甚系念也。】

《王益吾案》內附列之陳毅、蘇輿二人,既屬門下,即不能稱“先生”。已與閏翁商定,改書其號,陳則書為“陳詒重毅”,蘇則書為“蘇厚庵輿”。惟將來成書後,須於《凡例》中加一說明耳。

倭文端,前已經叔進為作專案,因所纂輯太簡,交閏翁覆閱,謂須設法擴充。且應附屬於其案中者,亦頗有人,一時尚費考核,故尚未成也。【徐批:作為專案甚好。附此案者,亦須多採訪數人為囑。】

繆筱珊應附張文襄弟子之內。

閏翁近又有病,自中元日起,已三會未到矣。聞因傷風牽動腰痛舊恙,加以咳嗽,又十餘日未通大解,章曾遣人問候,書衡又親往看之,見其精神尚好。昨有校閱出葆之、書衡所纂《學案》二冊,遣人送來。有親筆信致章,云大解已通,身體稍為活動,正在服藥,再有數日,當可出門也。【徐批:近天燥,最易秘結,老年人尤須日日見大便,可常服潤腸食物也。】此兩案因有尚須本人斟酌處,故尚未能呈閱。

《五公山人集》尚存章處,俟閏翁來,當交其閱看也。

【徐批:聞閏兄抱恙,甚念,請代為多多致候,尚望隨時珍衛。前數日尚寄懷之詩,嬾於寫也。同人均代為問候為囑。】

---

① 12:11。

② 朱彭壽(1869—1950),字小汀,浙江海鹽人。其自云:“辛未歲,余應東海府主之聘,分纂《清儒學案》,每週星期五日,群集曹君理齋寓中,討論其事。”(《安樂康平室隨筆》卷六)徐世昌在此問候,蓋小汀是時始已任事。

民國二十年辛未(1931)七月十六日^①

夫子大人鈞座：

敬稟者，日前接鐵林信，蒙發還黃梨洲《明夷待訪錄》、孫仲容《周禮政要》、《墨子間詁》等書共三種，均已奉到。茲呈上夏峯翁脩正《夏峯學案》一冊，內附同人議定《畫一體例》一紙，又閏翁來信兩紙，一併呈鑒。所有同人趕辦編纂未了之案及脩正已成之稿各情形，詳列於後，祈賜批示，祗遵。專肅，恭叩福安。受業曹秉章謹稟。七月十六日。【徐批：《夏峯學案》復閱過寄回，請察入。內加數簽。】

原定分纂《學案》目次，金錢孫業已編竣。據來信云，即接編《算學案》。據其開來算學各家姓名，自清初梅氏父子，以逮後來之華蘅芳，共十六人。然每人案內附麗者正復不少，若《華蘅芳案》中，則必更有言西學之人矣。書衡尚有十案未編，內有（闕）

民國二十年辛未(1931)七月廿五日^②

夫子大人鈞座：

敬稟者，日前交李貽燕帶呈脩政《夏峯學案稿》一冊【徐批：已閱過寄回矣】、《鄢陵文獻志》一部【徐批：收到】，知已達鑒矣。茲有閏枝新成張沐《起庵學案》一冊（即從夏峯附案中提出者），呈請鑒定【徐批：已閱過寄回】；附晚晴箋五百張，並祈詧收。【徐批：收到。】專肅，恭叩福安。受業曹秉章謹稟。七月廿五日。【徐批：《起庵學案》一冊，閱過寄回，請察入。邇來熱甚無雨，諸公體中如何？至為系念。外書一冊。】

---

① 11:21。
② 13:27。

民國二十年辛未(1931)八月初七日[①]

夫子大人鈞座：

敬稟者，昨寄鐵林轉呈一稟，計蒙鑒及矣。今日星期五，閩翁仍未到，遣人送來所輯費密《燕峯學案》一冊，又前日交來校出葆之所輯丁晏《柘唐學案》、書衡所輯孫葆田《佩南學案》各一冊，閩翁並繳還上年發下之刁包《用六集》一部（計七冊），一併呈上，伏乞鑒督。【徐批：均收到，外書三冊。】專肅，恭叩福安。受業曹秉章謹稟。八月初七日。

附葆之謝柬一張。

閩翁信云，病體大致平復，惟腰膂尚難得力，不能久坐，節後當可出門云云。【徐批：請代為道候道念。】秉章近日精神一切亦較前兩月為佳，又可看書矣。知關厪系，謹以附陳。【徐批：甚好甚好。】

【徐批：此次寄《學案》三冊，均閱過寄回，請察入。】

民國二十年辛未(1931)八月[②]

夫子大人鈞座：

敬稟者，日前奉到批諭一件，及手諭兩紙，暨閱後發回臧玉林、潘少白兩家《學案稿》三冊、《含芬集》底本一冊，均已誦悉。茲有葆之新輯江藩《鄭堂學案》一冊，閩枝業已覆校，用特寄呈鈞鑒。所有秉章應行稟陳之語，仍一一條列於後，統祈批示，遵行。專肅，恭叩福安。受業曹秉章謹稟。【徐批：《江鄭堂學案》，閱過寄回，請查入。】

叔進辭薪，原以覓書為難，無從著手，恐負鈞座盛意，刻鑲孫已為代

---

① 13：257。

② 11：204。因是札有發回臧玉林、潘少白兩家《學案稿》之事，與上札 11：32（辛未年初）相連屬，故定為 1931 年。又是札稱"中秋陰雨無月"，則其當在八月。信中未道及書衡逝世，疑當在八月廿二日以前。

借書籍，所餘未編之十二家，當亦即可編出。① 且此十二家中，韓氏夢周、法氏坤宏、陳氏慶鏞三家之書，為此間所有，已留歸此間辦理。汪氏紱《雙池全書》，錢孫信云南中徧覓不得。秉章記得此書當壬辰、癸巳間，徽州人之在浙者，曾集資重刻，卷帙繁富，種類極多，當時每部售一百元。秉章彼時在杭，曾於友人處見之，何以南中此時竟無此書？而閏枝云，去年在廠肆卻見過一部，問價，索七十元。目下當亦尚可覓得，故此案亦擬留於此間辦理。此外，則林氏伯桐、曾氏釗，錢孫已附入《衍石學案》中。而曾釗與侯氏康，又皆為陳蘭圃弟子，《蘭圃學案》前叔進雖已編來，閏枝嫌其過於簡單，留待增輯。又有宋氏書升、孫氏鼎臣兩家，宋氏之書本未刻行，亦須於此間求之。一切秉章已與閏枝、書衡、葆之諸人計議妥當，叔進停薪之後，其事可以不必再請他人，請鈞座放心可也。【徐批：十二家除以上所列各家在京辦理以外，亦無幾人矣，統祈酌核。】

葆之未編之案，僅十餘家，並無大案。

錢孫近又寄來編出許周生、鍾子勤兩家案各一冊，已交閏枝矣。其所云云，大約伊無事時，頻頻自行診候，脈至逾百而一歇，似亦不足為病。所謂心搖搖者，必是因歇而起驚疑之故。章復信囑其不必時時診驗，且置一兩日看是如何。如章中風後，頗有人囑令每星期請醫生一驗血壓度數。然章近年但求眠食如常，從未請人量驗血壓，如果驗得度數忽高，不免頓起疑慮，不如置之不問之為得也。

沅叔新游勞山歸，云鈞座從前游此山，恐未深入，伊似得有異境者。廿七八有事赴津，當趁前面談也。【徐批：已來面談矣。】

中秋陰雨無月，同人亦無聚會，大率皆為境所困。僅一生日會，每隔月餘舉行一次，然釀資亦頗為難也。

聞奴子輩云，今日上午十鐘時，落月尚在西偏，日光正耀，去月不遠有一大星，光芒四射，不知何兆也。日昨鐵林來信，問陳鳳韶訃函，章並未收到。

---

① 叔進在 1930 年末尚有稿交出（參見 11：152 札庚午年臘月十五日），故其提出辭薪時間當在 1930 年末至 1931 年初。其時尚有十餘稿因難於求書而未編出，故請金錢孫代為訪求。疑其停薪時間至少在此十餘案編竣之後，即 1931 年 8 月間。

民國二十年辛未（1931）八月二十日^①

夫子大人鈞座：

敬稟者，節前寄呈之《學案稿》，並繳還刁包《用六集》，當已登鑒矣。【徐批：均收到。】茲閏翁覆閱出書衡所輯《謝山學案稿》二冊【徐批：均閱過寄回，請查入】，又韓堯廷交來擬築師母塋式圖四紙，附說一冊【徐批：可不用，仍照河南舊式辦理，全用手民辦法也】，一併呈上，伏乞鑒詧是叩。專肅，恭叩福安。受業曹秉章謹稟。八月二十日。【徐批：前日寄一書，並書一包，當先達到。】

閏翁病尚未全愈，明日又是星期五，不知能來否。【徐批：甚念甚念。】書衡近來精神日見委頓，前星期五云，濕氣大發，兩腿生小瘰，極多極癢，步履極不便當，必須扶掖。【徐批：已早有函去。】今日有字來云，所患更劇，明日不能來也。

錢孫日前寄來所輯《算學案》一種，信云腦後生癤，在平湖治之不效，因至滬就醫，醫生云脈見歇至，勸其少動腦經，然應用之書已皆攜在行篋，少遲數日，脈象稍轉，仍即動筆云云。章已復函，屬其切勿亟亟，俟一切平復後，再接續編輯不遲。【徐批：請作書代為問候，並道念。請其靜養康健，再編輯也。】

堯廷所擬塋式做法，不識合用否，祈批示。或令其到津面談何如？【徐批：暫可不來。】

【徐批：此次寄來《謝山學案》二巨冊，已閱過寄回，請查入為囑。執事邇來體中如何？勿過勞也。】

民國二十年辛未(1931)八月廿二夜^①

夫子大人鈞座：

敬稟者，昨日肅具寸稟，並呈上《學案稿》二冊【徐批：收到】，及老韓擬築師母塋式圖附說，今日送交五條，覓便寄呈，約明日可以達鑒。書衡近時病劇情形，前兩稟已經詳陳。昨日其家人電話，云病甚重，兩足皆腫，不能履地。今日午後，由電話問之，云已於午刻去世。刻其寓中又來電話，云定明日下午四鐘成殮。特肅稟聞。恭叩福安。受業曹秉章謹稟。八月廿二夜。

已告知五條呂升，先送官弔去矣。【徐批：叔［書］衡為多年至好，其人品學問至為推重，近十餘年又竭力代為著述，聞其患病，時時系念。忽聞長逝，愴惻無已。其子已卓然成立，而叔［書］衡鬱鬱而歿，未得大展其才，亦可傷矣。】

民國二十年辛未(1931)八月廿三夜^②

夫子大人鈞座：

敬稟者，書衡去世，昨夜肅稟陳告，今辰發快郵，約計午刻可以塵鑒。刻有應行稟陳之事，一一條列於後，伏乞鑒詧。恭叩福安。受業曹秉章謹稟。八月廿三夜。【徐批：此後所未纂各案，應再細查一次，尚有若干，請閏兄酌定，如何分別纂輯。小汀有無纂出之書，已送閏兄閱定否？】

書衡之長子蔭泰，現在上海為律師，次子隨侍在此，已於今日下午四鐘成殮。明日接三，秉章電告呂升，令其買官弔送去。

書衡之喪，我師應送聯額，似可即行寫送。秉章已函託嘯麓代擬，就

---

①　13：248。
②　13：245。

近呈師閱定後，寄下再寫。【徐批：嘯麓已擬來，昨已寄去。請執事酌定，即寫送。】因秉章對於書衡之死，心中甚為悽惻，不能構思，且我師與書衡交情甚深，亦不可以敷衍門面之辭潦草塞責，故請嘯麓代作，非偷懶也。聯額之外加送何物，尚祈諭知，遵辦。【徐批：存彼處書籍，請詳細檢回。】

　　書衡性情之謹厚，學問之淹博，儕輩中實無其匹。章與論交二十年，不獨文字時有啟導，而氣誼相孚，最為莫逆。十四日尚來與同人聚談，當時雖見其病骨支離，萬不料一去不復相見，我師亦必惻然心傷也。【徐批：叔〔書〕衡處所餘之案尚有若干，請詳細檢查取回，再另分人纂輯；已成之書在彼處者，請細檢取回，分別點查，切勿遺失遺漏。】

　　書衡名下尚有張文襄、俞曲園兩大案未曾編出，他人為之，恐決不能如伊之精審愜當也。

　　書衡已編成之學案，共五十餘家。每次我師閱過發回後，伊均一一攜歸，有舛誤處，隨即脩正，並隨時刪改。章均記出有單子，俟其長子到後，章當親往眼同檢點，並取去之書，一一收回也。

　　日前，寄呈《謝山學案》，不料此稿竟為書衡絕筆也，傷哉！【徐批：現正閱此稿，為之潸然。】

　　韓堯廷今日來談，章告以所畫《塋式圖》並《說》已寄津矣；問其何日赴津，伊云近時甚忙，須重陽後騰出工夫，籌出川資再去。擬請我師諭知鐵林，至九月初，寄十數元與伊，作為鈞意，請其來津面商墳塋辦法，我師以為何如？【徐批：《圖》收到，余擬即照河南脩壙葬墳辦法辦理，一切從鄉俗，此《圖》恐無須用矣。屆時請韓君點穴，目前暫可不來津，請轉告。叔〔書〕衡應葬何處，其長子歸來，必已有計畫也。擬送其奠敬三百圓，昨已囑鐵林先告吾弟也。】

民國二十年辛未（1931）八月廿七夜①

夫子大人鈞座：

　　敬稟者，昨奉批諭，並閱後發回《學案稿》三冊。今日鐵林寄來筱

麓所擬輓書衡聯額字句，亦已奉到。所有應行稟陳之語，條列於後，伏乞
福安。受業曹秉章謹稟。八月廿七夜。

書衡前日接三，章以其時弔者必多，且必多熟人，生怕周旋，是以未
去。今日午後，往一哭之。見其子孟羣，詳問病狀。據云初十後，腿足已
腫、不良於行。延西醫狄博爾診治服藥，腫漸消，而腹脹氣促，小溲不通。
再服藥，並打藥針，解小溲似血非血，而腹脹如故，極形苦楚。西醫又為
之放氣，當時雖覺稍好，精神實益不支。十八夜間，曾昏暈一時許。甦後
尚口誦平日所作詩文之得意者，並囑其第二女壻，即徐又錚之子，檢點案
頭書籍，凡借圖書館者，皆送還之。二十夜，尚擬為沅叔作壽文，索紙筆，
試寫數字，說不能寫矣，遂囑其宅中之寫字人明日早來，當口說與爾寫之。
迨至次辰，氣促痰上，神色即大變矣。斂時衣服，遵其遺囑，用道裝，棺
用柟木。現擬略為加漆，擇日開弔出殯。即附火車至津，附輪船南旋，亦
係遺囑，要歸葬於先隴也。【徐批：所辦極妥當。】所編《學案稿》五十餘
冊，章將單子交與孟羣。據云已檢點過，數目相符，鎖在櫃內，稍遲數日
當與所取用之書檢齊後，一同交來。【徐批：請即點收為要。】

書衡名下未編之案，祇有張文襄、俞曲園兩家。【徐批：尚有未作之
小案否？】此後由何人編輯，容與閏翁商量再定。【徐批：請閏兄酌定。】

小汀前日已編出《施愚山案》一種，已交閏翁覆看去矣。

繆筱珊之著作，閏翁已早與書衡商定，附列於《張文襄案》內，因
筱珊係文襄之門人也。【徐批：甚好。】

黃蕘圃，同人尚未談到。惟其人素以藏書稱於時，卻不知其有可傳之
著作否。【徐批：前見所辦案中有述及此人者，不記得在何人案中也。】

宋晉之之著作，章記得選詩時係未刻稿，寫本且不僅《詩集》一種。
現其書早已送交五條矣，當再向五條尋之。【徐批：其書均未刻，經學數
種皆未見，可問鳳老。】

鄭東甫之著作，當問鳳老。① 【徐批：均可問鳳孫，可開出一單再物
色也。】

孫佩南刪定馬氏國翰所輯《漢儒經解序》，馬氏之人，僅於此文中見
之。此書之外，別有何種著作與否，當一併問之鳳老。【徐批：法先生亦

---

① "鳳老"，即柯劭忞，字鳳孫，山東膠州人。鄭杲，字東甫，河北遷安人。兩人在京師
時，嘗共同研討《春秋穀梁傳》，甚為相熟。（參見牟潤孫《蓼園問學記》）

有著作。】

　　前日諭中有"寄來李敏修信"云云，然此信章並未收到，不知其信中作何語？【徐批：係李敏修致陳愷之信，囑陳愷送吾弟閱，可與其接洽也。應用之書，亦已囑陳愷託人在汴省物色。】至耿、冉兩先生之書，應用何種，容問之閨翁，再行禀知。

　　前日閨翁來字，云腰脊仍不得力。明日星期五，不知其能來聚談否。【徐批：《謝山學案稿》已寄回，可收入。閨兄尚未健適，請為道念。今日作挽叔［書］衡一詩，俟寫出即寄去。】

　　敬宜耳聾之甚，來時當傳述鈞意致候。

民國二十年辛未(1931)九月初一日[①]

夫子大人鈞座：

　　敬禀者，日昨蕭陳一禀，計應登鑒矣。星期五，閨老仍未到。章昨日午後又往視之，並將我師前日閱後發回之《學案稿》交其閱看。見其精神尚好，惟腰脊猶不得力。云每日拄杖，在庭中小步，然尚不敢出門坐車，亦畏風也。說及書衡，伊大為惋惜，云是社中臺柱子，現在再要如此手筆，無覓處矣，即有，亦決不能如此出力。沅叔交來謝束，特呈鑒督。專肅，恭叩福安。受業曹秉章謹禀九月初一日。【徐批：晤閨兄為多多道念，勿急出門。天氣漸冷，一切珍衛為囑。】

　　閨老云，鄭東甫、宋晉之兩人實係晚近經學名家，其書如可得，當提出作專案，不必附屬於孫佩南也。孫佩南文中所說之馬國翰，亦須覓其書，為另作案。雖其書為佩南所駁，然亦有獨到處也。[②] 冉、耿兩先生書，閨老云現在可以不必購求。黃蕘圃，閨老亦云僅是一藏書家，不聞其自有何種可傳著作。

---

①　12∶6。

②　孫葆田（1840—1911），字佩南，山東榮成人，同治十三年進士。據其《校經室文集》卷一曰："余嘗徧取其書（即指馬國翰之書——引者）閱之，有一傳而兩書復見者，有一書所獲止三四條而強分為卷者，有所輯非原書者，及原書在當時已散佚而以意揣編之者。夫貪多務得，固世儒之通弊，抑亦所取多，則不能無失。"

【徐批：宋晉之經學著作甚多，皆未刊行。問鳳孫，必知其詳。其學問較孫佩南精實多矣。鄭東甫亦樸學，精於《春秋》，亦未見其著作。冉、耿之書，汴省物色尚易，已囑陳愷購求矣。執事近體如何，甚念。】

民國二十年辛未（1931）九月初三夜^①

夫子大人鈞座：

敬稟者，今早接奉賜諭，並任鈞臺先生書十本，敬已誦悉。小汀所編《愚山學案》一冊，經閏翁看過後，簽出數處，仍由小汀自行修正交來【徐批：《學案》閱過寄回，請查入】，又鳳翁交來鈞著《海西草堂集》第六冊一本【徐批：收到】，沅叔交來《學案》寫樣一卷【徐批：應請另送大字本】，並呈繳《五公山人集》一函、邵位西《尚書通義》二冊【徐批：收到】，統祈鑒詧。所有應行稟陳之語，仍逐一條列於後。恭叩福安。受業曹秉章謹稟。九月初三夜。

小汀昨又編出《侯康學案》一種，已送閏翁矣。

張文襄、俞曲園兩案應采之文，書衡病中已經選定，歿前數日，親自交其家中寫字人鈔寫，現在尚未鈔齊。【徐批：仍請趕抄，即照此編輯辦理。】兩案之傳則未撰一字，應附列之人亦未開出，章已囑其家中子細尋覓矣。【徐批：即請其家人檢齊交來，請閏兄酌定如何辦理。或即請閏兄偏勞，或交何人編出，再請閏兄潤色何如？】

書衡之子囑章與沅叔為作《哀啟》《行述》。惟書衡從前歷官事蹟，祇有曼仙知之最詳，惜曼仙已先去，不能起而問之，其子竟一事不能道。家中除《會試硃卷》之外，服官時履歷底子，皆無尋處。章又萬不能辭，因與沅叔商量，先做《哀啟》，《行述》稍緩再做。《哀啟》中敘病，夾敘近廿年事蹟，敘事蹟，則以學問行誼為重，歷官事蹟從略。【徐批：余初知叔［書］衡，知其係葛振卿寶華尚書之至戚，頗有大名。其時尚是少年也，作京官，亦未大顯。入民國後宦蹟，想同人均知之矣。】

沅叔生日，本擬請閏翁作壽文，前以閏翁有病，轉請書衡代作。乃書

---

① 12：8。

衡未及屬稿而卒，刻仍由閨翁親作。聞日來正在趕辦也。

　　嘯麓所擬輓書衡聯扁字句，扁用"嶽峙淵澂"，似太嫌寬泛，改為"博學甄微"。【徐批：甚好。】日內擬邀季湘來寫，寫出即送去也。

　　《任釣臺案》，本分在閨翁名下，其書當交閨翁也。【徐批：此外尚有書。】

　　宋晉之《詩集》，已在五條檢來，僅是《詩集》一本，詩亦不多，並無其他著作。此詩我師似可為排印之，或請鳳老一選再印【徐批：可】，候示遵行。【徐批：請即交稿前一選，即代印也。】至其他著作及鄭東甫書，章一兩日內往訪鳳翁，請其代為訪求。【徐批：叔［書］衡所用抄書人寫字甚好，似仍可用其抄書。寫清本時更要用人也，請酌定。】

　　家叔呈上舊箋二幅，求賜書兩齋額。【徐批：隨後即寫去。】

　　【徐批：編書暫可不添人。現共尚有若干案未編，請詳示。寄來《愚山學案》，閱過寄回，請察入。小汀編輯甚精，當請多偏勞為懇。】

民國二十年辛未（1931）九月二十一日[①]

夫子大人鈞座：

　　敬稟者，前日奉到批諭，並發回《愚山學案》一冊；今日又有由五條交到鈞座為家叔書齋額兩幅。所有應行稟陳之語，謹條列於後，伏乞鑒詧。恭叩福安。受業曹秉章謹稟。九月二十一日。

　　家叔附筆叩謝。

　　【徐批：故城賈氏，學人甚多。《明儒學案》，賈氏有刻本。[②] 近有人藏有賈氏文集，已借好，尚未送來。候送到即寄去，請閨兄閱核。或專案，或附案，請酌定也。】

　　章於十九日往訪柯鳳翁。宋晉之詩，已傳述鈞意，請其閱選，並託其代為訪求他種著作與鄭東甫之書。鳳翁均已答應。其精神丰采，一切如

---

　　①　12：13。

　　②　《明儒學案》有康熙間賈潤父子刻本及雍正間賈氏後人刻本。據陳祖武先生云："兩次賈刻本於宗羲序皆以己意作了文字上的增刪，雍正本的妄加改竄，尤為大乖原意。"又云："賈氏改竄《明儒學案序》，所謂湯斌對《學案》的評論，是由'陳介眉所傳述'云云，就純屬臆斷。"（《清代學術源流》，第46、48頁）

舊，惟步履不甚便當。章由僕人扶掖而入，鳳翁亦由僕人扶掖迎於庭中。迨章興辭，伊仍送至大門之外，並諄諄囑章，代為請安。

閔翁病好，已到會兩次，云鈞座所云毓麟膏，已經買貼，甫貼一日，尚未見有何效驗也。

小汀編出《侯君謨學案》及《熊文端學案》各一冊，閔翁尚未閱來，故日內無稿寄呈也。【徐批：柯、夏二公均甚念，晤為道候。金、閔兩處近又有成案否？如有，閔出成稿，即寄來閔。】

書衡未編之案，除張文襄、俞曲園兩家外，尚有大興二朱石君、竹君未編，閔翁已囑小汀去辦矣。【徐批：張、俞二家，是否閔翁續辦？】

諭留書衡處寫字人一節，社中鈔件甚少，夏、朱之稿均自行覓人鈔寫，閔稿間有交來囑鈔者，亦不多。至全稿，本與閔翁、書衡商定，付刻時即以刻字人所寫為清本矣。若另鈔清本後，再行付刻，費錢太多，且多一番鈔寫，多一番錯落，又多費時日，總總不合算。惟刻字人寫來，子細多加校對而已。故書衡處之人，可以不留。【徐批：甚好甚好，即照此辦理。】

民國二十年辛未（1931）九月廿三日①

夫子大人鈞座：

敬稟者，日昨寄鐵林轉呈一稟，計已登鑒矣。【徐批：已答覆矣，當已入覽。】宋晉之詩一冊，鳳翁已閱過，今日親自送來，並附手錄近作詩二章，囑章代呈鈞鑒【徐批：均收到】，用特一併寄呈，伏乞垂詧。恭叩福安。受業曹秉章謹稟。十一月二日。

鳳翁云，宋晉之是一學人，詩本非其所長。此稿數十年前即看過多次，茲將其中必不可存者，於詩上用"△"記出，請鈞座再行詳閱酌定。【徐批：四十年前做京官時，與閔兄諸同年有消寒會②合影，時時念及也。

---

① 12：15。是札中（署十一月二日），徐世昌問柯劭忞年紀，其下 12：17 札（署十月初二）中有曹秉章回復。據此，是札所署當為陽曆。以下 12：24 札、12：38 札所署皆當為陽曆。

② 據潘宗鼎《金陵歲時記》曰："吾鄉當冬至節後，九人相約宴飲，自頭九以至九九，各主東道一次，名曰'消寒會'。文人墨客飲酒之余，兼及韻事。"（南京出版社 2006 年版，第 41 頁）

宋晉之詩，留此細閱酌選，再付印。】至其他著作，前數年，其壻曾送來看過，有兩箱之多，當再設法問之也。【徐批：晉之之書，務必請其要來一閱，以便合一專案也，至要至要。】此詩鈞座閱後，如即為之印行，似尚須鈔一清本，再行付印。鈔出後，乞諭知，章當代師作一序也。【徐批：俟閱定再寄去，請吾弟代作序也。】

鳳翁詩雖係偶爾應酬之作，而氣醇而和，絕無衰象，真壽徵也。【徐批：鳳兄今年八十幾，請問明寄知。】

葆之前日又輯出寶應成孺《心巢學案》一種。成乃馮夢華之業師，因將夢華作附案，列於弟子中，而夢華《傳》《誌》不可得，無從作《傳》。適閏翁處有夢華《行狀》，遂即將《傳》補出。葆之仍取回，補錄文章去矣。【徐批：甚好甚好。】大凡作案，既要書，又須求其《傳》《狀》《碑誌》，采輯作傳。時代遠者，固多散佚；而時代近者，又少流傳。故每作一案，皆不能旦夕立成也。章十日前患眼痛，因又停止看書。近兩日眼痛已瘥，而左腳忽然腫痛，步履更不便當，大約仍是溼氣也。【徐批：冬初驟寒，起居須格外留意。近又服藥否？閏兄腰痛如何？請代道候。】

民國二十年辛未（1931）九月廿八日^①

夫子大人鈞座：

敬稟者，日前寄上宋晉之詩一冊【徐批：晉之之詩，尚須再選一過，方能印行】，並鳳老錄呈近作兩紙，計應達鑒矣。【徐批：均收到。】茲有金籛孫前輯段玉裁《懋堂學案》，經閏翁補輯交來，附籛孫原稿，又籛孫輯王錫闡《曉庵學案》，小汀輯侯康《君謨學案》，葆之輯成孺《心巢學案》各一冊，亦經閏老閱過，茲特一併呈請鑒閱。恭叩福安。受業曹秉章謹稟。十一月七日。【徐批：寄來五冊，均閱過寄回，請查入。四冊為正案，一冊另存。】

附《學案稿》五冊。

---

① 12：24。

民國二十年辛未(1931)十月初二日^①

夫子大人鈞座：

敬稟者，日前肅呈一稟，並《學案稿》一包，不知何日達到。【徐批：已閱過寄回。】頃由鐵林寄到批諭，敬悉一切。所有應行稟復之語，條列於後，伏乞垂鑒。恭叩福安。受業曹秉章謹稟。十月初二日。【徐批：宋晉之書必須設法取來，為編一案，是為至囑。】

諭問鳳老年紀。章日前曾問之，云八十三歲。

諭詢方槃如可否列於《望溪案》內。按《清史列傳》，槃如是毛奇齡弟子，似應附於《西河案》中。【徐批：即補入《西河案》中，亦甚好。】惟書衡作《西河案》，並未將槃如列之，不知因何遺漏。當問之閏翁，請補之。惟槃如之著作極多，其書有無可覓，亦當商之閏翁也。【徐批：可囑性存，查五條書中存有槃如著作幾種。】

諭詢故城賈氏書籍，查此書晚晴社中即有之。詩文集外，有《明儒學案》。容向五條檢取來，再請閏翁閱定，惟恐不能作專案耳。^②

宋晉之書，鳳老云昔年見有兩箱之多，欲留閱，而前途^③不肯，仍舊帶回。現在當再設法向商也。【徐批：到轉近問山東學人有識其子者，即屬其送來一閱，閱後即還。】

書衡處所已采錄張文襄、俞曲園之文，均已鈔齊；又有胡渭及朱筠、朱珪三家之文，並伊處所存之書，均已交來。書已送交五條收存；鈔錄各文，俟閏翁來，與之閱看，應由何人纂輯成案，亦請閏翁酌定後，再行稟知。【徐批：即請閏兄酌定，分別纂輯，即可成書，盼盼。】

書衡開弔後，其子本定陽曆十一月十號出殯，即上火車，取道津浦，車南下。現恐途中或有阻滯，仍於十號出殯，暫寄妙光閣，探聽消息再說。

---

① 　12:17。

② 　今賈潤入《清儒學案》"南雷私淑"中。

③ 　"前途"，舊指與事情相關雙方之一方。

敬宜邇來耳聾特甚，心緒亦更不佳。偶爾來談，略坐即去，心中有事，坐不定也。【徐批：陳蓉曙上代，皆經學家。其子如季侃等，皆在何處，可作書一問也。】

民國二十年辛未（1931）十月十八日①

夫子大人鈞座：

敬稟者，日前接奉批諭，並閱後發回《學案》五冊，均已誦悉。茲有葆之輯劉熙載《融齋學案》一冊，小汀輯熊文端《敬修學案》一冊，均經閩翁閱過，用特寄呈。【徐批：均閱過寄回，請查入。】所有應行稟陳之語，仍條列於後，統祈垂鑒。恭叩福安。受業曹秉章謹稟。十一月二十七日。

王錫闡之書，日內當函致錢孫，囑其即設法寄來。惟不知書有若干冊，是否錢孫自己之書，現在是否好寄。若是他人之書，前途肯否遠借，亦須商量耳。【徐批：如他人之書，即不必寄來也。】

錢孫日前來信，云脈象已復，眠食均照常，惟時覺心跳不甯。《梅氏父子學案》已編成，一俟鈔出，即可寄來。現仍在趕辦他案也。章當作復，囑其加意調養，切勿過勞。《疇人》各案，稍緩無妨。此間未完者正多，一時亦不能完全告成也。【徐批：寄書時，請代我多多致候，甚系念也。】

諭問《疇人》各案，將來編次時，如何排敘。章意如人少，祇可按時代與他案以次參列；如人多，則須另列一卷，以清眉目。且俟成書時，再請閩翁酌定可也。【徐批：全書成，再酌定。預計何時可告成也？】

宋晉之詩，本不甚佳。鈞座擬再選一過再印，甚好。

書衡處所采錄鈔出之文，二朱竹君、石君者，已交小汀辦矣。張、俞、胡三家，閩翁取去自辦。今日閩翁云，張文尚須斟酌，因《全集》中論學問之著作本少，但取《輶軒語》《書目答問》《勸學篇》數種訓士之語，實不成樣子也。

---

① 12:38。

諭問陳蓉曙①上代經學著作一節，季侃昆仲已多年不通聞問，前年曾聞人云季侃寄居上海，近不知其仍在上海否。且伊等於其先人著作皆不甚經意，乃翁之《詩文集》付印時，即甚費事也。如有熟人回南，當託設法一問。倘有回話，再想辦法可也。

報紙云天津連日有警，鈞處當吃驚不小。【徐批：所居附近甚安靜。】此間戒嚴亦甚緊，不知能無事否。

清室舉動更為可驚可笑，主此謀者之孟浪無識，較之張少軒百倍過之，真氣數也！

【徐批：寄來二案，均閱過寄回，請察收。外寄去鄭東甫目錄、故城賈氏目錄二件，請閱定。】

民國二十年辛未(1931)十一月十二日②

夫子大人鈞座：

敬稟者，前奉批諭，並閱後發回《學案稿》兩冊，鈔示鄭、賈兩家書目各紙，均已誦悉。茲有小汀纂出二朱竹君、石君，暨林伯桐《月亭學案》各一冊，均經閩翁閱過，又沅叔交來《學案》寫稿樣本數種，共兩冊，一併寄呈。所有應行稟陳之語，仍一一條列於後，統祈鑒督批示，祗遵。專肅，恭叩福安。受業曹秉章謹稟。十一月十二日。【徐批：樣本擬刻字稍大些纔好，此次帶來各樣，字小而細，可否請其費心，另擇字大式樣，寫一張來看看何如？汲古閣本，字稍大而行氣又少鬆懈，請卓裁。】

二朱案內之文，即書衡所采錄而未纂成者。

刻字人寫樣各種，請酌擇一種為定。至此種樣本寫多寫少，均無關繫也。

諭問全書預計何時可成。查現在未纂者，尚將及百家，內中頗多大案

---

① 陳遹聲（1846—1920），字毓駿，又字蓉曙，又號畸園老人，諸暨人。早年師從俞樾。光緒十二年進士，改翰林院庶吉士，散館授編修。徐世昌當政後，屢有聘請，均辭之。其父陳烈新（1816—1898），字志全，號純齋。家富藏書。俞樾撰有《墓誌銘》，徐世昌撰有《墓表》。今《清儒學案》未收其人。

② 12:19。

（叔進所成之稿，一一皆須重做者，不在此數之內）。社中既缺作手，書亦不易訪求。凡書之易得者，先已逐一纂出，此後一日難一日，一步難一步。閏翁既要了自己功課，又要核閱他人之作，更須抽出功夫訪問書籍，實有日不暇給之勢。先時，閏翁曾與書衡約定，俟開春後，與伊兩人將已成各稿，逐一子細詳核，隨時修改。今書衡一死，又缺一大幫手，故章竟不敢預言日期也。

方槩如，《清史》本傳言受業於毛奇齡，自以附《西河案》為是，已與閏翁言過。書衡前作《西河案》中卻未列此人，閏翁云當補作也。

旗人中倭文端之外，實無第二人可入學案者。盛伯羲雖為旗人中有名之人，然係好古之徒，於經史各種學問，未聞有何著作。已告閏翁，便間當一問楊子琴鍾義也。①

小汀云，得錢孫之子來信，云錢孫病又有翻覆，脈象又見歇至，恐係勞心之故。章日內當作函往問之。【徐批：請代為問候為囑。】

鄭東甫書目中所列題解各文，似是書院中與諸生講論八股之作。若是，則竟毫無用處。【徐批：此人深於經學，所解當經義，擬令抄數篇來看看再說。】其餘各文下有注"已刻入《遺書》"者，請鈞座即託人向其家中將已刻之書索來。閏翁云，當為作一小案，如無可附之處，即與其他無可附麗之人彙列卷後，為《諸儒學案》也。

賈氏書，章記得社中有之，現在五條。日內當去取來，交閏翁閱後再說。

書衡處所采錄張文襄之文，仍將全部《輶軒語》照錄一通，毫無用處。書衡向來采錄各文精審過於他人，何忽草率至此。當是已在病重之時，精神顧不到矣。閏翁云決非另選不可。章以為文襄《集》中固無專講學問之文，然其主張立學堂，派學生出洋，開辦新學一派，又設法力保舊學，如所設經心書院、尊古學堂之類，其間奏摺書牘，擇其言之精者，采錄數篇，亦足概

---

① 盛昱（1850—1899），字伯羲，滿洲鑲白旗人，肅武親王豪格七世孫。光緒二年進士，授翰林院編修，累遷至國子監祭酒。今《清儒學案》未收其人。據《意園文略·意園事略》云："其考訂經史及中外地輿皆精嚴過人，尤練習本朝故事，大至明章國憲，小至一名一物之細，皆能詳其沿襲改革之本，而因以推見前後治亂之跡。"伯羲編有《八旗文經》，文集《意園文略》，及史著《蒙古世系譜》，詩集《鬱華閣遺集》。又據《清史稿藝文志拾遺》，伯羲選撰有《鬱華閣金文》《故闕特勒碑釋》《成均課士錄第八集》。今北京大學圖書館選藏有稿本《盛伯羲雜記》。

其生平。閨翁頗以章此語為然。傅治薌嶽棻①，於文襄之事，素所能悉。據云，文襄有批注高郵王氏《經義述聞》一書，蠅頭細字，密寫書眉，曾有人鈔出，思為刊布。今不知存於何處，章已託其代為訪求矣。治薌又云，文襄在湖北學政任內，正其講求宋學之時，有致某公一書，為鄂中人士所傳誦，不知載入《集》中否。田伏侯處有鈔存之稿，章亦託其往索矣。治薌目下閒居無事，前月聞訃，丁內艱，奔喪回鄂，刻又來平，擬再擇日開弔。章以文襄之案極繁重，又極要緊，經與閨翁商酌，即請治薌幫忙代為一辦。所有《文集》《全集》，已由五條取來，交與治薌矣。【徐批：甚好。】

季湘現亦無事，每日在家編纂姚氏《說文》（已寫出數卷，底本極精），無聊之極。伊之繼配夫人，本曲園曾孫女，與小麓為連襟。曲園之案，書衡僅采出文數篇，所有作傳之資料與弟子、交游之姓氏，概未徵求。亦經與閨翁商量，此案即請季湘幫忙代為一辦，需有徵求之處，即由伊與乃岳階青②，接洽辦理。【徐批：甚好。】

以上張、俞兩案事，乃近日先其所急之辦法，謹以詳陳。【徐批：即請照辦。】

再臘月初三日，為家叔五十生辰，擬求鈞座賜書一幅，以為榮寵。【徐批：已交鐵林先行寄上，當收到矣。】

【徐批：朱、林案二冊，均閱過寄回，請察入。《學案》尚多，須籌速進之法。請執事妥籌如何能早日成書之法，再行商酌辦理。人才難得，屢屢細思，不易訪求也。】

民國二十年辛未(1931)十一月二十二日③

夫子大人鈞座：

敬稟者，昨由陳愷交到條諭，索閱《宣德鑪譜》。【徐批：《鑪譜》再

---

① 傅嶽棻（1878—1951），字治薌，湖北武昌人。光緒年間舉人。民國後，任教育部次長。據胡治熙《瑣談張之洞》稱，傅嶽棻為張之洞門弟子，"傅老當時於席間曾向我（即本文作者胡治熙——引者）敘及張之洞身後的情況……"（參見《武漢文史資料》1986 年第 1 輯，總第 23 輯，第 49 頁）

② 俞陛雲（1868—1950），字階青，浙江德清人。俞樾之孫，俞平伯之父。

③ 12：165。

閱數日，即行寄還。】今日容光來，帶到批諭，並閱後發回《學案稿》兩冊，賜家叔畫［書］一幅，①均各祗領。茲有沅叔交來文楷齋寫樣三紙【徐批：刻書式三紙，擇定一紙，略加更動，請執事同沅叔再為酌奪】，並致鐵林信一函，為買先生書扇面一頁，用檢同《鑪譜》，一併寄呈。恭叩福安。受業曹秉章謹秉。十一月二十二日。

《鑪譜》有八卷本，有廿卷本，八卷本無圖。秉章此本，乃不分卷者，庚申年得之廠肆。後來邵伯褧②得一舊鈔之廿卷本，假秉章此本細加校正，令其子另行鈔訂，仍作廿卷，字與圖均極精。甲子秋間，在津偶與桂辛談及，伊即索閱。章回京後，並代假伯褧之手訂新本，與此《譜》一併寄之。其時桂辛③正在重刻《營造法式》之時，遂將兩本交付郭世五，令其覓人為之照鈔一部，並思將《鑪圖》一一照說着色。而世五為《營造法式》之圖配色，已極費事，《宣鑪》更百倍其難，因來商於章。章告以我輩所見鑪之采色，皆是經盤玩而出者，與當時新鑄出時之色是否相同，無從考驗，今但照說着色，恐又與盤出之色不同。世五廢然而去，將此事推之於陶蘭泉④。書鈔出後，圖仍無能着色。去年聞心如云，業由蘭泉付刻，於今夏刻成，現已出書。鈞座似可向蘭泉要一部閱之，章亦思託心如轉索一部也。【徐批：余有此書，圖亦不全。】《圖》中之博山鑪，印鑄局曾經仿造，座中有葉三片，百計不能黏合，故其形式與《圖》不同。【徐批：京中現尚有工匠能仿造其他光面鑪式否？印鑄局舊工匠，尚有人否？】

《紀文達案》尚未做。

錢孫日昨來信，云《梅案》已鈔出，每日校閱數頁，間有脩改處，稍一用心，脈象又見歇至，眠食遂又減色云云。章又去函，切勸節勞矣。

傅治薌處，張文襄之文已另采矣。據云，文襄幼年在貴州曾受業於胡

---

① 因上札（12:19）中言："再臘月初三日，為家叔五十生辰，擬求鈞座賜書一幅，以為榮寵。"故疑此"畫"當為"書"之誤。

② 邵章（1874—1953），字伯絅，一作伯褧，號倬盦，浙江仁和人，邵懿辰長孫。家富藏書近萬卷，所藏皆有"倬盦藏書"簽。

③ 朱啟鈐（1872—1964），字桂辛，號蠖公，貴州開陽人。中國營造學社創始人。嘗自籌資金，刊刻宋本《營造法式》，有序曰："夫以數千年之專門絕學，乃至不能為外人道，不惟匠氏之羞，抑亦士夫之責。"

④ 陶湘（1871—1940），字蘭泉，號涉園，江蘇武進人。民國著名藏書家。

文忠①，其時文忠在貴候補也。② 文襄十四歲時曾刻稿，文忠大加訓飭，而毀板焉。③

紀香驄自是文襄附案中人物，聞其集已刻矣，請託人覓一部，寄下備用。④【徐批：已告性存矣。】

故城賈氏書中，明清間有若水先生者，高行好善，刊《明儒學案》，其他亦無可稱之學，當請閏老酌量為之。

季湘作《曲園案》，思得其《傳》《誌》各文，以為作傳之資料，乃問之階青，云家中並無《傳》《誌》。無已，祇可以《清史傳》為藍本矣。（以此人身後家中竟無《傳》《誌》，況他人乎？亦可歎也。）【徐批：可問郭筱麓⑤。】

《學案》必須力求速進之法，然求速進，祇有添人耳。

鈞諭云人才難得。是矣！此人之難，在於既要能做，又要肯做，非無人也，無恰當之人耳。容與閏翁商酌妥後，再行稟陳，請示辦理。

惲公孚寄來悼啟【徐批：未見】，囑轉呈，茲特將其來信一併呈鑒。

沅叔致鐵林信，並賈先生之扇面，均請人分別交之。

家叔附筆，叩謝鴻施。

【徐批：小汀纂輯甚勇，良可佩也。沅叔來談，閏枝兄意中有可添之

---

① 胡林翼（1812—1861），字貺生，號潤芝，湖南益陽人，謚文忠。道光十六年進士，授編修。

② 據《胡文忠公年譜》道光二十六年丙午條曰：“六月，由陝西捐輸案內報捐內閣中書，並捐升知府，分撥貴州補用。”翌年抵省，“十一月，委署安順府事”。則胡林翼在貴候補未及一年，即授官。又據《張之洞年譜長編》，自道光二十四年，文襄父授官興義府知府，文襄從之，時年八歲。此後三年間，文襄一直在興義府受學。至二十九年，丁父憂而回籍。道光三十年，十四歲，“入南皮縣學，為學政程侍郎廷桂所器”。而胡林翼此間先後接署鎮遠府事、思南府事，且胡氏公事不暇，似未得授業文襄。又據《張之洞年譜長編》道光二十八年，十二歲條曰：“十三歲前，先後受業師，有何養源、曾揖之、張蔚齋、貴西垣、黃升三、王可貞、敖慕韓、張肖岩、趙斗山諸先生。十四歲以後，有丁誦孫、童雲逵、袁燮堂、洪次庚諸先生。自言得力于丁誦孫先生最多。袁燮堂先生，洞之姑父也。又嘗從胡文忠公（林翼）問業。”又引《抱冰堂弟子記》曰：“經學受於呂文節公，史學、經濟之學受於韓果靖公，小學受於劉仙石觀察，古文學受於從舅朱伯韓觀察琦。”

③ 據《張之洞年譜長編》道光二十八年，十二歲條曰：文襄十二歲時，詩文為其父鍈所賞識，“乃裒為一冊，曰《天香閣十二齡草》，寄示其兄錯（字鐵夫，任縣教諭）。得復，以‘斂才勿露’為勖。鍈韙其言，加董戒焉。洞終身誦之，其後盡焚少作略盡”。

④ 紀鉅維，字香驄，一字伯駒，號悔軒，河北獻縣人，紀昀五世孫。著有《泊居剩稿》，國家圖書館有藏。今《清儒學案》中未收其人。

⑤ 郭則澐（1882—1946），字蟄雲，號嘯麓，福建侯官縣人，其妻為俞樾之曾孫女。

人，吾弟可共商之，酌添一人可也。近聞吳向之、吳辟疆二人，皆無事，執事斟酌何人相宜，或明年添一人，以求速進，請與閨兄妥酌再定。南省有葛君者來書，言其祖詩入選《晚晴簃》，《小傳》作"諸生"，是刻詩集時也，後又舉孝廉。原信寄去，《小傳》可酌改。再刷時，可脩版也。應脩者，暇時均請改好，以便脩版。外寄回《學案》二冊。】①

民國二十年辛未(1931)十一月二十六日②

夫子大人鈞座：

敬稟者，日前交五條覓便帶呈一稟，並《宣德鑪譜》一套、文楷齋第三次寫樣三紙、沅叔致鐵林信一函、賈先生扇面等件，不識何日達到。【徐批：均收到。】昨閨翁交來新輯《孫淵如學案》一冊，小汀新輯《陳頌南學案》一冊，亦經閨翁閱過，謹用寄呈鈞鑒。章日來清理書籍，昔年在印鑄局所造各種信紙，存者尚多，茲特檢奉兩包，共約千餘番，以供寫詩之用，並乞賞收。【徐批：收到。外寄回書樣紙一張。】專肅，恭叩福安。受業曹秉章謹稟。十一月二十六日。【徐批：孫、陳兩《學案》，均閱過寄回，請察入。】③

民國二十年辛未(1931)④

夫子大人鈞座：

敬稟者，迭上兩稟，並寄呈《宣德爐譜》、文楷齋寫樣，及舊印信箋、《學案稿》各件，不知曾否一一達到？日昨，沅叔歸來相晤，云在津

---

① 此後 12:169、12:170 內容，疑錯亂，另附 12:41 札（民國二十二年十二月初九夜）前。
② 12:25。
③ 此頁之後之"徐批"（12:26），疑錯亂，已另附在 13:143 札後（民國二十五年十月初八日）。
④ 11:293。疑當為十一月末或十二月初。

謁見，顏色豐腴強勝，至為欣慰。章初五晚間，無端傾跌；初六大解後，陡然暈厥兩鐘之久。幸叨福芘，服藥旋即平復，近日已一切如常。惟右脇跌處仍微痛；痰多，吐不爽利；舉步腿更僵耳。前託沅叔代陳各節，知已仰蒙采納，謹再一詳陳，條列於後，並呈上閏翁新成《北江學案》一冊，伏祈鑒詧。恭叩福安。受業曹秉章謹稟。

民國二十年辛未(1931)十二月十二日^①

夫子大人鈞座：

　　敬稟者，昨奉批諭，並《宣德爐譜》一函、《學案稿》二冊、文楷齋寫樣一紙、葛志亮信三紙，均已誦悉。茲有閏翁新成《北江學案》一冊，謹呈鈞鑒。【徐批：已閱過寄回矣。】所有應行稟陳之語，仍一一條列於後，葛信並以繳上，統祈垂詧。恭叩福安。受業曹秉章謹稟。【徐批：任鈞臺先生新刻成為《尚書內外篇章句》^②，聞振采^③云前已送京，不知閏兄處有此書否？如無，即示知，即行寄去。】

　　《文子》有無單行本，容向書肆中覓之。

　　擇定之書樣，已交沅叔，再令文楷齋遵照批示之行數、字數另寫矣。

　　鈞座之《爐譜》，是否即陶氏新刻本？【徐批：是。】心如曾許相贈，尚未來也。

　　鑄爐，現在此間未聞有此種工藝。印鑄局舊工匠早已星散，有南去者，有改行覓食者，可歎可歎。

　　《爐譜》中圖本不全，章藏三舊爐，的真極佳，而其式皆非圖中所有，亦可怪也。

　　葛志亮信中言，其祖葛其龍曾中光緒己卯順天鄉試舉人。《詩匯·小

---

　　① 11：294。本札未署時間。然據下札（11：299）稱"昨日詳陳一稟，並呈上閏枝新成《北江學案》一冊"，據此可推測，是札當為十二月十二日。

　　② 任啟運《尚書內外篇章句》七卷（原書缺二卷），今國家圖書館有藏，民國二十年（1931）荊溪任鳳苞刻本，牌記題"庚午中夏印行"。

　　③ 任鳳苞（1876—1953），字振采，江蘇宜興人，監生。民國後，遷居天津，經營金融業。性好聚書，名其齋曰"天春園"，藏書中尤以地方志獨樹一幟。

傳》中自應脩改，已經記出矣。

葛其龍①乃光緒間上海之"斗方名士"②，曾在申報館為主筆人，章亦略知之，但不知曾中舉耳。

社中添人之說，當去年曼仙既逝、叔進告退之後，閏枝、書衡即有人少之慮。以一時難得適當之人，直至今夏，始行陳請添派小汀。所謂適當之人者，必其學問文章，皆有可觀，又須身閒力專，能耐心伏案，肯受商量，不厭促迫，方可相與有成，故必如小汀者而後可也。否則或所作不能適用，如從前叔進之所為，動須脩改，則添一人不但不能了事，轉為總纂添忙矣；或厓岸自高，不能諧眾，徒爭意見，則亦不如其已矣。現在書衡又中道而殂，缺一結實可靠之作手，未成之案，不下百家，且多大案，斷非率爾操觚，旦夕可就。錢孫復因病，屢屢囑章代為辭退，停支月薪【徐批：已照停】。章雖未為之代陳，而其病已深，勉強久留，似亦不近人情。閏翁既顧自己功課，又須兼核他人之作，本屬太勞。今秋病後，自言精神迥不如前，深恐此書半途而輟，不能告成，有負鈞座提挈儒術、繼往開來之盛意。況當吾道晦盲之際，鈞座而外，更誰能具此偉抱，作此盛舉？設竟不成，實為可惜。迭與秉章熟商，就所知友朋中，略舉一二人，日前託沅叔代為面陳鈞座，以備采擇。今諭中所謂向之、辟彊二人，容俟閏枝來時，再與商量審處，請示遵行。③【徐批：閔葆之近又纂成何案？小汀編輯甚速，且精細也。】

閏翁所欲援以為助者，為吳江沈兆奎，號羹梅，係沈文定之姪孫，博覽能文，久處京師。昔曾為董授金秘書，近年賦閒已久，在此授徒。章亦與之相熟，的是好手。

向之學問，是馬端臨一派，且筆下極快，有得即書，向來不稍脩飾，

---

① 據《滬壖話舊錄》："葛孝廉其龍，字應庚，應禮部試不售，終身無進取志，乃改字隱耕，別署曰'龍湫舊隱'，有願長為農夫沒世之意。原籍浙之平湖人，其先世避髮亂至滬，遂考上海籍。"（《稀見上海史志資料叢書》第二冊，第314頁）

② 據況周頤《蕙風簃小品》曰："同、光以還，樸學凋謝，小慧之士，粗諳叶韻，輒高談風雅，自詡名流。間或占一絕句，填一小令，書畫一扇頭，快然自足，不知井外有天，於是乎有'斗方名士'之目，出於輕薄者之品題，要亦如其分以相償也。"（北京出版社1998年版，第319頁）

③ 吳廷燮（1865—1947），字向之，號次夔，江蘇江寧人。光緒年間舉人。辛亥後，任袁世凱總統府秘書。曾任清史館總纂。吳闓生（1878—1950），字辟彊，號北江，安徽桐城人，諸生。吳汝綸之子。著有《江北先生文集》等。

是其大病，以之纂輯《學案》，恐不相宜。辟畺素有皮〔脾〕氣，即章所謂"厓岸自高，不能諧眾"者也，若令入社，似亦非宜。特此為章一人之私見，既蒙垂詢，不敢或隱。統俟晤商閨翁後，再行稟陳。

再秉章年將七十，痼疾五年不愈。仰荷恩德沾被，醫食無闕，僅以苟延歲月而已。日前無端暈厥兩鐘之久，益用自危，故盼望此書早日告成之心，較同人為尤切也。頗思援一好友入社，秉章一旦設有不虞，則經手之事，即有所付託，於此書亦甚有關係。雖不無過慮之處，然亦不能不預陳於我師之前也。並祈曲詧，實為萬幸。

鈞座有寫存之大小楹聯，祈賜數副。如有條幅，亦祈賜數張，因親友中囑代乞者甚多也。

【徐批：任書已屬鐵林查檢，據云任鳳苞家藏二十餘種。用何種，開來即可寄去。或擇要取閱外，餘請其抄序去如何？】

【徐批：沈羹梅、吳向之二人中，請執事與閨兄商酌，添一人，以資襄助何如？外寄回《學案》二冊，請收入。又寄去楹聯六副，條幅四張，請查收。】

民國二十年辛未(1931)十二月十三日[①]

夫子大人鈞座：

敬稟者，昨日詳陳一稟，並呈上閨枝新成《北江學案》一冊，於今日送交五條，不知何日可以帶到。茲閨枝又交來新閱出小汀所輯雷學淇《介菴學案》一冊，特再呈請鈞鑒。【徐批：兩冊均閱過寄回，請察入。】恭叩福安。受業曹秉章謹稟。臘月十三夕。

閨翁現在正編任鈞臺一案，已有頭緒。惟鈞臺著述繁多，最重要者為《周易洗心》《宮室考》《肆獻祼饋食禮》三種，應載其序文，而《文集》中無之。其總書名曰《任鈞臺遺書》，鈞處如有，請即寄下；如無，請諭知鐵林一問任鳳苞，向其借來一用。如任鳳苞處亦無之，祈即諭知，以便向別處去尋也。【徐批：近任鳳苞新刻之書昨已寄去，請查出一看。前聞

---

① 11：299。

任君如此云云。】

《文子》單行本，聞有浙江書局刻本，容向書鋪中覓之。①

民國二十年辛未(1931)十二月十九日②

夫子大人鈞座：

敬稟者，日前鐵林來信，知章所呈《學案稿》兩包及兩稟均已由車站帶到矣；旋又由華豐厚帶來書一包，謹已照收。茲有應稟陳者兩事，分列於後，伏乞鑒詧。恭叩福安。受業曹秉章謹稟。臘月十九日。【徐批：《學案》兩冊，已閱過寄回。】

前奉手諭，以席荃孫處有冉蟫菴先生《羣經玩註詳說》兩大箱，令章與荃孫商量，取來備用。【徐批：全書各經，當有序文可看。】此次華豐厚帶來之書一包，包外無信，僅包面上有鐵林寫"《禮記》二十一本"數字。啟看，乃知為冉著之《禮記詳說》。此二十一本內，計自卷四十三至五十四九本，又自卷六十八至七十五六本，又卷七十八至七十九一本，又卷一百〇七至一百〇九三本，又卷一百十二至一百十三兩本。【徐批：此是無首尾之書，無序文。】③按全部計之，所闕實多，想即是席家兩大箱中之物。若是，則其書已散失不全，取來亦無用處，似可作罷論矣。即使完全無闕，卷帙太繁，披閱一徧，即不容易，徒耗日月，亦甚無謂。

---

① 據《藏園訂補郘亭知見傳本書目》卷十一，子部十四，道家類載：《文子》二卷，有縹眇閣本、明黃之寀刊本、明翻宋本。又《文子》十二卷，明天啟間武林梁杰刊本。又載宋杜道堅撰《文子纘義》十二卷，清光緒三年浙江書局刊二十二子本。則浙江書局所刊，似非《文子》單行本。

② 11:300。

③ 今復旦大學圖書館藏有冉覲祖輯《禮記詳說》一百七十八卷，清光緒七年《五經詳說》本，已收入《四庫全書存目叢書》經部九十六，禮類。卷首有冉氏自序，略曰：宋末元初學者陳澔著《禮記集說》，自明成祖以降，用之衡士，"而人情日趨簡便，陳說專行，直謂之注，而鄭、孔《註疏》遂成廢閣，非設科本指也。予謂讀陳氏《集說》而不睹《註疏》，終屬管窺之見，不能無扞格於其間。故為之汰其繁冗，錄十之五六，與陳氏交相證而益明，又采入衛氏《集說》之可相發明者，以補陳氏所不足。《大全》所引，獨臬臨川一家，為衛氏所未載，亦增入焉。郝京山《通解》，好是古非今，而其言之當者，不可盡棄也。坊本諸講，總無全經，剿襲雷同，不辨姓氏。而其標宗旨、剔字句、順口吻、聯脈絡，化板為員，亦足醒人心目。予故徧檢而分載之，附先儒後。其有辭義未盡者，復以己意為之申明"。

【徐批：不易取來一看，但看序文即知大要。】且上次已與闉枝談過，闉翁云，冉先生已附定於《張清恪案》內，其人本專講理學，其書無甚可取，不必再訪求也。

【徐批：昨曾開一單，每位送《詩選》一部，交到請即分送。】

社中添人之說，日前遵諭，商問闉翁。據云，向之在清史館曾與同事有年，辟置則知名而不相識。二人之中，應仍請鈞處酌定其一，伊不敢妄有所擇也。祈即示定，祗遵。

【徐批：闉兄近體如何，甚念，請代道候。新年同人辛苦，均為道候道念。】

民國二十年辛未(1931)十二月廿九日①

夫子大人鈞座：

敬稟者，日前由鐵林寄到批諭，並閱後發回《學案稿》兩冊，暨墨寶、對聯、條幅各件，均已一一祗領。茲有闉翁新成《釣臺學案》一冊，敬呈鈞鑒。所有應行稟陳之語，仍條列於後。恭叩福安。受業曹秉章謹稟。小除夕。【徐批：《釣臺案》一冊，閱後寄回，請查收。】

《釣臺案》中，應錄其所著《周易洗心》《肆獻祼饋食禮》《宮室考》三種序文，任振采新刻之《清芬樓文集》內無之，章已函致振采，請其代為設法覓鈔，寄由鐵林轉交矣。②【徐批：已抄來寄去矣，請即補入。】

賀性存物色來之冉蟬菴《禮記詳說》殘本，已送五條交還性存矣。

席家之書，日內當招荃孫來，與之面商辦法也。

《詩選》尚未到，俟到後，當遵諭分給同人。【徐批：執事新年體中如何？至以為念。闉兄及諸同人，均請代為一一道候道賀，不另。】

闉翁近來身體甚好，已將鈞座殷念告之，伊甚感也。

諭令於吳向之、沈羹梅二人中酌延其一，以資襄助。章以為延吳不如

---

① 11:313。

② 今《清儒學案》卷五十三《釣臺學案》中未錄《宮室考》序文。國家圖書館藏有任啟運撰《宮室考》一卷，光緒年間刻本。

延沈，因沈本閩翁欲援以為助者，且其人年力正強，足以耐勞，其輩行亦較後，閩翁與之文字商量，或督催功課，可無客氣也。已將此意商之閩翁，亦以為然。仍候諭定後，章再往與之接洽。【徐批：即請定約沈羹梅襄助，即由吾弟與閩兄商酌辦理可也。】

上海戰事甚劇，籛孫寓適當戰綫，必大受驚。不知其病體能否支持，亟切不能得消息奈何！【徐批：如寄金籛孫信，代為多多道念。】

附①

（闕）事尚不外行。經、小學亦略窺門徑，且與圖書館最為熟悉，借書為易。鈞座如能俯允添招，可否即令朱師轍來社襄助。其薪即自八月分起支，書衡亦同意。用特詳陳，伏乞批示，祇遵。

秉章近日身體頗覺不適，大便向來每日一次，近日竟有兩次、三次之時，有時溏糞，今日且微有痢意，以致胃口益壞。明日又是星期五，同人來會，不知能多談否。

【徐批：每日大便是最好事。夏令不可喫葷，有淫不可喫西瓜。另紙寄答各事二紙。】

民國二十一年壬申（1932）年初②

夫子大人鈞座：

敬稟者，春寒伏維福躬綏健為頌。葆之去冬輯成高安朱文端《可亭學案》，閩翁與之往復商榷，至於三四，昨日始經閩翁閱定交來，用特呈上。有應稟陳之語，仍條列於後，並祈鑒詧。恭叩福安。受業曹秉章

---

① 11：216。書衡去世於1931年八月，據本札內容，書衡尚在世，則其至少當在1931年八月以前。因其前文缺略，今暫附於1931年後。

② 11：309。

謹稟。

冉蟬菴《羣經玩註詳說》，已問荃孫。據云，書兩大箱，尚在輝縣，如全數帶來，殊嫌笨重不便。章囑其函致乃叔子餘，託其將書一一理齊，十三部書每書之序，逐一鈔出寄來，似較爲省事也。【徐批：如此辦法甚好。】①

沈羹梅到社，閩翁已將曼仙輯而未成之曾文正、叔進輯而尚待增補之倭文端兩案，交其先辦矣。【徐批：甚好甚好。】

上次批諭中問江浙未輯者尚有若干人，雲、貴兩省共有幾家，甘肅、新疆有人否。秉章按：應纂各家姓氏，《目錄單》內原未註出籍貫，分給各人編纂時，亦非按省分派，此時若問某省已成者若干人，未成者若干人，一時竟回答不出。且有因一人之案，憑空意外忽增出數人者，如從前書衡作馮林一案，附入王頌蔚、葉昌熾、吳大澂，王、葉、吳皆非《目錄》所有也。② 今浙江未成，除俞曲園之外，尚有孫渠田、琴西兄弟二人。二孫是曾文正交游，亦是曲園交游，或因孫而牽連出他人，亦不可知也。③ 貴州有黎氏、莫氏、鄭氏各家。雲南與甘肅、新疆，則未見一人也。

【徐批：此次寄來《高安學案》，閱過寄回，請察入。新春以來，諸同人有無聚會？晤爲一一道念。閏兄近體當安健勝常，至爲馳念。】

---

① 今《清儒學案》冉覲祖傳中，僅載其文集中《袁氏立命辨》上下篇，未載其所著經書之序。冉氏所撰《五經詳說》，今復旦大學圖書館有藏，已收入《四庫全書存目叢書》內。《四書玩注詳說》，有光緒八年大梁書局重刻影印本，今臺北經學文化事業有限公司 2014 年據此本已刊行。

② 馮桂芬（1809—1874），字林一，號景亭，江蘇吳縣人，道光二十年進士。著有《校邠廬抗議》。"校邠廬"即其所居之所。今《清儒學案》卷一百七十三"湘鄉交游"中載入。而王、葉、吳三人則又附入"校邠弟子"內。

③ 孫衣言（1814—1894），字紹聞，號琴西，浙江瑞安人，道光三十年進士，授編修。孫詒讓之父。今《清儒學案》卷一百九十二孫詒讓《籀廎學案》中附入。孫鏘鳴（1817—1901），字韶甫，號渠田。道光二十一年進士。今《清儒學案》未收其人。據劉顗生《世載堂雜憶》曰：道光二十七年，渠田先生爲會試同考官，得二門生，"一爲李鴻章，一爲沈葆楨。鴻章與渠田先生甚親洽，執門生禮甚恭，而沈葆楨則師誼甚疏。渠田先生主講鐘山書院山長，取課卷前十名，楨不獨顛倒其甲乙，且於渠田先生批後，加以長批，且有指責渠田先生所批不當者，渠田先生遂憤然辭館歸。……江南人士，皆謂李文忠有禮，沈文肅無情"。

民國二十一年壬申(1932)[①]

夫子大人鈞座：

　　敬稟者，日前肅呈一稟，並《高安朱文端學案稿》一冊，計應登鑒矣。【徐批：已寄回。】章近時眠食均佳。前數日，偶於書篋中得先嚴[②]寫存勉民、仲建兩表伯簡明履歷各一，因就章素聞兩公軼事衍之，作《傳》兩篇。惟戰功事蹟，均不得其詳，手頭又無書可查，文雖長，無用也。特以抄呈鈞鑒，不妥之處，伏乞批示，以便脩改。專此，恭叩福安。受業曹秉章謹稟。

　　滬亂亙古之所未有，真慘劫也。錢孫寓處，適當戰綫，業經逃回平湖，有信來矣。【徐批：請寫信為我多多道念。】四小女家亦在戰綫之中。開戰後，大小九人，冒險徒步走十餘里，逃至租界。逃出後，屋即被燬。雖得苟全性命，而除隨身衣服之外，一物未攜。現在借住人家，三餐難備，衣被俱無，已作難民。章相距太遠，萬萬照顧不到，徒深焦慮而已。聞倭奴飛艇並在蘇、杭兩處隨意擲放炸彈，今日又聞倭軍失利，業已退至崑山，則嘉、湖、蘇、松一帶，必已異常震驚。南望松楸，魂夢難安，惟有稽首求天而已。

　　蔣性甫輓聯[③]，已寫送，聯句："嶽嶽豸冠傳直諫，翩翩鶴駕證游仙。"

　　【徐批：兩文均縝密敷暢。病後作文，筆氣甚旺。足徵學力未退，體氣大有康復之象，可喜也。文中惟敘游梁書院，略有錯誤，另紙錄去，以備參考。另書四紙。原文奉繳。】

---

①　11：311。

②　已故之父稱"先嚴"。

③　蔣式瑆（1866—1932），字性甫，直隸玉田人。清光緒十八年進士，授庶吉士，散館授檢討。升任監察御史。

民國二十一年壬申（1932）①

夫子大人鈞座：

　　敬稟者，日昨蕭呈一稟，交五條第中覓便帶呈，當已達矣。茲闓翁閱出小汀所輯蔡世遠《梁村學案》，特以呈鑒；又呈繳任鈞臺書三種，共十本，並祈詧收。【徐批：收到。】恭請福安。受業曹秉章謹稟。【徐批：《梁村學案》閱過寄回，請察入。前見吾弟致鐵林當年字畫梅，茲寄去一幅，可嘆納也。】

　　梁村附案各人，半非原目所有，將來《安溪案》中附人，亦必多有。此兩案，閩儒大概可無遺矣。【徐批：閩中近三百年中，講宋學者不少，可留意搜求也。】

　　闓翁云，近見一人著作極好，亦非原目所有。其人曾官蕭山知縣，與毛西河論學之作甚多，擬即錄數篇，附入《西河案》中也。【徐批：甚好甚好。】

　　再稟者：闓老云，朱古老霽柩寄殯上海湖州會館，適當戰綫亟切，無處遷移。由紅十字會中人冒險進去，從屋內搬出，埋在院中。埋後，前後進房子全被燬矣。章又聞書衡霽柩，其子於臘月望邊，由輪船扶送南去，廿一日由上海動身至蘇州，廿三日安葬，毫無危險。此皆我師繫懷之事，用特附陳。章謹再稟。【徐批：正彌繫念，聞大慰。】

　　【徐批：前寄勉翁兄弟兩傳，已讀過，其中敍敷文經舍事，兄知之有可補其闕略者，容當錄去。】

民國二十一年壬申（1932）②

夫子大人鈞座：

　　敬稟者，大風揚沙，天地變色。吳中消息日惡，故鄉咫尺，南望增

---

　　①　11：302。本札徐批稱“前寄勉翁兄弟兩傳”云云，即與上札曹秉章所言寄勉民、仲建兩表伯傳相符，故相連屬。

　　②　11：304。

愁。北方能否長此安謐，尚難言也。前稟所云《西河案》中閏翁擬補附交游一人，昨已補好交來。此人名方邁，閩縣人，康熙間進士，官浙江知縣。在蕭山，與西河往復問難，於經善破析疑滯。嘗取《中庸》自脩身至懷諸侯條，纂以配《大學衍義》，為《九經衍義》一百卷。此書惜已難求，現據《東越儒林後傳》補入。[1] 亦非原來作案《目錄》所有也。【徐批：補入甚好。】閏翁又云，日來曾有兩案做出，尚未寫齊，下星期當可呈鑒。章近日又作先叔祖一傳，似較周表伯兩傳稍可看得，遲日亦當寫求批削也。【徐批：寫出即可寄來一讀。兄近檢得舊日《硃卷》（吾兄弟），皆刻勉翁於受知師中，若昔日應書院考試之師門也。】專肅，恭叩福安。受業曹秉章謹稟。

民國二十一年壬申（1932）[2]

夫子大人鈞座：

敬稟者，迭奉批諭，並閱後發回《梁村學案》，謹已誦悉；再又賜畫梅一幅，祗領敬謝。茲有閏翁增補書衡所輯胡渭《東樵學案》一冊，寄呈鈞鑒。【徐批：已閱過寄回，請收入。】又秉章近作《先叔祖傳》一篇，附求批削。【徐批：已讀過寄回。】所有應行稟陳之語，仍條列於後，統祈鑒督。恭叩福安。受業曹秉章謹稟。【徐批：大作細讀，敘次精密，筆氣堅卓，是吾弟近年於古文功力甚厚。昔年多作駢體文，近雖病後，而文章骨力精進，則身體亦不難強健也。】

籛孫信來，云迭蒙垂詢近狀，感泐無似，屬代陳謝。伊身體自回平湖後，較在滬為佳。曾又輯出兩案，甫付寫人。乍浦海口竟見敵艦（乍距平湖甚近），且時有飛機盤旋城市，頗覺驚惶，因此又復輟筆。

---

① 方邁，今入《清儒學案》卷二十六“西河交游”中。國家圖書館藏有其所著《晚村駁義偶述》一卷（《清儒學案》作《呂晚村駁義》一卷）、《經義考異》七卷《雜考》一卷。其《九經衍義》一百卷，今《中國古籍總目》亦未著錄，或已亡佚。

② 11:305。

　　程恭甫尊人伯雋先生，向祇知其為曾文正幕僚，故已定附文正交游之中。① 近閱葆之所輯《碑傳集補》第五十卷內《黟三先生傳》，始知伯雋係俞理初及門弟子。刻與閏翁言，擬將伯雋附入《俞案》【徐批：可】。且《曾案》附屬人本多，《俞案》又甚少，如此安排，亦極得當也。

　　又《碑傳集補》第五十三卷《劉古愚先生傳》：劉名光蕡，陝西人，素究陽明之學，殫心經世，提倡新學。謂欲救貧弱，非興學不可。其說極中近世之病，出之陝人，尤為難得。著述甚多，《傳》中雖有"次第搜刊"之說，不知究竟刊行否。章謂此人必須為之列入《學案》中，請我師先檢其《傳》一閱。②【徐批：可列一案】章日內擬作書致宋芝洞③，託其代為訪求其書。惟芝洞歸去多年，僅一通信，大約現在已將八十矣，不知其人尚存否。我師意中尚有陝人可託否？【徐批：容探問。】章竊以為，居今之世，闡揚此人之學說，較之空談漢宋而無裨實用者，為尤要也。【徐批：請執事先寄芝洞一書，搜求其書籍。】

　　敷文經舍事，有闕略處，求即開示。【徐批：昨已兩次答書，想均入覽矣。】我師與二叔當日考書院時，章記得（批示是叩）④ 師曾說，先考游梁書院⑤，後來即出外就館，故誤以為師未曾考過敷文經舍也。【徐批：光緒四五年時，考大梁居多，敷文經舍應考不多，偶一考之，皆由外縣進省，匆匆應考。】今讀批諭云云，當於敘經舍高才生各人姓名之下，別作數語敘出，則益足為勉民表伯增色矣。《傳》中所敘"清尊會"，即當時所謂"迷局"也。此局同治間已有之，似老太老師與趙蓮友、賈潤生、朱錦橋諸公皆在局中。章作《傳》將此事移入光緒初年，已與事實不符，且在局諸人姓名，亦記不清楚，故祇能從略也。【徐批：兄知皆同治初年事，弟知皆光緒初年事。】記得從前傅青翁、尹杏翁手寫所作迷局對聯、詩詞，各有一二十張，童年不知鈔出，甚為可惜。【徐批：同治五年後，

---

　　① 程鴻詔今互見於《清儒學案》卷一百七十八《湘鄉學案》下"湘鄉從游"目內，而非"湘鄉交游"目內。《清儒學案》特設"交游""從游"二目，疑此處筆誤。

　　② 《清儒學案》卷一百九十一為劉光蕡《古愚學案》。

　　③ 宋伯魯（1854—1932），字芝棟，陝西醴泉人，光緒十二年進士。

　　④ "批示是叩"四字，當刪之。本札末句有"務求批示是叩"六字，其中"批示是叩"四字另行抬寫，疑即因此而重寫重印。（參見 11：307）

　　⑤ 游梁書院在河南開封城內，明萬曆年間在宋代所建孟子祠堂的基礎上修建，後沒於水。清代順治、康熙、乾隆年間屢經重建。至同治十三年（1874），河南巡撫錢鼎銘建敷文經舍，後改名游梁書院。（參見《開封市教育志（1840—1985）》）

老輩往還各事，大半不知也。尹杏翁入局，想亦在後。最盛是同治初年。前信寫陳希謙，誤為"陳希曾"。】

傅七叔籍貫何處，並求示知。因日內尚擬作《先君傳》，須敘同學也。【徐批：寫大興籍最好，屬籍大約是山陰。】

《先叔祖傳》，因我師久未見章之字，故特手自錄呈。不能工楷，不恭之至，並祈鑒諒。【徐批：字有古趣，間有擬誤之字，另記於冊眉，請校。】文中有不妥之處，務求批示是叩。【徐批：甚佳。】

【徐批：《東樵學案》，閱過寄回，請察入。近檢得吾兄弟《硃卷》二本，令文楷齋翻刻，就近請吾弟校對，可轉便一看也。外書一冊，文一篇。】

民國二十一年壬申(1932)二月十七日①

夫子大人鈞座：

敬稟者，日昨接奉諭言，並章作周表伯兩傳，敬已誦悉。惟前尚有胡渭《東樵學案稿》一冊【徐批：已閱過寄回矣】，及章作《先叔祖傳》一通，交五條覓便帶呈，不知何日達到。茲有閏翁閱出小汀新輯徐文靖《位山學案》一冊，謹呈鈞鑒。【徐批：亦閱過寄回，請察入。】所有應行稟陳之語，謹仍條列於後，伏乞鑒詧。恭叩福安。受業曹秉章。三月廿三日。

昨得籛孫信，云近又草得薛儀甫、李四香、徐莊愍、丁果臣四案，交郵掛號寄上。又云："弟不習算學，惟據原書序跋及《疇人傳》，擇其綱要，未知能否中肯。請閏翁審定，將來各案編齊，總須得明算之君子為之覆覈，敢請留意。"云云。且俟稿到後，再請閏翁審定可也。^{今日稿已到}今日閏翁赴沅叔處道喜，順來章處小坐，以籛孫信示之。閏翁云："籛老作事真勇猛可佩，算學我亦外行，必須有內行覆看方好。惟中國舊疇人之說，與現在學堂派所習西人之書，又有歧異，欲求通舊算學之人，實在難乎其難，

---

① 12:153。本札與11:288兩札末所署時間均當為陽曆。因其事件均當發生在11:291札（民國二十一年二月廿七）之前。

應請府主亦留意訪問。"【徐批：此本皆通舊算學之人，但本之《疇人傳》即不錯。新算學不過布算簡便，而言算術之理，舊疇人之學，未嘗不深於新算家也。】

承諭敷文經舍各事，大半非章所知。章應課時，已改敷文經舍，錢中丞所書游梁書院榜，未之見也。【徐批：初開游梁書院時，顧展卿攜其子漁溪同考。展卿時文向不起草。】

《傳》中所敘高才姓名，皆就章所指者言之。章當時與裴實甫、黎幼甫最熟，每同坐一處。斐韻珊，雖未見其人，而見存在表伯處預備選刻之前列經古課卷中有其名，故知之也。鄧笏臣嘉純，當時已四十餘，黑鬚甚長矣。父子三人同考，點名接卷，不入齋房，走至講堂，即據公案南面而坐，兩子侍坐於側。竹籃中出酒一壺，酒杯一，菜碟二，筯與筆墨同列於案。伊即擎杯而飲，一面提筆起草，草一段，付一子寫，再草一段，付一子寫。壺中酒罄，卷亦完矣。當時院中已不具餐，每人肉饅頭四枚。至下午三四點鐘，聞堂上大聲呼"饅頭快來"，則知笏臣先生將繳卷矣。饅頭來，食之而去。

朱古翁與二叔考敷文經舍，則章所不知。想當時應課，亦皆不用真姓名也。【徐批：敷文皆用真名，或時考大梁也。】

敷文經舍雖本省與客籍同課，經古之外，亦出八股試律詩題。但本省人不准作八股題，客籍或作經古，或作八股聽。且經古、八股分兩案，作八股者無獎賞，故作者亦少。

章初考書院，在己卯八月節後，時所從之師為衍聖公聘去，改從姚良菴師。【徐批：曾住大紙坊街。】看課時，至良師公館，良師家西席金君，思考書院，約與同往，而不敢令表伯知。乃到院應課，遇李搏霄，課作成後，搏霄索閱，極口讚賞。次日，搏霄見表伯告之，表伯索閱課作，云："考書院何必瞞我，要考即正經去考。"課作仍送姚老師閱看。次年自二月開課，無課不到。初時僅取特等；至四月間，開歸道倪豹岑課"菽粟如水火"、賦中州山蠶，考取超等第三；五月，糧道麟子壽課"參天兩地而倚數"解、"援琴一曲來薰風"賦，取超等第五。外間乃漸知名，然應課之名作"晁丙昌"。後來少泉先生來表伯宅遇見，始以本名告之。童年舊事，不堪追憶，述陳鈞聽，聊當春宵囈語可耳。【徐批：敷文經古場，余未曾應考，時在省外也。】

《表伯傳》中敘書院高才生數語，刻擬改為："院中高才之著者，為歸安朱祖謀、天津徐世光、江寧鄧嘉純、邦适、邦造父子、吳縣李振鶴、長汀黎乾、祥符裴維佽、維信兄弟、光山王庭芝。若我羧齋夫子，則尤一時麟鳳之選，足為皋比增色也。"我師以為何如？（四太世伯與顧漁翁，恐皆未在表伯手中考過，故不列。徐紹周者，章不知其人。）【徐批：乙亥光緒元年中，後皆不應考矣。】

章作各傳，實以晝長無事，藉以消遣。且如兩表伯與先叔祖之事，章如不作一文以誌之，即無人能言矣。惟章之文，萬不足傳，留之以示後人，或不致盡泯耳。【徐批：得執事表彰，有此文存，他日有《續碑傳集》，必採訪，亦可不朽矣。】

近日，又作《先考妣合傳》，脫稿後當再錄呈鈞削。

滬戰近已小停，未知能就此轉圜否。四小女一家大小，頓作難民，章趕寄數十元去，令其到章家中暫住再說。惟章婦本已甚窘，驟添多人喫飯，必甚為難，章又不得不趕籌接濟。鯨鯢〔鯢〕肆毒，波及三千里外之病夫；橫遭劫耗，亦夢想不到之事也。

【徐批：外閱過《位山學案》一冊，寄回請察入。】

民國二十一年壬申（1932）二月二十日①

夫子大人鈞座：

敬稟者，昨日肅呈一稟，並徐文靖《位山學案》一冊，計應登鑒矣。【徐批：此次同寄回。】茲有闓翁新成《憚子居案》一冊【徐批：閱過寄回】，又柯鳳翁交來鈞著《詩》一冊，伊寫呈《詩》一箋、《序稿》一通，囑代寄，用特一併呈鑒【徐批：均收到】。所有應行稟陳之語，仍條列於後。恭叩福安。受業曹秉章謹稟。三月廿六日。

籛孫寄來算學四案，今日已交闓翁審閱矣。

鳳翁《序稿》，字極難認，章竟看不清楚，不能卒讀。我師如亦看不清楚，交寫人繕出清本後，或再寄鳳翁一看，免有舛誤。【徐批：大致均可認得，已細讀，令人抄出再寄鳳兄一校。】

鳳翁尊人佩韋先生《春雨樓〔堂〕詩選》，送晚晴簃選後，原本未曾

還之，與其他各書一併送交五條存儲。去年鳳翁向章索還，章囑陳愷檢尋，竟尋不着。陳愷云，記得是極薄一本。其說甚對，而至今未曾尋出。若竟不可得，則真對不住人也。①【徐批：當囑鐵林函告賀性存，再詳細查檢，查出即送交。】

鈞著詩中有微雪寄章五律一首，羣字韻，推許過當，讀之增愧。

鈞著宣德鑪詩一則，色茶褐云云，章亦有褐色一鑪，平口無耳無鐶，徧身滲金，作雨夾雪，頸際有硃砂翡翠斑極豔，章所儲宣鑪此為第一。從前鑪極賤，僅數元一座，至多不過十元。近已日見增價，有數十元至百元者，且好者甚少矣。【徐批：兄在此得兩鑪，皆十數元一座。】

周表伯"迷局"中人，若趙蓮友、買運生兩公，章皆不及見；朱錦橋師藹卿，則猶及見之。藹卿為詵一之外舅，每進省，即住表伯海香室中，故見尤多。先君曾就其館，章呼之為"老伯"，伊令章呼之為"鬍子哥"。此外記憶所及，則有紹葛民、任筱沅、傅青餘、蒯士鄉、尹杏農、姜曉山、姚良菴、陳墨樵、荔庭父子、李平甫、竹坪兄弟【徐批：非兄弟也，皆與先祖相識。平甫，寶坻人，竹坪，通州人，認為本家也】、查攟庭、聲庭、藝庭兄弟、卓友蓮、陳子俶、朱曼伯、厲明軒、買蘇雨、王立凡、汪子常、吳抱仙、路漁賓、周子絞、李覲侯、張秩卿、白子植。楊紀青之尊人，則忘其號矣【徐批：楊仲和，善醫】；桐城人方老三，名功惠，崑曲名家，亦忘其號矣。【徐批：是否東屏？曾任淅川廳。兄尚見其演《搜山打車》崑戲。】又倉少坪、劉南卿，則閒或一到者；王純甫煥台，則最後加入者。【徐批：此人到沽甚晚。】六七十年來，諸老輩固不可復接，即諸家後人，亦寥落無聞者多，尚有我師及章一談及之，不易得矣！【徐批：前敍諸公，皆與寒家有往來。】

章作《先考妣合傳》，已脫稿，一兩日內繕出，再行寄來鈞削。【徐批：已接到，容細讀後，再行奉復也。】

近兩日甚暖，濕熱已發動，口中又覺甚膩，亦可厭也。【徐批：甚系念。】

滬亂不能弭，第四小壻已將小女及外孫輩送至章家。昨又來信，云

---

① 柯蘅（1821—1889），字佩韋，山東膠州人。師從陳壽祺。尤長於詩文，撰有《舊雨草堂詩集》四卷。其友郭綏之選有《春雨堂詩選》一卷，今為國家圖書館所藏。另著有《聲詩闡微》二卷、《漢書七表校補》二卷。

蘇、嘉、常間異常吃緊，飛機日日盤旋，人心驚惶，刻仍赴滬，並挈章婦同往暫避，聞之殊為懸心。【徐批：此後或不至再有戰事也。】

【徐批：兩次寄來《位山》《子居》兩學案，均已閱過寄回，請察入。一春風多無雨，甚乾燥，望餐衛保重為囑。】

民國二十一年壬申（1932）[①]

夫子大人鈞座：

敬稟者，日前蕭呈一稟，並閩翁新成《惲子居學案》一冊【徐批：已寄回矣】，鳳翁繳還鈞著《詩稿》一冊，及其自作《詩》一箋、《序》一通，計當早達鈞鑒矣。【徐批：均收到。鳳孫《詩序》，字不易識，已另抄一清稿，屬鐵林寄去，請其一閱，有無訛誤。】昨日接奉批諭，並發回《胡東樵學案》一冊，章作《先叔祖傳》一通，均已照收。章近數日又作《先考妣合傳》一篇、《墓表》一篇，謹再錄呈鈞削【徐批：均已讀過，另紙商酌，夾在文內，請閱核】，又小汀所著《叢記稿》一套，囑章代呈鈞覽，統祈鑒詧。【徐批：近日閱《學案》，容再細讀。】所有應行稟陳之語，仍條列於後。恭叩福安。受業曹秉章謹稟。

章於古文，實係外行。惟以病體，居然能作長篇文字，亦頗自慰。我師垂念至殷，故特呈鑒，以冀破顏一笑。乃蒙曲加獎掖，益滋愧惡。【徐批：能作如此大文，思致細密，氣象發皇，是形病而神不病也。】章之所能自問，實一幕府之才，所作駢體文，祇是書啟家四六，施之箋啟中，亦尚異於俗手，萬不能與駢文家比數也。【徐批：生道其生樂。】新作《先考妣傳》與《墓表》，乃數十年孤兒之苦，抱蘊蓄於中者久，至今日始行寫出。雖不足以言文，而字字真實。我師覽之，可以知我賢母之所以為賢母，不肖之所以終成不肖。但求繩其紕謬，萬勿再予謬贊，是所叩禱。【徐批：已書，另紙寄閱。】

《傳》中瑣碎事太多，拉雜敘述，頗有不典之語。留之以示子孫，亦無妨。

---

① 11：276。

《墓表》，當辛酉年營葬畢，即思作一文，以寫哀思。以有歐公一《表》在前，十年不敢動筆。今雖勉強成篇，終覺力小負重，且亦脫不出歐公窠臼也。【徐批：能與歐公並美，亦千古矣。】

章作字，於舊日之用筆結體，竟爾全然不是。頗思覓章草，或索靖、皇象書臨之①，惜不得好拓本耳。【徐批：隨便閣帖內，即可臨之。】

小汀所著《壽鑫齋叢記》二十四卷②，據云宣統三年即已成書，後復時加修訂，上年春方倩友人寫出，刻資較鉅，尚未付梓。秋間，曾就正於陳弢老，頗蒙許可，視為可傳。刻甫取回，特呈鑒定。如蒙賜序，或隨意加以題詞，俾此書得以增重，至深感幸云云。章看其書，的是必傳之作，我師可否作一詩予之，以遂其請。如作序，或倩閨翁代筆。因作此種書序，似應尋一兩種古書之似此者，以為陪襯方好看。章胸中書少，不敢作也。【徐批：吾弟可代託人作序一篇，以報之。】

翻刻袾卷，文楷齋交來，當遵校也。

劉古愚先生著作，日內當函芝洞，託其代為訪求。我師如遇陝人，務亦問之。【徐批：高增爵必知其人。③】

【徐批：《九江學案》一冊，閱過；大著文稿、芝洞信稿，均寄回，請察入。】

民國二十一年壬申(1932)二月廿七日④

夫子大人鈞座：

敬稟者，日前交許鴻順帶呈一稟，並章所作《先妣考傳》與《墓表》

---

① 索靖（239—303），字幼安，甘肅敦煌人，西晉著名書法家。皇象，字休明，江都人，三國時期著名書法家。

② 據何雙生先生《朱彭壽和他所著的兩種史料筆記》一文稱，彭壽《壽鑫齋叢記》凡六種：即《舊典備徵》五卷、《丹鉛瑣錄》十卷、《經籍屬辭纂例》六卷、《詩學駢枝》九卷、《常談觖源》五卷、《廣四八目》五卷。六種中，僅《舊典備徵》刊行於 1941 年，"可能由於諸種原因，其餘五種及朱彭壽已經纂輯的《皇清人物考略》、《紀年五表》等著作都未見問世。"（《學林漫錄》第 4 輯，第 223 頁）今《舊典備徵》國家圖書館有藏。《皇清紀年五表》，台灣文海出版社 1983 年影印出版。

③ 高增爵（1863—1932），字少農，陝西米脂人，光緒十八年進士。

④ 11:291。

各一通，小汀所著書一套，計當登鑒矣。【徐批：均收到。】茲有閩翁新成朱次琦《九江學案》一冊，特以呈鑒。【徐批：閱過寄回。】恭請福安。受業曹秉章謹禀。二月廿七日。

命作宋芝洞信，已發，錄稿呈鑒。【徐批：原稿加字寄還，信甚周密，現想起高增爵尚在京津，可訪一問。】

閩翁昨日有小恙，在家候醫議方，未來會，《案稿》係派人送來。【徐批：可代為問候。】

小汀又云其書不知鈞座肯賜題詞或序否，盼望品題增色之意，蓋其誠也。【徐批：小汀書留細讀，序、跋皆可。】

鈞處未發回之《學案》，尚有徐文靖《位山學案》、惲敬《子居學案》兩種。【徐批：昨已將此兩冊寄回矣。】

上海戰事小停，而嘉善一帶，近日異常緊急，章婦與小女翻又逃往上海去矣。此外人家聞遷避者亦甚多，有往上海者，亦有往杭、紹一路去者。【徐批：大約可漸漸安靜也。】

【徐批：《九江學案》一冊，閱過已寄回，請察入；宋信稿亦寄回。羹梅續纂張、俞兩案，已成若干？】

民國二十一年壬申（1932）三月初四日①

夫子大人鈞座：

敬禀者，日前接奉批諭，並發回徐、惲兩《學案稿》，敬已誦悉。茲有閩翁核出葆之所輯魏敏果《蔚州學案》一冊，特呈鈞鑒。【徐批：已閱過寄回。】恭叩福安。受業曹秉章謹禀。三月四日。【徐批：此後又寄回一包。】

鈞座《鄉試同懷硃卷》，文楷齋已將樣本送來。章細看數徧，履歷中有錯誤數處，則沿原本之誤，如儒林郎，"儒"字作"子"旁，孺人"孺"字作"亻"旁，晃州直隸州，州判作"通判"【徐批：是晃州，歷通判，非直隸州州判也，請仍照原本】，均已一一改正。文中無甚錯誤。

---

① 12：143。

《會試卷》當再催之。【徐批：外寄回《蔚州學案》一冊，請察入。】

錢孫來信，因平湖近亦驚惶異常，又赴上海矣。

前夜寫出聞話三紙，並亦附呈。【徐批：昨已寄去一紙矣。】

鳳翁來字，云宋晉之先生之壻高君已故，晉翁遺書聞在濟南某書肆，北平圖書館遣人往購云云。不知圖書館究已購得否，擬再託人切實探問也。【徐批：圖書館並未購得，不知該書肆字號、住址，請問鳳孫知否？】

宋芝洞住西安城中土地什字。章係發信後，錄稿呈鑒。信由郵局雙掛號寄去，日昨回據已來，大約不久亦可得回信，此時且不必尋高增爵也。

廣雅、曲園兩案，係託傅治薌、許季湘二人代輯。屢屢與談，以交游、弟子兩項搜求不易為言。因係局外幫忙，不便頻催。容見面時，再速之。【徐批：最好先成案，交游、弟子隨時再增補何如？】

羹梅所輯，係曼仙未了之《湘鄉學案》。嗣以《湘鄉案》中應附列之人太多，不易搜求，暫行置之，先輯《羅山學案》。而羅山弟子雖多，可附案以傳者亦少。【徐批：《曾文正案》亦可先成正案，附列者隨時搜求增補，免得閣［擱］置也。】前星期五，尚聞其與閨翁討論也。今日問之，云《羅山案》已編成，惟尚未鈔齊耳。

章前呈所作《先考妣傳》與《墓誌表》，我師謂章"形病而神不病"，章所用以自慰者，亦正在此。近數日又作先曾祖、先祖、三叔祖三傳，日內亦當寫呈鈞鑒也。【徐批：抄出丞盼一讀。近執事所作數傳可專刻，或印成一卷書，亦不朽之作也。】

上巳脩禊，年年有之。章自病後，迄未一到。雖分韻來，詩亦不做。今年又分韻來，昨忽興到，補作一什，想我師閱之必大笑也。【徐批：已注數字，並加圈寄回一笑。】

鈞座批章文中有書"生祖母"處，有書"生庶祖母"處，"生"字是否可該，"庶"字應有一定書法云云。章有生祖母，又有兩庶祖母。文中分書處，則曰生祖母，曰庶祖母；有併書處，而句法嫌拖沓，不能不省文書為"生庶祖母"也。【徐批：合書不分明，此等處恐不能省字也。】

章居生祖母喪時，訃中刻"生祖妣"，位與神主亦書"生祖妣"。郡城吳璵仙先生（少村中丞之子）來弔，告章曰："妣"字甚尊，嫡則稱"妣"，庶則稱"母"，"生祖母"，亦庶也，不得稱為"妣"。【徐批：吳公所論，有所本。】章徧考之書，不得其解。後來徧問友朋，亦不能分晰其義。然近年見柯鳳翁為人作《墓誌》，則書為"生妣"，且有一書"庶祖妣"者，偶見鳳翁，輒忘請教。【徐批：考、妣二字相應。】今書至此，忽然憶及，用附陳之。

昨日下午無事，自行磨墨添墨。合墨將成，覺墨香入鼻，直透腦際，神膽俱清；少選即覺腹餓，晚餐極香甜有味，閒弄筆墨之有益於人如此。

迷局中人，尚有姚致堂、趙鶴洲【徐批：此為趙蓮友之子，亦後加入】、王遵周、黃小宋【徐批：此人甚在後】，前函漏未敘人。又有陸壽珊者，曾官河廳過班知府，不知其名，與勉民表伯亦至好，收藏極富，我師知其人否？【徐批：昔知其名，今亦忘卻，容想起再寄知。】又有陸儼卿者，曾官上南廳同知，江蘇人，亦不知其名，與表伯為姨表兄弟。【徐批：與我家亦有來往，亦知其人，其後人尚有陸小霜。】其夫人為先祖母之義女，係浙江蕭山人，能詩能文，能辦公牘，能度曲。儼翁在官，公事皆夫人主持，人呼之為陸大太太。【徐批：余幼時亦見過。】儼翁故後，江蘇會館團拜，陸大太太必到，曰代子而來也；浙江會館團拜，陸大太太又必到，曰我母家浙江也。團拜有戲，必點崑曲。有時至周家看戲，亦必點崑曲。曾聞其告表伯云，河南唱崑曲者，除福喜班小胖、寶寶、三慶、天賜、小辮子數人外，皆外行不中聽也。出門必乘肩輿。當時汴城肩輿祇二乘，一為財神廟小兒科苗醫生【徐批：亦認識】，一即陸大太太也。從一大腳婢，名連喜，呼之為"連二爺"。汴中各流人物中有十怪，陸大太太為女中一怪。後在張勤果公館中教女學生讀書，兼辦筆墨。我師知其人否？【徐批：與余家昔年來往，幼時曾見之。】我師所云官淅川廳者，乃方老二；章所云方老三，其弟也，亦候補同知【徐批：其人能式把子，可裝孫猴】。弟兄皆能唱，章曾見方老三與寶寶合唱思凡下山，伊飾下山之和尚；又在表伯齋中，聽其與買蘇翁合唱批斬見都。聞表伯云，伊為桐城方恪敏公之後，其家自恪敏公時，教子弟讀書之外，即教唱戲，故方氏文章與戲曲，並足名家也。此皆汴中承平軼事，敬為我師述之，以當一夕之談。【徐批：尚有一方老五，名蔭唐，字思泉，候補知府，曾署河南府，必與周府來往。同時尚有一吳老五，忘其名。】

章前數年買得容齋舅祖一手卷①，原係秦苓溪太守集裝師友翰札而成者。中有舅祖少年時代外曾祖三雅先生書致苓溪一札，晚年再至汴，得之於相國寺骨董肆中。卷後餘紙丈許，既將卷之緣起，暨卷中諸賢姓字爵

---

① 周爾墉（1792—?），字容齋，浙江嘉善人。歷官戶部郎中。承家學，工書法。

里，詳書於後；復因相國寺，摭拾舊事及昔人誌錄所載與寺有因緣者，比類書之，以補其空。書成，為王季陶乞去。王丹麓於季陶齋中見之，作雲林小景一段於卷尾。季陶、丹麓，皆舅祖門人。舅祖所書各段中，有極精之小楷；丹麓此畫，亦可斷為其生平最精之作。且尋常卷子，皆畫在前，題字在後，此獨字在前，畫在後，尤為別致。章既得之，章對於汴梁，對於舅祖家應說之話又甚多，因又補述舊事數則，並摘舅祖集中和劉笠生先生（先外祖）《汴梁懷古詩》九章，擬另書一牋，續裝於後，名之為《梁園舊話》。惟章不能作字，思尋一善書者代書之，尚未得人。將來書成，擬求我師以大草題引首，先此稟聞。【徐批：如此大卷載梁園舊事，真可寶也。他日擬一拜觀。】我師若見此卷，必亦欣然也。【徐批：執事所述周府梁園舊事，大半是光緒初年移居木廠街以後之事。木廠街口館門聯，尚是周說一書。加入迷局者，亦梁園官遊後進之士。兄所見昔年老輩，皆同治初年周居東棚板街之時事。先祖見背後，先叔曾攜吾兄弟到周宅謁見勉翁太老伯，記花園中有亭，有仙鶴。今日思之，亦迷離似夢中也。】

鈞座《硃卷》履歷中，原刻“晃州直隸州通判”，故章以為應作“州判”。今讀批示，乃知誤在上一“州”字，應改作“廳”，通已遵改矣。《會試卷》今日送來，正在校讀也。【徐批：校好即屬發刻。各省府下有直隸廳，有廳非直隸者，湖南省尤多。不知晃州是直隸非直隸，記不清也，可一查便晰。】

《魏柏鄉案》，分在葆之處，尚未輯出。

耿極已附入《夏峯案》矣。

冉蟬菴，本已附於《湯文正案》內，現在託席子餘代鈔《羣經詳說》各序，俟其鈔來，請闓翁閱看，斟酌選錄。或仍附《湯案》，或再設法擴充，改作專案，酌定再行請示辦理。①

前經鈞座改定之《學案》板式，章當時即交沅叔，迄今已將三月。問之文楷齋，全未接洽；日前又問沅叔，云交在陶心如處。今日又作字往問心如矣。【徐批：昨沅叔來津，已又面告矣。】

錢孫之第三子金問泗，是多年外交部官，日前偕同各代表與國聯調查團來平。昨來章寓，云乃翁精神尚好，惟稍一用心，或與人說話稍多，即

---

① 冉覲祖今附《清儒學案》卷十二，“敬庵交游”內。另互見於“潛庵從游”中。

覺累乏，脈象即又歇至；尚有未纂之《算學案》十餘家，現在上海書不完備，出門尋人借書，來往較從前稍難，擬稍緩再辦。囑章代向鈞座陳明，並代為請安。章當將鈞座時時惦念之意告之，並告以仍以靜養為主，各案儘可緩緩從容動手，不必着急。

"迷局"諸公，若能將各人之名號、爵里，及著作、政績，考察明白，人各作一《小傳》，將傅青翁、尹杏翁諸人所作詩詞聯語，集錄於後，並將當時情形作一記以述之，亦一承平掌故也。【徐批：惟"迷局"二字不雅。】

方氏昆仲，崑曲亂彈，皆能唱。方老二唱《安天會》《飾孫行者》，章曾聞表伯與詵一說過，云筋斗把子均好，又唱《瓊林宴》，其出場踢鞋，與後來自箱中躍出，身段之靈妙，雖梨園能手，不及也。尚有方老大，名朔，號小東，係一知府。粵匪亂時，喬鶴儕督辦江南大營糧台，方小東當提調，因唱戲革職，遂在上海賣戲。戲園門首，紅箋大書"方大人准演某戲"，閧傳一時。李文忠在滬，先看其戲，後見其詩，又以其為方恪敏公之後，為之附案，開復官職。其人刻有詩稿，^{杜中有之}詩是船山一派，極有才氣，極好。選詩時，已無從查其科分、仕履，未選。看其稿，似是一優拔貢，朝考到京，即留京，多年來往唱和，皆道光朝名流。其稿一本，今存五條。有人云其書法亦好。

方蔭唐，周家亦嘗往來，惟迷局中無之。

吳老五，是師藹翁之外甥，與詵一為表郎舅。兄弟二人，一老五，一老七。老五名維祁，號定甫，不知何處人，但聞其是鉅富，上輩在兩淮、長蘆兩處行鹽。同治初年，老五捐知州，老七捐同知，同時到省，年紀極輕，相貌極漂亮，滿口京話，不知者皆誤認為梨園子弟。不久，老五署淇縣，老七署開封同知。老五極有才幹，寫作俱佳，表伯極為賞識，每說其例案極熟，問案亦好，堂判亦在行；老七則極無能，每到周家，僅在詵一書房閒談，不見表伯也。嗣以老七之門丁肇事，為人控告。大憲欲連老五一併參革，旋經託人乞恩，老七被控有案，無可挽救。老五則令其自行告病，遂至揚州，大嫖大賭，將兩淮商業全數敗完，與其夫人反目。隻身到京，將長蘆商業又全數敗完。始住會館，繼住一廟中，一小童為之討飯養之。適陳荔亭迴避墨翁過府班晉京引見，老五本與荔亭換帖至好，表伯託荔亭將其帶至河南，即住荔亭公館中。自項至踵，無一不是荔亭之物，問伊自己，僅餘煙槍一枝、煙燈一個而已。其時正是查撝翁任祥符，撝翁與老五初不相識，表伯薦與撝翁作知賓，撝翁與談數次，改為幫審。不及一月，撝翁大佩服，說其問案迴出諸人之上，請其挈總，另交伊圖章一方，凡有急待繕發公事，自己不及閱看，衹要吳老五看過，有其圖章，即可照發。表伯一面又託人在京為之辦起病，迨撝翁升任陝州，伊之起病公事已到。乃重新到省，隨李平甫至衛輝，當發審委員，府委代理汲縣，旋署裕州。兩年交卸後，即住周家大廳廂房中，定做一五尺寬之粽繃子，可以直身，橫躺抽煙，終日不離煙燈，日夜不脫衣服。躺至半夜後，僕人將煙盤搬去，將被一蓋，即算睡矣。睡至午後一兩鐘，眼一睜開，煙盤即又擺上，不至天黑，不能出門。光緒庚辰八月，涂中丞以嗜好太深，難期振作，奏參革職。得信之日，正是八月十五。自此之後，未出房門一步。至次年春，表伯去世，老五至霤前伏地痛哭。哭畢痰喘大作，扶之回房，不數日即死。老七於光緒初年改捐鹽經歷，在兩淮候補。章辛巳年回南，過揚州，尚一見之。【徐批：昔年汴中舊事，勉翁家記載必多，緣其數世在汴也。執事所記，亦甚詳晰矣。閱之，如見六十年前景象也。】

民國二十一年壬申(1932)三月十一日①

夫子大人鈞座：

　　敬稟者，日前蕭呈一稟，並《魏蔚州學案稿》一冊，計登鑒矣。【徐批：已寄回，當已收到矣。】茲有閩翁新輯李申耆先生《養一學案稿》一冊，特呈鈞鑒。【徐批：已閱過寄回。】又秉章新作詩一首，附求誨政。【徐批：詩甚佳，已讀過奉繳。另書三紙，寄上請閱。】恭叩福安。受業曹秉章謹稟。三月十一日。

　　另有兩箋，是前日所寫出者，一併呈上。

　　【徐批：《養一學案》閱過寄回，請察入。】

---

① 13：82。

民國二十一年壬申(1932)三月十五日①

夫子大人鈞座:

敬稟者,前日接奉批諭,並閱後發回魏敏果《蔚州學案》一冊,敬已誦悉。昨日鐵林到平,詢知鈞座飪祜曼福,政衛攸宜,至為欣慰。所有應行稟陳之語,另書四牋,伏乞垂鑒。專肅,恭叩福安。受業曹秉章謹稟。三月望日。【徐批:《學案》如成一本,即寄一本,以便閱看,不必積數本寄一次也。】

大葫蘆在此賦閒已久,屢屢饔飱不繼。日昨來云,有舊同事友人在南京實業部為謀一小事,令即前往試之,薪水俟到後再定。因囑章為陳請鈞座給予四五十元,俾得以其半安家,以其半作川資旅費。乞諭鐵林酌量為之,並即先行示知為叩。【徐批:送三十元,亦由鐵林寄去。】

程世兄來信,囑代求鈞座一畫,其意甚殷。今將原信呈鑒,未知有現成者,能給予一幅否? 伊更欲章為書扇面,則無以應之也。【徐批:隨後寄去,原函寄回。】

民國二十一年壬申(1932)三月十八日②

夫子大人鈞座:

敬稟者,日昨託鐵林帶呈一稟,計蒙鑒及矣。章近成先曾祖、先祖、先祖母、三叔祖四傳,一併鈔呈鈞鑒;又前作鳳字韻詩,嘯麓寄來和章,因又疊韻酬之,並錄呈上,祈賜削政。【徐批:和詩甚佳,妄為點竄一二字,希勿嘆我。】鑾孫來信,言南方戰事及編《學案》情形甚詳,亦另箋

---

① 13:264。

② 13:263。本札末所署時間當為陽曆,因其所敘事件,皆在其下札 13:261(壬申年三月廿一日)之前。

鈔錄呈鑒。恭叩福安。受業曹秉章謹稟。四月廿三日。

又小汀為鐵林書便面一頁，祈交之。【徐批：已交去。】

【徐批：大作四傳，敘家事，惓惓動人，意義周帀，情文斐亹。病後能作如此大文，其才力之健，可想見矣。可即彙刻，以光家乘。】

上巳什剎海脩禊，分得鳳字，補作一首，恭呈誨正。①

病夫如病蠶，忍死蹋繭甕。

年年春事新，不復來幽夢。

觴詠謝朋儕，到門執題鳳。

古今有代謝，臺闕淪煙霿。

雉兔與夐薵，囂然成一閧。

安問梵王宮，早憑塵劫送。

俛仰數陳跡，放歌雜嗟痛。

諸公大雅倫，選韻恣磬控。

不堪鳳皇吟，屢茲百舌哢。曹秉章呈。

【徐批：齊梁逸韻，唐宋清才，兼而有之。】

筱麓寄和鳳字韻詩，疊韻酬之，恭呈誨政。

擁鼻作【徐批：日】呻吟，宛轉蠅鳴甕。

自傷管早【徐批：筆已】枯，不復花生夢。

忍寒過一冬，強顏思傲鳳。

郭侯愛我深，噓氣散昏霿。

笑指蟻爭穴，蕞爾蠻觸閧。

飄風震殘柯，喧闐箛鼓送。

晏然臺閣新，坐忘黍離痛。

願持齊物心，萬象憑搏控。

盍將斗酒來，西山聽鶯哢。曹秉章待削草。

【徐批：此詩大似蘇長公（相如），雖病，才不減。】

---

①　此札言及和詩之事，故 12:104、12:105 兩頁當續接於此。

附：民國二十一年壬申(1932)[①]

　　錢孫信云，停戰之議，枝節歧出，竟至停頓。外間謂我方於駐軍地點、撤兵日期，實已步步退讓。今請國聯調解，亦可勉強就範，當不至再有戰爭。惟彼方意仍叵測，而雙方軍隊久作對壘之勢，彼如挑釁，我自不能曲耐，時時處處，皆可接觸，前途難可逆料。平湖戚友，移春來滬者，已亦不少。嘉善更當衝要，徧地駐軍布防，紀律殊不嚴整。駐城內者，尚避人耳目，其分駐四鄉者，不免常有擾民之事，尤令人不寒而栗。市廛受其影響，金融奇緊，貿易停滯。繭廠斷不能開，鄉人多年售繭，已不能解繅絲，今歲蠶市殆將廢矣。此為刻下最要之事，官廳空言救濟，一無辦法，如何如何！滬寓偏南，已近日暉港，為租界之邊境。弟閉戶而居，賤體稍爽，適又為環境所煎迫，所聞所見，均極無聊，廢棄筆墨，兀坐而已。孫慕老世兄[②]以表墓之文諉誶，尚不敢下筆。《疇人》諸案，總須得行家審定，較可放心。近來治算術者，皆從西文入手，不獨古法非所習，即前人之用西法者，亦不復講求。此學本日精日簡，清儒諸家已如是，矧在西人？無足怪也。稍定擬再編數家，鄙意總想在年內辦畢。此間尋人借書，較前稍覺費事。倘府主問及，望代白之。【徐批：如通函時，可代道候道念。南方如此，能否復來北暫居，甚系念也。】

---

　　①　12：107。此段為曹秉章所述金錢孫之來信，前後皆有散佚。因 13：263 札中稱"錢孫來信，言南方戰事及編《學案》情形甚詳，亦另箋鈔錄呈鑒"云云，故暫附其後。此條線索得自朱曦林師弟，在此表示感謝。
　　②　孫寶琦（1867—1931），字慕韓，浙江杭州人。1914 年曾擔任徐世昌內閣外交總長，並兼代國務總理。

民國二十一年壬申(1932)三月廿一日①

夫子大人鈞座：

　　敬稟者，前日肅上一稟，並呈上近作《家傳》四篇，疊鳳字韻《酬筱麓詩》一首【徐批：兩件均讀過寄回】，又小汀為鐵林書扇面一頁【徐批：已交去】，度應早蒙鑒督矣。昨日接奉批諭，並閱後發回李申耆《養一學案》一冊，又章詩一首，均已誦悉。章詩工夫太淺，又多年不做，自覺機杼生疏，全無是處。"疊韻"一章，似較初唱稍見順適，然總無蘊藉之致也。所作《家傳》，前後共七篇，家叔一房，尚有數傳須作者，擬作齊後，彙刊一本存之。宋晉之書，容再問之鳳老。芝洞回信已來，另紙鈔出呈鑒。【徐批：閱過寄回。】劉古愚書，已覓得。芝洞又附其業師柏子俊書一種，另交郵寄，尚未到。② 其函中並附鈔劉、柏兩先生《傳》各一通，又將關中儒修《清史·儒林傳》所列者二十人姓名，另開一單。二十人中，若王山史與"三李"四人，則已作專案矣③；其餘各人，亦半見各附案中，毋庸再為搜討。惟路閏生，《清史》亦列《儒林》中，向來於時文、試帖詩之外，並未留心其他種著作，當再與同人細考之。④ 此外，尚有未列《儒林傳》者二人，一為朝邑李楷，一為洋縣岳震川，擬再函託芝洞尋書寄來。⑤ 鈞座贈芝洞之《詩匯》，伊函中云當託便人來取。請諭鐵林函致管書人，即檢一部，送存章處，俟其人來，即可交之，免得人家耽閣〔擱〕等候也。【徐批：已告鐵林照辦矣。】專肅，恭叩福安。

---

　　①　13：261。

　　②　柏景偉（1830—1891），字子俊，號忍庵，陝西長安人。今《清儒學案》收入卷一百九十一"古愚交游"中，惟附錄其所著《灃西草堂集》中兩文，則宋氏所寄者，即為是書。

　　③　王宏撰（1622—1702），字無異，號山史，華陰人，諸生，今入《清儒學案》卷七"亭林交游"中。

　　④　路德（1784—1851），字潤生，號鷺洲，嘉慶十四年進士，官戶部主事。今《清儒學案》未收其人。據《中國古籍善本書目》載，路德撰有《讀史日記》二十卷，稿本；《路潤生先生文稿》一卷，稿本。

　　⑤　李楷、岳震川二人均未收入《清儒學案》。據《清史稿藝文志拾遺》，李楷撰有《霧堂經訓》一卷、《河濱遺書抄》六卷，今國家圖書館均有藏。另，國家圖書館亦藏有岳震川《賜葛堂文集》六卷、《賜葛堂文集遺稿》一卷。

受業曹秉章謹稟。三月廿一日。

另牋所示唐甄一節，容付闓翁閱之。

【徐批：大作各件，均寄回，請鑒閱。一春多風，時始得雨，體中近復如何？至系念也。】

民國二十一年壬申(1932)三月廿四日^①

夫子大人鈞座：

敬稟者，得鐵林信，知日前所上兩稟，均已塵鑒矣。茲有闓翁新輯董祐誠《方立學案》，又龔梅所輯羅忠節《羅山學案》，亦經闓翁核過，一併寄呈鈞鑒。【徐批：兩冊均閱過寄回。】所有應行稟陳之語，仍條列於後。恭叩福安。受業曹秉章謹稟。三月二十四日。

手諭開示唐甄各箋，已示闓翁。據云，此人本已列入目中，惟案尚未輯耳。所著之《潛書》，沅叔處有之，葆之亦有之。惟《潛書》以外各種，則皆未見過也。^②【徐批：此書細閱一過，可采者甚多，可成專案，以表彰所學，不妨多採擇也。】

闓翁問鈞處如有《讀史方輿紀要》，請寄下一冊。【徐批：此書當在京寄存，已屬鐵林函告管書人，檢送弟處。】

芝洞信到已將十日，所寄書尚未到。空信與包裹，遲速相懸如是。

章近日為先外祖家義僕滕福作一《傳》，又作《紀墳丁》一則，此二人皆有功於章家者也。另錄附呈鈞鑒。【徐批：二稿暫存，俟閱完《學案》，再細讀奉答也。】

章前稟所說容齋先生卷子，章為續作《梁園舊話》者，日前鐵林回津，竟忘交其帶呈鈞座鑒閱，下次有妥便，當託帶上也。【徐批：便中寄下，一讀為盼。】

章近時濕氣又復蠢動，大溲有時每日兩次，與去年夏秋相似，其餘一

---

①　13：232。

②　唐甄，今《清儒學案》卷二百零七《諸儒學案》中收入，內僅采錄其《潛書》一種。今《中國古籍總目》亦僅收錄其《潛書》一種。

切如常。

今日得南信，云十七、十八兩日，乍浦海口有戰事（此處距嘉善袛三十餘里），嘉興、嘉善均聞炮聲，滬上北新涇，亦有接觸。前聞倭奴本有由嘉善、平湖窺杭之意，南望松楸，魂夢難安！【徐批：近已簽和平條約，當可安然也。張幼樵後人來託，擬求列一專案。余答以必須有著作，其後人云歸尋檢。俟其書來，請斟酌也。董、羅兩案，閱過寄回，請察入。】

民國二十一年壬申（1932）四月初一日[①]

夫子大人鈞座：

敬稟者，前數日寄呈董祐誠《立方［方立］學案》、羅澤南《羅山學案》各一冊，度應登鑒矣。【徐批：早已寄回。】昨奉批諭，並章呈閱之《家傳》及《詩》，誦悉一一。章昨日亦有一稟，鈔呈文兩篇，並錄覆芝洞函稿【徐批：茲讀過寄回】；今日又有擬送馬積生聯匾字句，均寄鐵林轉呈，不知何時達到【徐批：已到】。茲有闓翁新輯劉獻廷《繼莊學案》，又小汀新輯陳壽祺《左海學案》，亦經闓翁核過，一併寄呈鈞鑒【徐批：均閱過寄回】；又季湘寫來鈞著《海西草堂詩集》封面及簽字，並以附上，祈瞽之。【徐批：收到。】所有應行稟陳之語，仍條列於後。恭叩福安。受業曹秉章謹稟。四月朔夜。

《左海案》，叔進先有輯本，寥寥四五頁而已。今重加纂輯，竟至有兩卷之多，相去不可以道里計。【徐批：尚有義例須添入。】叔進所輯之數十案，無一不須另做，極費事也。

劉繼莊實是一奇人，惜其著作除《廣陽雜記》之外，皆不傳耳。[②]

章先所作《家傳》七篇及《先考妣墓表》，統閱之，可以見寒家自曾祖以後門祚衰落之甚，與我重慈兩世孀居之苦節及周氏之厚德。章近日又作《自述文》，不僅述小子一生之事，凡重慈數十年艱苦瑣屑之事為

---

① 13：240。

② 今國家圖書館藏《離騷經講錄》一冊，劉繼莊講，黃日瑚集。

《傳》中所未詳者，皆於此文盡述之。脫稿後，亦當呈鑒也。【徐批：丞盼一讀，錄稿即寄下為盼】

　　章詩此首較初唱稍有韻致耳，初亦自覺首句嫌平，一經改削，乃知作字啞而無力也。三句"管"之易"筆"，① 同是一病，雖改一字，而兩句便活跳紙上矣。點鐵成金，此之謂也乎！

　　芝洞書已來，章正在披閱，尚未交閩翁也。我師贈芝洞之書，五條於昨日送來《詩選》一部，擬日內即交郵寄去；《詩匯》則暫存章處，俟其託便來取也。

　　章今日未刻，又得一孫。適值社中同人生日會，沅叔、敬一皆在座，晚間談讌極快。【徐批：大喜可賀，有新詩否？】

　　前日有雨，雖未甚透，而燥氣全除矣。

　　沅叔日內將有華山之游。

　　【徐批：《左海》《繼莊》兩案，閱過寄回，請察入。義僕傳，人奇文亦奇，墳丁，誠樸亦可傳也。得公文，兩人皆不朽矣。原文入包內寄回。執事文興甚豪，小汀之書可否代作一序，或託他人為之。吾弟酌奪辦理為懇。】

民國二十一年壬申（1932）四月初九日②

夫子大人鈞座：

　　敬稟者，日前兩次呈上《學案稿》四冊，度均登鑒矣。【徐批：均已閱過寄回矣。】錢孫寄來新刻詩、詞稿各一冊【徐批：收到】，囑代呈鈞政；又附冊紙一頁，並囑代求賜題小影，其簽寫"梧下定詩圖"，即係定其所刻之詩也。【徐批：已作一詩寫去，請閱後轉寄為懇。】去冬，鈞座批回閱定之《學案》版式，章交沅叔後，久無消息。問之文楷齋，答云未見；問之陶心如，亦云未見。日前仍在沅叔處尋出。交文楷遵照批定之

---

① 曹秉章曾和郭筱麓詩，中有"自傷管早枯"一句，徐批"管""早"二字易為"筆已"。參見12：105。

② 13：244。

字數、行數，另寫兩紙，由沅叔交來，囑代呈鑒，用併來條，一同呈上。恭叩福安。受業曹秉章謹稟。四月初九日。【徐批：以第二張為合式。原樣仍寄回，請收入。外寄回錢孫詩一紙，另易紙書去。又書板寫樣一紙，傳信一紙，均請察入。】

民國二十一年壬申（1932）四月初十日[①]

夫子大人鈞座：

敬稟者，昨肅一稟，為錢孫代呈詩詞稿各一本、圖冊一頁，又《學案》版式各紙，於午間送五條，覓便寄呈。【徐批：各件尚未寄到。】下午又由車站取到批諭，並閱後發回董祐誠《方立學案》、羅忠節《羅山學案》各一冊，均已誦悉。所有應行稟陳之語，仍條列於後，伏乞鑒詧。恭請福安。受業曹秉章謹稟。四月初十日。

唐甄之書，閩翁亦云在子書類中，可推為最正當之作也。

張幼樵，本定附列張文襄交游中。若有著作可錄，自更好看，惟恐不能作專案耳。

宋芝洞寄來劉光蕡、柏景偉兩人之書，章均已細看一過。劉之學問極為沈實博大，論學以救弱為主，事事皆求躬行實踐，頗近習齋之說。刻尚未付編輯，俟芝洞續訪書到，再行彙辦。鈞座如要看其書，當先寄呈也。【徐批：案成速知，一併寄閱。】

季湘賦閒已久，窘不可言。有人邀其赴長春，於今日啟行。昨日在傅治薌家同吃中飯，云到津當趨謁鈞座，面陳一切也。【徐批：已晤談矣。】其代輯之《曲園案》，云正案已成，附案諸人亦一一開出，交沈羹梅補輯。姚氏《說文》，前年伊本帶在哈爾濱，已編出，寫成二本；去夏歸來時，將所帶書箱各件，寄存一銀行中，前曾有人為之寄歸，而至今未到；刻到長春，當再往查問。伊見鈞座，當言及也。

昨在傅家同座，並有林貽書、吳向之。伊二人亦欲赴津。貽書並思擾郇廚，深贊紅肉之美。章與貽書恰有同嗜，不知何日再能趨承函丈，一厭

---

① 13：237。

此味也。

章近又作三詩，另牋錄呈鈞削。【徐批：詩甚佳。近來作詩文甚多，不知勞神否？念之。寄去摺扇十一柄，分贈同人，請執事轉交為懇。外有清單。】

再疊鳳字韻酬錢孫即題其梧下定詩圖：①

窗隙透餘暉，仰天若處甕。思君苦不見，欲見輒尋夢。我身等疥駝，君辭燦星鳳。碧梧高百尺，亭亭絕氛霧。當階花藥翻，絢春蜂蝶鬨。詩成錦囊貯，酒熱白衣送。淒涼宮井篇，比事增感痛。直以詩當史，神技萬鈞控。颯颯壓韶濩，覗言作禽哢。

樂天病風痹，摩詰入醋甕。豈為作詩苦，勞生困塵夢。夫子性情真，忍饑夙憐鳳。戒我慎起居，避風遠寒霧。勸我早言歸，紛華謝喧鬨。為我定阡表，千里郵筒送。一字必求安，鑒我鮮民痛。_{章近作先考墓表，君為點定。古道照人，銜感無盡。}直諒斯日益，駑下資扶控。何時共尊酒，引吭試幽哢。

太息一章，送季湘東行。

太息中原少定居，青山一髮渺愁余。莽蒼雲物知何似，酌酒東風盼寄書。

曹秉章呈稿。

【徐批：兩詩皆善於發端。】

民國二十一年壬申（1932）四月十五日②

夫子大人鈞座：

敬稟者，日前送上兩稟，計均登鑒矣。《唐甄學案》，闓老刻已輯出，又小汀補錄陳左海《經郛》條例若干條【徐批：早經閱過寄回】，擬補入

---

① 是段原為12:102，今據其內容，改附於此。

② 13:234。

《左海案》中者，一併寄呈鈞鑒。龔梅新又輯出孔廣森《顨軒學案》，閩翁閱後有商酌之處，今日龔梅帶回脩改去矣。俟其改好交來，再行續呈。【徐批：茲閱過寄回。】所有應行稟陳之語，仍條列於後，伏乞鑒詧。恭叩福安。受業曹秉章謹稟。四月望夜。

張幼樵之著作，龔梅知其有《管子學》一書，但未作完，其後人即以其手寫稿本付石印。從前曾向借閱，後經變亂，印出之書為人攫去不少，現聞其家所存，亦無多幾部矣。此外別無論學之文。惟聞其子仲昭云，致人書札稿中，頗多論學語，龔梅曾囑摘出寄來。① 日前鈞諭中云，幼樵後人要求為作正案，未知即是仲昭否。如再來時，請鈞座亦以此層囑之。②【徐批：遠伯曾囑託仲昭，近亦來津。俟其有無書來，再議。】

日前，閩翁所要顧祖禹《讀史方輿紀要》【徐批：已由此寄去矣】，陳愷尋之，多日不見，昨檢《方輿類纂》一部交來。按：《方輿類纂》是《方輿紀要》節本，若欲摘采其文入《學案》，則非原書全文不可。書已送交閩翁，不知能用否。

五條檢書極難，柯鳳翁之尊人佩韋先生《春雨樓詩選》，自去冬尋至今日，未經尋得。【徐批：已屬其細檢矣。】前月，又有銅山張仁序者來章寓。問之，為張伯英之一族，係秩卿先生姪孫。在黑龍江作縣知事，交卸來平，云從前張伯英送交晚晴簃睢甯周祥駿《更生齋詩鈔》三本，又湘鄉魏蓮裳《息園詩鈔》一本，現欲將原書取回。章當即開單，交陳愷檢取，亦至今未檢來。不知五條所存之書，是如何排列，既有專管之人，且又編出目錄，何以檢書如此費事？甚不可解。【徐批：曾是閻國俊經手，閻近春死矣，現陳、常諸人經理。】

季湘過津，當已面謁鈞座，詳陳一切矣。【徐批：已晤。】伊此行為饑所驅，實出萬不得已。林貽書、吳向之亦均來否？

此間數日前雖有小雨一次，而近三日來異常燥熱，今日又大風，旱象已成，可慮之至。

---

① 據《梵天廬從錄》卷七云：“張之奏議，文辭卓犖，自成一家。嘗彈劾某省布政，奇峭盡致。樊山批牘，實不能專美，樊氏熟諳民間風習，淋漓發揮，張則能痛揭官吏情弊者。”

② 張佩綸（1848—1903），字幼樵、簀齋，直隸豐潤人。同治年間進士。今《清儒學案》附入卷一百八十八“南皮交游”中。《書札》稱，除《管子學》外，“別無論學之文”。今國家圖書館藏有其《澗於集》不分卷，另著有《穀梁起廢疾補箋》，台灣文聽閣圖書有限公司2013年出版。

【徐批：《槲軒學案》一冊，閱過寄回，請察入。外贈陶心如畫扇一柄，請轉交為荷。】

民國二十一年壬申（1932）四月十六日①

夫子大人鈞座：

敬稟者，昨夜肅稟，並呈閩翁所纂唐甄《圃亭學案》，小汀補錄陳壽祺《經郛》條例若干條，須訂入《左海案》中者各一冊【徐批：均閱過已寄回，請察入】，又叔進篆師母墓誌字蓋一張【徐批：收到】，於今午包固，遣人送五條第中，覓便寄呈。遂由劉稽查交去人帶回批諭一件，閱後發回《左海》《繼莊》兩學案稿，及章所呈文兩篇，敬悉一一。昨稟所云羹梅取去脩改之《槲軒學案》，刻已交來，用再寄呈。蒙所詢《廣陽雜記》，閩翁所用，乃其自有之書。章有潘文勤刻《功順堂叢書》本，茲特遵諭檢出共三冊，並以附上。【徐批：收到。】此外應行稟陳之語，仍條列於後。伏祈福安。受業曹秉章謹稟。四月十六日。

《孔案》，亦是擴充叔進之稿而成。

《左海學案稿》中錯簡，俟鈞座將補錄之《經郛》條例各條發回後，一同另訂。

劉繼莊所欲著之書，恐皆但有其說而未屬稿。然實奇才，天不假年，可惜可惜。②

《廣陽雜記》，章少壯時恒喜閱之，書眉所注之語，皆當時所書也。此書記王輔臣事甚詳，其中云"授御前侍衛一等蝦"，初閱之，不知"一等蝦"何官【徐批：京中昔皆如此稱之】；繼閱潘文勤家順治十八年《搢紳錄》，於侍衛皆書"一等蝦""二等蝦""三等蝦"，仍不知"蝦"作何解；看小說《兒女英雄傳》"安公子放烏里雅蘇台參贊，賞頭等轄"，乃知"頭等轄"即"一等蝦"之謂，然究不知為何官；後到京，聞人云滿

---

① 12:32。

② 劉獻廷今《清儒學案》卷三十五"二萬交游"中收錄其人，然僅錄其《廣陽雜記》。據《中國古籍善本書目》載，獻廷又著有《左傳快評》八卷。

洲人呼"侍衛"為"蝦"，是"一等蝦"即頭等侍衛也。然繼莊文中既曰"御前侍衛"，又曰"一等蝦"，似"侍衛"與"蝦"是兩官名【徐批：非也】，蓄疑至今，用附言之。

章得次孫，曾口號二十八字，不足言詩。承我師垂問，謹錄出附呈一笑。

鏒孫之圖，求鈞座題詩【徐批：題詩已寄去，想當收到矣】，與小汀求序，同出至誠，來函囑章切實代求，不識鈞座能俯從其請否？【徐批：可。】

小汀之書，鈞座看完後，望即賜下。【徐批：近閱《學案》甚忙，每日無一暇，尚未細閱也。】蒙諭代作序文，章須細看一遍，方能動筆也。【徐批：請偏勞，拙懇拙懇。】

第一次寄叔進之毛邊紙、墓蓋格紙，原封退回，信面批"移居"二字。乃第二次寄去之髮箋，竟寄到寫好而來，令人不解，因將毛邊紙又為寄去。前日致鐵林信，曾言之矣。【徐批：可不寄矣。】

信甫寫好，適又由車站取到批諭，並頒賜同人摺扇十一柄，容即分致。章又稟。

【徐批：寄回閱過之《圖亭學案》一冊、《經郛》條例一冊，請察收。餘案閱後陸續寄回。】

壬申四月朔立夏，次孫生，口占誌喜。[①]
立夏生孫名夏生，喜他頭角見崢嶸。老夫久已傷孤立，更喜雛孫有弟兄。秉章呈草。

民國二十一年壬申(1932)四月廿二夜[②]

夫子大人鈞座：

敬稟者，日前兩次寄呈《唐圖亭學案》，補錄陳左海《經郛》義例各

---

① 此詩原在 12：103，今附於是。

② 12：29。

條,《孔翆軒學案》,並《廣陽雜記》,不知均何日達到?旋奉頒到書畫扇十一柄:予敬一、治鄉者,當即遣人送去;金、鄭、許三柄,亦即分別郵寄;此外章自留有題詩者一柄;餘於今日星期五,適同人來為閨老作生日會,一一分致;沅叔游華山未歸,其郎君來,代赴生日會,扇亦交其帶去。均囑代為陳謝。茲有閨老核過小汀所輯武億《授堂學案》,葆之所輯魏裔介《柏鄉學案》各一冊,先行呈鑒。【徐批:已寄回。】閨老新又輯出張惠言《茗柯學案》,尚未鈔成,俟其交來【徐批:已寄來】,再行續呈。所有應行稟陳之語,仍條列於後,伏乞鑒詧。恭請福安。受業曹秉章謹稟。四月廿二夜。

小汀《武虛谷案》,亦是擴充叔進之作也。

章日前寫呈《得次孫志喜》一絕,實不成詩,現已改作律句,再呈我師一笑。

陶心如云,鈞座曾允給伊畫花卉扇,久未領到,囑為問聲。【徐批:已交朱鐵林寄去矣。】

章從前存有舊扇面,揭開用紙托之,共三十八張【徐批:收到】,藏在篋笥又十餘年矣。用特寄呈,不識尚堪供揮灑否。請於興到時,或書或畫,隨意為之。書畫成後,檢數張賜下,裝冊以貽子孫,亦希世之寶也。

【徐批:《虛谷》《柏鄉》兩學案,均閱過寄回,請察入。】

陳慕韓夫人日前來寓,云去冬珊源夫人與老姨太太【徐批:已送數元】及慕韓庶出之女,均北來,與伊同住於彰儀門內車子營表親金君家中。金是淮安人,其尊人雲樓大令,與仲英丈是連襟也。現在,其庶出之女已二十三歲,曾許字保定劉姓,名雲祺,向為律師。五、六月間須辦喜事,無論如何儉省,至少亦須三四百元,實在無從設措。囑章代為乞恩,祈酌量能送給若干。先行諭知,以便轉告,因伊要聽回話也。【徐批:已由朱鐵林寄數十圓去。】又云,慕韓與其妾住永州會館,依然傻鬧。此種正事,伊固不能料理,亦不能與之商量也。又打聽路誦丞住址,云昔年誦丞路過湖南,曾向伊處借過二百元。章告以誦丞業經去世,伊不禁大驚失色,連說其"真倒煤!真倒煤!"伊並不知誦丞之號,但說"少笙之舅老爺,貴州人路老大,做過縣知事的",章是以知為誦丞無疑。女流做事,如此顛頇,可憐亦可笑也。

壬申四月朔立夏，次孫生，作詩誌喜。①

立夏生孫名夏生，喜邀座客聽啼聲。

衰翁久已傷孤子，繡褓居然見弟兄。

顧我形骸同傀儡_{偏慶六載}_{動止需人}，願他頭角易崢嶸。

馳書笑向山妻報，秀苗蘭芽又一莖。

秉章呈草。

民國二十一年壬申（1932）四月廿四夜②

夫子大人鈞座：

敬稟者，昨又肅上一稟，並呈武億《授堂學案》、魏裔介《柏鄉學案》各一冊【徐批：均已寄回矣】，又托好舊扇面三十八張【徐批：容稍暇即寫】，送交五條，當可達到矣。夏閨翁所輯張惠言《茗柯學案》【徐批：當閱過寄回】，今日送來，特再寄呈鈞鑒。所有應行稟陳之語，仍條列於後。恭叩福安。受業曹秉章謹稟。四月廿四夜。

鈞著《海西草堂詩集》，文楷齋前將第一卷送校後，昨又送來二、三兩卷。錯字亦不多，有數字沿原鈔本之訛，如《海上初春詩》中"鷦鷯"，"鷯"作"霖"，《閒散詩》中"精於數理邵堯夫"，"理"字作"里"，均已改正矣。【徐批：甚好。】

連日又大風，章亦無甚不適。惟大解又不暢利，胃亦呆滯，仍是溼熱作祟也。③【徐批：今年春夏之交，風甚多。】

---

① 此詩原在 12：96，今附於是。

② 12：27。

③ 此後原附接 12：28，然 12：28 中言及宋芝洞染虎疫去世，宋伯魯（1854—1932），字芝棟，其去世在七月（參見 13：347 札，民國二十一年七月初五日），故此頁之後疑有錯亂。

民國二十一年壬申（1932）五月初八日^①

夫子大人鈞座：

敬稟者，將一星期不奉諭言，正切馳念。沅叔來述，知興衛宜時，動定綏健，至以為慰。夏、朱兩家寫字人，均有病，故日內無可呈之稿。章有應行稟陳之語，謹條列於後，伏乞鑒督。恭叩福安。受業曹秉章謹稟。五月八日。

鈞座令手民重刻《鄉會試硃卷》，已照鐵林來信所說，交代文楷齋各印五百本，仍用黃紙面，紅線訂印，裝訂好，即由其寄津也。章見昔人筆記中云，宋王禹偁作《龐潁公神道碑》，其家潤筆，參以古書名畫三十種，中有唐杜荀鶴及第試卷，可見古人亦自重此。我師之《硃卷》傳之千百年後，其聲價必更駕杜而上之也。

沅叔云，我師之意欲將《學案》已成之稿，一律另繕清本，再行發刻。今日商之閏翁與同人，僉以一律另繕，費錢既太多，亦太費時日。擬將各稿再加審校一徧，如無須大加改動，僅一字一句之訛，即將訛處貼紙寫正。有應接寫而未接寫者，應低格而未低格者，則加以鉤勒注明，手民亦自能領會，不致舛錯，此種則皆不必另清；有須大改動，萬不能不另繕者，則提出另繕，似亦節省之一法。【徐批：即照尊議辦理，甚善甚善。】

審校各稿，若專推閏翁一人，似嫌太勞。今日定議，仍由同人分任。【徐批：如此辦理，甚好甚好。】

鈞座迭次發回之稿，凡有須脩改者，無論大、小改，皆閏翁隨時取去，存在伊處；凡存在章處者，皆無須脩改者也。故現在先將章處存稿，分交朱、閏、沈三人校勘，有須改正之字句，即由其貼紙寫正。在閏翁處者，則由閏翁酌量辦理。或一手分交同人，亦由其自定。【徐批：照議辦理。】

校正誤字，有必須尋原書查對者，則甚繁難也。

另清，尋寫字人，亦是一難事。

---

① 13:258。

　　凡稿中古體字，皆照原書繕寫，本未擅改一字。然校勘時，若手頭無原書，亦是難事也。

　　凡避諱字，如何辦法，請示遵行。【徐批：凡應改寫者，即照應改寫之字寫。如無改寫之字，即缺筆，仍請閬翁及同人共酌之。唐宋諸改寫之字，至今版本仍照改寫者，亦時時見之。】

　　此間依舊無雨，悶燥幾不可耐。外間時疫極盛，章一切託芘楲平。精神雖不及冬春健爽，然眠食均如常也。

　　刻又奉到批諭一件，並發回《檡軒學案》一冊，送陶心如摺扇一柄。

　　【徐批：《茗柯學案》昨亦寄回，小汀書亦寄去。連日陰雨，天氣甚清潤。《海西草堂集》，文楷已寫出若干卷，請詳細校正訛誤為懇。】

民國二十一年壬申（1932）五月十四夜①

夫子大人鈞座：

　　敬稟者，迭奉諭言，並閱後發回《學案》各稿及賜心如書畫扇，均已奉到。茲有閬翁新輯顧祖禹《宛溪學案》一冊，又錢孫謝信【徐批：金信昨已寄回，請代覆】，一併呈鑒。所有應行稟陳之語，仍條列於後。恭叩福安。受業曹秉章謹稟。五月十四夜。

　　小汀處寫字人病尚未好，故無稿可呈。今日小汀向章要寫手，章為另繕清本一事，正在尋覓不得。因鈔此種書稿，亦非慣於鈔寫、略知行款者不可，決非會寫字者皆可鈔也。

　　錢孫新來《疇人案》三種，已交閬翁覆看去矣。此三種內有明安圖者，是蒙古旗人。此旗人入《學案》，在倭文端外又一人也。

　　錢孫信中云，滬寓屋小人多，不及家鄉屋宇寬敞陰涼，決計回平湖過夏。疇人尚有數案未輯者，擬回家再辦。滬上借書、覓寫字者，亦皆不易也。

　　《學案》未編者，統計尚有六十五家，叔進所作須另辦者，不在此數之內 加以陝西新來之書，約略計之，總有七十家左右。

《孔弊軒案》中，閏翁擬補一朱文瀚，已將原稿取回增補去矣。

童二樹，閏翁云如補入亦可，惟其書恐不易求，且不見得有可采錄也。

陳蓉曙是曲園弟子，當可附入《曲園案》中。章有蓉曙《詩文集》，日內當檢出，送與羹梅閱看。惟蓉曙詩文無一不粗，不知其文有可采錄否。且亦不詳其仕歷，其子久不通信，不知現在何處，無從探問，容再設法。【徐批：其仕歷，兄尚知大概，不甚詳細。】

勘閱《學案》稿本，閏翁云：第一，小敘要子細留心，恐有落套處及犯複處、此處與他處牴牾處，此皆初做時最易忽略者。第二，是采錄之文，其所持論已被人駁斥，則萬不能留於編中，然非子細逐一詳考不可。總之，目前仍以趕將各案先行從速編齊，騰出工夫，細細摩［磨］勘，方有頭緒。現在祇可檢容易脩飾者，審校收拾，先行付鈔，不能一齊概作定稿，草草了事也。章以閏翁此議，極有見地，所說第一、第二兩層各種疑難之處，苟有其一，皆是大毛病，萬不能不詳益加詳，慎益加慎，以副鈞座闡揚儒術、津逮後學之盛意。【徐批：閏翁所論，極為緊要，請即照此辦理，以成完璧，至懇至懇。】

鈞著《海西草堂詩集》一、二、三三卷，文楷齋已將校出之誤字改好，與新寫出四、五、六各卷一同送來。所有後三卷，家叔與汪伯雲校閱後，章又校讀一過。第四卷《晚興詩》末句“佳客時來勸觥籌”，章按“籌”字在庚韻，此詩通體無一拗句，此字似不可不用仄聲，擬請酌改一字，諭知遵辦【徐批：已改好寄去矣】；又第五卷《十弟招飲詩》內“好句思張籍”，“籍”字原本書作“艹”頭，此必是寫官筆誤，已改正矣；又《九月十八日李季皋過門詩》內“對君忘倒屐”，“屐”字是否“屣”字之誤，祈諭知再改。【徐批：均請照改，昨已有函奉覆矣。】

心如難得見面，扇已派人送至其家，取有回片。

沅叔之兄雨農及其次子與其女之墓，前日被人盜發。昨日得信，已遣其弟與其長子往勘，不知是何情形。明日伊將親往，今日來談，小坐即走。四鄉盜墓之事，時有所聞，而西山一帶尤甚。世亂至此，災及枯骨，可怕可怕！

【徐批：《宛溪學案》一冊，閱過寄回，祈察入。】

民國二十一年壬申(1932)五月廿一夜①

夫子大人鈞座：

敬稟者，日前肅上一稟，並顧祖禹《宛西學案》一冊，當已登鑒矣。
【徐批：已閱過寄回矣。】錢孫去春所輯《嘉興二錢學案》，刻經閩翁覆
輯，繕正交來，連同錢孫原稿，一併寄呈鈞鑒。應行稟陳之語，仍條列於
後。恭叩福安。受業曹秉章謹稟。五月廿一夜。

小汀處寫字人病尚未好，日前在閩老處撥一人去，大約下星期五，可
有稿出也。

《讀史方輿紀要》一書，本為輯《宛西學案》之用，俟鈞座將此案稿
閱過發回後，如無須再以原書校正之處，此書即可寄繳也。【徐批：已寄
回，想已收入。】

陳蓉曙詩文集，已經羹梅閱過，一無可取。其隸曲園弟子籍，亦衹是
考書院之照例門生耳，附見其名於《曲園案》中足矣。②

鈞座重刻之《鄉會硃卷》，又校出錯字不少，已交印矣。【徐批：如
印好，即催其寄來。】

賜心如之扇，送去後，心如有電話來，囑先為陳謝。

沅叔今日自西山歸來，談云被盜發者，乃其弟老七之墓，非其兄也，
棺蓋被鋸毀。其女之墓，亦掘開，棺蓋亦有鋸痕，尚未鋸斷，僅於左側鑿
空一隙。其長子之墓，雖掘一洞，而棺尚未動。現在雖皆脩好，以後如何
防護，實無法可想也。【徐批：應有看墳人住於墓側，墓側須為其蓋房
數間。】

雨雖不透，而天氣驟涼，前兩夜幾可著棉。沽上如何？【徐批：雨
少，有時沉陰，亦著棉。】

【徐批：《二錢學案》閱過寄回，祈察入。金輯原稿，亦寄回。近日

---

① 11：346。

② 陳遹聲（1846—1920），字蓉曙，號畸園老人，浙江諸暨人。清光緒二十年進士。今
《清儒學案》卷一百八十三《曲園學案》中未收陳遹聲其人。除詩文集外，陳氏尚著有《畸廬稗
說》《鑒藏要略》。

體中如何？甚念。】

民國二十一年壬申(1932)五月廿八夜 ①

夫子大人鈞座：

敬稟者，今日由車站取到批諭，並閱後發回《宛溪學案》一冊，敬已誦悉。閩翁因其次媳逝世，今日未來，故無稿可呈。茲將《讀史方輿紀要》十二函，勻作兩包呈繳，伏乞詧收。【徐批：收到。】復籛孫信，遵諭擬稿，附請鑒削。原信仍以繳上。【徐批：已照繕發。】此外應行稟陳之語，仍條列於後。恭請福安。受業曹秉章謹稟。七月一夜。

前由五條取來之《方輿類纂》，已送還，囑陳愷歸架矣。

今日小汀新成莊存與《方耕學案》一冊，已送請閩翁覆看矣。

閩翁次媳卑幼之喪，家中決不久停，日內當即出殯。擬請鈞座送一奠分，因閩翁光景甚難也。【徐批：已送奠分，請代為道慰，不另。】

《學案稿》另繕清本，多鈔一次，多錯一次。不但鈔寫費錢，又多費校對工夫。章前稟業已陳明，略擬辦法，仰蒙采納矣。【徐批：不另鈔。】今日葆之云，各案小敘，須彙鈔一冊，專交一人磨勘，則落套處、犯複處、此案與他案牴牾處種種毛病，自易勘出【徐批：甚好甚好】。若仍然各案各看，卷帙太繁，無論如何細心，總有忽略之處也。將來全書告成，可仿《宋元學案》之式，將各小敘另行彙刊卷首，作為敘目。【徐批：須與閩兄商酌。】章以葆之此言亦極有見地，用特陳明，請示遵行。【徐批：另抄合校甚好。刊列卷首，似嫌重複，執事再酌。】

鈞著《詩集》四、五、六三卷，昨日文楷齋將誤字修改後，已又送來看過，云前三卷可上板矣。

復籛孫信稿，鑒定後，即由鈞處飭人繕發。因章致伊之信，皆家叔與汪伯雲二人代寫，且祇有晚晴箋一種，鈞座此信，若亦由伊二人用晚晴箋繕，似不好看也。

---

① 12:2。其下札 11:351 所署時間為"六月二夜"，然所敘之事又在是札之後，故知是札末所署時間當為陽曆。由此推知，至 13:67 札以前所署皆為陽曆，今俱改之。

此間前數日，雖曾有雨，仍不甚大，而早晚極涼，疑他處必有大雨也。章溼氣大發，右腳癢而出水。近兩日且有潰爛處，左腳雖癢出水較少，入熱水洗之，腳心、腳趾痠痛不可忍，不知何故。【徐批：潰爛不可入水。津中雨少，近兩日甚熱。】

民國二十一年壬申（1932）五月三十夜①

夫子大人鈞座：

敬稟者，昨肅陳一稟，並呈繳《讀史方輿紀要》一部十二函，交由五條送車站帶上，當已達矣。【徐批：收到。】小汀之書，前數卷類記掌故，著書之本恉，實在於是，然其全書分類所載，則又從《小學紺珠》等書脫化而出，故除《困學紀聞》《日知錄》二書外，無可比儗之者。《序文》擬出，錄呈鑒定。昨日劉用民來，言前法制局主事吳惟廉之母馮氏，青年守節，於光緒間曾得旌表，今年九十政壽，擬求鈞座頒給匾額一方，以為光寵。可否之處，伏乞批示，祗遵。【徐批：可，即代辦。】專肅，恭叩福安。受業曹秉章謹稟。七月三夜。【徐批：小汀《序稿》暫留此，俟酌定再寄請潤色也。文中如敘舊交，便有書牘氣，此體例之嚴也。執事以為何如？】

民國二十一年壬申（1932）六月二夜②

夫子大人鈞座：

敬稟者，昨上一稟，並代擬小汀所著《叢記序稿》一通，計登鑒矣。此序章又細加斟酌，覺竟以《困學紀聞》《日知錄》比擬其書，小汀究不能當，且亦足見章見書之少，代鈞座立言，不應如此之陋。因將中後各

---

① 13：249。
② 11：351。

語，重行脩改，再錄一通呈鑒，仍祈削定賜下，另錄交之。劉用民代吳惟廉請頒給壽額一事【徐批：可，即由弟代辦給之可也】，候①諭祗遵。又七月十二日，嘯麓之太夫人七十政壽，在平稱祝，嘯麓來信，囑章代求鈞座賜予書畫，以為光寵。其例送之聯額，章當擬出字句呈鑒也。【徐批：聯即代擬寄閱。】聯額之外，加送大壽字與畫各一幅，何如？並候酌行。專肅，恭叩福安。受業曹秉章謹稟。六月二夜。

【徐批：《敘文》中尚少議論數語，尚待執事加以潤色也。】

民國二十一年壬申（1932）六月初五夜②

夫子大人鈞座：

敬稟者，今日由車站取到批諭，並閱後發回《嘉興二錢學案》兩冊，均已誦悉。茲閩翁校勘舊稿中，徐文靖《位山學案》有須增補各條，一一增入，另繕清本，囑再呈鑒。【徐批：閱已寄回。】秉章有應稟陳之語，仍條列於後。恭請福安。受業曹秉章謹稟。七月八夜。

蘇菊村，閩翁擬為立專案，尚未做。③

龔梅輯出曾文正《湘鄉學案》正案一冊，又俞蔭甫《曲園學案》正案一冊，今日閩翁取去覆核矣。此兩附案均甚多，須搜訪齊後輯出，另訂冊也。

章處所存舊稿中，校出書衡所輯《西河學案》中有脫落字句甚多，日內須向五條取《西河集》來查對也。【徐批：京藏有此書。】

《硃卷》，當催文楷齋速印速寄。

鈞座送嘯麓太夫人壽聯、匾額字句，擬呈鑒定。【徐批：收到。】

閩翁之次媳，已寄殯長椿寺，擇陰曆十四日在寺開弔，訃已出矣。

沅叔家墳上本有看墳人，蓋有住房，無如掘墳者人多，且手槍、炸

---

① 此“候”字後，原文錯亂。據前後文意，當續接12:1，即“諭祗遵”云云。

② 13:251。

③ 蘇源生，今附入《清儒學案》卷一百四十三“衎石弟子”中，傳後未錄其著述。今國家圖書館藏有其所著《大學臆說》二卷、《省身錄》十卷、《記過齋文稿》二卷、《師友劄記》四卷等，或可補其缺。

彈、機關槍無一不備，斷非看墳人所能抵禦。並聞遇有堅固之墳，有竟用礮轟開者。世亂至此，鬼不聊死矣！

沈呂生，今年政壽八十，於陽曆六月三十日在紹興逝世。[①]【徐批：應送匾聯，請代擬書寄去。】

此間近兩日甚熱，今日尤熱。章與家叔兩人，坐廊間乘涼，十二鐘後進房，汗仍不收也。章往年夏令輒口膩、胃滯、夜不成寐，今年此種毛病尚未大發，體氣似較昔者為佳。惟支體不仁，迄今六載，毫無動機，殆終作半人矣。【徐批：調養得宜，可享大年。】

今日慕韓夫人來，云其女嫁期定於陰曆初十日，蒙賜喜分，已作謝信，並具喜帖寄呈矣；又云珊源夫人現赴上海，住在哈同家中。

【徐批：位山續脩學案，閱過寄回，請收入。《壽鑫稿》序，略為刪潤，仍未愜當，仍請執事本此前後潤色二段，如加以擴充脩飾，成一篇文字，再寄來一閱何如？原稿一件寄回。】

民國二十一年壬申（1932）六月十二夜[②]

夫子大人鈞座：

敬稟者，前星期六蕭呈一稟，並閩翁處另繕之《位山學案》正本一冊，計當早達鈞鑒矣。【徐批：已寄回矣。】茲有閩翁閱出小汀所輯莊存與《方耕學案》一冊，謹以塵鑒。【徐批：閱過寄回。】此外應行稟陳之語，仍條列於後。恭叩福安。受業曹秉章謹稟。七月十五夜。

閩翁處《學案》舊稿，另鈔正本時，先未接洽，故所用仍是舊格紙。刻已將新格紙取去，以後即新稿，亦用新格紙抄寫，以免參差。

前稟所陳《西河學案》舊稿中，有脫落字句之處，昨已將《西河集》由五[③]

---

① 沈祖憲（1852—1932），字呂生，浙江紹興人。曾任袁世凱秘書。

② 13：67。

③ 原文之後接 13：68，然其內容中有書衡、叔進云云，"書衡"本於 1931 年病逝，叔進亦於 1930 年夏辭職，此札在 1932 年，不當再敘及二人，故疑其為錯亂。此處所接後文，或已散佚。

民國二十一年壬申（1932）六月十九夜①

夫子大人鈞座：

敬稟者，日前奉批諭，並發回《位山學案》正本一冊，小汀書《序稿》一通，又賜書扇面廿頁。曾致鐵林一信，當已代陳鈞聰矣。今日星期五，適大雨傾盆，街衢積水過膝，車不能行，來會者僅小汀、羹梅二人。羹梅前星期取回脩飾之《曲園學案》，已據脩妥交來，茲特寄呈鈞鑒。【徐批：閱過寄回。】章有應行稟陳之語，仍條列於後。恭叩福安。受業曹秉章謹稟。六月十九夜。

曲園弟子，除已附著他案之外，僅林頤山一人確有著述可稱。其照例之書院門生，絕無可取者，概不存錄。交游中確有學問關係者，一時尚考查不出。羹梅已與閩翁商定，俟查明續補。②

小汀今日交來新輯之林春溥《鑑塘學案》一種，明日當送閩翁覆核也。

嘯麓已來平矣。鈞座送其太夫人之聯額字句【徐批：壽聯已由此送，交其津宅矣】，前已擬呈，如尚可用，請即諭知，當由章處寫送也【徐批：已寫送】。此外，鈞座允給之親筆字畫【徐批：已送】，亦請寄章處，與匾聯一同送去。【徐批：喜聯由執事寫送。】

【徐批：《曲園學案》一冊，閱過寄回，請察入。】

民國二十一年壬申（1932）七月初五日③

夫子大人鈞座：

敬稟者，頃由車站帶到批諭，並閱後發回《澤州學案稿》一冊，又

---

① 11：349。

② 今《清儒學案》卷一百八十三《曲園學案》"曲園弟子"中除林頤山外，又附有譚獻一人，當是續補入者。

③ 13：347。

復閏翁一函，均已奉悉。閏翁因病暑，昨日未來會，故無稿可呈。【徐批：晤閏兄代為道候。】小汀收藏名人會試硃卷頗多，茲檢得《晴圃先生鄉試硃卷》一本，囑為代呈鈞座，伏乞詧收。【徐批：收到，晤小汀代為多多道謝。另由鐵林寄去贈小汀鄙人《硃卷》二本，請轉交。】恭叩福安。受業曹秉章謹稟。八月六日。

【徐批：宋芝洞病逝，代為撰聯，即由京寫寄，稱仁兄同年。同年至好，初入詞林，時時同會課作詩賦，皆在先哲祠北。學堂大半皆作古人矣。】

附①

鈞座送芝洞之《唐明律》一書，章甫於日前交郵寄去；致伊之信，錄稿呈鑒。【徐批：收到。】今日葆之云，閱《大公報》載有"芝洞染虎疫，於初七日逝世"之語，則信與書，芝洞均不及見矣，可深惻怛。章信中方託其訪求書籍，竟不可遂，尤為可歎。芝洞前寄來劉、柏兩先生書，因光緒關中三大儒中，尚有賀先生書未來，故未交纂。【徐批：當再託人訪求。】今日已由葆之將劉、柏兩集取去，歸伊辦矣。西醫之謂虎疫，實即中國之霍亂。吐瀉在西醫毫無治法，其實此癥固極危險，然亦尚不至必死。【徐批：此病萬不令西醫治。】章從前在杭州偶患此癥，自亥至丑，吐瀉不止，腹痛如緻。有人令服生香油一茶碗，立愈。章後所至之處，遇患此者，即以此方告之，無不立愈，真仙方也。附述於此，請告知第中上下諸人，以備救人之急。<small>如有生菜油尤好。無生菜油，即尋常燒菜之蘇油亦可。他油恐無效也。</small>附致鐵林一箋，請閱後交之。【徐批：即妨清降濁之法也。】

---

　①　12：28。是段原接於12：27之後。12：27札署曰"四月廿四夜"，然12：28中所稱《大公報》所載宋芝洞病逝事，當在壬申年七月（參見13：341札，壬申年八月廿三日），由此可知是段為錯亂。因其前後已散佚，故依時間順序，附錄於是。宋伯魯（1854—1932），字芝棟，陝西醴泉人，光緒十二年進士。

民國二十一年壬申(1932)七月十一日①

夫子大人鈞座:

敬稟者,前星期六肅上一稟,並小汀呈送《晴圃先生鄉試硃卷》一冊,計已登鑒矣;旋由鐵林寄到立秋後二日手諭,誦悉一一。閏翁病已愈,今日來會,交到閱出小汀所輯林春溥《鑑塘學案》一冊,又脩正王念孫父子《高郵學案》兩冊【徐批:收到,均閱過寄回】,另繕正本,連同原稿兩冊【徐批:均帶回】,一併呈鑒。秉章應行稟陳之語,仍條列於後。恭叩福安。受業曹秉章謹稟。七月十一日。

諭問未編輯者尚有若干人,大案想必不多。章按:未編輯者,總共尚有六十家左右叔進已成之稿須另輯者,不在此數之內。。此六十家中之大案,為李光地、江永、紀昀、張爾岐、吳汝綸五家。此五家中,尤以李、江二家為最大。

諭《序文》《凡例》《目錄》皆須先為討論。閏枝云,《序文》不能先擬,《凡例》《目錄》亦須全稿成後,方有綱領條目之可言。惟《凡例》,同人於纂輯時有想到、見到之條,可隨時寫出,以備討論。目下總以趕稿為第一要著。

諭《序》中推尊聖祖一節,閏翁云此本《序》中應有之義。曾文正作《先正事略序》,即是稱述聖祖,謂雍、乾以後,英賢輩出,皆沐聖祖之教。今《學案序》自尤應如此立說,方為堂皇得體。即聖祖之學,亦可藉此文詳敘,以詔後人。謹當遵辦。至《目錄》中人名之敘法,亦均當遵諭辦理。

籛孫已回平湖,有信來云鈞座復函已奉到,囑代言請安。

【徐批:此次寄來新舊案稿共五冊,均閱過寄回,請察入。】

---

① 13:312。

民國二十一年壬申(1932)七月十八夜①

夫子大人鈞座：

敬稟者，日前接奉批諭，敬悉種切。鑅孫去年所輯盧文弨《抱經學案》，茲經閏枝覆輯交來，特用呈鑒。秉章有應稟陳之語，謹仍條列於後。恭叩福安。受業曹秉章謹稟。八月十九夜。

諭作芝洞輓聯，章擬俟得訃後再辦。【徐批：聯語今日寄來，已閱過寄回，請寫寄。】至前寄芝洞之信與書，係由郵局雙掛號寄去，寄到後必有回照來也。惟鈞座送芝洞《詩匯》一部，本俟其託便人來取，至今尚存章處。【徐批：只好存尊處再說。】鈞座送小汀之《硃卷》兩冊，今日已面交之，囑代陳謝。

鈞座上次閱過之《曲園學案》，□□又於《羣經平議》中得其所作《世室明堂考》②，采補入《案》，又為□□，今日閏翁取去看矣。

曼仙《詩文集》，其兄覲瀛早為編出。請書衡為之選定，又請閏枝看過，刻擬付梓。而覲瀛甚窘，刻資無出。但聞葉譽虎③允助百番，尚恐不甚可靠。覲瀛託葆之轉囑章，為代求鈞座助予若干，以成此舉。【徐批：亦助百圓何如？《抱經學案》一冊，閱過寄回，請察入。】

民國二十一年壬申(1932)七月二十夜④

夫子大人鈞座：

敬稟者，日昨肅上一稟，並呈閏翁覆輯《盧抱經學案稿》一冊，計

---

①　13：343。是札及其以下各札所署時間，皆為陽曆。原因參見13：332札（民國二十一年壬申年八月初一日）條。

②　該篇原名為《考工記世室重屋明堂考》，後附《九室十二堂考》。

③　葉恭綽（1881—1968），字譽虎，號遐庵，浙江余姚人。

④　13：348。

登鑒矣。【徐批：已寄回。】《抱經案》錢孫原稿，前日閏翁忘記帶來，昨仍飭人送來，用特補呈，請合兩本閱之。專肅，恭叩福安。受業曹秉章謹稟。八月廿一夜。【徐批：金輯《抱經案》原本一冊，亦寄回，可另存。】

民國二十一年壬申（1932）七月廿二夜①

夫子大人鈞座：

　　敬稟者，日前三次上稟，先後共呈上《學案稿》七冊，計應一一登鑒矣。【徐批：各冊均已閱過寄回矣。】章自六月以來，溽暑鬱蒸，頗為所苦。體中雖無甚不適，而意興嬾散，終日悶坐，不願作事。小汀《叢記序稿》，前奉我師書示各語，直至昨日，始遵諭，就尊意改撰，謹再錄呈鈞鑒，仍祈削定。【徐批：《序告［稿］》潤色甚佳。弟處如有底稿，請再抄一紙交小汀。寄來之稿，兄留閱也。】芝洞逝世，今日得其報喪條，是七月初六日丑時身故，即日酉刻成殮。日前，諭擬輓聯，另紙寫上，並求鑒定後寄下，再行寫寄。【徐批：聯語已閱過寄回，請即寫寄。】惟□□□現作何事，名號為何，均不得而知，但聞沅叔云在陝曾與晤□□。其所著詩文、筆記等書，共有二十餘種，已均付梓。章曾向之函索，允陸續寄來，並允為章作畫。今無望矣，念之惻然。專肅，恭叩福安。受業曹秉章謹稟。八月廿三夜。

　　【徐批：昨由鐵林交敬宜帶去《學案》一包、信二函，想均收到。雨後驟涼，體中何如，至為念切。閏兄近當安健，念之。】

民國二十一年壬申（1932）七月廿五夜②

夫子大人鈞座：

　　敬稟者，前上各稟，並《學案》稿冊及序、聯各稿，計均登鑒矣。

---

① 13：341。
② 13：329。

【徐批：《學案稿》均已寄回，此處無存者。】今日由鐵林寄到手諭，敬已
誦悉。閏翁來會云，有新輯之稿趕鈔不及，須遲一日方能呈鑒也。文楷齋
交來刻出鈞著《詩集》第六卷樣本一冊，特以寄上。【徐批：已校過寄
回。初次送校本，請存家裝訂成部。】章應稟陳之語，仍條列於後。恭叩
福安。受業曹秉章謹稟。八月廿六夜。

　　日前擬呈輓芝洞聯語，祈鑒定後即寄下，以便寫寄。【徐批：已閱過
寄回矣。】

　　諭問嘉善浦氏鏜所著書一□。浦本嘉善舊族，與寒家及周氏皆累代姻
戚世好。鏜號金堂，著作皆無刻本。周筤谷先生《先友傳》云：鏜身材
六尺，質最魯，精神奕奕，擁被讀書，終夜有聲。三十許，通諸經大義，
著《十三經正訛》。甲子、丁卯兩遇鄉試不赴，前後十二年書成。編修公
稱其兼綜條貫，抉微糾謬，功不在陸德明下。仁和沈御史廷芳，錄副本，
藏其家。鏜攜其書入都，以外省生員，例不得應順天鄉試，假館於紀學士
昀。學士為入粟，作國子生。飲王翰林紹曾邸舍大醉，跳舞作獅子吼，臥
於地。座客大笑，久之無聲，若熟睡者。就視，則已怛然化去。朱知州錦
昌經紀其喪，及旅櫬抵家，樸被之外，無所有矣。乾隆甲戌，震榮居編修
公憂，鏜哭唁畢，出新著《雙聲疊韻譜［錄］》示震榮。① 一宿而去，後
遂不復相見。今其書存亡，亦未可知。② 章若不見筤谷先生此文，即不知
其有此著作。翁覃谿、盧抱經所見者，當即是其稿本也。前年，書衡作
《章實齋學案》，將筤谷先生附列交游中。章曾與之言及浦先生，以書不
可得，且無可附麗之處，祇好姑付闕如。頃將手諭及筤谷先生之文與閏翁
閱之，閏翁即將筤谷文鈔去，云可附入《抱經案》中。然章以為附抱經，
似不如附紀文達尤為切實。但不知當時文達既特別賞識，為之納粟入監，
曾否收列門牆，尚須再考耳。【徐批：浦金堂既有著作，雖書未可得，亦
應附入案中。抱經既引用其文，附入《抱經案》中亦可。附《抱經案》，
應列交游中；若附入《紀文達案》中，不知應列交游，應列弟子中也。③

───────────

① 《清儒學案》浦鏜傳中稱是書為《雙聲疊韻錄》。
② 今國家圖書館藏有浦鏜所著稿本《雙聲錄》四卷、《續錄》四卷、《疊韻錄》四卷、《續
錄》五卷、《附錄》一卷。又浦鏜附入《清儒學案》卷八十"獻縣交游"中，傳後未錄其著述，
今或可以是書補其缺。
③ 浦鏜今附入《清儒學案》卷八十《獻縣學案》之"獻縣交游"中。

尚希卓裁。】

　　小汀云得南信，知籛孫發病，脈又歇至，又赴上海就醫。章擬作信致其子，一問情形也。【徐批：可代為問候。】

　　此間連日天氣又極悶，地又發潮。聞平則門①外昨有大雨，然城中僅數點耳。

　　頃又由車站取到批諭，及閱過發回新、舊《學案稿》五冊，並以附陳。

民國二十一年壬申（1932）七月廿八夜②

夫子大人鈞座：

　　敬稟者，日昨肅陳一稟，並呈上文楷齋所刻鈞《集》第六卷樣本一冊，計可登鑒矣。【徐批：已閱校寄回矣，請告文楷，無錯。】今辰由敬一處收到手諭，並發回《抱經學案稿》兩冊，敬已誦悉。前葆之所輯汪中《容甫學案》，現經閏枝覆輯交來，連同葆之原稿，一併呈鑒。【徐批：閱過寄回。】章有應陳之語，仍條列於後。恭叩福安。受業曹秉章謹稟。八月廿九夜。

　　《汪容甫案》，是從《高郵附案》中提出，改作《正案》者。【徐批：應作《正案》。】

　　《阮文達案》，葆之初開辦時所輯。當時各項程式，概未之定，閏翁久未閱出。日來正在脩飾覆輯，惟《附案》中有待考查者甚多，非旦夕所能告成，囑先為稟知一聲。

---

①　即阜成門，位於北京城西部。元時曾稱 "平則門"，明正統四年改稱阜成門。

②　13：340。

民國二十一年壬申（1932）
八月初一夜①

夫子大人鈞座：

　　敬稟者，昨奉批諭，並發回《詩集》第六卷樣本一冊，敬已誦悉；茲文楷齋又交來第四、第五兩卷樣本一冊，特再呈鑒。【徐批：四、五兩冊中脫一字，誤一字，改好仍存尊處彙訂。】章有稟陳之語，仍條列於後。恭叩福安。受業曹秉章謹稟。九月一夜。

　　《詩集》樣本，遵諭存俟刻齊後，一同裝訂。

　　閏翁日內正在修輯《阮文達案稿》，搜索考訂，頗費事，故無可呈之稿。

　　今日，小汀輯出程瑤田《讓堂學案》，葆之輯出劉光蕡《古愚學案》，均由閏翁取去覆核矣。

　　浦金堂與盧抱經，據閏翁就抱經文內所敘見書年分推之，二人確未謀面，故依章言，一准附於《紀文達案》內。蓋篔谷先生文中言金堂假館於紀氏，當是在紀宅就館，附之文達交游中，較為合式也。

　　浦金堂所著《十三經注疏正字》八十一卷，確無刻本。② 未入都之前，曾經沈廷芳錄副藏之。_{沈係仁和人，僑寓嘉善，故與金堂相熟。}後來金堂客死都中，襆被之外，稿本一無所有，篔谷先生文中言之甚明。乃沈廷芳《清史》本傳中言所著者，亦有此書，書名同，卷數亦同，《四庫書目提要》且極贊稱之。豈沈廷芳錄副之後，竟纂取為己作耶？實屬無從懸斷。且金堂館於紀文達，為文達所特賞，其所著書，文達必皆見過。何以作《四庫提要》時，竟茫不記憶，無一語及之耶？閏翁屢云阮文達《十三經注疏·校勘記》中采取浦書之說甚多，是又明明浦有浦之書，沈有沈之書。惟既有沈錄副本之

---

　　①　據徐批"轉瞬又中秋矣"，則徐氏閱是札時尚未及中秋，然是札所署日"九月一夜"，則當為陽曆無疑。由此可知，其上各札，自13:343始，所署皆為陽曆。

　　②　《十三經注疏正字》八十一卷，今已刊入1935年商務印書館出版的《四庫全書珍本初集》中，然作者仍著錄為沈廷芳。

說，不能不懷疑耳。① 沈廷芳已附在《勞餘山學案》內。現將金堂附《紀文達案》，擬於傳後設法加一案語，說明此事，已與閏翁商定矣。② 閏翁云，《阮文達案》成後，即作《紀文達案》也。【徐批：此兩大案作成，尚有大案否？】

敬宜今日來談，消瘦不堪，說話氣分亦弱，可慮之至。【徐批：晤為道候道念。】

小汀所乞之序，已鈔交之，囑代陳謝。

允助曼仙刻稿百元，已囑葆之轉告觀瀛矣。

頃又由鐵林寄到手諭，敬悉一一，並以附陳。

【徐批：轉瞬又中秋矣，不知同人作何遣興？均為道候道念。余處海濱，看書寫字之外，無他樂也。】

雷學淇《介菴學案》，前月已經小汀編出矣，其書小汀處有刻本。【徐批：《先哲傳》《文徵》均可送小汀一閱。余又新得其著述，抄本未刻，亦應敘入。】

前稟所陳浦鏜一節，閏枝已采《嘉善縣志》及筤谷先生《先友傳》中各語，為之作傳，並從章言，准附於《紀文達案》內。【徐批：甚好甚好。】浦先生所纂《十三經注疏正字》，確無刻本。盧抱經在翁覃溪家所見者，當即是沈椒園所鈔之副本。閏翁云，阮文達《十三經注疏·校勘記》中采浦說亦甚多也。章按：浦之纂著，此書之外，尚有《文選音義》《雙聲疊韻譜》，二書身後均不知何之，真可惜也。③【徐批：吾名亦載入《傳》中。】

舊稿中，有書衡所輯閻若璩《潛邱學案》，日前交龔梅復校。龔梅看出所錄《潛邱劄記》各則中，有數則皆直錄經注，無所考證。商之閏翁，刪去之。龔梅又云，《潛邱劄記》中此類甚多，惟吳山夫本刊落得當，然

---

① 據胡玉縉《四庫全書總目提要補正》卷八五經總類《十三經注疏正字》條曰：“廷芳為浦鏜作傳云：‘《正字》書存余所，故人苦心，會當謀諸剞劂，芳有附名足矣。’而鏜弟銑作《秋稼吟稿序》云：‘《正字》書沈椒園先生許為付梓，今已入《四庫全書》，而非兄之名也。’據此，則是書為浦鏜撰，非出沈廷芳。”

② 今浦氏傳後並無案語，傳中有云：“仁和沈椒園為御史時，嘗錄存其副，後攜書北上。及喪歸，則原稿已失。至嘉慶中，阮文達撰《十三經校勘記》，猶屢引其書焉。”

③ 據其本傳，浦氏尚著有《小學紺珠補》《清建閣集》。

不易得。①

　　章日前偶一翻閱，見《潛邱傳》中有"徐健菴奉敕脩《一統志》，開局洞庭山，既又移嘉善，復歸崑山，先生皆與其事"之語。章思健菴書局，從未聞有移至嘉善之事，竊恐"善"字有誤。然此係照鈔《史傳》原文，一時不得實證，焉敢妄改。昨經商之閏翁，閏翁云《學案》傳敘學問處須詳，敘事蹟處本宜稍略，此數語竟改為"後從徐健菴脩《一統志》"一語足矣。

　　以上二病，閏翁又云，此等毛病恐在在有之，決非一徧、兩徧即能一一看出者，所以稿本必須大家公同子細磨勘，不能草草了事也。【徐批：甚是甚是，請即照此辦理為亟。】

　　此間連日早晚甚涼，而天仍濃陰欲雨，地又發潮。章體中溼熱仍未稍退，口中仍覺黏膩，食物無味，精神幸尚如常。鈞座起居如何？【徐批：尚頑健，請勿念。執事希慎衛起居。】外致鐵林一箋，請交之。

　　頃又由鐵林寄到批諭，敬悉一一。《序稿》遵當另鈔交與小汀，並以附陳。

　　【徐批：《容甫學案》閱過，連初輯本一併寄回，請察入。】

民國二十一年壬申 (1932) 八月初十日②

夫子大人鈞座：

　　敬稟者，日前寄呈《汪容甫學案稿》【徐批：已寄回】，嗣又呈上鈞著《詩集》第四、第五兩卷樣本【徐批：已寄回】，想可先後達鑒矣。茲有閏翁新輯張澍《介侯學案》，又葆之所輯劉光蕡《古愚學案》【徐批：二案閱過寄回，請收入】，亦經閏翁核過，用特一併呈上。另有稟陳之語，條列於後。恭請福安。受業曹秉章謹稟。九月十日。

　　劉古愚當日在關中掌教，以響應康有為，頗致物議。然其學說宗旨，

---

　　①　吳玉搢 (1698—1773)，字籍五，號山夫，江蘇山陽人。今台灣商務印書館 1983 年出版的《景印文淵閣四庫全書》第八百五十九冊，子部一六五，雜家類，收錄《潛邱札記》六卷，著錄為：清閻若璩記，吳玉搢編。

　　②　13:337。

實較康為正大也。【徐批：遠處僻鄉，當時不知其詳。急於謀新，不暇擇也。】①

程恭甫之尊人伯敷先生，本久居曾文正幕，亦文正弟子。初擬附入《文正案》中，現因其為俞初理受業高足，《曾案》中人多，《俞案》中人少，改附《俞案》。已將其書交沈羹梅矣。【徐批：亦可。《曾案》亦可列其名。】

錢孫信來，云脈又歇至，復就醫至滬，脈歇多時，亦不見何病，惟現一種疲倦狀態。章謂或係年老氣虛所致，若但現疲倦狀態，不必定以歇至為病，必求其不歇也，惟總以少用心，靜養為主。【徐批：通信時，代為問候。】

錢孫信又云，在滬市見秀水諸襄七先生錦^{乾隆初，舉鴻博，授編修}《周易觀象補義略》稿本，哀然巨帙，極為完善，擬買之刻入《檇李叢書》②^{刻《檇李叢書》，係其堂兄旬丞未竟之業。錢孫現蓮刻之，將來書成，亦鉅觀也。}章按：襄七先生本我郡經學大家，亦《學案》中不能不列入之人。所著之書，惟《毛詩說》有單行本；外則《夏小正詁》《饗禮補亡》二種，見之《昭代叢書》中。此《周易》一種，當是未刻稿。惟不知別有文集，足供《學案》中采錄者否。③【徐批：可問錢孫。】已商之閏翁，囑小汀搜求，為補作一案。二百數十年來，各省老宿儒著作之淪沒不傳者，何可數計，安能一一得而闡發之？

敬宜精神委頓，形容消瘦，頗覺可慮。前星期見之，云仍須赴津，不知已去否。【徐批：未見來。】

沅叔日內又擬作勞山游，心寬身健，真地行仙也！可羨孰甚。【徐批：近回京否？甚念。】

天氣日中仍熱，連日時時有雷聲，今夜又有大雨。章胃納猶滯，溽熱未稍減也。外致鐵林一函，祈交之。

① 據劉五權《戊戌變法時期的劉古愚先生》稱："戊戌變法期間，陝籍京官宋伯魯、李岳瑞積極參加了以康有為為代表的維新派所推行的新政運動。但將這一運動推入陝西，影響西北甚至整個北方的卻是劉古愚。劉古愚先生是北方名副其實的維新變法的領袖。所以，史有'南康北劉'之諭。這正如劉仲第先生在《南康北劉小議》一文中所說：'劉康雖未晤面，素昧平生，但互見其文，互聞其名，通夢交魂，推襟遠抱。劉贊康：海內仰之若山斗；康譽劉：海內耆儒，為時須領袖。'"（《秦都文史資料》第七輯，教育專輯）

② 據《中國叢書綜錄》載，《檇李叢書》凡十種，金兆藩輯，民國二十五年（1936）嘉興金氏刊本。然其書內未收入諸錦《周易觀象補義略》稿本。

③ 諸錦，今入《清儒學案》卷六十五"董甫交游"中，傳後未附載其文。

此稟寫好，適奉到批諭，並閱過發回《汪容甫學案稿》兩冊，及《詩集》第四、第五兩卷樣本一冊，敬已誦悉，并以附陳。

【徐批：張、劉二冊閱過寄回，請察入。連沉濃微雨，甚涼爽。】

民國二十一年壬申(1932)八月十六夜①

夫子大人鈞座：

敬稟者，前呈上張介侯、劉古愚學案各一冊，當已登鑒矣。【徐批：已閱過寄回矣。】今晨得鐵林信，云有信並書交文楷齋帶來，章尚未奉到。該鋪節前交來鈞《集》第七、第八兩卷樣本一冊，章粗校一過，訛字無多，惟有數字筆畫不清楚，須脩整處，業已一一簽出，特以呈鑒。【徐批：尚有一"鏡"字應改，請即交文楷脩補。"畫"字亦當改，余[餘]未校出。】章有稟陳之語，仍條列於後。恭叩福安。受業曹秉章謹稟。九月十六夜。

日前發回《汪容甫案稿》，《小傳》中"已後"，"已"字諭："'以'、'已'古通用，今當如何？"章按："已後"，"已"字古多作"已"，今皆作"以"，然古文家仍多作"已"，《小傳》本采輯各家所作《狀》《誌》而成，故仍照原書作"已"；或竟改"以"，亦無不可。又"惇""埻""享"各字，從前因避寫"湻"字，將凡從"享"者，皆書作"亯"，此甚不合，《稿》中經鈞座硃筆點出者，皆一一更正矣。

近聞潘馨航②以廿四史、《通鑑》、九通等書卷帙太繁，學者不能盡讀，延吳向之、陳仲騫③諸人為編通史，《目錄》已擬出，全書定為一千六百卷，預算十八箇月編成。章初不料馨航亦能解此，然此事較《清儒學案》尤為繁重，豈寥寥數人十數月所能成者？吳、陳諸人且藉此月獲數十元，以濟炊爨，亦未為不可。至書之能成否，及成書後是否可觀，此

---

① 13：327。

② 潘復（1883—1936），字馨航，山東濟寧人。與張作霖交好，曾任北洋政府第三十二任總理。

③ 吳向之，即吳廷燮，前文已注。陳任中（1874—1945），號仲騫，贛州人。清光緒二十八年舉人。民國期間，曾任總統府秘書、教育部次長。

時原不必計也。

昨日大葫蘆來拜節，言及《養福齋殘稿》，鈞處如尚有存者，伊欲再求給予三十部。【徐批：已囑鐵林帶去，可轉交。】

連日天氣濃陰，時有小雨，驟作深涼。不知沽上有雨否？【徐批：時有微雨。】

民國二十一年壬申（1932）八月廿三日 [①]

夫子大人鈞座：

敬稟者，前呈張介侯、劉古愚兩案稿【徐批：均寄回】，繼又呈上鈞著《詩集》第七、第八兩卷樣本【徐批：均寄回】，計可先後登鑒矣；旋由文楷齋帶到手諭，並發回《廣陽雜記》三本，敬已誦悉。茲有閨翁閱出小汀所纂程瑤田《讓堂學案》一冊，特用呈鑒。章應稟陳之語，仍條列於後。恭叩福安。受業曹秉章謹稟。九月廿三日。【徐批：《讓堂學案》，閱過寄回，請察入。外書一冊。】

程恭甫之尊人伯敷先生，擬附入俞理初弟子案中，前稟業已陳明。現經龔梅作傳，並采錄文數篇，已由閨翁取去核閱矣。

錢孫昨又寄來《疇人案》三家，亦交閨翁矣。

錢孫信云，近日脈至逾百，仍不免時有一歇，歇即心搖搖然，不能自已。目痛之甚，終日閉目默坐，一事不做，益無聊賴。小兒在平綏路局，一年尚稱平順，日前局長更易（新局長即張處之副官，長武人，粗人，無理可說），忽又被裁。飲啄自有一定，惟際此窮年，每月少一進款，不免更形拮据耳。

【徐批：近日普通之病，大約均是外遇寒，內有熱，應先解肌清潤，使大便通暢即益。閨翁通醫，必善治理，請代為問候。錢孫書中所論各節，均請閨兄酌核辦理。】

---

① 13：345。

民國二十一年壬申(1932)九月初八夜①

夫子大人鈞座：

敬稟者，鐵林來平，帶到批諭，並閱後發回張、劉兩學案稿，敬已誦悉。茲有閨翁閱出小汀所輯《韓城學案》一冊，敬呈鈞鑒。【徐批：已閱過寄回。】章應稟陳之語，仍條列於後。恭叩福安。受業曹秉章謹稟。十月七夜。

日前沅叔傳諭《學案稿》各辦法，容再與閨翁商酌辦理。

《倭文端案》，前經鄭叔進纂輯，一《傳》之外，一無所有。現閨翁交夔梅重輯已成，今日閨翁攜去覆核矣。

章新刻九歌圖信箋尚不俗，交鐵林帶呈數札，以供寫詩之用。用完時諭知，當再印呈也。【徐批：畫筆太細，刻不易工，刷印色或深赭，或淺絳為佳。】

前諭允助曼仙《遺集》刻資一百元，今日葆之云觀瀛說已將刻齊，須即付款，囑章函請鈞座，即賜寄下。祈飭鐵林，寄章轉交是叩。【徐批：已囑鐵林寄交吾弟矣。】

葆之今日交來扇面一頁，說是寶應劉嶽雲之孫劉文興囑其代求墨寶。嶽雲，字佛青，係光緒丙戌進士，與鈞座為同年；文興，號詩孫，頗留心鄉邦文獻，曾囑其搜尋《學案》材料，亦尚有所裨助。謹為代呈，祈賜一揮。【徐批：昔年與佛青極熟。久未寫扇，茲於夏日所餘，書畫扇一柄，請交葆之轉交可也。】鈞體亦不可過於勞頓，區區愚慮，尚祈俯納。

【徐批：《艮峯》《儀徵》兩案，均閱過寄回，請查入。各冊初稿，前後抄寫，參差甚多。工人寫宋字，必更訛誤。如抄清本，須請編輯諸公手自詳校，寫出數卷，即隨時送校，亦不耽延時日，且可成善本也。近有江陰人印戴東原《續方言》手稿，已囑周養庵②覓一本，送吾弟及閨兄一

---

① 11:29。
② 周肇祥(1880—1954)，字嵩靈，號養庵，浙江紹興人。精於古文物之鑒賞，曾任中國畫字研究會會長。

閱，不知前撰《東原小傳》中，已列此書否？請查。】

民國二十一年壬申(1932)九月十六日①

夫子大人鈞座：

敬稟者，日昨容光回平，接奉批諭，並閱後發下程瑤田《讓堂學案》一冊，敬已誦悉。計在鈞處尚未發回者，僅王文端《韓城學案》一種矣。【徐批：已寄回矣。】茲閩翁又閱出阮文達《儀徵學案》，暨倭文端《艮峯學案》各一冊，謹呈鈞鑒。【徐批：均閱過寄回，請收入。】章有應稟陳之語，仍條列於後。恭叩福安。受業曹秉章謹稟。十月十五日。

《儀徵學案》，前年已經葆之輯出，呈鑒發回。現經閩枝脩改復輯，用將葆之原本，一併呈鑒。《附案》人多，作為下冊，俟輯成後，再行補呈。

《艮峯學案》，本由叔進編輯，現經羹梅復輯，閩枝又加脩改。至叔進原本，一《傳》之外，一無所有，是以不再附呈。

宰輔各案，皆以籍貫、地名標題，如阮文達題為“儀徵”，王文端題為“韓城”。倭文端，係蒙古旗人，竟題為“艮峯學案”。雖不一律，然無可如何也。

倭文端門下最盛，河南人從之講學者必多。《中州文獻》“儒林”一門，至今未見輯出，無從查考，閩枝甚以為憾也。【徐批：已屬鐵林函李敏修，開示其門弟子矣。】

日前沅叔傳諭“已成各稿，一一另鈔清本”一節，謹當遵辦。惟多鈔一次，多一次訛錯，尤恐書不應手，遇有疑難，無從查校。此則章所惴惴者耳。

錢孫信來，云已回平湖，《疇人案》尚有三四家，擬儘年內趕出也。

二孫世兄定期來平完昏，前聞鐵林云我師尚擬親來觀禮，章可藉以仰瞻顏色，稍紓戀慕，實所欣盼。【徐批：各親友皆不敢驚動，兄亦不到京也。】然旁皇四顧，覺我師出入，尚須慎重，且天氣已涼，（闕）

---

① 13：316。

民國二十一年壬申(1932)九月廿三日^①

夫子大人鈞座：

　　敬稟者，日前寄呈《儀徵》《艮峯》兩案稿，計早登鑒矣。【徐批：已寄回矣。】今日由五條取到批諭，並閱後發回《韓城學案》一冊，並給劉君扇一柄，均已誦悉矣。《焦里堂案》，葆之本列在《儀徵附案》中，茲經闓翁拆出覆輯，改為專案，用併葆之原稿，一同呈鑒。【徐批：閱過寄回。】章應稟陳之語，仍條列於後。恭叩福安。受業曹秉章謹稟。十月二十二日。

　　闓翁云，《里堂案》中《孟子正義·自記》一篇，係從石印《皇清經解》中錄出，錯字不少，當再覓大字本校政之。

　　汪龍莊《雙節堂庸訓》，容向小汀借來，再行寄呈。^②

　　九歌圖箋再印時，當用深赭。

民國二十一年壬申(1932)九月二十九日^③

夫子大人鈞座：

　　敬稟者，日前肅呈一稟，並《焦里堂學案稿》，當早達到矣。【徐批：已寄回矣。】茲闓翁重修小汀所輯蔡世遠《梁村學案》，另繕清本，連原本一併呈鑒。【徐批：閱過寄回，請察入。】恭叩福安，並賀大禧。受業曹秉章謹稟。九月二十九日。【徐批：近又編出幾卷，可隨時寄閱。此後

---

① 13：319。

② 汪輝祖（1730—1803），字煥曾，號龍莊，浙江蕭山人。今《清儒學案》卷二百零一《諸儒學案》中附其傳，傳後載有《雙節堂庸訓自序》一文。則此處向小汀借書，當為修學案事。

③ 13：273。

圍鑪賞雪，諸公有雅集否？《梁村學案》，先後閱過寄回，請察入。天氣
驟寒，體中如何？甚念。】

民國二十一年壬申(1932)十月初七日^①

夫子大人鈞座：

　　敬稟者，日昨接奉批諭，並閱後發回《儀徵》《艮峯》《里堂學案
稿》，均已誦悉。今日，葆之交來新輯劉台拱《端臨學案》，小汀交來新
輯紀文達《獻縣學案》，均由閏翁取去覆閱矣；小汀又交來汪龍莊《雙節
堂庸訓》一冊，是上次鈞座諭飭檢送者，茲特敬呈鈞鑒。【徐批：閱畢再
寄還。】章應稟陳之語，仍條列於後。恭叩福安。受業曹秉章謹稟。十一
月四日。

　　諭問：成書時，排列人名如何辦理。似仍以按時代編次為宜。

　　戴東原《續方言》，養菴尚未交來。【徐批：東原《續方言》手稿一
冊，寄去，請交閏兄一閱，閱後仍寄回。】

　　鈞座賜助曼仙刻稿資一百元，已交去，觀瀛當自作謝函也。

民國二十一年壬申(1932)十月^②

夫子大人鈞座：

　　敬稟者，日前寄呈汪龍莊《雙節堂庸訓》一冊，計應達到矣。【徐
批：收到。】昨奉批諭，並發回《梁村學案》清本，暨原稿各一冊，誦悉
一一。小汀新輯紀文達《獻縣學案》，經閏翁覆閱交來，閏翁又將《二曲
學案》舊稿，重加修正，另繕清本，並原稿交來，用特一併呈鑒。秉章

---

① 13：318。
② 13：325。

稟陳之語，仍條列於後。恭叩福安。受業曹秉章謹稟。【徐批：前日，交鐵林寄去大壽字一幅送令叔；屬書自壽聯，昨已書去。文楷刻詩，請隨時督催，年底務刻竣為屬。】

民國二十一年壬申(1932)十月[①]

江陰人新印戴東原《續方言》一書，養菴並未交來。[②] 問之閏枝，亦不知也。

王彭信來，云在津曾謁師座，其鄉人黃氏輯有《道學淵源錄》一書，取材甚富，當可有裨纂輯《學案》之用云云。[③] 刻問閏翁，閏翁云見過此書，自伏羲至清，卷帙甚多。然實毫無用之處，王所說係為銷書起見。如要買一部，亦無不可。

《學案稿》有交來者，即時寄呈，決不稍有延閣。【徐批：凡清本，均請閔、朱、沈三兄分校一次，免有訛誤。鈔胥多錯字，多俗體，非詳校不可。】

（闕）削政

茲有閱出小汀所輯尹（闕）

俟鑒。章應行稟陳之語，仍條列（闕）

天氣驟寒，章小有感冒，胸悶不思食，已多日矣。別無所苦，精神尚可支持。辱蒙垂詢，謹以附陳。

慕韓訃來，哀啟不知所云，想係大葫蘆自作也。

---

① 11：201。

② 戴震《續方言》手稿本，劉半農於 1928 年冬在北平琉璃廠書肆中購得，凡兩卷。1932年 7 月，劉半農出資影印。1936 年《安徽叢書》又據影印本收錄。（參見劉薔《戴震〈續方言〉手稿及其考證》，《清華大學古代漢文字論集》，第 392 頁。）

③ 黃嗣東（1846—1910），字小魯，湖北漢陽人，拔貢生，曾任刑部郎中，著有《道學淵源錄》一百卷。今《清儒學案》卷二百零六《諸儒學案》中收錄此人，並附載其《道學淵源錄序》一文。

民國二十一年壬申(1932)十月二十一日①

夫子大人鈞座：

敬稟者，日前寄呈紀文達《獻縣學案》一冊二件，計早登鑒。【徐批：已閱過寄回。】茲有葆之所輯劉台拱《端臨學案》，經閏翁核過交來，特以呈鑒。又呈繳戴東原《續方言稿》一冊【徐批：收到】，暨新買《道學淵源錄》十四冊【徐批：收到】，一併呈上，統祈督閱。章應稟陳之語，仍條列於後。恭叩福安。受業曹秉章謹稟。十月二十一日。

劉台拱此案，係從《高郵附案》中提出，擴作專案，以彰一家之學。惟劉佛青，入民國後始卒，是否附存，應請酌量批示，祗遵。【徐批：可附入。】此稿初鈔時，尚未定出刻書板式，故所用格紙，參差不一，俟閱後發回，再用新格另鈔清本。

戴東原《續方言稿》，閏枝云此稿並未成書，無可采錄，用特遵諭繳呈。

《道學淵源錄》，即王彭所說之書也。此書本在李惺喬處寄賣，閏枝與惺喬至好，時相過從，故早經見過。頃王彭致書惺喬，說鈞座需用此書，囑其檢送一部與閏枝。今日閏枝攜來，並有惺喬手書發單一紙，開實價八元，閏枝囑將書寄呈鈞鑒。其洋章明日當向陳愷在本月《學案》鈔資欵內支出，再交閏枝歸付惺喬也。此書閏枝云毫無用處。章亦略翻一過，其所敘列，皆囿於理學一門，且一傳之外，毫無采錄之文。然所列咸、同以後人甚多，請鈞座閱後，仍行寄下，藉為參考人名、補苴罅漏之用。惟若涂宗瀛、李鴻藻、徐桐、崇綺等之空列一傳，不見著作，亦仍無用也。②

---

① 12：60。

② 此四人皆未入《清儒學案》。涂宗瀛（1812—1894），字閬仙，號朗軒，安徽六安人，舉人。今國家圖書館藏有《六安涂大司馬遺集》不分卷、《六安涂朗軒尚書政書》五卷，另台灣文聽閣圖書有限公司 2012 年出版了涂氏所撰《奏議匯存》一書。李鴻藻（1820—1897），字季雲，號蘭孫，直隸高陽人，進士。徐桐（1820—1900），字豫如，號蔭軒，正藍旗漢軍人，進士，授翰林院庶吉士，嘗為同治帝師傅。崇綺（？—1900），字文山，蒙古正藍旗人，同治三年進士。

章從堂叔祖母沈孺人，即現在此間君儒家叔之母。明春八十政壽，家叔準於歲杪歸里稱祝，擬求①鈞座賞給大壽字一幅，以為光寵。【徐批：昨已囑鐵林寄去，想已收到。】

今年臘月初六日，章六十有九矣。摘先九世祖宗伯公詩句，為自壽聯語。茲謹呈上裱好舊硃砂箋對一副，叩求鈞座以大草書之，並求賜以跋語，另紙書呈，伏乞寵鑒，無任惶悚。【徐批：已寫好寄去矣。】

【徐批：《劉端臨學案》一冊，閱過寄回，請察入。天氣漸寒，體中如何？甚念。閨枝同年入冬身體當安健，代為致候。】

民國二十一年壬申 (1932) 十一月初五日②

夫子大人鈞座：

敬稟者，日前二孫世兄來平，詢悉福躬綏健，欣慰無似。同日，由車站帶到批諭一件，暨閱後發下《獻縣學案》一冊、《二曲學案》兩冊；又頒給家叔祖母大壽字一幅，賜書章自壽聯一幅，一一奉到，莫名欽感。昨日又奉手諭，敬已誦悉。今日，閨翁交來《儀徵附案》兩冊，又許宗彥《周生學案》一冊，亦係歸入《儀徵附案》中者【徐批：均閱過寄回】，沅叔作《秦游日錄》【徐批：收到】，刻始印出，交來一冊，囑為代呈，用特一併呈鑒。章應行稟陳之語，仍條列於後。恭叩福安。受業曹秉章謹稟。十一月初五日。

諭此後凡鈔清本，均交閔、朱、沈三人分校，已一一與之接洽矣。

紀文達《化源論》兩篇，簽諭令擇精粹語入附錄中。容與閨翁、小汀商酌辦理。

《儀徵正案》，前已呈鑒；《附案》除已提出兩人別作專案外，尚有兩冊之多，且係隨時陸續借書纂輯鈔寫，格紙不能一律，俟閱後發回後，再行另鈔。【徐批：均閱過寄回。】

諭問任大椿、陳瑚、閻百詩、錢大昭、陳懋侯所著之書有用否。章

---

① 以下原書闕文，據考，當接 12：124。

② 13：320。

按：陳瑚、閻百詩兩案，均早已纂成矣；《任大椿案》，閩翁以尋書不得，暫行附在《戴東原案》內，今鈞座既有此書，應請寄下；① 又錢大昭，自是竹汀家學中人物，其書亦請寄下。【徐批：均已寄去矣。】惟陳懋侯伯雙之書，閩翁云其書不見高明，且此人亦可不必作《學案》也。②

閩翁云，沈欽韓《幼學齋集》極好，外間傳本甚少，無處尋覓。從前曾見吳印丞有此書，印丞故後，其書均歸鈞座，不識有此書在內否？請飭人一查，寄下一閱。【徐批：尚未尋得，不知有此書否。】③

所有擬請檢寄之書，另開一單附上，祈飭管書人，照單檢寄是荷。

今日，有人問章鈞座新近選刻《明清八大家古文》，此章所不知者。如有，祈賜章一部，俾可揣摹學步。④【徐批：已寄去。】

鈞座賜書章自壽聯，直到"細筋入骨如秋鷹"地步，超出包安吳數十倍矣，真至寶也。

頒給家叔祖母壽字一幅，已交家叔祗領。恭具謝柬，附呈鈞晉。【徐批：收到。】

章自六月以後，未作一文一詩。前代鈞座擬作小汀所著《壽鑫齋叢記》一序，雖經鈞座刪削，然實不足觀也。近十日來，又連作兩文，稍稍用心。今日午後，忽發眩暈，幾不自持。年未七十，衰頹至此，可歎可歎！【徐批：有佳文，可寄一讀。老年多病，須善為調攝，不可用功太過如中年時也。】

任大椿所著書，錢大昭所著書，以上兩種，請即寄下。【徐批：已寄去。】

沈欽韓《幼學齋集》，請查有否，如有亦請寄下。【徐批：《儀征附案》二冊，閱過寄上，請察入。外附一冊。】

---

① 今任大椿依然附入戴震《東原學案》內。

② 陳懋侯，字伯雙，閩縣人，光緒二年進士，散館授編修，官至江南道監察御史。今《清儒學案》中未收其人。據《清史稿藝文志拾遺》載，陳懋侯撰有《周易明報》三卷、《古周易二經十傳闕注》一卷、《知非齋易注》三卷、《易釋》三卷。

③ 今《清儒學案》卷一百三十五《小宛學案》中已載入其文集若干篇。據傳文，沈氏文集當為《幼學堂文稿》八卷、《幼學堂詩稿》十七卷。兩書今國家圖書館均有藏。

④ 今國家圖書館藏有徐世昌選《明清八大家文鈔》二十卷，民國二十年（1931）刻本。

民國二十一年壬申(1932)十一月十一日^①

夫子大人鈞座：

敬稟者，日前肅陳一稟，並《儀徵附案》三冊，知早達矣。今日鐵林寄到我師手寫書單一紙，鐵林信云："上次所說任大椿等各書，新由蘇州買得，尚未寄到。"則此單所列，當亦是賣書人來問要否者。章按：張沐、焦廷琥、胡承諾各案，均已纂成，其書似可不買。惟胡承諾《繹志》一書，流傳甚少，極不易得，或可收之。^②《張甄陶案》尚未纂，但單內所開《四書翼注論文》一書，恐是高頭講章之類，買之無用。【徐批：《四書翼注論文》不是高頭講義，亦專門之學，有用之書也。如看，當寄去。^③】浦起龍《釀蜜集》，似是詩集，亦恐無用。【徐批：經史雜著，非詩集也，亦有用之書。】^④ 此外各書，容問之閨枝，如有需用者，再行稟知擇購可也。鈞著《詩集》第十三四五六各卷樣本，錯字太多。文楷齋近來樣本，每一面送至章處，一面即逕寄鈞座。【徐批：請詳校改刻後，仍請再閱一次。】章曾囑其俟章處校出有錯，交其改正後再寄，而不肯聽，且近來送校者甚少，當嚴催之。再鈞《集》目錄中題下之註，似可不寫，請酌定示遵。【徐批：有一總題，分寫數題者，須分寫，請檢閱之；有題注者，可不寫也。近又買得殘書若干種，檢點頗有可用之書，日從事於故紙堆中，亦一樂也。】輓莊思緘聯，^⑤ 遵已寫寄矣，聯句另錄呈

---

① 11：237。是札以下至13：326 札所署時間均當為陽曆。原因參見11：38 札，壬申年十二月十四日腳註。

② 胡承諾（1607：1681），字君信，號石莊，湖北竟陵人。《繹志》附《札記》，今中華書局 1985 年已出版。

③ 據《續修四庫全書總目提要》曰："是書遵守朱子《集注》，惟專以闡發註中所涵之奧，與註外未盡之詞。……題曰'論文'者，以是書兼及制義法也。凡例引陸清獻、李文貞、方望溪，多以時文引證書理。按甄陶是書成於掌教五華、貴山兩書院時，執業者大都應舉之士，舍是幾無以為教，亦不得已也。"

④ 浦起龍，今《清儒學案》卷一百九十七《諸儒學案》三，收錄其人，傳後未附載《釀蜜集》中文。今國家圖書館藏有清光緒二十七年（1901）刻本。

⑤ 莊蘊寬（1866—1932 年），字思緘，晚號無礙居士，江蘇武進人。光緒十七年副貢生。曾任江蘇都督。

鑒。專肅，恭叩福安。受業曹秉章謹稟。十二月八日。

再南北戚友囑代乞鈞書對聯者甚多，有寫現成者，祈賜下十副為叩。
【徐批：已交鐵林寄去十二幅，又送莫君畫一幅，臨《十七帖》影本一冊，已交鐵林寄去。】

民國二十一年壬申(1932)十一月十三日①

夫子大人鈞座：

敬稟者，昨寄鐵林轉呈一稟，計登鑒矣。茲閨枝交來《桴亭學案》清本兩冊，連原稿兩冊，又章處所鈔清本，亦檢一冊，併呈鈞鑒。章有應行稟陳之語，仍條列於後。恭叩福安。受業曹秉章謹稟。十二月十日。
【徐批：此五冊，大致翻閱寄回，請由執事經理。凡鈔出之清本，均由閨、朱、沈三公分手詳校，即作為定本。如有應商確者，隨時與閨兄面商裁定也。】

上次發回劉台拱《端臨學案》中，有簽諭云：“此鈔書人字跡端整，可寫清本。”此冊葆之當時因覓鈔手不得，攜至章處倩舍親汪伯雲為之代鈔，非外間所招之人也。

《桴亭學案》，閨枝將原稿又加刪節，另鈔清本，以無暇細校，今日攜來，分交家叔與伯雲校看一過。惟原本錯落甚多，清本照原本寫，仍不能不錯落，有可疑者，均已簽出為記，俟鈞座閱後發回，再交閨、朱、沈三人細看。【徐批：未及細看，仍請諸兄偏勞。】

鈔書人字跡略整齊者，極為難得。章近始尋得一人，係光進琨之姪。人曾讀書，略知文義。小楷秀整，且極快，一日可作三四千字。遇有疑難之處，亦知來問。惟未曾應試，俗體字仍不能免，然已甚難得矣。用將所鈔《古愚學案》清本一冊呈上，請鈞座看其所寫如何。如以為尚可用得，以後鈞座有需鈔寫之件，亦可令其鈔寫也。【徐批：寫的甚好，能否抄清本？】

① 11：239。

　　前日發下之書單，已交閏枝閱過。據云，焦里堂、胡石莊兩案均已纂成，《冕服考》《繹志》兩書，已無所用之，可以不買；《張甄陶案》雖尚未輯，然《四書翼注論文》一書，高頭講章，亦無所用；惟張沐，是從《夏峯學案》中提出另作專案者，所著《為學次第書》，卻未見過，請即購寄應用。【徐批：已寄去矣。】此外，除浦起龍是不能入《學案》之人，① 其書可置不論外，餘者皆素不知名，須先將人查出，能否入《學案》，再說買書可也。

　　章之表姪壻莫光潤，即勉民表伯孫壻，盧氏縣人，住開封北門大街，與倉家亦係至戚，家中收藏甚多。從前曾在庶務司當差，現在山東省政府當科員。頗學鈞座草書，用筆結體，雖不能得門徑，然已不易矣。信來屬章代求鈞座賜畫一幅，以為珍藏之寶，可否給予，伏乞酌裁。【徐批：已寄去畫一幅、影印臨《十七帖》一本，交吾弟矣。】

　　頃由車站取來鈞賜《明清八家文鈔》一部，敬已祗領。

民國二十一年壬申（1932）十一月十九日②

夫子大人鈞座：

　　敬稟者，日前寄呈重鈔《學案》清本兩種，計早登鑒矣【徐批：已寄回矣】；旋得鐵林來信，猥以犬馬之年，上承記注，頒賜畫松一幅，敬謹祗領，感泐莫名；又奉頒發對聯十二副，當即復書鐵林，囑其先代陳謝。今日又由車站取來鈞諭，並任大椿、錢大昭、張沐書共四種，又賞給莫光潤畫蘭一幅、影印《十七帖》一本，均已奉到。茲由閏枝交來《學案草目》一本，又有"意見"及"現在辦法"，恐口說不明，寫致章一

---

　　①　浦起龍，今《清儒學案》卷一百九十七《諸儒學案》三，收錄其人。曹秉章諸君初議浦起龍不能入《學案》，蓋因其《史通通釋》中對《疑古》《惑經》兩篇多有回護，且其書亦有待商榷者。據李慈銘《越縵堂讀書記》曰："夜閱浦起龍二田《史通通釋》。此書《四庫提要》稱為善本，而病其臆改。王西莊則極稱之。二田自言為七十歲所作，稿凡數易，多所訂正，頗具苦心，先於篇中節釋其文義，而後通為按以釋之，其後則標句以注其出處。然識趣既卑，文又拙澀，全是三家村學究習氣，不特不及黃崑圃之補注，且不及郭延年之評釋也。"

　　②　11：242。

信，一併呈鑒。此外應行稟陳之語，仍條列於後。恭叩福安。受業曹秉章謹稟。十二月十六日。【徐批：《草目》已讀一過，擬暫存此，隨時考訂。】

　　閏枝所開此《目》內，計未成者五十二案，未定者十七案。所謂未成者，係尚未辦出也；所謂未定者，係須覆核、擴充、修補者也。然此陳明案數，仍係假定之目（叔進舊稿須另作者，不在其內），隨時發現須辦者正多，故此《目》亦不能作為定數。【徐批：叔進舊稿，可否交羹〔梅〕另辦後，再由閏兄潤色，較為省力，何如？】

　　閏枝自以年老精神漸短，一時亦無相當助理之人，積壓案稿，不能趕緊修正，剋日成書，以副殷望，是伊忠心尤為惴惴者。其致章信中所說各語，鈞座有以為然者，即請圈出；其"辦法"各節是否，亦請批示，俾可祗遵。【徐批：閏兄高年，儘可從容辦理，萬勿着急。兄每日看書，亦時時休息，不能如中年之精銳也。】

　　任大椿、錢大昭、張沐各書，均交閏枝帶去矣。

　　此次鈞諭所開婺源汪烜《易經詮義》、歸安姚彥渠《春秋會要》、山陽彭頤《禮記省度》各書，閏枝云此三人亦非向來所知，鈞座既有此書，即請頒下審閱，酌量辦理。①【徐批：此三種已交鐵林寄去。三書即檢出寄去。】

　　錢孫來信云，算學各家，均已一律編出，俟鈔齊，即可寄來，年內可作一結束也。

　　《明清八家文鈔》多一本，仍以奉繳，不知何處缺一本，請飭查明補入。

　　給莫光潤畫與帖，適冠如歸來，少遲仍須赴濟，當託其帶去也。

　　章自前月連作兩文之後，兩目紅脈作痛，又不能看書作字矣。終日閉目枯坐，益多煩悶。心中欲陳說之語甚多，不能多寫，容再續陳。【徐批：目脈須閉目靜養。冬來無雪，易致病也。】

　　頃由鐵林寄來批諭，業經奉到，一切再稟。

---

　　① 汪烜即汪紱，今《清儒學案》卷六十三立有專案《雙池學案》；姚彥渠、彭頤二人則未入《清儒學案》。

附^①

　　再弟兩年以來，精力日退，編輯之事，有時疲倦，每致停頓。修正各案，積壓不少，_{凡注"未定"者，皆是也}雖經抽空清理出，未全了。算學尤為門外漢，尚未動手，私衷甚為歉然。明年自應趕辦，以期早日觀成。交卷愈多，弟處更多積壓。此種情形，請於府主前述及，總望有同任之人，以利進行。【徐批：未定之案，如叔進各稿，可否請虆梅先為斟酌。】目前弟亦無相當可薦之人。惟慮以衰庸貽誤，不可不直陳也。弟又白。【徐批：過於謙抑，讀之甚為惶悚。鄙人胸中實無可幫之人，一切仍請閏兄策畫。】

民國二十一年壬申 (1932) 十一月^②

　　楊冠如^③囑章代求頒給《歸雲樓題畫詩》一部。【徐批：已交其函收矣。】

　　潘宗瑞之母去世，擬求破格頒給匾聯【徐批：照辦】，謹擬字句，另紙錄呈鈞鑒。【徐批：京中得雪否？天寒，執事體中如何？】

　　張沐等各書，閏翁已閱過，云無可采錄也。

　　日前頒來姚彥渠等書三部，已交閏翁帶去閱看矣。【徐批：晤閏公代為道念，高年人諸事須放寬心也。】

　　【徐批：鄭東甫精於《春秋》，鳳孫能言其詳。】

---

①　11：339。據是札內容可知，其當為上文 11：242 札中所稱閏翁致曹秉章之信，曹秉章錄呈徐世昌閱看者。其內容不全，已散佚。原書頁碼錯亂，今移附於 11：242 札後。

②　11：211。是札前後散佚，據其內容，附錄於是。

③　楊葆益，字冠如，號觀如居士。民國時期著名收藏鑒賞家，晚年曾創辦"中國書畫研究會"。

民國二十一年壬申(1932)十二月初五日[①]

夫子大人鈞座：

敬稟者，日前肅呈一稟，寄鐵林轉呈，當蒙鑒及矣。【徐批：已答收矣。】茲呈繳張沐《為學次第書》一冊、錢大昭《說文徐氏新補新附考證》二冊、任大椿《深衣釋例》三冊、《釋繒》二冊，伏乞督收。【徐批：均收到。】章應行稟陳之語，仍條列於後。恭叩福安。受業曹秉章謹稟。十二月三十一日。

閬翁因其長孫殤折，近日住在其女壻寓中，未曾歸家，故無辦出之稿。日前批回信件，已交閬翁閱過。

賀松坡，自應附在《吳摯甫案》中，惟吳案尚未動筆也。（劉鎬仲附何案，亦未定。以文而論，實勝於賀，且有經學功夫也。）【徐批：須設法載入。】

盛伯羲附何人案中，前閬翁曾議論過一次。其人僅是一藏書家，並無著作。雖是鄭東甫之師，然斷不能以師附弟，且鄭東甫著作，亦不可得【徐批：前曾寄論經各說】，將來附在何人案中，亦不可定也。

民國二十一年壬申(1932)十二月十一日[②]

夫子大人鈞座：

敬稟者，今早得鐵林信，寄來我師頒賜章與同人畫八幅。午後，又由五條取來批諭一件，均已誦悉。茲有閬翁交來修改《潛庵學案》清本，並原稿一冊，特以寄呈鈞鑒。【徐批：閱過寄回。】章有稟陳之語，仍條列於後。恭請福安。受業曹秉章謹稟。十二月十一日。

---

① 13:326。
② 11:281。

《潛庵學案》，本錢孫所編，刻經閏枝重行修改，鈞座如以為可用，即請批示，作為定本。【徐批：即用定本。】

所有已成各稿，閏翁均擬照前函所擬辦法，細校一過：有案太小者，即設法歸併；太大者，或設法分編，庶卷數可以勻稱，文字亦較整齊。【徐批：甚好甚好。】

張甄陶書，已交閏翁帶去，云即可為之作案也。

賀松坡，准附《吳摯甫案》。前鈞座寄來松坡論經之文兩首，即可附登。①

盛伯義、鄭東甫二人，無論如何，總為設法列名案中，以傳其人。東甫經學，柯鳳翁極推重之，著作竟無一字可得，真可惜也。【徐批：前寄回東甫後人鈔來東甫說經零星數紙，不知看過否？】聞有刻本《東甫遺書》，鈞座能託人一尋否？【徐批：此書未見，仍須託山東人訪求。】

宋晉之書，當再問之鳳老，然恐不易求矣。

昔之算學家，如梅氏父子之類，固無不通經學者，然不可執此說，以論後之人也。若同、光間之華衡芳，亦是算學大家，然絕不通經學也。

屈翁山，並無經學著述。②

鄉曲老儒，有著述而不傳，亦無人知其姓名者，不知凡幾。聞見所及，苟有所得，必為設法附載其名，以副鈞座發潛闡幽之盛意。

《嘉興三李學案》，惟李大少遜，然本有“三李”之稱，如此書之，亦尚合式。③

日來，葆之、羹梅均有輯成之案，尚未鈔齊，不能呈覽。

前稟所陳購《雙池全書》一事，浙江杭州書局十七年所刻價目，係五十六元。刻經作函往問，得回信云：“《全書》一百五十六本，業經售盡，且十七年後，已增價為六十四元。現有俞君屏君，有書一部，願照六十四元之價出讓於人，加郵寄、包紮等費四元七角，共計洋六十八元七角。”前由鐵林處寄來買此書費五十六元，尚少十二元七角，請諭飭鐵

---

① 今賀濤松坡已附入《清儒學案》卷一百八十九《摯甫學案》“摯甫弟子”內。

② 屈大均（1630—1696），字翁山，廣東番禺人。今《清儒學案》未收其人。據《清史稿藝文志拾遺》，屈大均著有《翁山易外》七十一卷，另《中國古籍善本書目》亦著錄是書。又《屈大均全集》中又收有其所著《四書補注兼考》一書。

③ “嘉興三李”，即指李超孫、李富孫、李遇孫。今《清儒學案》無“嘉興三李學案”，李氏三人均附入卷一百四十四《柳東學案》“柳東交游”內。

林，如數補寄前來，以便作函，郵寄往購。【徐批：已囑鐵林照付。】

夏閏老之二世兄續婚，有人為榮光之令嬡提說，閏老邀章為媒，已請照片看過。今日，閏老囑章往請庚帖，以便合婚。而榮光謂其雲南規矩，須先請男庚，由女家卜吉後，再行出帖。^{此說甚為牽強，章為人作媒多矣，從未有由女家合婚為定者。}一時尚未能說定也。【徐批：北方皆是男庚先出。】

此間亦仍無雪。章目痛依然未減，終日悶坐，不能看書。家叔初九動身南旋，章書室中，日與汪伯雲相對枯坐，實無聊賴之至。

頒到各畫，業經照單分給同人。適沅叔、敬宜亦來，當即面交，均囑代為陳謝。

連日外面謠言甚多，氣象頗不見佳，未知以後如何。

《清史·儒林傳》中人，大致《學案》中悉數載入。《文苑》《名臣》《循吏》，亦有載入者，惟人數說不出耳。不入《儒林傳》人及清初遺老，亦說不出人數。此前次諭問之事，茲特補陳。

【徐批：《潛庵學案》，閱過寄回，請察入。金本亦附去。】

民國二十一年壬申（1932）十二月十四日^①

夫子大人鈞鑒：

敬稟者，日前呈上修改《潛庵學案》【徐批：已閱過寄回】，又呈繳書籍四種【徐批：收到】，計可先後達到。昨奉手諭，暨鈔示賀性存信與乃翁文數首，均已誦悉。茲有閏翁新輯《健庵學案》一冊，特以呈鑒。章有稟陳之語，仍條列於後。恭叩福安。受業曹秉章謹稟。十二月十四日。【徐批：雪後執事體中當大佳也。】

日前所呈上書四種，據閏翁云：張甄陶《四書翼注論文》一書，是為作時文者說法，無可採取。姚彥渠《春秋集［會］要》，此人經學無

名，其書亦無精要處。① 彭頤《禮記省度》，乃塾中讀本，更不足道。②
汪烜《易經詮義》，即汪雙池所著也。雙池原名烜，後改名紱。現即設法
往購《雙池全書》，則此書亦無用。如《雙池全書》購不到，再請寄來，
以備作案之用。③

劉鎬仲，無論如何，必為設法列入案中，以傳其人。或即遵照鈞諭，
截錄其說經之文，成一小傳，彙列《諸儒學案》內。《宋元》《明》各學
案書後，凡無可附麗之人，皆彙為《諸儒學案》，有先例也。此層當初開
辦時，本已擬有此種辦法。鎬仲之外，應彙列於茲者，人正多也。【徐
批：諸同人均代道候。】

賀松坡說經之文，上次已經性存鈔呈，鈞座發下，章即以示閩翁。據
云，俟編到此人需用時，再來取去。故至今尚存章處。請鈞座囑令性存放
心，乃翁之件，決不致有遺漏也。

吳摯甫各種著作，鈞座如有，請即寄下；如無，請向辟疆要之，以便
交閩翁作案。【徐批：由鐵林函屬性存，向辟疆索取全，分交閩兄閱看，
免得零星檢查也。】

章目痛已少減，仍不敢看書用目力也。

今日羹梅又輯出《王菉友學案》，葆之又輯出《淩曉樓學案》，閩翁
均取去覆閱矣。

稿件寄存他處，已經沇叔說妥。惟一經寄出，不能隨時抽取，亦覺不
便。近日風聲似又稍緩，或拖得過去，亦未可知。【徐批：大約可緩和，
暫不存無妨也。】

席家所藏冉中牟《十三經詳說》，日前莖孫云十三部均無缺少，上次
旋輝，已將各部首本帶來。章囑其日內即行交來，以便交閩翁閱看。

---

① 姚彥渠，字巽園，今《清儒學案》未收其人。據俞樾稱，是編仿徐天麟《兩漢會要》
之例，"其書首以世系，而執政及后夫人皆附見焉；次以吉、兇、軍、賓、嘉五禮，各有條目，
以類相從，秩然不紊；大經大法，無不臚載，蓋其用力勤矣。"又姚氏著有《禹貢正詮》四卷，
今國家圖書館有藏。

② 今國家圖書館亦藏有是書。據書前《凡例》曰："邇來功令嚴肅，凡四子五經諸書，統
期《合注》。是集雖採輯羣言，不為不富，總以《合注》為主。……其一切新奇之旨，概不敢
錄。至於註所未詳，亦必取諸講中明白了然，其相符合者，始一登之集中。凡以遵功令、利場屋
也。"

③ 今《雙池全書》中收有《周易詮義》十四卷，清同治十二年安徽敷文書局刻本。然
《清儒學案》本傳後，所附錄者為《周易詮義初稿序》。

【徐批：《健庵學案》閱過寄回，請察入。明年刻書，請先告沅叔，屬文楷齋速派人分手學習宋體字，^{似汲古閣本字樣}須數人，字皆一律方可。】

民國二十一年壬申（1932）十二月十五日①

夫子大人鈞座：

敬稟者，日昨肅陳一稟，並呈上修改《潛庵學案》清本，暨原稿各一冊，計應登鑒矣。茲閩老交還《倭文端公遺書》一函，暨日前兩次發下書四部，一併呈繳，伏祈詧收。章有應稟陳之語，仍條列於後。恭叩福安。受業曹秉章謹稟。十二月十五日。

前兩日風聲極緊，聞沅叔所藏秘籍，已寄往東城。章與閩翁商酌，所有社中編出之稿，亦均擬託沅叔，寄存他處，以免意外之虞。章與閩翁兩處所存各稿，已經彙齊，裝好箱子，如果事機喫緊，即交沅叔也。惟寄存之物，總在東交民巷銀行內，須出保管之費，當託沅叔與議，必臻妥洽也。

各稿既須寄存他處，鈔清本一事，年內即暫行停止矣。【徐批：過年後，仍可取出，分抄清本。】

以上皆目前要事，用特奉聞。

民國二十一年壬申（1932）十二月廿五日②

夫子大人鈞座：

敬稟者，日前肅呈一稟，並《健菴學案》一冊，計已登鑒矣。【徐批：已閱過寄回。】茲有閩翁閱出、小汀所輯王筠《貫山學案》一冊，特呈鈞鑒。【徐批：閱過寄回。】章應稟陳之語，仍條列於後。恭叩福安。

---

① 11:41。
② 11:37。

受業曹秉章謹稟。嘉平月二十五日。【徐批：《貫山學案》一冊，閱過寄回，請察入。】

日前發下《潛庵學案》，已經闓翁取去，將誤字一一改正，並將與陳子萬一書刪去矣。

席家之冉中牟書，荃孫交來八本，已交闓翁取去看矣。

稿件寄往他處之說，已經沅叔與前途說妥，每年保管費三十元，惟不能隨時抽取，亦甚不便，故擬暫緩，看情形再說。

敬宜日來極感困難，極牢騷處。此時勢，亦無法勸慰也。【徐批：已來晤談矣。】

今日闓翁云，《健庵案》內於"弟元文"誤作"兄"，^{《傳》內及《附錄》第一條，凡兩處}俟閱後發回，再行改正，囑先為陳明。【徐批：已寄回。以後凡寫清本，先由諸公詳校後，再寄一閱。】

民國二十二年癸酉(1933)正月初三日①

夫子大人鈞座：

敬稟者，臘杪寄呈《貫山學案》一冊，當早達鑒矣。【徐批：前已寄回矣。】日前奉到批諭，並發下《健菴學案》一冊，均已誦悉。茲呈上闓枝修改《習齋學案》清本，並原稿各一冊，伏祈鑒定。【徐批：閱過寄回。】章有稟陳之語，仍條列於後。恭叩福安，並賀新禧。受業曹秉章謹稟。新正三日。

諭飭文楷齋，選人分手學習汲古閣本宋體字樣，已告知沅叔轉囑矣。惟章處有汲古閣書數種，皆歐體楷書，宋體字僅有《樂府解題》一種，字畫甚粗，亦不甚好看。示諸沅叔，伊當另尋他書也。【徐批：請沅叔斟酌，別樣亦可，惟要字稍大，筆畫稍粗者為耐久，請酌。】

《海西草堂集》，章處所有藍印樣本，早已令其將誤字修改，即裝訂。今日又催之，俟裝來再行呈鑒。【徐批：寄來各本，刻的太草。承誤字、

未刻字勿論矣，有一字少半筆者，又一字少一角者。既不易重刻，又不能補，如此靠不住，如何刻大部書？】

時局謠言頗盛，大約無妨，稿件決定不行外存。過此數日，應抄清本者，仍即發抄。【徐批：可分手速抄速校。有誤字，即改正再寄閱，何如？】

前賜莫光潤之畫及臨《十七帖》印本，均託冠如代交。茲來信囑代陳謝，並欲求賜鈞刻各種詩集。祈便中發下是叩。【徐批：當檢出隨後寄去。《習齋學案》並原本共二冊寄回，請察入。新春體中至為系念，諸同人均代道候。】

民國二十二年癸酉(1933)正月初十日①

夫子大人鈞鑒：

敬稟者，日前寄呈《貫山》、《習齋》各學案稿，計均登鑒矣。【徐批：均閱過寄回矣。】昨日星期五，閩翁無稿交來。吳摯甫先生《全集》，已由賀性存處取來，交閩翁帶去閱看矣。惟摯甫先生弟子，除賀松坡之外，已故而確有著作可稱、可列入附案之人，請囑辟疆詳細開出，並託其代覓其書，以便編輯。【徐批：已由鐵林函性存，告辟疆照辦矣。】杭州所購《汪雙池全書》二十八種，共一百五十六本，業經寄到，日內當交羹梅閱看。雙池此案，歸伊辦也。章十月中所作兩文，錄呈鈞誨。【徐批：兩文皆精密，文氣亦暢達。病後能作如此文字，是見平日功候之深，且見氣體尚不衰憊，尚望善於調攝，必可強健也。閱兩文，欣慰之至。寄去《水竹邨人詩選》一部，請轉交莫君。有此一部近年之作，各有所送也。】恭叩福安。受業曹秉章謹稟。立春日。②

---

① 13：56。

② 原書是札後所接之13：57，內容與是札相錯亂，詳參見13：57札（1933年四月廿五日）腳註。

民國二十二年癸酉（1933）正月^①

夫子大人鈞座：

　　敬稟者，敬一由津回，傳諭垂念殷殷，並云我師面容略瘦，而精神極為充健，不知近日眠餐若何，殊深系念。【徐批：年前感冒，新年後一切如常。】昨由車站取到批諭，並閱後發回《貫山學案》一冊，敬已誦悉。茲有闓枝閱出、葆之所輯凌曙《曉樓學案》、范鄗鼎《婁山學案》各一冊，特以呈鑒。【徐批：均閱過寄回。】章又有稟陳之語，仍條列於後。祇叩福安。受業曹秉章謹稟。

　　《貫山學案》中有應增補之處，闓枝已帶去修補矣。

　　近鈔清本之格紙，即是將來刻書之式樣，文楷齋寫樣本，字即照此格寫也。前定此格式時，即由沅叔檢汲古閣《漢書》式樣，令文楷齋照寫字樣，呈閱而定者。以後再寫樣本，仍令做寫，呈請閱看。如不合式，再令改寫。【徐批：字畫須稍粗，以便刊刻。】

　　文楷齋刻《海西草堂詩》，誠屬潦草，亦係無人督飭之故。所以陶心如每要痛罵，為其所忌；章時以好言勸告，則不相干矣！

　　《學案》已成者若干家，未成者若干家，客臈闓枝所陳清單，均已詳列。此外，鄭叔進原稿與章曼仙遺稿，須重新修改者，約有廿來案，籛孫所作《疇人案》，又有廿來案，約計今年何時大致可以脫稿，則此時尚說不出。因書籍易求者，均已做出，此時所餘書籍，實不易搜訪。如《汪雙池全書》，章知道四十年前杭州刻過，故向杭州購求。若不知，則竟無法可想。

　　鈞諭全書脫稿後，再講求修改，以期劃一。此須於全書脫稿後，再加修改時日，再加《序文》《凡例》《目錄》，撰擬斟酌，亦非旦夕之功。必全書告成，方好籌畫刊刻，此亦一定之步驟。闓枝與章亦均以趕將全稿辦出為第一要義，決不故意遷延也。

　　顏、李從祀孔廟，是民國七年事。

---

① 11:35。

民國二十二年癸酉(1933)正月廿三日①

夫子大人鈞座：

敬稟者，日前接展批諭，並發回《習齋學案稿》清本，並原本各一冊，又頒給莫光潤鈞著《詩選》一部，均已奉到。新刻《海西草堂詩集》存在章處藍印樣本，刻經裝訂六冊，敬以呈鑒。【徐批：收到。《海西草堂集》，兄又詳細校正一遍，交文楷修改後，再送吾弟細看一遍，即可刷印也。②】章有稟陳之語，仍條列於後。恭叩福安。受業曹秉章謹稟。孟春廿三日。【徐批：此處尚有《學案》二冊，不日閱畢，即寄去。】

《習齋傳》中從祀年分，已改正；此外誤字，亦一一照改也。

閨枝現在正輯李文貞《安溪學案》，陳夢雷是其交游中人物，惟陳所著書，尚未覓得也。

龔梅現輯江永《慎修學案》，此與《安溪》，皆大案也。

文楷齋人來，已嚴斥之，然究不抵心如之痛罵為得力。惟告以刻書如此之不可靠，《學案》即另交別家刻矣。雖唯唯而去，未知以後果能經心否。

沅叔下月擬作浙游。

小汀日前在家因搬移書箱，用力過猛，忽受閃挫。跨骨挫筍，正在醫治，今日未來。【徐批：可否請通西醫之中國人一看，好的必快。晤小汀，代為道候道念。】

一冬過暖，章體中濕熱未甚收斂，近時口中又異常粘膩，如往年四、五月間矣。此外一切如常，請紓厪系。

【徐批：聞沅叔游天台、雁宕，真可羨也。前有游人影攝赤城霧，甚可觀也。將來刻《學案》，字畫須稍粗，免有刻斷缺筆之誤，可先商之沅

---

① 11:48。

② 據《年譜》民國二十二年癸酉（1933）七十九歲條載："公所作詩，先後編為《水竹村人集》十二卷、《歸雲樓集》十六卷、《歸雲樓題畫詩》六卷、《海西草堂集》二十四卷、《海西草堂題畫詩》六卷。嗣又由柯學士劼忞，仿《精華錄》例，甄選為二十七卷，名曰《水竹村人詩選》。前歲所記編詩、校詩者，則《海西草堂集》也。"今國家圖書館藏有《海西草堂集》二十七卷，民國間刻本。

叔。此次刻《詩》，字畫稍細，刻缺筆甚多，補亦易脫落也。】

民國二十二年癸酉(1933)二月初一日①

夫子大人鈞座：

敬稟者，日昨兩奉批諭，並閱發回《學案稿》兩冊，均已誦悉。茲有閏枝交來修正《恕谷學案》清本，並原稿各一冊，敬呈鈞鑒。【徐批：已閱過寄回。】章有稟陳之語，仍條列於後。恭叩福安。受業曹秉章謹稟。二月朔。

《穆天子傳注補正》有刻本，小汀藏有此書。　【徐批：可否借來一閱。】

諭問王船山、甯都三魏、李安溪、徐乾學、彭南畇、梅定九諸案，分交何人編纂，已動手否。章查《王船山案》，前年章曼仙早經纂出，閏枝擬加修正，尚未着手。甯都三魏、彭南畇，在閏枝處，尚未辦。《李安溪案》，閏枝日內正在編輯，因其家學中人甚多，須覓福建志書詳查之，且附案陳夢雷所著《周易》，亦未覓得，故旦夕不能脫稿。②徐乾學《健菴學案》，閏枝新近輯出，曾經呈鑒，稿已發回。《梅定九案》，是錢孫所輯，閏枝亦未閱出也。【徐批：任振采存各省志書甚多，都中如無《福建志》，可借一閱。】

閏枝前開清單未成者，尚有六十餘案，現又編出四案，均亦呈閱發回。

今日龔梅新成《江慎修案》，閏枝取去核閱矣。

龔梅又輯績溪諸胡及鄭子尹、莫郘亭各案，大致已就，惟尚未鈔齊，不能交卷。鄭、莫兩案，皆修改叔進舊稿也。

小汀已愈，能出門矣。

頒賜莫光潤之《詩選》，已寄去。有信來，囑代陳謝。

沅叔前擬二月中游浙，天台、雁宕，伊已數往矣，此次欲游金華。章勸其由金華山行入處州，游括蒼山；再由處舟行入溫州，盡覽永嘉山水之

----

① 11：50。

② 今《清儒學案》卷四十一《安溪學案》下"安溪交游"中載入陳夢雷傳。據其傳，夢雷著有《周易淺述》八卷。其傳後附錄中僅鈔錄《四庫全書總目》所載之《周易淺述》提要。則當時似未搜訪到《周易淺述》。是書今上海古籍出版社1983年有刊行。

雄奇。伊頗欣納，但近日邊聲甚惡，居者皆有惶懼之色，恐未成行也。

　　先九世祖宗伯公，墓在婁縣界内。去春倭戰時，掘挖戰濠，致遭損壞，家叔此次歸去，始有人報告。家叔於前月廿一日，為叔祖母慶壽後，前往勘視，尚無信來，不知是何情形，尚易修築否。處此世界，人鬼不甯。南望邱隴，無涕可揮。

　　再葆之云，王醫官逝世，身後蕭條，幾至無以為斂。囑章代求鈞座，俟其訃到之日，賜以賻金，裨沾實惠。【徐批：尚未到，可照辦。】

　　【徐批：《恕谷案》前後二冊，均寄回，請察入。今日又接來書，遲日奉答。外紙二件。《海西草堂》，又校一遍，訛誤甚多，已令文楷脩改。請催促文楷，速脩速校，以便刷印也，至囑至囑。】

附①

　　閏枝新在琉璃廠地攤上，代購得孫文定（嘉淦）《春秋義》一書，價洋四元，當向陳愷處取來還之。請諭飭鐵林，知照入賬。【徐批：已告鐵林矣。】

　　章目痛已止，近又稍稍看書，起居一切如常。惟時覺煩悶，易於著急耳！【徐批：恐内有虛熱。閏兄前開來清冊未成者六十餘案，近又成數案矣。凌、范兩案，閱過寄回，請察入。】

民國二十二年癸酉(1933)二月初八日②

夫子大人鈞座：

　　敬稟者，前上各稟，度均登鑒矣。此間昨日有雪，今日閏枝小有不

---

　　① 11∶66。是頁原本續接於11∶65札後，然11∶65署"二月廿九夜"，據其內容，閏枝所買《春秋義》一書，是時尚未還錢給閏枝。又據11∶53札（二月初八）中稱"閏翁前買孫文定《春秋義》，價四元，已在陳愷處取來還之矣"，而11∶53札所署時間又在11∶65札之前，時間上有舛誤。故將11∶66摘出，疑其前後當有散佚，置於11∶53札之前。

　　② 11∶53。

適，未到會，亦無稿交來，故無可呈之件。【徐批：請代問候。】章有稟陳之語，條列於後。恭叩福安。受業曹秉章謹稟。二月初八日。【徐批：《恕谷學案》二冊，昨已寄回矣。】

廖平《六譯堂［館］叢書》，閏枝未見過。① 小汀知其人，云亦習《公羊》學者也。

《桂未谷案》，叔進曾經編過，一傳之外，毫無采錄。刻經小汀另行編輯交來，已送閏枝覆閱矣。

同人均言，現餘未輯之案，實難於前，且附案尤難，以書與《傳》《誌》皆幾不可求也。

前沅叔所呈《榕村語錄》，我師已披覽否？【徐批：近閱《學案》，尚未看。】此人以理學名臣，而局量褊隘，一至於此。其與陳夢雷一事，世傳榕村賣友者，亦百辭莫辨。而熊文端是其座師，痛詆惡詈，一至於是。② 更無論徐健菴、高淡人之互相傾軋矣。隱昧諸跡，暴露於二百年以後，亦所不自料者。人之為人，真可懼也！

聞沅叔近來家用亦頗支絀，南行實為賣書，非真好游也。昨又問之，云邊聲甚惡，未必成行。

章所為文，有自作者，有代鈞座恭擬者，曾分別鈔出，偶一翻閱，自覺頗勝於今。此正退境，心甚憂之。回思童年在汴考書院時，不知文為何物，不論何體，乘興而書，目無難題，往往亦躐高等。惜當日課卷，無一存者，若留於此時閱之，必亦自笑也。【徐批：賈君玉前將代作之文，請抄一分寄來。各家代作之文，已抄一巨冊也。】

《明清八家文鈔》，章目痛愈後，刻始閱第二遍。諸家所言為文之法，細加審量，愈覺己作之不成文理矣。"少壯不努力，老大徒傷悲"，自不要好，更何說哉！【徐批：桐城宗派精深，為文者不可不涉獵也。】

---

① 廖平未入《清儒學案》。據周予同《中國經學史講義》云：廖平先著有《四益館經學叢書》，"後又增益為《六譯館叢書》。其中，重要的有《今古學考》、《古學考》、《知聖篇》、《經話》等"。今國家圖書館藏有民國十年（1921）四川存古書局刻本。

② 據全祖望《答諸生問榕村學術帖子》曰："榕村大節，為當時所共指，萬無可逃者。其初年則賣友，中年則奪情，暮年則居然以外婦之子來歸，足稱三案。大儒固如是乎？"對此，陳祖武先生曾云："前人就此指斥李光地'賣友'，應屬鐵案，要翻也是枉然。至於與之合稱'三案'的'奪情'、'外婦之子來歸，'則性質不同，未可相提並論。所謂'外婦之子來歸'，市井流言，本屬無稽，不值一議。而'奪情'一事，背景複雜，不是用'悖禮乖情、貪位忘親'即能定性。'"《〈榕村語錄〉及李光地評價》，《福建論壇》1990 年第 2 期。

王醫官訃已出，鈞座已接到否？務求從優賜賻，葆之切囑代陳也。【徐批：已送矣。】

閏翁前買孫文定《春秋義》，價四元，已在陳愷處取來還之矣。閏翁云，文定此書刻後曾經劈板，故傳本甚少。今於無意中得之，殊為幸事。[1]

閏翁擬將"易堂九子"中之彭躬菴，附入《甯都三魏案》中，而彭之書苦不可得。章閱《明清八家文鈔》，見梅伯言有彭躬菴《恥躬堂文集序》，乃咸豐元年躬菴之七世孫號雲墀者，官兩淮運司時所刻，似今時不應無傳。章當向書賈問之，祈鈞座亦託人一訪。[2]

今晚與同人在敬一家晚飯，沅叔亦去，惟少閏枝耳。來去雖有風，坐洋車尚不覺冷，亦不覺累乏，謹以附聞。【徐批：外寄去書三種，請大家一閱，有無可採。】

近時邊聲之惡，南中謠傳尤甚。老婦既念病夫，又念兒孫，來書囑令設法南返。章於祖宗邱墓之鄉，本不能一日去懷。然病至如斯，窮至如斯，如何可以輕言歸去！含涕作覆，五中如搗。此又章近日胸中之煩慮也。【徐批：閉門每不聞外事，亦不爭高下也。】

民國二十二年癸酉(1933)二月十五夜[3]

夫子大人鈞座：

敬稟者，昨奉批諭，並發回《恕谷學案》兩冊，今日又奉到批諭，並發下廖平、張慎儀、胡薇元等書三部，誦悉。茲有閏枝閱出羹梅所輯江永《慎修學案》一冊，小汀所輯桂馥《未谷學案》一冊，敬呈鈞鑒。【徐批：均閱過寄回。】章有稟陳之語，仍條列於後。恭叩福安。受業曹秉章謹稟。二月十五夜。【徐批：春暖，想執事體中安健。同人晤為道念。】

閏枝已愈，今日到會矣。

---

① 今國家圖書館藏有孫嘉淦撰、俞蔭編訂《春秋義》十五卷，雍正年間刻本。

② 彭士望（1610—1683），字躬庵，一字樹廬，江西南昌人。《清儒學案》卷二十二《甯都三魏學案》"交游"小傳中，但列其書目，其書似未求到。今國家圖書館藏有其著《彭躬庵文鈔》六卷、《樹廬文鈔》十卷、《恥躬堂文錄》二卷等。

③ 11:57。

顏、李兩案錯字，閏枝云原書印本太劣，似未經校政者，《學案稿》照之鈔寫，錯字之不可通者，祇可以意改之。

廖平、張慎修〔儀〕、胡薇元三人，雖通經學，皆無大名。張慎修〔儀〕更無知者。① 胡薇元其人，閏枝深知之，云所作詩文，即一無可取，人亦卑卑，無足高論。② 此三人中，如欲列入《學案》，惟廖平或可勉強將就，然其履歷事蹟不可得，且死僅兩年，亦與前議"凡列案者，以宣統三年為限"之例不符，仍候示遵。③【徐批：前見其書，不知其人，故問之。今既知其人，均作罷論，不必立案也。】

景冬昒，閏枝不知其人。據云，《學案小識》中亦未見其名。④ 閏枝又云，《中州儒林》，李敏修久未纂出書，惟有以蘇菊村所撰述者為準。⑤ 此外不必多事泛求，免得求書為難。【徐批：未完之書，前已寄去。】

《冉蟬菴案》，尚未輯出。前向荃孫處取來冉之《諸經詳說》，荃孫雖云各種之頭本均經取來，然五經即不全，容再問之。

任振采處如有福建《安溪縣志》，請囑鐵林向之借來，寄下一閱。【徐批：既已不用。】

《穆天子傳注補正》一書，已向小汀借矣，俟交來再寄呈。【徐批：閱後再寄回。】

---

① 張慎儀（1846—1921），字淑威，號芋圃，成都人。據《續修四庫全書總目提要》載，張氏撰有《方言別錄》兩卷。杭世駿著有《續方言》，所輯錄者，斷至六朝。而張氏是編則錄自唐至清之方言，"凡著錄於諸家載籍者，無不博採旁搜，悉行輯入，較之章太炎《新方言》、陳啟彤《廣新方言》，僅徵諸各地語言者，悉有依據。……即六朝以後之方言，與六朝以前之方言，其間意義有無異同，聲音有無變更，亦並可於是編徵之也。"另據《清史稿藝文志拾遺》載，張氏著有《薆園叢書》七種，今國家圖書館有藏，收有《詩經異文補釋》十六卷、《今悔庵文》一卷等。

② 胡薇元（1849—？），字孝博，號詩舲，順天府大興人。清光緒丁丑進士。據《續修四庫全書總目提要》載，胡氏輯有《漢易十三家》二卷，"此十三家佚文，皆為臧鏞、張惠言、孫堂、馬國翰、黃奭等所已撰具。"又著有《霜菉亭易說》一卷，"大抵敷陳象數，旁涉名物訓詁，或及史書法戒，以明吉凶悔吝所自，而宋元以來河洛、太極、先後天之說不與焉。然好言漢學，而條理未明；好言考證，而疏略時有。援引舊說，似皆輾轉鈔襲。……要而論之，學無根柢，雜糅成說，引書考事，毫無檢照，殆非清代經生之緒業也。"

③ 廖、張、胡三人，均未入《清儒學案》。今黃開國先生著有《廖平評傳》，百花洲文藝出版社 1993 年版。

④ 景日眕（1661—1773），字冬昒，號嵩崖，登封人。《清儒學案》未收其人。今國家圖書館藏有其《嵩崖尊生書》十五卷（醫書），《四庫全書存目叢書》子部儒家類又收錄其所著《嵩崖學凡》（有關儒家教育論學之書）。

⑤ 蘇源生著有《國朝中州文徵》五十四卷，今國家圖書館有藏。

章代鈞座所作之文，容再鈔呈。【徐批：已收到。】

《桂未谷案》采錄各文內，《說文解字》太多，小汀此稿恐鈔手舛誤，自書之。鈞座閱後，如無改動之處，擬不再鈔清本矣。【徐批：此冊中有應改應添之件，請細閱簽注，抽換添補，仍由小汀兄校正一遍，以期整齊也。】

小麓囑章代乞鈞座賜給《八家文鈔》一部，請即飭人頒予之，因伊須百日後，始能叩謁師門也。【徐批：已寄去。】

此間花朝又有雪，沽上有雪否？【徐批：屢有春雪。】今日下午五鐘時，同人在高談，忽聞彈聲甚烈，不知何事。連日捉車運物赴軍前，故街上洋車甚少。即人家自用之車，亦不敢出門也。

另致鐵林一箋，乞飭交是叩。【徐批：江、桂兩案，閱過寄回，請察入。】

民國二十二年癸酉（1933）二月十八夜①

夫子大人鈞座：

敬稟者，日前星期五，夜肅陳一稟，並附呈江永《慎修學案》、桂馥《未谷學案》各一冊，於次日封送五條，覓便寄上，計已登鑒矣【徐批：已閱過寄回】；頃閏枝交來新輯李文貞《安溪學案》兩冊，用特寄呈鈞鑒。【徐批：閱過寄回。】章有稟陳之語，仍一一條列於後。恭叩福安。受業曹秉章謹稟。二月十八夜。

章前稟請飭鐵林向任振采借《安溪縣志》，原為輯《安溪學案》之用。今此《案》既已輯成，則《誌》書可不必借矣。【徐批：已告知矣。】

章自去臘迄今，左偏頭項，時時作癢，亦有時作痛。左體自胸脇下至腰際，徧發小瘰，奇癢難禁，似是血氣已漸流通，積濕漸可發出。天氣大暖後，肢體或可稍望活動，足以上慰厪注。【徐批：近日春寒，須格外保重。】另致鐵林一箋，乞飭交是叩。【徐批：《安溪》二冊，閱過寄回，請察入。】

---

① 11：64。

民國二十二年癸酉（1933）二月廿二夜①

夫子大人鈞座：

敬稟者，日前肅稟寄呈《安溪學案》兩冊，計應登鑒矣。【徐批：收到。】昨由鐵林寄到手諭，並鈔示黃子壽致諸遲鞠書一紙，敬已誦悉。茲由小汀交來陳逢衡《穆天子傳註補正》四本，是上次諭飭借閱者，特用呈鑒。【徐批：閱後即寄還。】章有稟陳之語，仍條列於後。恭叩福安。受業曹秉章謹稟。三月廿二夜。【徐批：近屢得春雪，天氣甚佳。】

《恕谷案稿》中簽諭，謹已誦悉。顏、李兩先生從祀孔廟年分，章前誤記是七年，現已遵諭，一律更正作八年。恕谷所著《學御錄》一卷，亦補入《傳》內矣。

《苗先麓案》，前年叔進雖曾輯出，實不能用，闓枝擬另輯，列入《曾文正附案》中。②

黃子壽所說《歌麻古均考》一卷，③謹已記出，作《傳》時當敘入也。

廖平死不及三年，若以之列入《學案》，似無以對康有為、嚴幾道二人。其書與張慎儀、胡薇元之書，日內當覓便呈繳也。【徐批：此三人皆不必入《學案》，原書三種，仍寄回可也。余藏有《苗氏說文四種》一函四本（用後仍寄回），寄去請察入，送闓兄諸公一閱，或可立專案也。小汀講《說文》，即可纂此案。《海西草堂集》校正後，即催文楷刷印為盼。】

---

① 11：69。是札所署時間疑有誤。據是札，朱小汀所藏《穆天子傳註補正》四本，於是日送來，其所署時間為三月廿二夜。然其下札（11：65）所言《穆天子傳註補正》一書已經郵寄，但其時間卻署"二月廿九夜"，兩札事件依次相連，時間則相互倒置。將是札若轉換成農曆，即二月廿七日，與下札時間雖然相符，然又據11：65札稱"前星期六交五條覓便寄呈《穆天子傳補註》一書"，查日曆，1933年農曆二月二十七夜為星期三，次日郵寄《穆天子傳補註》當為星期四，又不符。1933年農曆二月廿二星期五，其次日郵寄小汀之書恰為星期六，與11：65札所言相符。由此推斷，是札當為"二月廿二夜"，誤寫為"三月廿二夜"。

② 今苗夔（先麓）未附曾國藩《湘鄉學案》內，而是附入《清儒學案》卷一百零七"春圃交游"內。

③ 今國家圖書館藏有《歌麻古韻考》四卷，清光緒五年刻本。據題曰：清吳樹聲撰，清苗夔補注。

民國二十二年癸酉（1933）二月廿九夜^①

夫子大人鈞座：

敬稟者，前星期六交五條覓便寄呈《穆天子傳補注》一書，未知已登鑒否。【徐批：收到。】茲閏枝交來魏象樞《環溪學案》及魏裔介《柏鄉學案》清本，並原稿各二冊【徐批：均閱過寄回】，又秉章鈔呈從前代擬酬應文稿一冊【徐批：收到】，一併呈鑒。恭叩福安。受業曹秉章謹稟。二月廿九夜。【徐批：文楷脩補《詩集》，請校訂後，即促其刷印。】

《兩魏案》，閏枝均又加脩補，《環溪案》中，並增附郝浴、于成龍二人。【徐批：寄來《學案》，均閱過寄回，此處現無存者。】

秉章代擬之文，當時有不留稿者，有繕正後將稿棄去者，故今所錄者，僅廿餘篇。惟《恩賚記》一篇，曾有存稿，而徧尋不得其文，我師已刻入《族譜》中，故未錄附。【徐批：執事代撰之尺牘，頗有可存者（註箋尤多），似可選刻，以惠士林。《兩魏案》清本，閱過寄回，請察入，共四本。】

章作聯語，向為我師獎許，章亦頗以自負，少緩亦當檢理鈔奉。【徐批：甚好甚好。】

民國二十二年癸酉（1933）三月初一夜^②

夫子大人鈞座：

敬稟者，昨蕭一稟，並呈上《學案稿》四冊，交五條覓便寄上，計已達到矣。【徐批：收到。】今辰奉批諭，並頒下《苗氏說文四種》一函，敬已誦悉。茲將廖平、張慎儀、胡薇元三人所著書，遵諭寄繳，伏乞詧收。【徐批：收到。】章有稟陳之語，仍一一條列於後。恭叩福安。受業

---

① 11：65。
② 11：60。

曹秉章謹稟。三月初一夜。

苗仙簏，本擬列入《曾文正附案》中。若作專案，恐嫌單薄，當請閩翁酌定。【徐批：帶此書去，閱後再定。】

關伯衡去世，[①] 此間尚未見訃，不知何日開弔，亦不知其家尚住什錦花園否。故匾聯字句，均尚未擬，容向沅叔問之。

陳志喆，章不知其人，但看其致鈞座之信，似一無甚文理之人。其號為何，其人向作何事，已函託陳仲騫，代向江西同鄉中探問去矣。俟得覆音，再將其所索匾聯字句，並覆信，擬稿呈鑒。【徐批：朱桂辛來代索。兩次同年，號西岺，江西人，前官知縣，屢來索聯。】

昨在友人處見王晉翁指畫山水一小幅，亦尚有章法。據此友人云，晉翁自去年作畫，每一小幅取潤資十元也。

此間花朝有雪，春分又雪，前日復有小雨，今日大風，故仍甚寒，爐火仍不能撤。【徐批：此處亦有雪有風，近日已大暖矣。】章體中亦尚舒適，惟口膩，食物無味。除看書外，毫無興趣耳。

《海西草堂集》，尚有未經脩正者，當令文楷齋趕緊脩好，再行刷印也。【徐批：催其速印。】

【徐批：近日以閱《學案》為功課，凡有寫出清本，先請閔、朱、沈三兄校閱後，如有增加改易者，再寄一閱。抄書者摻誤之字，時時不免。此書無書可對誤，須先請偏勞也。】

民國二十二年癸酉（1933）三月初六日[②]

夫子大人鈞座：

敬稟者，日前呈繳廖平、張慎儀、胡薇元等所著書三部，計應登鑒矣。【徐批：收到。】晨間奉到批諭，並發回江、桂《學案》兩冊，敬已誦悉。茲呈上陳志喆壽匾聯字句，並覆信稿各一紙，又原信一件，伏祈詧覽。【徐批：均收到。】章有稟陳之語，仍條列於後。恭叩福安。受業曹

---

① 關冕鈞（1871—1933），字耀芹，號伯衡，廣西蒼梧人。

② 11:62。

秉章謹稟。三月初六日。

今日星期五，閭翁來云，近因自己整理族中重脩家譜稿，未辦功課，故無可呈之件。

江慎修、桂未谷兩稿，閭翁均又帶回補訂去矣。

陳志喆，章竟不知其人，問之陳任中，伊亦不知。昨得鐵林信，始知為我師鄉、會同年；鐵林並云其前年娶孫媳，章曾代擬喜聯，然章實全然忘記矣。但就其來信之土氣，斷定其為無甚文理之鄉學究，且不知其中進士後曾否做官，故聯句及覆信，均潦草敷衍，無可稱訟，不知可用得否，尚求我師酌定。【徐批：由部員改外官。】

關伯衡，章亦係熟人。特自章病後，久不見面，不知其死，且亦未接訃告。昨問沅叔，知其家中已定初八開弔。我師應送之匾聯，當即撰句，令小兒寫出送去，另紙錄稿呈鑒。

鐵林昨又寄來王搏沙①致我師之訃，章亦不知其人，恍惚記得是一議員，挽聯實亦無可稱頌，因用舊句"置身疑在無懷世，礱石為題有道碑"二語，寫出送之。【徐批：河南鞏縣人，有學問，通知時事，品格亦好。昔年辦中原公司，頗有成績。】

民國二十二年癸酉（1933）三月十三夜②

夫子大人鈞座：

敬稟者，迭次寄呈李安溪、魏柏鄉、魏環溪三學案稿【徐批：均閱

---

① 王敬芳（1876—1933），字搏沙，河南鞏縣人，光緒二十九年舉人，早年留學日本。曾與人合辦中原煤礦公司，創辦公國公學。

② 11：56。本札末署"仲春十三夜"，疑其誤寫，當為"季春十三夜"，即三月十三夜，原因如下：若為仲春十三夜，則其當置於 11：57 札（二月十五夜）前。然是札所稱"迭次寄呈李安溪、魏環溪、魏柏鄉三學案"云云，考《李案》，於二月十八日交呈徐世昌閱覽（參見 11：64），《兩魏案》於二月廿九日交呈徐氏閱覽（參見 11：65），故是札若署為"二月十三夜"，有誤。且是札所稱"今日星期五，葆之輯出劉文淇《孟瞻學案》一冊"云云，查當年日曆，1933 年仲春十三日星期三，與所言不符，而 1933 年季春十三日則為星期五。此外，本札所言李安溪、兩魏、劉文淇、彭南畇諸案之事，又與其下札 11：44（三月二十日）所言，在時間上大致相符。由此推斷，其所署時間有誤，今附記於是。

過寄回矣】，又秉章昔年代擬《文稿》一冊【徐批：收到】，計可先後塵鑒。初八、九間，天氣驟暖。初十、十一、十二等日，小雨霖霖，陡作深寒。皮衣甫脫，火爐甫撤，遂又重裘加體，起居極難調和。遙想我師興衛宜時，定必諸臻綏健也。敬一昨日來談，云日來有事赴津，不知其曾已脩謁函丈否？【徐批：已晤。】今日星期五，葆之輯出劉文淇《孟瞻學案》一冊，闓枝帶去覆閱矣；闓枝新輯《彭南畇學案》，尚未鈔齊，故無寄呈之件。【徐批：各件抄閱後，即寄閱。】章入春以來，閱《八家文鈔》兩徧後，從龔梅假得《曾文正公全集》，朝夕披閱，以送長日。家叔信來，云先九世祖墳塋去春為挖掘戰濠者所傷，墳左被挖一窟窿，尚不甚深，墳右土雖坍卸，亦未傷及壙身，現正趕緊脩築，脩好後始能北來，大約須月底矣。專肅，恭叩福安。受業曹秉章謹稟。仲春十三夜。【徐批：《學案》有定稿者，可隨時寄閱。請催文楷，速印《詩集》。】

民國二十二年癸酉（1933）三月二十夜[①]

夫子大人鈞座：

　　敬稟者，兩奉批諭，並發回《安溪》《柏鄉》《環溪》各學案稿【徐批：已寄回】，又由鐵林寄到《海西草堂詩集》樣本一冊，均已誦悉。有闓枝覆輯彭定求《南畇學案》（附叔進原稿），又閱出葆之所輯劉文淇《孟瞻學案》共三冊，謹呈鈞鑒。【徐批：均閱過寄回。】章有稟陳之語，仍條列於後。恭叩福安。受業曹秉章謹稟。三月廿夜。

　　發回各案中，批出訛誤之字，已經闓翁一一改正矣。

　　諭問苗先麓能否立專案。闓翁云：道、咸中直隸以小學名家者，衹此一人，若立專案，亦無不可。但無文可采，其所作《說文聲均》各書，又不能全卷鈔入案中，其弟子等人亦無從探索。作專案，似嫌單薄。【徐批：前已寄去其書一函。】本擬附入曾文正交游中，然先麓實與祁文端交情最深，附文正，又不如附文端為當。惟文端附在《封翁鶴皋先生案》內，若以先麓作附中之附，又無此例，且益輕視先麓矣，故

――――――――――――――

① 11：44。

仍附文正也。

論問滿蒙人姓氏書法。章按：滿蒙人著錄者甚少，現在立專案者，僅一倭文端，係書為"烏齊格里先生倭仁"。若《安溪附案》中之徐元夢，雖係舒穆祿氏，而其名帶有漢姓，故竟書為"徐先生"，不書為"舒穆祿"也。章前數日偶翻十年前舊日記中記有一條，云簡儀親王德沛，乾隆朝歷任封疆，希志賢聖，著有《鼇峯書院講學錄》《易圖解》《實踐錄》云云。[1] 此條不記得見自何處，而德沛之名，從未有人道及，其著作更不知尚可尋否。若能詳考其人，並得其書，為纂入《學案》中，亦甚妙也。下次閩翁來，當與言之。

兩魏著述刊入《畿輔叢書》者，閩翁云均已檢查對過，並無遺漏。

《彭南畇案》，前叔進所采輯者，不免稍有夾雜處，故閩翁遵照前批，另行纂輯，並有簽說在原稿中，是用一併呈鑒。【徐批：閱過。】

鐵林來信云，《詩集》樣本，囑章再校看一過，即交文楷齋，再印樣本兩部，以一留章處，一寄津。所謂樣本者，大約是再藍印印兩部，而後另用墨印也。現章已校過，明日即交文楷齋照辦。

章從前所作四六信稿，屢蒙我師獎許，謂可駕六梅書屋而上之。然凌詠梅先生當日在汴與先君及仲英丈同為先外祖門人，同稱箋啟能手，斷非小子所能望其肩背。章自視所作，不過稍勝適軒尺牘，尚不能及留茆盦也。至辛亥以後，代我師擬短幅書札稿，卻尚不似尋常幕友筆墨，然亦不可以語俗流。所存各本，章曾挨順年月剪裁，另黏成冊，暇當尋出，寄呈鈞座，留備查閱。【徐批：昔年所作駢體小札，大有可傳也，能選抄數冊否？】惟選刻之說，雖出我師寵睞之盛意，然章實期期以為不可。千祈我師垂愛，稍為掩其拙陋，至叩至禱。再章昔在禮制館所擬公牘，頗多經心作意之作，然若暴示於時賢，必將詆為反革命矣！

章精神雖尚如常，而自覺今春不及去春。去春作詩文，均極有意興；現在雖尚有應作之文，而意興懶散，憚於構思。近數日辰起，輒覺頭暈胸滿，不甚思食，已兩日未吃午飯。別無所苦，當無大病。敬一來，述我師垂念甚切，用特附陳，請紓厪注。【徐批：胸中開闊，不著一事，是去病

---

① 德沛（1688—1752），字濟齋，滿洲宗室。《清儒學案》未收其人。今國家圖書館藏有德沛所著《實踐錄》一卷、《易圖解》一卷，均為乾隆元年刻本；又藏有《鼇峯書院講學錄》二冊、《周易补注》十一卷，均為乾隆間刻本。

之良藥也。《南畇》《孟瞻》兩案三冊，閱過寄回，請察入。】

聞日內三世妹出閣，另具丹柬，恭叩大喜，伏乞鑒詧。

民國二十二年癸酉（1933）三月廿七日①

夫子大人鈞座：

敬稟者，日前迭上兩稟，先呈彭南畇及劉文淇《學案稿》共三冊【徐批：均已寄回】，繼呈辛亥以後代鈞座所擬書札稿五冊【徐批：收到】，計均登鑒矣。今日閏翁來，云有新輯之稿尚未抄成，故無可呈之件；又云新在廠肆買得《蒿菴文稿》一部，價洋三元五角，當囑陳愷，在於（將）浮支備用欵內支出付之。沅叔今日來云，明日附平浦，通車啟行，赴滬一游，歸途擬至青島看櫻花，來往約須一月，清和望後，準可歸來。《學案》版式，俟其歸來，再公同酌定，寫樣呈鑒。開卷第一案，為夏峯。既經開寫，則夏峯以後之案，亦即須排出數家。至少須將前列十人，編定次第，寫出清本，校對無訛，俾免手民開寫後停工待稿。容日內即與閏翁商酌辦理。其十人次序，商定後，再行開單呈鑒。恐勞厪系，特以稟陳。專肅，恭叩福安。受業曹秉章謹稟。季春廿七夜。【徐批：此次刻本，擬版闌稍大，字畫亦稍大稍粗。刷印版片，可經久，可便覽觀。】

民國二十二年癸酉（1933）四月初四夜②

夫子大人鈞座：

敬稟者，前上各稟暨《學案》各稿，又書札舊稿，計應先後登鑒矣。茲閏枝交來新輯張爾岐《蒿庵學案》一冊【徐批：閱過寄回】，及伊經手

---

① 11:71。

② 11:187。

所買《蒿庵文集》一函，又夏仁虎屬代呈《六十自壽詩》一冊①，一併寄呈鈞鑒。【徐批：均收到。】章有稟陳之語，仍條列於後。恭叩福安。受業曹秉章謹稟。清和初四夜。

《蒿庵文稿》，闓枝云文章大有可觀，是以一併附呈。【徐批：留閱。】書價三元五角，已向陳愷處取來，付還闓枝矣，此書即存鈞座可也。

小汀將其舊作莊存與《方耕學案》附案中劉逢祿、宋翔鳳二人采錄之文，又加擴充修改，今日闓枝帶去覆閱矣。

夏仁虎，係本月初九日生辰，謹為鈞座擬壽聯一副，另紙寫呈鑒定。如尚可用，請即交鐵林寄下，以便日內即行寫送。夏亦陳雨生②之弟子也。【徐批：已寄回，請出送。】

章自臚抄至今，閱《八家文鈔》兩過後，又從龔梅借《曾文正全集》閱之，得備見所論作文之法。覺從前所作之文，真無一筆合法處，深恨壯歲光陰，盡汩沒於制藝篋啟之中。今雖稍有所聞，而又年老久病，不能策屬以至於道，尚云何哉！近來卻又有應作之文，苦思多日，竟不知從何落筆，謹以聞之鈞座，求將前呈代擬各舊稿，暇時賜以批絗，出自我師殷殷教誨之深仁，曷勝叩禱。【徐批：執事之文，昔未從桐城派入手。曾文正論文，唐宋、秦漢合而論之，為有清特開闊大之文派也。】

近日，嘯麓編錄乃翁奏稿十餘篇，屬章為之校閱付梓，其中有從前禮學館編製國樂，附呈《樂章》一摺。《樂章》詞甚不佳，聞出嚴幾道③之手，《譜》則侗五所填。④ 章不解樂律，但以歌聲論之，覺其第一字以四乙四起調，似嫌太低。昨偶與龔梅談及，龔梅云當年擬定後，外間即有傳播，見其用商調，不用宮調，頗訝為不祥，後見侗五，詰問之，侗五自認

---

①　夏仁虎（1874—1963），字蔚如，號嘯盦，江蘇南京人。清光緒二十八年舉人。民國時期，曾任張作霖北京政府秘書長。著有《嘯盦詩存》。

②　陳作霖（1837—1920），字雨生，號伯雨、可園，江蘇南京人。清光緒元年舉人。歷任崇文經塾教習、奎光書院山長。

③　嚴復（1854—1921），字幾道，號愈野老人。福建福州人。據孫應祥《嚴復年譜》清宣統三年五十九歲條載："（八月初七日）到禁衛軍公所，定國樂。"孫氏曰："所云'國樂'，即國歌，歌名《鞏金甌》。"

④　據孫應祥《嚴復年譜》清宣統三年五十九歲條，所引嚴復《致喬・道・德來格函》曰："歌詞確系出自愚下之手……譜曲者名義上是溥侗，溥倫之弟。……溥侗懂一點音樂，他還從禁衛軍找來一些助手。"

一時疏忽，未曾子細推敲，愧悔無及矣。此事若作一小文誌之，亦可當一則稗史也。【徐批：此《樂章》當時並未通行，後又屢改，亦未酌定。郭老集中可將此《樂章》刪去，不必載，不必論也。國樂並未定。】

家叔昨日到平，先九世祖墳塋被挖損處，已經修好。惟家鄉種種苛稅，民不聊生。且自海戰後，繭與絲皆無銷路，鄉民蠶業盡廢，將田梗桑樹，全行砍伐，改種他物。又有人自杭來云，政府以民間所留蠶紙，往往有病蠶之子，不加檢擇，不宜蓄養，令將舊蠶種一概焚棄，另購官發新種，合境大譁，幾至激變云云。蠶絲一項，為中國專擅之，美利乃催敗之，惟恐不盡，可深歎也！

嘉興圖書館函來，囑代向鈞座乞《晚晴簃詩匯》一部。去年備送宋芝田者①，尚存章處，可否即以給之，敬乞批示，祗遵。【徐批：可。】

民國二十二年癸酉(1933)四月十一夜②

夫子大人鈞座：

敬稟者，多日未奉批諭，想前上各稟，並《學案稿》與書，均達鑒矣。【徐批：前案均已寄回。】日前小汀所輯劉逢祿、宋翔鳳兩案，擬附莊存與《方耕學案》者，茲經闓枝看出，特呈鈞鑒。【徐批：均閱過寄回。】章有稟陳之語，仍條列於後。恭叩福安。受業曹秉章謹稟。清和十一夜。

劉、宋二人，皆莊方耕外孫，親得方耕之傳，故須附入《方耕案》中。

《顧亭林案》，闓枝又大加脩改，附案中並有所增補，刻尚未鈔齊交來，俟交來再呈鑒。

《冉蟫庵案》，闓枝已輯出，將前借荃孫之書交來，須俟闓枝案稿來校對後，方可將書還荃孫也。

此稟寫出，尚未封送，由車站取到批諭，並彭南畇、劉孟瞻兩案稿及

---

① 即前文所稱宋芝洞，芝田為其號。參見13:343 札。

② 11:321。

書兩本，均已誦悉。^{《半巖[廬]日記》，邵伯綱前已分送社中同人，並以附繳。}

民國二十二年癸酉(1933)四月十八夜^①

夫子大人鈞座：

敬稟者，迭奉批諭，並閱後發回《南昀》《孟瞻》《蒿庵》各學案稿，又還小汀《穆天子傳注》一本，均已誦悉。茲闓枝前輯《亭林學案》，大加脩改，仍分兩冊，連同原稿交來，一併寄呈鈞鑒。【徐批：閱過寄回。】章有稟陳之語，仍條列於後。恭叩福安。受業曹秉章謹稟。孟夏十八夜。

闓枝近輯《甯都三魏案》已鈔成，尚未鈔出，約下星期五當可有也。【徐批：已寄來。】闓枝擬將易堂諸子一概附入，然書實難求，恐搜不齊耳。^②

鈞座去冬尚借小汀《雙節堂庸言[訓]》兩本，便中亦望檢出還之。【徐批：尚未檢得，是否已交寄？辦喜事時將書檢起，既屬性存檢尋。】

邵位西"半巖廬"，雖是齋名，實亦作別號。書衡作《位西學案》時，屢云位西學問欠醇，作專案恐站不住，若列於《曾文正附案》中，最為合式。祇以迫於伯綱之請，故勉為作一專案。作成後，仍恐伯綱見之，以為稱揚未至其極，或有挑剔，故伯綱屢向索看，書衡不與，並囑章切勿與看也。^③

諭囑《學案》刻本板闌須大，字體筆畫稍粗一節，俟沅叔歸後當告

---

① 11：322。

② 今《清儒學案》卷二十二載《寧都三魏學案》。明末清初，魏禧之父魏兆鳳削髮隱居寧都，名其所居曰"易堂"。嗣後，魏禧與兄際端、弟禮傳其家學，時人稱"三魏"；又與彭士望、林時益、李騰蛟、丘維屏、彭任、曾燦諸公講學論道，故有"易堂九子"之譽。今馬將偉著《易堂九子研究》（社會科學文獻出版社 2013 年版）書後附有《易堂九子著述考錄》，可資參考。

③ 邵懿辰，字位西，浙江仁和人，道光十一年舉人。據張舜徽先生《清人文集別錄》云："（位西）生平論學，其大體則以朱子為歸。經學宗李光地，文宗方苞。不喜漢學家言。……蓋其平生為學，私淑宋賢，而亦不欲為門戶之爭，意固甚明。……其一生讀書甚博，與夫徒守語錄數部，以理學自標異者，何可同日語。"今《清儒學案》未將其列為專案，而是將其載入卷二百零四《諸儒學案》中。

之，飭手民寫樣呈鑒也。【徐批：寫樣先寄閱，閱定再寫。】

聞柯鳳翁近來竟不能見客，章今年卻亦未與見面也。

章之四六信稿，絕無可存。惟壯年在溫、台兩郡幕，與代仲英丈所作各冊中，尚有一二可觀者，許家瀚隨幹臣入陝借去，遂付劫灰。【徐批：可惜。】今日思之，亦不足惜矣。

章之散體文，少壯所作，亦時糾正於仲英丈。仲英云，散文不可多作，多作散文，則於舉業有妨，不如多作駢文，於舉業工夫亦有益，故遂未措意於斯。究之作駢文，亦祗是書啟家尋常四六，業舉仍不能中繩墨。蹉跎一生，一無成就。重承勖勉，雖悔何追！

昨、今兩日黎明五六鐘時，均聞有飛艇翔於空中，又聞有機關槍自下上擊之聲，人家頗多驚惶，聞下午上火車出避及移入東城飯店者甚多也。【徐批：聞現已和緩，確否？】

文楷齋帶來鈞座書畫扇八柄，遵當照單分致同人。如尚有書畫出者，擬乞頒給汪伯雲與家叔各一柄。【徐批：已寄去矣。】

【徐批：《亭林稿》共四冊，閱過寄回，請察入。】

民國二十二年癸酉（1933）四月十九夜①

夫子大人鈞座：

敬稟者，昨夜蕭陳一稟，並呈脩改《亭林學案》新舊稿各二冊，於午後送由五條，交車站付便帶上。午前，文楷齋人來，送到頒賜章與同人暨沅叔、敬一等書畫摺扇八柄，容即照單一一分致。日前諭問姚配中所著《周易姚氏學》有無刻本，能物色否。葆之云，僅見於某叢書中，無單行本也。② 又柳興恩所著《穀梁大義述》，曾列於《皇清經解》，此外亦未

---

① 11：325。

② 姚配中撰《周易姚氏學》十六卷，已收入《一經廬叢書》內。今國家圖書館亦藏有姚配中撰《周易姚氏學》十六卷，湖北崇文書局清光緒元年刻本。

見有刻本。① 此皆昨稟中漏未陳答者，特肅稟陳。恭叩福安。附復鐵林一箋，伏乞交之。受業曹秉章謹稟。孟夏十九夜。

【徐批：前日寄去送柯、王兩兄畫、摺扇各一柄，想已分交矣。】

民國二十二年癸酉(1933)②

鈞座批諭云："汪、羅兼習內典，有涉禪論，應盡刪之。"③ 閏枝擬請鈞座再將應刪之處批出，以便遵照脩薙。【徐批：另加一箋，請卓裁。】

今日閏枝生日會，④ 同人醵資在章寓小聚，談讌甚暢。敬一因病未到，鈞座賜伊之扇，已遣人送去矣。沅叔尚未言旋，由其郎君來，代之入會，賜扇即交之帶歸。據云，乃翁由滬至金華，曾有信來，刻已多日無信，不知曾已旋至滬上否。

日前蒙諭刻《學案》板式、字體各節，章已告知心如。俟《亭林學案》發回，如無改動，編排次序閱定，當即將各清本交心如發寫，不專等沅叔矣。【徐批：原單寄回。】

外致鐵林一箋，祈閱後交之。

【徐批：《三魏學案》，閱過寄回，請察入。《南畇案》，亦寄回，請收入。】

---

① 今《木犀軒叢書》中收錄有柳氏《穀梁大義述》一卷，牌記題 "光緒壬午冬李氏木犀軒重雕"。

② 13：57。是札原書接 13：56（1933 年正月初十條）。然據是札徐批中稱《三魏學案》《南畇案》已經閱過寄回，實則《三魏學案》《南畇案》兩案至 1933 年二月初，仍尚未纂輯（參見 11：50 札），故疑其與 13：56 札相錯亂。之所以將其置於此處，原因有：其一，是札稱徐氏賜敬一之扇，已遣人送去，此與其上 11：325 札 "送到頒賜章與同人暨沅叔、敬一等書畫摺扇八柄" 語合。其二，是札末尾徐批稱 "《三魏學案》，閱過寄回，請察入。《南畇案》，亦寄回"，則是時兩案已經上呈徐世昌批閱，又與下 13：281 札 "甯都三魏學案》一冊，又須請覆閱批示之《南畇學案》一冊，當可先後登鑒矣" 相連屬。

③ 汪，即汪縉（1725—1792），字大紳，江蘇吳縣人。羅，即羅有高（1733—1779），字臺山，江西瑞金人。二人皆入《清儒學案》卷四十二 "尺木交游" 內。

④ 據朱彭壽《安樂康平室隨筆》記載，夏孫桐生日在 "咸豐丁巳四月二十二日"，故信札當在農曆四月二十二日。此條為朱曦林師弟提供線索。

民國二十二年癸酉（1933）四月廿九夜①

夫子大人鈞座：

敬稟者，迭次寄呈《亭林學案》新舊稿各二冊、《甯都三魏學案》一冊，又須請覆閱批示之《南畇學案》一冊【徐批：寄回】，當可先後登鑒矣。【徐批：均已閱過寄回矣。】茲闓枝交來閱出葆之所輯黃生《白山學案》，特以呈鑒。【徐批：閱過寄回。】章有應行稟陳之語，仍條列於後。恭叩福安。受業曹秉章謹稟。孟夏廿九夜。

《白山案》采錄之文，尚係去年所鈔，故所用多係舊格紙，俟閱後發回，再用新格紙另鈔清本。

沅叔已歸，昨日來談，已將鈞諭《學案》板式、字體各節告之矣。

成竹山之第五子成世超，現仍奉母在此居住，昨來囑，代懇鈞座頒給《詩匯》一部。竹山本晚晴簃選詩在事之人，書成後，以竹山已故，是以未給。今其子來請，應乞鈞座仍行給予一部，請諭鐵林，函知五條管書人，檢送章寓轉交。【徐批：已告鐵林檢送，當已收到。】

前數日，聞南開有暴動之事，想第中必吃驚不小。【徐批：租界安靖如常。】此間廿七、廿八兩日，亦異常吃緊；昨夜，由英、法、美三公使調停，雙方停戰，形勢稍鬆；現在一切安靖如常，當又可苟安矣。請紓廑念。【徐批：《白山學案》，閱過寄回，請察入。】

民國二十二年癸酉（1933）五月初三夜②

夫子大人鈞座：

敬稟者，日前肅陳一稟，並黃生《白山學案》一冊，計登鑒矣。【徐

---

① 13：281。

② 13：283。

批：收到。】今日由車站取來鈞諭，並送王、柯兩公摺扇各一柄，謹已奉到。章有稟陳之語，仍條列於後。恭叩福安。受業曹秉章謹稟。仲夏初三夜。

王、柯兩扇，明日當遣人送去。惟聞晉翁已久不出門，不知近日腿病如何；鳳翁亦以病不能見客，不知究竟若何，亦無從探問消息也。

葆之云，姚配中《周易姚氏學》見於《續皇清經解》，此外無單行本，無從物色。①【徐批：可作罷論。】

羹梅近輯績溪胡氏案，今日攜稿來與閏翁商酌，尚有應行增附之人，因又帶回補輯。此亦徽州學派中一大案也。

戰事已停，昨、今兩日，雖仍有飛機旋繞，人民已不甚震驚矣。

今日敬宜來談，其病已愈，云師座賜伊之扇，為他人攫去，擬向師再索也。【徐批：已另寄去一柄。】

賜家叔及汪伯雲扇，日前已奉到，附筆叩謝。

【徐批：前八案，每案寫出清本，可請葆之、小汀、羹梅三兄分手先校一過，免有訛誤。如各字有俗體，須改正畫［劃］一。從前會典館詳校，有畫［劃］一程式，閏兄必知之，可一商酌。】

民國二十二年癸酉（1933）五月初十夜②

夫子大人鈞座：

敬稟者，日前由車站便人帶到批諭，並閱後發回《亭林學案》新、舊稿共四冊，均已誦悉。今日有雨，閏枝未來，故無可呈之稿。茲呈上《顧祠集帖》拓本五張，晉卿信一紙，又去年閱定文楷齋《學案》寫樣一紙，統希鑒詧。【徐批：收到。】章有稟陳之語，仍條列於後。恭叩福安。受業曹秉章謹稟。初十夜。

諭問亭林先生年歲。章按：《諸儒傳》內不書年歲者甚多，因皆無可考也。特亭林尚有《年譜》可查，當查出補書之。

---

① 今國家圖書館藏有《周易姚氏學》十六卷，凡六冊，湖北崇文書局光緒三年刻本。

② 13：285。

"堯、舜至今二千年"等語，"二"字乃寫官沿原書書之，閱者亦未細督，致有此誤，遵當改政。

日前所呈《學案》前八案目次，祈閱後即寄下。如無更動，即可照此編排矣。【徐批：已寄回矣。】

各案所附弟子、交游款式，羹梅略有意見。章囑其日內寫出，與閏翁商量後，再呈請示遵。【徐批：須預算定一張紙幾開，寫好與沅叔商定，即寄閱。】

板式、字樣，去年曾有閱定之本，茲檢出再呈鈞鑒，是否可用，仍候示遵。【徐批：請再飭文楷齋再寫一板心較此式再稍長，字畫要稍粗，較可垂久，不致刻工時有脫落，筆畫可否再拓二三分。】

《顧祠集帖》，乃脩葺顧祠時吳印丞所刻。① 印丞卒後，刻資未付，石亦尚存文楷齋。章令其拓兩分來看，特以一分呈鑒。

日前，贈王晉翁、柯鳳翁之扇，章遣人分別送去。次日，晉翁來一信，歷言病狀，特用呈鑒，以紓懸系。【徐批：閱過，原信仍寄回。】鳳翁處，章亦久未去矣。近聞人云其衰病日甚，家中人恐其勞神，不令見客，並不令其看信，其長子又因事遠出，僅一幼子在側，亦可憐矣。

令坦許少堅兄，兩來相晤，通明溫雅，的是妙才，殊為我師欣快也。

【徐批：時有陰雨，執事體中如何？甚念。】

民國二十二年癸酉(1933)五月十三夜②

夫子大人鈞座：

敬稟者，星期六肅陳一稟，並呈上《顧祠集帖》拓本五張，上年鈞座閱定文楷齋《學案》寫樣一紙，王晉翁信一紙，計已登鑒矣。今日車站帶到批諭兩件，並《甯都三魏學案》《南畇學案》各一冊，敬已誦悉。又得鐵林信，云楊蓮齋作古，傳諭撰送匾額。茲將字句另紙寫呈鈞鑒，明

---

① 吳昌綬，生卒年不詳，江蘇元和人。字伯宛，號印丞。光緒三十三年舉人。藏書頗富，尤好刻書。有藏書樓名曰"雙照樓"。

② 13：291。

日即當寫出，遣人送去。章有應行稟陳之語，仍條列於後。恭叩福安。受業曹秉章謹稟。仲夏十三夜。

摘示汪大紳、羅臺山牽涉禪學之語。按：此皆本彭尺木所述之言，參敘入傳，未曾翦裁所致。當告之闓枝，竟將此數語刪去之也。

民國二十二年癸酉（1933）五月十七夜①

夫子大人鈞座：

敬稟者，日昨奉到批諭，並發回《甯都三魏》及《彭南畇學案》各稿，又《學案》前數卷《人名目次單》，均已誦悉。茲呈闓枝新輯杭世駿《菫浦學案》一冊，又羹梅《〈學案〉體例、款式議》一件，並祈鑒核批示是荷。章有稟陳之語，仍條列於後。恭叩福安。受業曹秉章謹稟。仲夏十七夜。【徐批：《菫浦學案》一冊，閱過寄回，請查入。外加一紙。羹梅所擬體例，亦另紙奉答。】

《南畇案》內，汪大紳、羅臺山兩傳中應刪之語，已經闓枝遵照刪去矣。所采汪大紳《自敘》文，觀其起句云"緒為學知尊孔子，而游乎二氏者也"，幾欲援儒入墨，頗覺刺目；以下則辨別甚明，不獨自明其學派，且深剖陽明之非禪學，其說亦甚辨，故仍存之。

《亭林案》清本，闓枝又取回考查，補書年歲，並有數處尚須脩改也。闓枝於此事異常矜慎，今日又語同人曰："我們稟承府主編輯此書，現已將成。細思之，實覺體大而思不精，實在我們學問太淺，見書太少，種種無以仰副府主盛意。有此一編，作大輅之椎輪，留待後來學者脩補而已，決不能與黃、全兩書並駕也。"

今日，羹梅輯出《績溪諸胡學案》兩冊，小汀輯出張文虎《嘯山學案》兩冊，闓枝均帶回復閱去矣。

羹梅所議二事，專為劃一體例而清眉目起見，闓枝及同人均無異辭，故特呈請批示。各成稿中，雖不免有須改動之處，卻亦不甚費事也。

闓枝去年五月喪其次媳，前數日，其長媳又死，已寄殯廟中。我師似

應送禮，請諭囑鐵林，查去年送其次媳奠分數目，照式送之。【徐批：已囑鐵林照送矣。】

鈞座前借小汀之《雙節堂庸言［訓］》兩本，確未寄還，祈飭管書人一檢尋之。【徐批：已飭清查，檢出即寄去。】

許少堅兄所謀已遂，特未知月薪數目耳。

復鐵林一箋，祈閱後交之。

【徐批：閏兄喪長媳，已屬鐵林，查照去年致送奠敬，並望晤閏兄，代為慰問。】

民國二十二年癸酉（1933）五月廿四夜[①]

夫子大人鈞座：

敬稟者，前星期六蕭呈一稟，並呈上杭世駿《董浦學案稿》一冊，及龔梅“說帖”一件，計早登鈞鑒矣。【徐批：均已寄回矣。】龔梅所輯胡匡衷《樸齋學案》兩冊，頃由閏枝復閱交來，特以呈鑒。【徐批：閱過寄回。】章有稟陳之語，仍條列於後。恭叩福安。受業曹秉章謹稟。五月廿四夜。

《樸齋學案》中采錄所著《卦本圖考》，閏翁謂可但載其序，不必載圖；龔梅云不載圖恐看不明白。閏翁之說，已注於稿端，章特再陳龔梅之言，祈批示，祗遵。【徐批：請諸兄再酌。】

龔梅今日又輯出胡承珙《墨莊學案》一冊，閏翁取去復閱矣。

樸齋為績溪之胡，墨莊為涇縣之胡，皆皖中經學大家也。

昨日，袁良、傅彊均來談。袁良述黃郛之言曰：少堅品學俱優，現在暫派專員名目，俟一切組織定後，當就其所學，擇一相當之事位置之。

近日時雨時晴，時涼時熱。室中潮濕異常，興居亦極難調護。章一切如常，請紓厪注。

【徐批：《胡案》二冊，閱過寄回，請察入。毛士之書，已屬賀性存代借矣，由鐵林作書知照。顧祠顧書不刻，似可由執事函詢董綬經一聲。】

---

① 12：327。

民國二十二年癸酉（1933）五月廿七夜^①

夫子大人鈞座：

敬稟者，星期六一稟，並《胡氏學案》一冊，計登鑒矣。【徐批：收到。】旋奉批諭，並閱後發回黃生《白山學案》一冊，誦悉種種。茲再呈上《顧祠集帖》拓本三分，祈詧收。【徐批：收到。】《學案》板式、樣本，既須再改，祈將前呈之寫樣，仍即發下，以便規仿放大。此肅，恭叩福安。附致鐵林一牋，並祈閱後交之。受業曹秉章謹稟。五月廿七夜。

【徐批：《顧祠集帖》，似應嵌入顧祠廳壁，以便永存此堂。^②故吳君昔未付其刻資，應考查刻資已付若干，未付若干，仍由同人大家寄款取回何如？請酌定辦法，設法辦理，不可散失也。寫樣一紙寄回。字稍大，板心是否亦須稍大？然須一張紙幾開也？】

民國二十二年癸酉（1933）閏五月初一夜^③

夫子大人鈞座：

敬稟者，日昨肅呈一稟，並《顧祠集帖》三分，計登鑒矣。【徐批：收到。】旋由鐵林寄到頒賜章與諸同人及敬一、沇叔《海西草堂詩集》各一部，並還小汀《雙節堂庸言［訓］》一本，均已奉到。今日閏翁因有感冒未來，故無稿可呈。章有應行稟陳之語，仍條列於後。恭叩福安。受業曹秉章謹稟。閏五月初一夜。

---

① 13：292。

② "顧祠"，即道光二十三年，何紹基、張穆等學者在京師創建的顧炎武祠。據杏林《中國法帖史》載："《顧祠集帖》一卷，民國間慈仁顧祠摹刻，京師文楷齋鐫。帖刻清初顧炎武書。其中尺牘九通，分別為顧炎武與歸玄恭書六通，與李斯年書二通，與王山史一通。另有《題歸玄恭為路安卿畫竹》一通。帖前有兩畫像，一為吳中滄浪亭本，一為昆山吳映奎所輯年譜本。"

③ 13：293。

貴州鄭、莫、黎三家學案，前經叔進擬出，全不可用，刻經龔梅重新編輯已成，日內當送闈翁覆閱也。

前年，江西人熊埴，以其祖熊松之所著《禮記授讀》稿本，託世緗代求鈞座作序，並求纂入《學案》，又持世緗信來面託。秉章當即陳明，鈞座序文，倩書衡代作，其書是否可傳，足以編入《學案》，亦囑書衡酌量為之。書衡勉強敷衍一序，謂其書祇是訓蒙之本，不足以言經學，不能入案，遂即置之。斯時，熊埴又往面見書衡，云其祖作秀才，應歲考，遇鄉黨題，文中全用《鄉黨圖考》，為學使所激賞。書衡告之云，據此即可附於江慎修氏案中，為私淑弟子。嗣熊埴將《禮記授讀》原稿付之石印，印成後，以一部寄贈秉章。前月，又託嘯麓寫信來，問案已作否，且執書衡之言，堅求附入江慎修私淑弟子之列。章以書衡前言祇是當面隨口酬應之語，何足為據？若但憑八股文引用儒先經說，便可許為私淑，則自漢以下先儒，無一不可忝列門墻，豈不大可笑哉？嘯麓又述熊埴之言，云原書中本有薛慰農一序，薛慰農與俞曲園至好，可否因薛牽連而附入《曲園案》中，則尤為無此辦法。然熊埴思表彰其祖之名，雖不足與言學問，究不失為賢子孫。章日內當將其所贈《禮記授讀》印本尋出，交闈翁閱之，倘尚無大疵謬，為作一《傳》，散附末卷《諸儒學案》之後。是否有當，伏乞示遵。【徐批：可。】

楊謹齋多年不見，亦無道其人者。其年幾何，籍貫何處，竟記憶不清。昨得其訃，乃知其為山西人，而仕於江西者。日前代鈞座作輓聯，匆匆著筆，竟誤以為江西人，真大謬也。然已寫送，無從改作矣。凡久不見之人，必俟其訃到再做，方能妥貼。章年已七十，而作事仍不能處處細心，此所一無成就也。【徐批：昨已答覆一函，想入覽矣。近日陰雨，體中何如？至念。】

民國二十二年癸酉(1933)閏五月初八夜①

夫子大人鈞座：

敬稟者，兩奉批諭，並發回《董浦學案稿》一冊，及龔梅"說帖"

---

① 　13:296。

一件，敬已誦悉。茲閩翁將紀文達《獻縣學案》加入彭文勤【徐批：閱過寄回】，另繕清本【徐批：清本仍多誤字，請校正】，連原稿交來，特以呈鑒。章應行稟陳之語，仍條列於後。恭叩福安。另致鐵林一箋，請閱後交之。受業曹秉章謹稟。閏月初八夜。

《學案》板式，已交文楷齋照前樣，將字撐格放大，板圈須否放長，俟此撐格字寫來後，看好看否，再行酌定。倘板圈放寬，用紙每張作幾開，能否合式，亦再酌定。

《學案》總目，必須卷數定後，方可照編。

《王西莊案》，錢孫已經輯出，閩翁尚須斟酌修改，故仍在未成之列。

方粲如是毛西河受業弟子，自應附入《西河案》內，曾與閩翁言過，至今亦尚未做也。【徐批：《毛西河案》，前已定稿，無方粲如，請即附入可也。】

靜海人毛士，著作既如此之多，自應立案，惟其書不知猶可求否。[①]當告之閩翁，囑其酌辦也。【徐批：書已屬人借用，辦此案可翻《先哲傳》及《畿輔書徵》一閱，可知大概。】

《王船山學案》，前經曼仙輯出，閩翁交龔梅另輯，亦尚未成。

《顧祠集帖》刻石，諭令設法取還，嵌之祠壁，極是正辦。惟授經與印丞當時修祠，原定計畫於僧寮之東，闢精舍三楹，即將此石嵌壁，庭中雜植花木，以為游宴之所。乃建築未竣，經費不敷，遂爾停工，後山墻至今未築。木廠中帳目亦未算清，究竟已付若干，尚欠若干，印丞既死，無人能知底細。故欲了此一切未完，非授經親來料理不可。現在集帖刻石，當傳諭文楷齋，令其妥為保存，俟授經有日北來，再令其辦理。【徐批：似亦可函詢一聲。】

前稟所言熊埕要求將其祖熊松之列入《學案》一節，章閱其所著《禮記授讀》，乃鈔撮鄭康成《注》及孔穎達《疏》為書，本不能作為正經著作。且所成者，僅《曲禮》至《玉藻》而已，所缺甚多，尤不能作為已成之書。故竟不能立案，祗好置之。當函囑筱麓，以實告之也。

【徐批：《獻縣學案》初稿及清本共二冊，閱過寄回，請察入。天氣

---

① 毛士（1728—1799），字礐斯，號夢蝶。今《清儒學案》未收其人。據13:224札（民國二十五年丙子閏三月初四夜）載，毛士之書已訪得《春秋三子傳》《春秋諸家解》，但因其粗陋而未入《學案》。據《清史稿藝文志拾遺》，毛士尚著有《毛氏春秋三種》三十一卷、《春秋三傳駁語》八卷、《傳前答問》一卷。

酷暑，諸君安善，均此道候。】

民國二十二年癸酉(1933)閏五月十五夜①

夫子大人鈞座：

　　敬稟者，前星期六肅陳一稟，並重脩《獻縣學案》清本及原稿共兩冊，計登鑒矣。【徐批：已寄回。】羹梅新輯胡承珙《墨莊學案》，小汀新輯張文虎《嘯山學案》各一冊【徐批：二冊】，閏枝均已看出，茲特寄呈鈞鑒。【徐批：均閱過寄回。】章有稟陳之語，仍條列於後。恭叩福安。受業曹秉章謹稟。閏月望夜。

　　《胡墨莊案》內所附之張聰咸，前已附入《惜抱案》，閏枝云附胡方宜。②　又云：凡附案之人，有數處互見者，須酌定一至當不易之處，已成各稿皆須子細校量一番也。【徐批：不可重複，至囑至囑。】

　　《張嘯山案》，閏枝以小汀采錄之文，太多處須加刪薙，且《嘯山案》至兩冊之多，揆之名重於嘯山者，采錄之文多寡反遜之，亦覺不稱。又云：成稿中本亦有采錄過多者，指日發刻分卷時，卷帙必須勻稱，大約每卷至多不能過七十頁，亦須子細校量一番也。《嘯山案》內，閏枝云尚有應附之人，已告之小汀，囑其覓書補輯，俟鈞座閱後發回，再行增補訂入。【徐批：冊中應有斟酌處，已加簽或簽注，請詳閱酌定。】

　　今日葆之輯出王萱齡、蔣湘南兩案，閏枝取去閱看矣。此二人擬即附入龔定盦交游中。將《定盦案稿》中原附之王仲瞿撤出，因仲瞿本一才人，且有"掌心雷"之譏，列於《學案》中，頗覺不倫也。③

　　天雨太多，潮溼可厭。近時溼熱又作，口中又粘膩乏味，精神幸尚如常。【徐批：飲食寒熱，時時留神。】我師興居安健否？【徐批：尚頑健。】

---

①　13：299。
②　今張聰咸載入《清儒學案》卷一百三十八"默莊交游"中。
③　王曇（1760—1817），字仲瞿，浙江秀水人。清乾隆五十九舉人。龔自珍《王仲瞿墓表》曰："其為學也，溺於史，人所不經意，累累心口間。"今國家圖書館藏有王曇《煙霞萬古樓文集》六卷、《秀水王仲瞿文》一卷。又鄭幸點校《王曇詩文集》，人民文學出版社2014年版。

　　閨枝長媳死後，靈柩早已寄廟，家中不開弔矣。同人皆未送禮，我師擬送之奠分廿元，亦不便送去，擬即交陳愷收帳，備付鈔資之用，請告鐵林知之。【徐批：胡、張二案共三冊，均閱過寄回，請查入。】

民國二十二年癸酉(1933)閏五月廿二夜①

夫子大人鈞座：

　　敬稟者，前星期六肅上一稟，並張文虎《嘯山學案》兩冊、胡承珙《墨莊學案》一冊，計登鑒矣。【徐批：均收到。】連日酷熱異常，閨翁無稿交來，故無可呈之件。文楷齋《學案》板式、字樣，寫至第三次，始稍看得，用特寄呈鑒定。章有一二稟陳之語，仍條列於後。恭叩福安。受業曹秉章謹稟。閏月廿二夜。

　　小汀新輯《方矞如案》，擬附《西河案》中者，今日閨翁取去閱看矣。

　　章近日濕熱發作，食物無味。日間汗出如漿，燥悶不可耐，體中卻尚舒適。今夜晚飯後，露坐稍久，汗忽全收，右邊太陽又覺發脹，手腳指均發痠，頗覺不適，明日須設法稍稍出汗也。【徐批：暑天不可受涼。】知關厪注，謹以附陳。

　　【徐批：此次文楷送來字樣稍整齊可看，不知沅叔看見否？字體能再稍大，筆畫能再稍粗，又不知核定一張裁幾開？須詳核之。】

民國二十二年癸酉(1933)閏五月廿九夜②

夫子大人鈞座：

　　敬稟者，前星期六肅陳一稟，計《學案》寫樣一紙，計登鑒矣。旋

奉批諭，並發回《獻縣學案稿》兩本，敬已誦悉。【徐批：外又加寄一紙。】今日小汀、閏枝均以腹疾未至，葆之亦未來，到者僅羹梅一人，故無可呈之件。章有稟陳之語，仍條列於後。恭叩福安。受業曹秉章謹稟。閏月廿九夜。

《學案》寫樣，初令撐格放大寫，甚不好看。因令字不放大，但將筆畫寫粗，略較好寫，未知我師以為可用否？

章近一星期，本時有不適，昨夜痔忽又發，起居益苦，實皆溼熱為害，無大病也。惟吐痰不利，說話多，則舌強，左腳腫甚，隔夜不消，似本病日深一日，甚可慮耳。【徐批：天氣過熱之故。近又驟涼，尤須加意調攝，是為至囑。沅叔前日來，已細談刻書各事，如晤面，必與執事商酌也。】

民國二十二年癸酉(1933)六月初七夜^①

夫子大人鈞座：

敬稟者，日前接奉批諭，敬悉一一。羹梅所輯鄭珍《巢經學案》一冊，閏枝閱過交來，茲特寄呈鈞鑒。【徐批：閱過寄回。】章有稟陳之語，仍條列於後。恭叩福安。受業曹秉章謹稟。六月初七夜。

閏枝前患腹瀉，痔破血出，疑痢。現已全愈，今日亦來會，一切照常矣。

小汀腹瀉已十餘日，今日來信云雖漸愈，而仍不暢行，腹中有時尚隱隱作痛，幸胃口已開，仍在服藥也。病中輯成王昶《蘭泉學案》兩冊，閏枝已帶去閱看矣。

文楷齋《學案》寫樣，章以屢寫均不好看，故未與沅叔看過。鈞諭字體能再放大，筆畫能再稍粗，今日告之沅叔，伊云字體尚必須放大，則非將板圈放寬不可。【徐批：已與沅叔面談。】請將日前所呈寫樣，仍即寄下，以便交其酌量辦理。【徐批：已寄去矣。】

---

① 13：305。

章濕熱蘊積，日前忽又發痔，幸已平復，坐臥均已無礙。惟日來痰仍不利，舌仍強耳。

敬宜來云聞五條有失竊之事，竊以第中零碎物件尚多，似可再令鐵林來整理，運津為妥。

五太世伯母壽辰已近，不知究於何處稱慶？昨日電問八叔處，據其僕人云，八爺腹瀉，現在醫院未歸，想亦是目下時瘵也。【徐批：《巢經案》一冊，閱過寄回，請察入。昨日已覆一函矣。】

民國二十二年癸酉(1933)六月十五日①

夫子大人鈞座：

敬稟者，前星期六肅呈一稟，並鄭子尹《巢經學案稿》一冊，計應達鑒矣。【徐批：收到。】近兩日，天又酷熱異常，闈枝無稿交來，故無可呈之件。恐勞厪系，用特稟陳。別有應陳之語，仍條列於後。恭叩福安。受業曹秉章謹稟。六月望日。

闈枝、小汀病均好，極感注存，囑代陳謝。小汀雖能出門，而人極軟弱，面上均有滯氣，精神亦不及闈枝也。【徐批：今夏時酷熱，時陰寒，飲食起居，極宜注意，瓜果不可喫。】

沅叔前數日往香山逭暑去矣。據其家人云，日內可以歸也。

前呈文楷齋《學案》板式寫樣，仍望即賜寄下，以便交沅叔再行斟酌。

外致鐵林一箋，祈閱後交之。

【徐批：文楷書樣一紙寄去，請察入。《巢經案》，日內閱畢，即寄去。如有成稿，隨時寄來。天氣太熱，緩緩為之，亦不可太忙也。】

---

① 13:307。

民國二十二年癸酉(1933)六月廿一夜①

夫子大人鈞座:

　　敬稟者,日前奉到批諭,並閱後發回張文虎《嘯山學案》二冊、胡承珙《墨莊學案》一冊,敬已誦悉。小汀日前所輯王昶《蘭泉學案》二冊,閏枝業已看出,今日交來,用特寄呈鈞鑒。【徐批:閱過寄回。】章有稟陳之語,仍條列於後。恭叩福安。受業曹秉章謹稟。六月廿一夜。

　　沅叔前赴香山逭暑歸來後,因天氣仍熱,又去數日,今日甫回,適同人舉行生日會,與心如同來。據云,《學案》板式、字樣擬每行加一兩字,即將《學案稿》試寫一張,刻出細看,再行斟酌。現已由文楷齋將《夏峯學案稿》上冊取去,且俟刻印一張,酌定交來,再行呈鑒。惟每行加一兩字,則所鈔清本格紙,全不合式,然亦無可如何也。

　　連日小雨,早晚極涼。章腳腫已漸消,惟說話有時仍覺舌強,餘亦無他不適,請紓厪注。【徐批:《蘭泉學案》二冊,閱過寄回,請察入。天氣漸有秋高②,同人小恙想均霍然,甚為系念,請代道候。】

民國二十二年癸酉(1933)六月廿九日③

夫子大人鈞座:

　　敬稟者,日前奉到批諭,並閱後發回《巢經學案稿》一冊,敬已誦悉。茲有閏枝看出、葆之所輯王懋竑《白田學案稿》一冊,又覆輯籛孫舊稿王鳴盛《西莊學案》一冊,並附原稿一冊,用特一併寄呈鈞鑒。【徐

---

①　13:314。
②　因是年閏五月,故是時陽曆已入八月份。
③　11:190。

批：均閱過寄回，共三冊。】專肅，恭請福安。受業曹秉章謹稟。六月廿九日。

【徐批：此次寄來兩冊，附原稿一冊，閱過寄回，請察入。餘容續寄。】

民國二十二年癸酉(1933)七月十二夜①

夫子大人鈞座：

敬稟者，昨奉批諭，並閱後發回《蘭泉學案稿》二冊【徐批：外各件】，敬已誦悉。今日星期五，閏枝以腰痛未來（亦是老病），故無可呈之件。【徐批：閏兄近當安健，晤為道念道候。】恐勞厪注，用特稟聞。別有稟陳之語，仍條列於後。恭叩福安。受業曹秉章謹稟。七月十二夜。

苗先麓擬編入《曾文正附案》，尚未輯出。其書上次已發下一部，羹梅已取去，無須再寄矣。

文楷齋另寫之《學案》板片樣本，日久未見。今日葆之云，曾在文楷齋看見寫出樣本三種，大約已送沅叔。【徐批：刻樣三紙，又沅叔函，均寄去，請執事與之商定。】然沅叔又赴香山，俟其歸來後，當可看定交來。

《蘭泉學案稿》刪去之處太多，俟交閏枝閱過，將刪去之文拆出後，再另鈔清本可也。

聞柯鳳老病篤，醫生已回報，囑令預備後事矣。【徐批：鳳老處，擬詩社舊友公祭，昨已囑鐵林函達，當已措辦矣。】

吳綱齋②在杭去世，其子告羹梅云，業經訃告鈞座，擬於陽曆十月間在北平開弔，囑章代求鈞座賞一文字。謹代擬匾聯字句，另紙附上，祈鑒定後寄下，屆時寫送。稱呼是否"年世兄"，並祈批示。【徐批：已寄去矣。】

---

① 11：191。
② 吳士鑑（1868—1933），字綱齋，號公詧，浙江錢塘人。

近日依然涼燠不齊。章兩日來又患齒痛，食物甚苦不便。我師興居何如？

民國二十二年癸酉（1933）七月十九夜①

夫子大人鈞座：

　　敬稟者，今日星期五，閏枝雖已到會，而腰仍如弓，不能久坐，亦無稿交來，故無可呈之件。前日，伊曾有一信致章，言為天津樊文卿②先生刻詩事，茲將原信呈鑒【徐批：原信奉繳】。所請可否允行之處，伏乞批示。【徐批：此公不相識，其詩如何，可否吾弟閱後寄來一看，是否酌選若干首付刻，均請酌定。】沅叔云，文楷齋刻《學案》樣本，伊已檢定一張，寄呈鈞座，想已達到矣。【徐批：已有信寄執事，請與沅書酌定。】專肅，恭叩福安。受業曹秉章謹稟。七月十九夜。

民國二十二年癸酉（1933）七月廿六夜③

夫子大人鈞座：

　　敬稟者，今日星期五，接奉兩次批諭，並閱後發下王鳴盛、王懋竑《學案稿》三冊，及《學案》版樣刻本三紙、沅叔信一件，當即與同人一一傳觀，均已誦悉。閏翁近日正在重輯《陳蘭圃學案》，別無看出之稿，故無可呈之件。章有應行稟陳之語，仍條列於後。恭叩福安。受業曹秉章謹稟。七月廿六夜。

　　板樣同人均謂乙種甚好，惟中縫線須改寬，"卷幾"之下，旁加人名

---

① 11：193。
② 樊彬，字質夫，號文卿，諸生。喜金石之學，輯有《天津樊文卿先生畿輔碑目》。
③ 11：194。

兩小字。如卷一下注"夏峯"，一則便於檢查，一則印好折時易於取正。沅叔、心如均已接洽矣。

　　沅叔信內所薦之何君鴻亮為刻書校勘一節，將來自不能不用。沅叔又告章曰，一人校對決不彀，總須經過三四次細校，方可細密。其兄老大之子傅端謨，亦可充任，惟係其姪，不便直接言之鈞座，囑章代為陳請，且俟臨時再行請示辦理可也。

　　鳳老處公祭祭文，已由閨翁擬出，茲特鈔呈鈞鑒。惟文中起句"世衰道敝"四字，閨翁自嫌語稍傷時，擬另想一句改之，同人一時竟想不出，請鈞座酌改寄下，再行繕寫。【徐批：已為酌易四字寄回矣。閨兄近時體中當已大健，至為系念，晤為道候。執事體中如何？】

民國二十二年癸酉（1933）八月初三夜①

夫子大人鈞座：

　　敬稟者，前星期六肅呈一稟，計達鑒矣。今日閨翁交來樊先生已刻詩三本、未刻雜著稿一本、擬古詩一本，及其父之詩鈔本一本，又一函內未刻詩稿十一本，一併寄呈鈞鑒。章有稟陳之語，仍條列於後。恭叩福安。受業曹秉章謹稟。八月初三夜。【徐批：小汀所云錢櫸庵，當是錢辛伯先生桂森，亦余之壬午房師也。問明示知。】

　　閨枝云，樊詩已刻者，板亦無存，現其外孫張君，擬統為刻之。至其雜著文與其父之詩是否須刻，則閨枝未言，章當再問之也。閨枝又云，此詩先已有人閱過，擬留者，每首均印有"選"字戳，所看大致不差。未刻稿函裏，有問青書致徐壽衡叔鴻字，託其為選五百首刻之。閨之云看其詩可留者，約有八百首之多。章擬請閨枝精選，仍以本人所言五百首之數為定，鈞意以為何如？【徐批：尚未細閱，大致翻閱，即鳳孫言所謂天津詩派也。】

---

① 13:70。

民國二十二年癸酉(1933)八月初十夜①

夫子大人鈞座：

　　敬稟者，日前寄呈之樊詩【徐批：收到】，得鐵林信，知已達鑒矣。今日閨枝交來新輯陳澧《東塾學案》兩冊，附叔進原稿兩冊，一併奉鑒。【徐批：均閱過寄回矣。】專肅，恭叩福安。受業曹秉章謹稟。八月初十夜。

　　桂文燦，叔進本另作一案，閨枝改附《陳澧案》內。【徐批：甚好。】

　　【徐批：《東塾學案》二冊，閱過寄回，請察入。原擬冊二本，亦寄回。餘續復。】

民國二十二年癸酉(1933)八月廿二日②

夫子大人鈞座：

　　敬稟者，今年我師七旬晉九大慶，章有舊藏宋歙石大硯一方，敬以為壽，託銕林帶呈，伏乞賞收。【徐批：收到，謝謝。】此硯章得之廿餘年，用之十年，石質細潤，斲工亦極樸雅，斷非宋以後人所能為，是章冥心之品。【徐批：宋時尚無端石，此硯確係宋製式樣，當寶藏之。兄七旬時，承吾弟及諸同社贈唐硯一方；今日贈宋硯，亦我藏硯中之佳話也。】我師所藏各硯，端多歙少，且亦無此大者，想我師見之，亦必擊節稱賞也。章違侍函丈多年，仰睇光霽，時形夢寐，知師亦日日垂念，今此硯得登几案，亦即如章日侍左右，何幸如之！前月敬宜來，言我師壽誕，伊與齊照巖、高澤畬等發起，公送壽屏，欲拉社中同人入分。章告以我師向來不喜

① 　11：196。
② 　12：70。

鋪張，此種官樣禮物，決不收受。【徐批：不敢當。】因與閏枝、羹梅諸
君商定，屏去齊、高、連敬宜、沅叔共合十二人，作一几，上陳設之小圍
屏十二扇，每人寫詩一幅裝之。惟以金鐵孫、鄭叔進、關穎人均不在此，
詩幅郵筒，往返需時，俟彙齊裝好，隨後再行寄呈，先此稟明。【徐批：
今年仍不敢驚動，明年當備酒食一聚何如？】再王晉老有一字，附呈鈞
鑒，可以知其病狀也。送王瑚扁聯字句，另紙寫上。專肅，恭叩福安。受
業曹秉章謹稟。八月廿二日。

【徐批：詩二本，隨後再寄回。樊彬之後人，是否昔居爛麪胡同或小
橫胡同，閏兄知否？錢辛伯先生桂森，為兄及舍弟同房中式之師。前寄來
之詩，如是其昔年之作，當代刊行也。】

附①

小汀云，泰州徐［錢］樨庵先生詩未刻稿，現在伊處。（從前選詩
時，苦求不得，不知在小汀處，至今日始發見，可見凡事皆有定數不
可。）伊係樨翁門生，知我師亦出樨翁門下，擬請鈞座為之選刻，囑章代
為稟陳。章擬令其將詩交來，先行寄呈鈞閱，再行酌定。此詩係小汀交
來，亦請閏枝閱選何如？【徐批：姓錢，非徐也。】

閏枝云：《學案》板式既定，即須檢點發寫。現在須將已定各稿點明
頁數，以便分卷。如有頁數過多者，尚須酌量芟薙也。

毛士書，閏枝已取去矣。故城賈先生若水刻《明儒學案》者，亦交
小汀矣。毛、賈二人均不能自立，須作附案，均不知有何可附否。②

【徐批：另摘抄新《天津志·人物傳》內有樊彬一紙，請交閏兄一

---

① 11：329。從此段內容看，當與其下 11：197 札（1933 年八月二十四日）相連。此段是從
11：326 札中分離，因 11：326 札中有"曼仙擬出曾文正《湘鄉正案》一冊，閏枝已取去閱看"云
云，曼仙即章華，其於 1930 年已經去世，而小汀交來錢樨庵先生詩，當在 1933 年。由此可知，
此段（即 11：329）與 11：326 札錯亂。

② 今毛士未入《清儒學案》，賈潤（若水）則載入卷二"南雷私淑"內。

閎。其外孫張君影刻，甚好甚好。其先人之作，亦可選刻。文應否刻，亦請閎兄先酌定。原書暫留此，暇時細閎。】

民國二十二年癸酉（1933）八月二十四夜①

夫子大人鈞座：

敬稟者，日昨交鐵林帶呈一稟，並宋歈大硯一方【徐批：收到，謝謝】，計登鑒賞矣。今日星期五，閎枝以腹瀉發痔，不能坐車未來，遣人送來李道平《遠山學案稿》一冊【徐批：收到寄回】，小汀交來《錢樨庵先生未刻詩稿》兩本，葆之囑代呈新刻《詩稿》二本，一併寄呈鈞鑒。【徐批：收到，謝謝。】又附葆之送鐵林《詩稿》一本，並乞交之。章有應行稟陳之語，仍條列於後。恭叩福安。受業曹秉章謹稟。八月二十四夜。

李道平本不在原定姓氏目錄之內，近始聞其有《周易集解纂疏》一書，又從傅嶽棻借得李氏新刻《有獲齋文集》一部，閎枝乃為作此專案。②

樨庵先生詩，章披讀一過，覺其詩在前日閎枝所呈樊文卿之上【徐批：是否即錢辛伯先生，請問明即示知為盼】。且詩亦不多，擬俟鈞座發回，交閎枝再子細一看，或全可留，或酌選，我師再為序而刊之，未識鈞意以為如何？【徐批：可。】

傅嶽棻之尊人，九月初四日八十正壽，囑章代求鈞座賞給畫一幅、大壽字一幅，以為榮寵。如蒙俯允，請於月內交鐵林寄由章處轉交是叩。畫與壽字，如無裱好者，即不裱亦可。【徐批：已先寄交吾弟矣。《遠山學案》閎過寄回，請察入。】

---

① 11：197。

② 今《清儒學案》未立《遠山學案》，李道平附入卷二百零六《諸儒學案》內。

附①

詩屏各詩，似以叔進最為大雅。晉卿詩不知是其自作否，沅叔詩雖認真，然似不及叔進也。未識我師以為如何？【徐批：屏式精微，詩亦各有獨到處。】

袁良之族人，囑章代求鈞座賞書堂額一方，來黃紙一張附上，不識我師近來尚作榜書否？【徐批：可，隨後寫好寄去。】

章前呈之宋歙硯，既蒙賞鑒，不識曾試用否？因此硯之發墨養墨，非用不知其佳也。惟章多年未用，恐油須洗後再用耳。【徐批：現正清洗。】

秉章同鄉馮心蘭太史之子馮汝玖，曾官蒙藏院參事【徐批：記其有一姪，是甲辰門生，名汝琪】，素講音律，能琴。昨來告章，云有《琴譜》三種：一曰《太音遺補》，明蕭鸞著，是不經見之本；② 一曰《徽音秘旨訂》，清尹爾韜著，是康熙初印本；一曰《二香琴譜》，清蔣文勳著，是道光（闕）③

民國二十二年癸酉（1933）九月初九日④

夫子大人鈞座：

敬稟者，日前奉到批諭，並閱後發下李道平《遠山學案》一冊，敬已誦悉。【徐批：昨日交徐敬宜帶去《學案》一包，當已收到。】現小汀

---

① 11:207。是札所言"詩屏"云云，顯然是上文諸公於 1933 年徐世昌七十九大壽時所送之禮物。原附於 11:204 札後（即 11:206 後），因 11:204 札（民國二十年八月）為 1931 年，故為錯亂。

② 今國家圖書館藏有《杏莊太音補遺》三卷（善本），明嘉靖三十六年刻本。

③ 《二香琴譜》，今國家圖書館藏有清道光十三年（1833）吳縣蔣文勳梅花庵刻本。

④ 11:219。

補輯儀徵弟子《陳鱣學案》①、陶樓交游《汪之昌學案》②，葆之補輯定盦交游《王萱齡》《蔣湘南學案》，又補錄《里堂附案》內鐘懷③文一篇，均經閏枝閱過交來，特用呈鑒。【徐批：閱過寄回。】章有應行稟陳之語，仍條列於後。恭叩福安。受業曹秉章謹稟。九月九日。

閏枝云：樊文卿從前住爛麯胡同小巷，其後人今已無人矣。其文似非擅場，與其父之詩，均可不刻。④

錢樨庵即是辛伯先生。此稿是其手寫清本，書內有小汀跋語，並有一紙（夾在跋語頁內），書其仕歷甚詳。

附⑤

諭問李遠山所著《易經》兩種，閏枝云在《湖北叢書》中。^{光緒中，學使
趙尚輔所刻。}又聞湖南有王益吾刻本，然未見過。今所用者，係向翰文齋借來趙刻本。^{大約價
亦不昂。}不知鈞處有無趙刻之《湖北叢書》，如要買，再向翰文齋價購可也。【徐批：須屬人在京中存書一查。】閏枝又云：《周易集解纂疏》一書是正當著作，《易筮遺占》僅一卷耳。今日小汀云，趙刻《湖北叢書》伊有之，章囑其將李遠山之書檢出，下星期五帶來，再行呈閱。

【徐批：此次寄來補輯四冊，均已閱過寄回，請察入。寄來詩屏，諸公之作皆精工，謝謝。】

---

① 今陳鱣入《清儒學案》卷八十七周廣業《耕崖學案》"耕崖交游"內。

② 今汪之昌入《清儒學案》卷一百八十四黃彭年《陶樓學案》"陶樓弟子"內。

③ 鐘懷，今附入"里堂交游"內。傳後附載其《五經博士辨證》一文，或即本文中所稱葆之所補錄者。

④ 樊文卿彬著有《問青閣詩集》四卷，今國家圖書館有藏。另收入《清代詩文集匯編》五百九十二冊，著錄為清刻本。

⑤ 12：68。是札徐批中有"寄來詩屏"云云，詩屏乃徐世昌七十九歲生日時，曹秉章諸公所送禮物，其時間當為 1933 年。然是札原本接於 12：62 札（庚午年九月廿五日）之後，而 12：62 札當為 1930 年，故以此定其錯亂。又據是札小汀稱，其所藏《湖北叢書》"下星期五帶來"，而其下 11：220 札（1933 年九月十六日星期五）中既言已帶來，由此上推，是札為 1933 年九月初九日，恰為 11：219 札所署日期。此外，是札"徐批"中稱"此次寄來補輯四冊"云云，又與 11：219 札中所補《陳鱣學案》《汪之昌學案》《王萱齡學案》《蔣湘南學案》四冊相符。綜上，疑是札即為 11：219 札所散佚者，故附於其後。

民國二十二年癸酉(1933)九月十六夜①

夫子大人鈞座：

敬稟者，敬宜回平帶到批諭，並《愚山學案》一冊，敬已誦悉。傅治薌來，傳述我師垂念殷拳，益增感戀。小汀所作賈若水一傳，方檠如、諸襄七兩案【徐批：閱過寄回】，葆之所作許桂林案，閏枝均經閱過交來，又章向小汀為我師借來《湖北叢書》一函，內有李道平著《周易集解纂疏》及《易筮遺占》兩種一併寄呈鈞鑒。章有應行稟陳之語，仍條列於後。恭請福安。受業曹秉章謹稟。九月十六夜。

賈若水一生除刻《明儒學案》之外，別無著述可稱道，亦無可附，閏枝擬列為梨洲私淑，似屬妥當。方檠如為西河弟子，似應附入《西河案》內。諸襄七與杭菫浦同係乾隆鴻博，附入《菫浦案》內，似為妥當。許桂林講穀梁之學，為孫淵如所稱許，故擬附《淵如案》內。統祈酌定。

閏枝十月初十日為其次子續絃，擬請我師從豐送一喜敬。【徐批：已送百元矣。】

沅叔近日赴淶水、易州游山去矣。

【徐批：賈、方、諸、許四冊，均閱過寄回，請察入。詩屏諸公之詩皆佳，已陳設廳齋矣。錢大昕、曾文正、張文襄各案均辦有端倪否？】

民國二十二年癸酉(1933)九月廿三夜②

夫子大人鈞座：

敬稟者，日前肅呈一稟，並賈若水、方檠如等四小案稿，當已登鑒矣。【徐批：已寄回矣。】茲閏枝交來新作曹本榮、張貞生、馮濂、任瑗、

---

① 11：220。
② 11：222。

王之銳、張能鱗六人小案一冊，特呈鈞鑒。【徐批：閱過寄回。】章有應
行稟陳之語，仍條列於後。恭請福安。受業曹秉章謹稟。九月廿三夜。

現已定各案，擬即付寫前八案，頁數均不多。原分兩卷者，如《夏
峯》上、下冊，共六十一頁，不能不併為一卷；《亭林》上、下冊，共九
十二頁，仍作兩卷。此後如有頁數過多者，勢不能不設法裁剪，以期卷頁
勻稱。再已成案中，有名望不甚高、原作專案者，勢亦不能不設法尋附麗
之處也。【徐批：如不能裁截，即作三卷亦可。原作專案，無多著述，亦
可附入他案。如無可附，不妨將數小案並為一卷，亦無不可。即請
卓裁。】

閨枝預備辦喜事，甚忙。前稟擬請鈞座從豐送一喜分，請囑鐵林即為
匯寄，閨枝今日亦有籌款為難之言也。【徐批：已送百元矣。】

日前傅治薌云，同人所呈詩屏，鈞座尚未展閱。【徐批：均已讀過，
甚佳甚佳。】此十二人為：王晉卿、夏閨枝、江叔海、徐敬宜、鄭叔進、
金錢孫、朱小汀、閔葆之、傅沅叔、關穎人、沈羹梅及章也。詩似以叔進
之作最為大雅，餘則諧適而已，正不值我師一笑也。【徐批：另作一長
几，陳設廳齋矣。】

【徐批：寄來附案六人一冊，閱過寄回，請察入。前日已寄回各案一
包，當已收到。此處現無存稿本矣。】

民國二十二年癸酉(1933)九月三十夜①

夫子大人鈞座：

敬稟者，兩奉批諭，並閱後發下各《附案稿》七冊，謹已誦悉。今
日閨枝交來新輯韓夢周《理堂學案稿》一冊，特以呈鑒。【徐批：閱過寄
回。】章有稟陳之語；仍條列於後。恭叩福安。受業曹秉章謹稟。九月三
十夜。

《錢大昕案》，閨枝尚未輯出；曾文正、張文襄兩正案，均已做好，
附案尚未搜齊。

---

① 12：95。

閏枝云：已成稿者，專案太多，站不住者亦甚多，不能不設法歸併。
【徐批：只要學問可以自立，即應立專案，不必論此書中專案多少也。】
又云：有清一朝，有學問之人太多，深恐有遺漏。現擬儘《國史·儒林》
《文苑》兩傳，及唐鏡海《國朝學案小識》、李元度《先正事略》各書內
所列之人，再一一子細查對，有不能不補者，即為補之。縱使無書可得，
亦必為之附列一名，以免人譏疏漏。此外聞見所不及與力所不能搜者，則
不能徧及矣。

民國二十二年癸酉（1933）十月初七夜[①]

夫子大人鈞座：

敬稟者，日前接奉批諭，並閱後發下曹本榮等六人附案一冊，均已敬
悉。今日閏枝處過禮，未來，故無可呈之稿。章有應行稟陳之語，仍條列
於後。恭叩福安。受業曹秉章謹稟。十月初七夜。

今日葆之交來新輯《孫嘉淦案》，擬付張清恪交游，俟閏枝來，交其
閱後再定。[②]

龔梅新輯《王船山案》，附案未齊，尚未交來。

與沅叔商量，已成之案前數卷，擬即付寫。各案小序，恐有雷同之
語，須另行彙鈔一冊，請閏枝磨勘一通再定。而稿本太多，既不能交人取
去，鈔寫彙齊，字數又極多，現擬招一人，到秉章寓中鈔寫也。【徐
批：可。】

沅叔云，稿既付寫，則刻書經費即須籌定。擬仍照刻《詩匯》辦法
辦理，由伊開單，呈請批定，遵辦。【徐批：草草批答，應籌備者甚多。
請吾弟與沅叔仔細酌定，籌擬詳細辦法，再行開始辦理，免得以後麻煩。
老弟與沅叔必以為然也。】

所有寫樣校勘員，除家叔、汪伯雲二人之外，自須添人。前沅叔所薦

---

① 11：224。

② 今《清儒學案》將孫嘉淦入"敬庵（張伯行）從游"中。"從游"與"交游"是《清
儒學案》所設立的兩個不同類目。

伊之西席何鴻亮及伊兄之子傅端模二人，業奉允准。其薪水擬每月給予五十元，自十二月一日開支，請飭鐵林知照，另單一紙，並請批准。

頒給夔梅《詩匯》一部，屬代陳謝。

【徐批：此時是甫寫樣本，非真開辦刻書也，尚不能支取刻資及一切經費。須先籌畫一個寬①敞地方，另與刻字鋪詳訂辦理此事。合同須格外精細周備，按日計算，寫書若干，刻書若干，然後由校書人隨時校閱，刻不停留。預與刻字鋪定驗明白，寫此書人若干，刻此書工人若干，專辦此書，不准夾雜易他人刻書，查出倍罰。如即在其本鋪寫刻，窮年累日，無成功之期，大費唇舌矣。】

添派刻《學案》校勘員何鴻亮、傅端模，自十二月一日起，每人每月給予薪洋五十元。

民國二十二年癸酉(1933)十月十五日②

夫子大人鈞座：

敬稟者，日前奉到批諭，並閱後發下《理堂學案》一冊，及樊問青《詩稿》一包、錢辛伯先生《詩稿》二冊，均已誦悉。茲呈上閩枝上鈞座信一函【徐批：閩枝信已覆寄去，請閱後面交】，又《琴譜》三種樣本各一冊，馮汝玖所開價目一紙【徐批：《琴譜》價太昂，寄回可交還】，孫嘉淦所著《春秋義》一函【徐批：收到】，又代友人求賜書楹帖一副【徐批：寫好再寄去】，統祈鑒詧。章有應行稟陳之語，仍條列於後。恭叩福安。受業曹秉章謹稟。十月十五日。

夔梅新成《王船山案》，葆之新成《孫嘉淦案》，小汀新成《尹會一案》，閩枝均取去覆核矣。【徐批：核後即陸續寄來。】

孫嘉淦《春秋義》，是由閩枝代購者，^{價四元，}_{已還矣}現已用過，故特寄呈。【徐批：收到。】

---

① 原札此處闕略，今據其內容，當續接11：233。

② 11：226。

閏枝函中所說《學案序》，自以文筆謭庸，擬請鈞座另覓鉅手為之，此自是其謙辭。且我師纂輯《學案》之深意，與編纂搜輯之種種繁難，決非身歷其事者不能一一道出，擬請鈞座即以此意，復伊數行，未知鈞意以為當否？【徐批：已覆。當諄諄託其撰擬，吾弟可再託，不可謙也。】至另箋所云《學案》名，擬加"長編"兩字，與"學案小識"之名相對，此層自是正辦。伏祈酌定，並於復函中道之。【徐批：不可另加字樣。】

批諭中所云馮汝琪，即心蘭太史長子馮汝玖，乃其第九子也。《琴譜》三種，現伊所開價目，已減去廿元，然似仍太貴【徐批：價太昂，原書仍寄回，可交還】。好在要買何種，可以隨意檢擇，俟擇定後，再與磋商。原樣本閱後，仍希寄下，擇定何種，價目議定，再取全書呈上可也。【徐批：價昂，可不買。】

樊、錢兩詩稿，已分還閏枝及小汀矣。

手諭所言，伊等亦均已閱過，有暇再行校閱。

辛伯先生詩序，擬即令小汀代作。惟我師從前與辛伯先生在京往來，如有可敘述之事，及是何年分手，均祈開示。【徐批：癸未春謁見，丙戌會試場後尚屢謁，其後即分任。其□兄昔亦晤面。】

江蘇金山縣高燮，是錢孫之親戚，家多藏書，極有文譽，現為南社領袖。① 此社在光緒末年已有之，仍是明末松江人餘風。刻寄來舊箋一聯，囑代求墨寶，求臨池時，乘興書之。【徐批：寫好即寄去。】

我師書法，家鄉戚友與此間友人囑代乞者甚多，故屢次寄賜寫好之件，到手不數日，即已罄盡。現擬求將來寫好之對聯、條幅等件，再各檢賜若干，以便隨時分給是叩。【徐批：又寄去條幅、對聯共十件。】

沅叔擬於星期一赴津，文楷齋寫出之《學案》樣本【徐批：即用此樣本】，^{甚好看}伊即躬自帶呈鈞閱。【徐批：已晤談矣。】《琴譜》之價值，我師似可面問之。【徐批：可交還。】

---

① 高燮，字吹萬，號寒隱，江蘇金山縣人。家富藏書，多宋元舊槧，築有藏書樓吹萬樓。南社最初由吳江陳巢南去病、柳亞子棄疾、金山高天梅旭三人創立，據陸丹林《南社的創立與停頓》一文云："南社是辛亥革命時期的一個文學團體，命名南社，就含有反抗北庭的意義。成員大都是鼓吹革命、提倡民族主義的知識分子，在當時的文壇上作過激烈的鬥爭。"（《文史資料選輯》第十五卷，總第四十三至四十四輯）至1923年底，南社活動已處於停頓狀態。

鐵林腳如何？已能出門否？【徐批：尚未能出門。外，沅叔交來手摺及字樣，均寄回，請察入。】

民國二十二年癸酉（1933）十月二十一日①

夫子大人鈞座：

敬稟者，日前肅上一稟，續陳管見，並呈繳《苗氏說文》一函【徐批：收到】，計登鑒矣。【徐批：執事生日是否十二月初九日，即示知為盼。】沅叔歸來，章往與細談，並將我師批諭及手諭、與章兩次稟稿，交其閱看，伊深以秉章所說稿本必有全書十分之三再付寫刻為然。今日星期五，諸同人到後，沅叔亦來與閏枝面商，閏枝允將全稿趕為整理。現在先將應看之案稿看出，即做《凡例》，以為修改根據，此種修改，亦僅是一二字而已，並不扯動全書。已成之稿，儘年內理出三分之一，先付寫刻。此時付刻字人，稿本無多，先少招數人，小辦之，俟至三分之一理出，再多招人，開手大辦。至時再作為開辦日期，再行開支刻書經費。此皆沅叔與章說定者。惟添派校勘員，沅叔薦兩人，今日閏枝又薦其外甥李詵，係李橘農太史之子，寫作俱佳。刻《詩匯》時，亦與校勘之列，甚精細也，此亦不能不應酬者。且俟臨時再行開單，呈請批准可也。【徐批：前日屬寫兩友一聯，寫出寄去，可察入。】至校勘員薪水，上次係每人每月四十元，章前稟書作五十元，昨與沅叔言，方知其誤，好在前單未奉批准，亦統由章另行開單也。龔梅新成之《王船山案》，閏枝以未曾看過船山之書，故尚未能核定。明日趕向五條檢取此書，與之應用。至算學各案，所謂另覓內行人磨勘者，亦祇為采錄之文或有應采而未采、不應采而采者，不能不有內行審定之，並非另請人改定也。特肅稟陳。恭叩福安。受業曹秉章謹稟。十月二十一日。【徐批：前已兩次奉答，即請吾弟酌核辦理可也。俟稿本整理多數後，正式開辦前，必尚有書見示也。】

請派何鴻亮、傅端謨為《學案》校勘員，自二十三年一月分起，每人每月給薪四十元。【徐批：照辦。《健餘學案》閱過寄回，請察入。】

---

① 11：230。

民國二十二年癸酉(1933)十月二十九日^①

夫子大人鈞座：

敬稟者，日前由鐵林寄到批諭，並致閏枝復信，及批回沅叔手摺，又還馮家《琴譜》三冊，還小汀《湖北叢書》一函，墨寶、對聯、條幅共十件。蒙諭刻書辦法，當與沅叔接洽，一一遵辦。閏枝接閱鈞函，云作序一事，當擬出大概，再呈削政。茲有閱出小汀所輯尹會一《健餘學案稿》一冊，謹以呈鑒。【徐批：已閱過寄回。】章應行稟陳之語，仍條列於後。恭叩福安。受業曹秉章謹稟。十月二十九日。

黃叔琳弟兄，閏枝本思同作專案，因無書可采，故改附《尹會一案》中。^②

閏枝云：光山胡煦是中州經學大家，記得其《易經》著作甚多。惟其書此間不可得，不知鈞座處有否。如有，祈令管書人檢出，寄下應用。

閏枝又云：福建人雷鋐，是雍正時儒者，所著《經笥堂文集》，此間亦求之不得，不知鈞座有否。^③ 章當另函嘯簏，託其代訪也。【徐批：胡、雷二書，已屬賀查，如有即送交。】

前列各案，有空出字，須查考明晰補寫者，有所采之文不合適，須刪去者，閏枝均取去收拾矣。

《亭林案》中潘檉章，原稿僅有一傳。沅叔得其所著書一種，有文可

---

① 11:202。

② 黃叔琳弟兄，即黃叔琳、黃叔璥，二人已入"健餘交游"中，然傳後未載其文，或因其時未得其書。今國家圖書館藏有黃叔琳《周禮節訓》六卷、《硯北雜錄》十六卷《劄記》一卷、《史通訓詁補》二十卷。又藏有黃叔璥《中州金石考》八卷、《廣字義》二卷。又今《清儒學案》卷六十二《健餘學案》"健餘交游"中附黃叔璥小傳，内稱其著有《近思錄集註》一書。然考《清史稿藝文志拾遺》子部儒家類，著錄黃氏《近思錄集朱》十四卷，今國家圖書館亦藏有黃氏《近思錄集朱》十四卷，稿本。據此，則《清儒學案》所載誤。

③ 今《清儒學案》卷六十六雷鋐《翠庭學案》内所載十篇文字，著其出處曰《文鈔》，而非《文集》。據《學案》傳曰："《經笥堂文集》三十五卷，同縣伊秉綬選刻百篇，為《文鈔》二卷。"則纂修是案時，未得其《文集》。又據趙慎畛《榆巢雜識》曰："寧化雷翠庭先生為前輩第一流人物，由庶吉士召入上書房授讀，歷官副憲。所著《經笥堂文集》稿本藏於伊墨卿家，尚未梓行。"今《中國古籍總目》亦僅著錄其《經笥堂文鈔》。

采。閩枝亦取去，酌補文一兩篇。因此人以史案牽連得罪，著作盡燬，不能不錄其文以傳之也。①

嘯麓來信，云與陳仁先諸人新作八股文數篇，請師評定。【徐批：文皆甚佳。】我（闕）

民國二十二年癸酉（1933）十月二十九夜②

夫子大人鈞座：

敬稟者，今辰肅上一稟，並《學案稿》一冊，於午後送交車站。【徐批：閱過寄回。】隨即由車站取到批諭，並章前為南友代求法書之對聯一副，敬已領悉。所有現在整理稿本及預備付刻各情形，均於前稟詳陳矣。沅叔所薦目前之校勘員兩人，既蒙允派用，特開單，呈請批准其薪，即自一月分起，附於編書處月欵內支領。至閩枝所薦之人，擬俟開辦時，再請添派。秉章生日係十二月初六日，蒙詢附及。專肅，恭請福安。受業曹秉章謹稟。十月二十九夜。

民國二十二年癸酉（1933）十一月十四日③

夫子大人鈞座：

敬稟者，日前接奉批諭，並閱後發回尹會一《健餘學案》一冊，敬已誦悉。今閩枝交來新輯馬宗璉《魯陳學案》一冊，謹以呈鑒。【徐批：閱過寄回。】章有稟陳之語，仍條列於後。恭叩福安。受業曹秉章謹稟。

---

① 今《清儒學案》卷七"亭林交游"內載其《辛丑曆辨》一篇。據"台灣中央圖書館"特藏組編《"國立中央圖書館"善本書目》載，潘檉章尚有《觀物草廬焚餘稿》不分卷，抄本。今國家圖書館又藏有其所著《松陵文獻》十五卷。又據《中國古籍善本書目》，潘檉章著有《明樂府》二卷、《今樂府》二卷。

② 11:234。

③ 11:235。

十一月十四日。

沅叔日前因事赴津，文楷齋交來《學案》第一卷寫樣，由伊帶去，當已呈鑒矣。【徐批：已閱過帶回。】

諭問方東樹附何案內，查方東樹已附《惜抱案》內矣。

諭問未成之案尚有若干，查已成者，除《疇人》各案不能即作定本不計外，未成者約尚有三十家。各人隨時訪問所及，設法增補者，不在此列。

前列各案，闓枝已一一子細校核。采錄之文，有刪去者，附案中人名次前後，細按時代重行排列，均須一一另寫。可見，從前所稱為定本者，皆不能作定，必須詳加考核。此亦闓枝矜慎，方始有此。若如王晉翁之但知趕快，則不然矣。

小汀近日家中有極不得意之事，甚為懊惱，言之聲淚俱下，同人皆愛莫能助。未知沅叔見我師曾約略言及否？【徐批：已聞之矣。晤為道候道念，可勸其格外寬心。】

此間前日得雪，雖不甚大，而覺滋潤多矣。未知沽上有雪否？我師起居如常否？【徐批：頑健如常。《魯陳學案》閱過寄回，請察入。】

民國二十二年癸酉(1933)十一月二十夜①

夫子大人鈞座：

敬稟者，前星期肅上一稟，並《馬宗璉學案》一冊，計登鑒矣。今日星期五，闓枝無閱出之件，故無可呈之稿。【徐批：有即寄來。】茲呈上陝西劉光蕡、柏景偉兩人所著書共廿一本，伏祈督鑒。【徐批：收到。】章有應行稟陳之語，仍條列於後。恭叩福安。受業曹秉章謹稟。十一月二十夜。

劉、柏兩人之書，是去年託宋芝洞搜求來者。曾經稟告，奉諭案輯成後，將書寄津閱看，故特呈上。劉書中重複一本，缺少一本。此二人，昔據芝洞函云，為光緒西安大儒，其書實足以開風氣而仍不失為正學。我師

---

① 11：209。

閱之，必嘉許也。

　　沅叔自津歸來，即至香山看雪，受寒小病數日。【徐批：代為問候。】今日見面，云《學案》第一卷寫本已交其姪校對矣。所有新派校勘員何、傅二人薪水，擬自一月分①

民國二十二年癸酉（1933）十一月廿七夜②

夫子大人鈞座：

　　敬稟者，日前敬宜帶到批諭，並《馬宗璉學案稿》一冊，敬已誦悉。今日闓枝無交來之件，故無可呈之稿，恐勞懸念，用特稟聞。《學案》前數卷，已由沅叔發交文楷齋。添派之校勘員薪水，已於編書處一月分領欠單內開支矣。我師昔年所印華石甫所著《南宗抉秘》一書，乞便中賜寄數冊，有人論畫，囑代求此書一閱也。【徐批：寄去二本，請收入。】專肅，恭叩福安。受業曹秉章謹稟。一月十二夜。

　　【徐批：《學案稿》如有核定者，可隨時寄閱。近來想為核定已編成者添忙也。】

附③

　　【徐批：沅叔經手買抄本《國朝文會》，第一本在此，茲寄去，請收入，歸入函中。俟諸君閱後不用時，即寄津一閱。此書聞有八九十本，請

---

　　① 是頁後，疑有散佚。原句後所接 11∶210、11∶211、11∶212，內容皆不與此札內容相關，當為錯亂。

　　② 11∶250。是札末署"一月十二夜"，文中稱"我師昔年所印華石甫所著《南宗抉秘》一書，乞便中賜寄數冊，有人論畫，囑代求此書一閱也"。則《南宗抉秘》一書是時曹秉章尚未收到。然下札即 12∶41 稱是書已收到，其所署時間卻為"嘉平（十二月）初九夜"，故是札所署當為陽曆。

　　③ 12∶169。此"徐批"原附在 12∶169，今據其內容，當與下札 12∶41 所言相符。故附錄於其前。

細查閱，有無殘缺寄知。一朝之文章典制，以一書賅括之，留為後人分類探討，是一辦法也；三百年文章宗派，皆為標舉，留傳久遠，又一辦法也。此二端當須詳細酌定。】

民國二十二年癸酉(1933)十二月初九夜①

夫子大人鈞座：

　　敬稟者，今午接奉批諭，並華石甫《南宗抉密》二本、《國朝文會》第一冊一本，敬已誦悉。我師《海西草堂集》底稿廿八冊，校刊後，久存章處，茲特檢出呈繳，伏祈詧收。【徐批：收到。】又章新刻《惇敘錄》一冊，並希鑒存。② 章有稟陳之語，仍條列於後。恭叩福安。受業曹秉章謹稟。嘉平初九夜。

　　閨枝近日核定舊稿極忙，故無閱出之件可呈。【徐批：從容辦理，不可過勞為囑。】

　　《國朝文會》共十二函八十六本，沅叔已交在章處。此書鈔寫極為整飭，似是欲刻而未刻之本，亦甚難得。日內擬交閨枝閱看，如不用，即當寄呈也。

　　章去年作先曾祖以下各傳，暨先^考_批墓表，曾已錄呈鈞鑒。今年，家叔又補作先高祖以下各傳，不敢云人盡可傳，但及今不稍有綴述，後世子孫更無知之者矣。《傳》成後，又纂輯世系表，寥寥一卷，不足云譜，因名之為《惇敘錄》。家叔作《前敘》，章作《後敘》【徐批：執事《序後》，能作出文氣，體尚不衰，欣慰之至】，言雖不文，竊謂耿耿此心，可以上告祖宗，下示孫子，祈賜垂覽，可以知寒族衰落之甚，與章與家叔二人，數十年支柱之苦。【徐批：留讀。】如有舛誤之處，並求訓示，實深感禱之至。【徐批：轉瞬又是新年，諸公清興如何，甚念。兄每日看書寫字，日有專課。門外事，一概不知。】

---

① 12:41。

② 今嘉善圖書館藏有《嘉善曹氏惇敘錄》不分卷，曹葆宸、曹秉章纂述，民國二十二年(1933)刻本。

民國二十二年癸酉(1933)十二月十二夜①

夫子大人鈞鑒：

　　敬稟者，日前蕭呈一稟，計登鑒矣。【徐批：又答復矣。】茲闓枝交來朱駿聲《豐芑學案》一冊，特以呈鑒。【徐批：閱過寄回。】章有稟陳之語，仍條列於後。恭叩福安。受業曹秉章謹稟。嘉平十二夜。

　　《豐芑學案》，原係叔進舊稿，闓枝又為擴充重輯，加入附案四人。

　　所有舊稿，闓枝刻又勘出三案，其中刪節鈎勒，與附案名次另行排比之處甚多，有須另鈔，或裁割者，均由家叔與汪伯雲一一整理。俟文楷齋將已領去各稿寫竣，再行續發。

　　闓枝近日又小有感冒，今日未來會，各稿係遣人送來也。【徐批：晤為道候道念。】

　　沅叔來一談，略喫點心，即又驅車赴香山矣。

　　葆之新成夏炘《心伯學案》一種，已送闓枝覆核矣。

　　【徐批：《豐芑學案》一冊，閱過寄回，請察入。昨寄贈諸公對聯，當已收到矣。】

民國二十二年癸酉(1933)十二月十九夜②

夫子大人鈞座：

　　敬稟者，日前蕭呈一稟，並朱駿聲《豐芑學案》，計當登鑒矣。【徐批：已閱過寄回矣。】今日由鐵林寄到批諭，並賜同人對聯單一件，敬已誦悉，俟對聯到後，當即照單分給。茲有闓枝閱出夏炘《心柏學案》一

---

① 12：43。

② 12：47。

冊，敬呈鈞鑒。【徐批：閱過寄回。】章有稟陳之語，仍條列於後。恭叩福安。受業曹秉章謹稟。嘉平十九夜。

夏炘其人，本為原目所無，葆之新得其書，並其弟所作《行狀》，故補作一案。似此等人，為素所不知者多矣，若能隨時搜得，以闡揚之，亦盛事也。

閏枝病未好，今日仍未來。《夏案》係其閱出後，昨日遣人送來，有一字云肝陽為祟，尚不能出門也。【徐批：晤為多多道念道候，不另。】

章日前所呈之《惇敘錄》，我師暇時能賜披覽，繩其紕繆，最為感荷。【徐批：留此細讀。】因家叔與章於此等文字，皆非內行，實以先人事蹟，章等此時若不略為稱述，則子孫更無知者，非漫為著作也。

鈞座所賜趙衡文稿，業已披讀一過。章於古文一道，本屬外行，其文之優劣，不敢妄加評斷。惟覺其奇闢之論太多，似不可以示後學，未知我師以為何如？

常聯奎刻其曾叔祖秋匡先生所著《石田野語》①，已求鈞座作序；又託鐵林函索章序，因章曾從秋匡先生之子笠門茂才讀書，亦秋匡先生小門人也。章索書來讀之，覺其學問淵雅，於訓詁、聲韻均極講究，具有師承，決非徒攻帖括者所能望其肩背，必傳之書也。道光間，錢衎石主講大梁書院，其時秋匡先生正在少年用功之時，當可得其指授。但不敢臆斷，昨已作信往問聯奎，如果是衎石門人，擬於衎石弟子中，附列其名以傳之，我師以為當否？②【徐批：須考求確切，再酌定也。】

諭云每日看書寫字，日有常課，門外事，一概不知。誦之莫名佩仰。乃前日報中有"天津徐某有《上勸進表》"，昨日又有"徐東海每日磕頭一百，練習跪拜"之語，無知之徒，屢造謠言，不知是何居心！附聞以博一笑。【徐批：無稽之談，可不理也。】

敬宜房子已賣去，現在南鑼鼓巷井兒胡同另買一宅，日內正在修理。

【徐批：《心伯學案》，閱過寄回，請察入。】

---

① 今國家圖書館藏有常茂徠撰《石田野語》二卷，民國二十二年（1933）商丘井氏刻本。

② 今《清儒學案》卷一百四十三"衎石弟子"中未載常茂徠。常茂徠（1787—1874），字逸山，號秋崖，祥符（今開封市）人，諸生。精於考據之學。著有《增訂春秋世族源流考》《春秋女譜》《讀左漫筆》等。傳見《中州先哲傳·儒林》。

民國二十二年癸酉（1933）十二月廿二夜①

夫子大人鈞座：

敬稟者，日昨肅陳一稟，並夏炘《心伯學案》一冊，計應登鑒。【徐批：已寄回矣。】我師頒給同人楹聯，已於昨日由車站取到，留俟星期五，同人來時面交可也。秉章以憂患餘生，又膺錮疾，仰叨福芘，得至稀齡，實為幸事。生日時，友朋以詩為壽，各寫交情，一空俗套，錄出奉呈鈞鑒。【徐批：收到。近閱《學案》，新年可細讀也。】邵伯綱，未有詩，撰五言聯句曰："南皐支離叟，冬心粥飯僧。"亦雅製也。專肅，恭叩福安。受業曹秉章謹稟。嘉平廿二夜。

再榮文恪冢孫趙鈁即熙棟之子，今年廿九歲，人極倜儻，幼從龔梅讀書，博覽多文，洵為世家佳子弟。現仍居大茶葉胡同舊宅中，與章寓隔巷相望，時時過從。擬於明正赴津脩謁，囑章先為通白，屆時伏乞賜以延接是叩。【徐批：來時必當見也。】

民國二十二年癸酉（1933）十二月廿六夜②

夫子大人鈞座：

敬稟者，日昨接奉批諭，並閱後發下朱駿聲《豐芑學案》一冊，敬已誦悉。今日閨枝仍未到會，故無可呈之件。章有稟陳之語，條列於後，伏乞垂鑒。另丹恭叩新禧，虔請福安。受業曹秉章謹稟。嘉平廿六夜。【徐批：諸公新年作何遣興，均為道候。】

---

① 12：44。
② 12：46。

附①

頒下各對聯，除章自留一副外，沅叔、小汀、葆之、羹梅均於今日親來取去，均囑代為陳謝；給籛孫一副，日內當交郵寄去；敬一多日未見，對聯明日遣人送去。

閩枝昨日又有字來，云雖無大病，總覺頭目不清，嬾於動作。章擬明日躬往視之，並將月薪、節敬各款及對聯，帶去面交。

雷鋐所著之書，四處搜求，日久不得。小汀為作一傳，並從《學案小識》中錄文二首，以存大略。② 明日亦當帶與閩枝看也。【徐批：請先看雷鐏之傳——《先哲傳》。③】

程恭甫尊人伯勇先生，本定附《曾湘鄉案》內，因《曾案》人太多，改附《俞理初案》中，伯勇係理初受業弟子也。【徐批：甚好。】至恭甫，一生苦志砥行，亦不可沒，章擬即在乃翁《傳》後，附見其名，云："子壽保，光緒戊子舉人。官湖南零陵縣知縣。能世其學，在官以廉稱。"【徐批：後又到山西、奉天服官。】我師以為當否？④【徐批：甚好。】從前趙次山劾恭甫，考語為"潔清自好，不合時宜"八字，真正好笑。

前稟昨夜書就，未曾交寄。⑤ 今午出城訪閩枝，坐談良久，薄暮始歸。閩枝面色光潤，自言本無大病。初八九間，小有感冒，又以其姊病逝，^{即钅小}_{山夫人}見甥不免感觸，因之連夜不能成寐，肝陽上升，時時作暈，腰腳無力，大溲亦連日不下。自己立方服藥，昨已得解，惟頭目仍不清楚，再

---

① 11：254。本札稱"雷鋐所著之書，四處搜求，日久不得"，與 11：202 札（癸酉年十月廿九日）所言訪求雷鋐《經笥堂文集》者相關聯，由此可知，是札當為癸酉（1933）年。又稱閩枝下周五正月初三或可到會，則是札當為癸酉年十二月末。

② 今雷鋐《翠庭學案》內所錄其文凡十篇，著其出處曰《文鈔》，非從《學案小識》中轉鈔。

③ 此處徐氏誤認為雷鋐為雷鐏之子，故有是語。雷鐏，其子為雷學淇。雷鋐（1696—1760），字貫一，號翠庭，福建寧化人。參見 11：139 札（1934 年正月初十條）。

④ 今程鴻韶伯敷傳後未載"其子壽保"云云數語。

⑤ "前稟昨夜書就，未曾交寄"一段，原書頁碼為 11：253，今據其內容，附錄於是。

靜養幾日，正月初三星期五，必可到會云云。章當將薪節各款及對聯交之，並述屢次來諭，注念之殷，囑其息心靜養，伊極為感承。

民國二十三年甲戌(1934)正月初三夜①

夫子大人鈞座：

敬稟者，日前接奉批諭，並發回夏炘《心伯學案》一冊，敬已誦悉。今日闓枝又未到，是以無稿可呈。章有稟陳之語，仍條列於後，伏乞垂鑒。恭叩福安。受業曹秉章謹稟。新正三夜。

羹梅昨日曾往闓枝處賀歲，知其除夕又有感冒，元旦甚覺委頓，祀先竟不能行禮，云須稍停數日，再出門也。【徐批：代為道候道念，不另。】

宋晉之所著書，竟無覓處，實在可惜。闓枝數云柯鳳翁極推許宋晉之與鄭東甫二人之經學，而其書均不可得。【徐批：《春秋》學甚深。】闓枝去年頗思為鳳翁立一學案，而將宋、鄭二人附入。章思鳳翁之品之學，專立一案，當之無愧，然為年代所限，亦頗有礙手處，因之亦未動手。【徐批：宋、鄭二人，如實無處覓書，只可各立一傳，附入全書之後。此項應附之人，當不少也。】

闓枝昨日曾告羹梅云，新年無俚，原思將《學案·凡例》寫出，一有感冒，精神不濟，遂又不敢措思。章一兩日內，尚擬躬往視之。

趙鈁聞於今日赴津，未知何日修謁鈞座。人極漂亮，且知留心學問，不失世家風範，想鈞座必深喜文恪之有後也。【徐批：見兩次，真佳子弟也，甚喜甚喜。】

一冬未有嚴寒，近日更暖，一老羊裘，幾穿不住，亦從來之所未有。有人傳說彰儀門一帶，蝦蟇搬家，有數千之多，又云庚子年亦曾見過，此何兆也？【徐批：是否去年置閏有誤？無欽天監，已失此專門學問也。】

---

① 12：122。

民國二十三年甲戌（1934）正月初七夜①

夫子大人鈞座：

敬稟者，初三夜肅陳一稟，想早登鑒矣。去年，常肇勤託鐵林囑章作秋厓先生《石田野語序》，並欲章代伊作一序，章去信問秋厓先生是否錢衎石門下，久未得覆，大約伊亦不知，年代既遠，必更無從訪問也。章昨據其開來事由，並鈔示秋厓先生之自誄文，參互為言，代之作跋一通，致伊一信，並原書各件，仍託鐵林轉為寄汴，並章信及跋稿，先呈我師一閱。跋文內如有紕繆不合之處，即求賜以改削，由鈞處寫官另清一稿與之【徐批：文內"以選拔貢成均"一語，不知五貢是否皆入成均，而優、拔兩貢，皆直應朝考，似皆由禮部承辦，似須詳考此項典制也】。因肇勤是一外行，章既受其託，不能不格外細心也。至章自己則萬萬不敢序此書，好在代肇勤所作跋內，已附見數語，亦足以鳴景佩之私。我師以為當否？【徐批：甚好。】秋厓先生名茂徠，我師序中書"茂徠先生"，似應改書"秋厓"，亦祈諭知鐵林，函告肇勤改正是荷。【徐批：已告鐵林，函告照改。】章昨日午後，往訪閏枝，長談至暮始歸。閏枝自云，除夕感冒頗重，元旦偃臥竟日，服藥見瘥。惟仍畏風，不思食，又怕用心，不敢看書，枯坐亦復無聊。幸新年時有客至，藉可遣悶。章看其面色尚好，惟與之言語，耳似微背，當是老境，不關病也。知關厪注，謹用詳陳。【徐批：春暖當可安健也。昨又得雪，天氣甚佳。】專肅，恭叩福安。受業曹秉章謹稟。正月初七夜。

---

① 　11：137。

民國二十三年甲戌(1934)正月①

夫子大人鈞座：

　　敬禀者，日前兩奉批諭，誦悉種切。章代常肇勤作秋厓先生《石田野語跋》，內以"選拔貢成均"一語，諭問五貢是否皆入成均，優、拔應朝考，似皆由禮部承辦，應詳考此項典制。章按：自明以來，凡屬貢生，皆例得入監讀書，即例貢亦得曰"貢入成均"，正不獨優、拔兩項為然。至朝考，由禮部承辦，則辦、考自另是一事，與國子監不相干也。又鐵林來信，傳諭問編書處諸人分纂各書，均送來否，已否交清云云。自去冬閏枝屢屢抱病，同人恐其煩心，亦皆未交功課。章知羹梅現在正搜輯曾文正、俞曲園兩附案，葆之正在編輯《吳摯甫案》，小汀正在編輯《萬斛泉案》。閏枝未看出之大案，有王船山、張文襄；其未輯者，尚有李文貞、錢大昕，皆大案也。② 已將一月無稿呈鑒，章心亦甚焦灼。惟閏枝身體如此，實又不便促迫，謹以詳陳。恭叩福安。受業曹秉章謹禀。【徐批：閏兄欠安，可不忙交功課。閔、朱、沈三兄，正可先各分輯各案，俟閏兄體健，再交何如？】

民國二十三年甲戌(1934)正月初十夜③

夫子大人鈞座：

　　敬禀者，今辰奉到批諭，敬悉種切。閏枝今日又未到會，故無可呈之稿。【徐批：晤閏翁，代問候。】章有應行禀陳之語，仍條列於後。恭請

---

①　11：161。

②　李光地《安溪學案》，已於民國二十二年（1933）二月編出，參見11：64札（癸酉年二月十八夜）。筆者又據11：161札前後相關內容，詳考其為1934年正月無疑；又據11：64札前後相關內容，其為1933年二月亦無疑。故兩者不可能有錯亂，疑曹秉章此處誤記。

③　11：139。

福安。受業曹秉章謹稟。新正十夜。

閏枝來字，云日來進食稍增，本擬來會，辰間到影堂行禮，又覺累，故仍不敢出門。又云，雷翠庭《文集》，昨日甫經龔梅向書鋪借來，閱之，覺小汀所輯《翠庭學案》中可增之文、可附之人甚多，日內擬即擴充增補，鈔齊再送來云云。章一兩日內，擬再往看之也。

雷翠庭者，即前稟所言之雷鋐也，是閩中經學名儒，與直隸之雷鐏，不是一家。雷學淇，記得前已輯出，是否敘及雷鐏，容向閏枝處查稿看之。①【徐批：余買得《竹書紀年》，似可敘入。】

宋晉之、鄭東甫二人，現無書可得，祇好各立一《傳》，彙列卷末《諸儒學案》之中。惟併其著作書目，亦不得知，不能一一敘入《傳》中，真可浩歎。擬日內作字，問之柯世兄，不知鳳翁有記出者否。

趙世兄自津歸來【徐批：人極好】，昨已相晤，備言脩謁鈞座，極承盼睞，並言鈞座垂問敝狀，聞之益深感泚。章自抱病以來，多年未曾照像，日前偶照一像，瘦而且老，迥不是未病時狀態，敬呈我師，一笑存之。【徐批：閱玉照，精神如昔，甚為喜慰。病後如此，是善於調攝也。】去臘，賤辰蒙賜畫與對聯，皆希世之寶。茲讀賜撰集句一聯，若能再為書之頒下，犬馬微名，實可藉以不朽，何幸如之！【徐批：已書，寄去矣。】

民國二十三年甲戌(1934)正月十七夜②

夫子大人鈞座：

敬稟者，日前肅陳一稟，並秉章照片一張，寄鐵林轉呈，知登鑒矣。昨由鐵林寄到頒賜草書集句小聯一副，敬謹拜登，歡逾得寶。今日閏枝雖已到會，而仍無稿可呈。章有應行稟陳之語，謹條列於後，伏候批示。恭請福安。受業曹秉章謹稟。孟春十七夜。

閏枝云，小汀所輯雷鋐《翠庭學案》既得其書，將閩人可附者，共

① 今《清儒學案》卷一百九十五《諸儒學案》雷學淇傳內已言及其父，曰："父鐏，字宗彝，乾隆壬午舉人，官江西崇仁縣知縣，著有《古經服緯》三卷。"今國家圖書館藏有《古經服緯》三卷，題曰雷鐏撰，雷學淇釋；又附《釋問》一卷，雷學淇撰。

② 11：141。

附入七人，甚為快意。① 惟鈔寫未齊，今日不能帶來。

閏枝又云，近日體中實已無病，眠食均已如常。惟多亂夢，不想喫油膩，亦不敢喫。又怕用心，終日靜坐時多，伏案之功甚少，故趕不出功課。滿擬將《凡例》各條，一一寫出，呈請府主斟酌。雖不須大做文章，而全書綱領，種種計畫，須徹上徹下，打量一番，方可著筆。實覺思力不能周到，故至今未曾動手。況目下已定之稿，須磨勘者甚多，亦必須趕辦，庶刻字店接續而寫，不致停工待稿。但自顧年老身衰，設有不測，不能將此書完全告成，不免辜負府主厚意。務須懇求府主預備替手，囑章即為代陳。【徐批：老年人萬不可作此設想，亦不必如此想。放手作去，任天而動。此心自浩浩落落，一身亦無疾病也。】章看閏枝面色甚乾淨，毫無晦滯之色，今年雖已七十有八，似尚不至驟有變故。惟近數月來，時有小恙，淹淹纏纏，動輒覺累，打不起精神，卻是老年所忌。至云"預備替手"一節，自是其自己膽小之語。目下不但想不出替手，即有人可替，全盤事體，既不接洽，亦無從下手，章以為此層可以置諸不論。倘若果有不測，小汀、葆之、羹梅三人，在事既久，足以了之。故章答以公既精神不甚好，《凡例》可但將各條粗目寫出，將其中曲折意思，於小汀、葆之、羹梅三人中，擇一告之，令其秉筆述出，公再斟酌；或即令三人匯參為之，公再修酌，均無不可。即須磨勘之定稿，亦可令原輯之人自行磨勘，有疑難處，再與公商量修改，似亦是一辦法。而閏枝不置可否，似不甚以為然。是其任事之心甚切，而又處處慎重，惟恐他人或有疏略，不能放心，故爾如此。用特詳細陳明。擬請鈞座再親筆致閏枝一信，略謂得章來稟，知其近來精神不甚健旺，囑其千萬靜養，毋多勞心，且勿着急。如有繁重與瑣碎之件，儘可令朱、閔、沈三人幫同辦理，鈞座以為何如？【徐批：即照吾弟之意，作書寄去。】

《吳摯甫案》，閏枝去年交葆之編輯，章並將賀松坡傳底及性存所鈔乃翁說經之文數篇，交其作附案。今日葆之云，松坡似是入民國後身故者。章忽然想起，時在天津津浦鐵路局，曾代鈞座作輓松坡聯語，記不清年月，似死在趙智庵之前，葆之因囑代為請示辦理。此事既為年代所限，松坡不比泛常之人，萬不能不入《學案》。但如一破例，則昔所屏除者，

---

① 今所附者為童能靈、陰承功、張甄陶、伊朝棟、朱仕琇、孟超然、謝金鑾七人。

皆須一一補入矣。【徐批：附案非專案，請酌定。】因思羅忠節弟子中多武人，即是文人，而並無著作可稱，如陳士杰、楊昌濬之類，於案後另加案語一段，列此諸人之名①（《顏習齋案》中似亦有之）如援此例，亦於案後另加案語，將松坡之名列入，似是一辦法，但不能登其文章矣。② 我師以為若何？【徐批：照此辦理亦可。】章本與葆之言定，《松坡案》後附入劉鎬仲，作為松坡交游。今松坡若不列案，則鎬仲祇可彙入諸儒羣案中矣。③

　　鄭東甫、宋晉之兩人之著作書目及其履歷，章日前函致柯世兄，問乃翁曾有記出否。昨日柯世兄來言並無記出，但知道宋晉之《文集》，現已刻入《濰縣文獻叢書》，徐梧生之弟老七有之，囑章往借。然章與徐七先生素不相識，請我師諭飭鐵林，作信借來一用，用畢即還之；並問其有宋晉之履歷否。【徐批：已屬鐵林去信矣。】柯世兄又云，鄭東甫身後刻有《東甫遺書》，我師有否？【徐批：無此書。】如有，亦祈即賜寄下備用。東甫，《清史》有傳，似可不必另尋履歷。倘有軼事，為我師所知可以敘入傳者，並求開示。【徐批：無。】

　　日前，張菊生託金籛孫寄來商務印書館新印《四部叢刊續編目錄》附《發行簡章》，及《四庫全書珍本初集》樣本附《預約簡章》各一本，囑章代呈鈞鑒。④ 但此兩冊沅叔處均有之，不知沅叔已呈鈞鑒否？如欲訂購，可託沅叔辦理也。【徐批：已在津訂購矣。】

　　敬一日昨來談，云在津趨謁鈞座，蒙垂問鄙狀，並盼望章肢體完全復元，又問及小兒之病，仰見關愛之深，無異至親骨肉，聞之實深感泐。章左體雖仍拘攣，而精神甚好。去冬，覓得陳臥子、黃陶菴、夏考功父子各集讀之，又得《明通紀》及《兩朝從信錄》《野獲編》等書閱之，雖祇涉獵而已，而興趣極佳。生日時，作《七十自述文》，後又思作《述家世》《述師友》《述游》《述居處》《述墳墓》《述病》各文，現僅成《述

---

①　今《清儒學案》卷一百七十《羅山學案》"羅山弟子"後，即出案語，附記其弟子中學詣不可考者之名。

②　今賀濤（松坡）附入《清儒學案》卷一百八十九"摰甫弟子"內，傳後載其文三篇。

③　今劉孚京（鎬仲）載入《清儒學案》卷一百三十九"簾舫家學"中。

④　張元濟（1867—1959），號菊生，浙江海鹽人。任商務印書館董事長。《四部叢刊續編》，上海商務印書館於民國二十三（1934）年影印出版。《四庫全書珍本初集》，亦由上海商務印書館於民國二十三年鉛印出版。

《家世》一篇。俟一一脱稿後，再行錄呈鈞誨。惟手仍不能寫字，落筆如鬼，令人作惡。而眼竟不花矣，看書起草，均不用眼鏡，即報紙小字，亦都能看。似此，或者支體亦可漸漸活動，然不敢必也。小兒今年二十九歲，患癇已十餘年，素性固執，讀書無成，尚無時下少年習氣。故雖在鐵路局任事數年，往往所如不合，長官一有更替，即牽連被裁。在平漢路被裁時，有八字考語曰："性情迂腐，才具平常。"然若輩以為迂腐，章猶嫌其迂腐不到家耳！賦閒以來，動生憂慮，病仍時時小發，雖無大礙，然實對之增悶。渥蒙厪系，用敢縷陳。【徐批：少年人此等病，不可治的太緊，轉生他患。慢慢調養，緩緩治理，只要緊得養身之道，久之亦可見效也。執事近年調養甚佳，讀書作文，亦不可太勞。晤閏兄為我多多道念，萬不可萌退志，兄亦無人可託，惟望閏兄一力完成此書，感激無似。另寄一書，請轉交。】

民國二十三年甲戌(1934)正月廿四夜①

敬再稟者，前稟昨夜寫出，今日閏枝到會，交來補輯雷鋐《翠庭學案》一冊，並小汀原稿一冊，一併寄呈鈞鑒。【徐批：閱過，原件均寄回，請查入。】章有應行稟陳之語，仍條列於後。再叩福安。秉章再稟。孟春廿四夜。

社中諸人現在所辦功課，前稟已縷晰陳之。今日，閏枝又將《陳榕門案》撥交小汀矣，因小汀處有書也。只要閏枝不再時時不適，稿件自可源源寄呈也。【徐批：儘可先纂出各案，存俟閏兄彙核。】

鐵林信中傳諭云，閏老萬不能辭，令章代為問候云云。閏老上次所云預備替手，乃其自己因時常患病，精神不振，深恐一朝萎化，《學案》或不能一手告成，故不能不請鈞座先為預備，並非日下即言辭也，故章有"請鈞座親筆再致伊一信，以寬慰之"說。【徐批：信早寄去，當已轉交矣。】今日，已將鈞意婉轉告之。伊云，近日行動，覺身體稍稍硬朗，胃口亦覺稍好，_{上次來會，大家［喫］點心，喫元宵，伊竟不敢喫，為另煮粉餅飼食之。今日大家喫薄餅，伊居然亦喫兩張}大約可無虞云云。請鈞座放心可也。【徐批：余早不敢喫元宵。江米麪，老年人不可多喫。吾弟亦宜慎之。】

鐵林信中又云，向徐榕生借《濰縣縣志》一節，章前所說者，是濰縣新刻之《文獻叢書》，不是縣志，請囑鐵林再去信，說明為要。【徐批：已告鐵林。】柯世兄云，《濰縣文獻叢書》中有宋晉之稿一本，現在祇要有其稿，再能得其履歷，便可為之作一單案，彙入卷尾《諸儒學案》中。祇其所著經學各種書目，《傳》中必得一敘，縱書不可得，能傳其目，亦可不沒其著作苦心也。【徐批：可照前議辦理。】前日，忽在案頭紙夾中，檢得去年鈔存鳳翁所示晉之致其表叔翰生者信一通，自述書目甚備。其信云："翰生表叔大人鑒：此書升所著《周易》，凡五易稿，此末次本也。雖未謄清，而字體清楚，易鈔定本也。謹呈尊覽，幸賜存之。可傳與否，並商良友梧生也。書升所著，尚有《要義》《詩略說》《孝經義》《夏小正釋義》《五穀考》《孟氏易考證》。其《古韻微本》，合《詩略說》為一種。餘有《旭齋說經膡稿》若干本，無卷數，並付存女夫高淑性。知關注念，並道及。書升頓首。稿中獻疑者，無論多寡，可逕刪之，並語梧生。"云云。此信將著作託付戚友，似已有辭世之意。不知翰生為誰，鈞座知否？【徐批：高淑性，濰縣人，余亦識也。】

鐵林信又云，《四庫全書》伊已經手買妥一部，令章轉告沅叔。[①] 章今日間沅叔，沅叔尚不接頭，不知鐵林買自何處。沅叔云，伊處有二十部優待卷，若由伊經手歸入二十部內，價目可稍便宜也，亦請囑鐵林酌之。【徐批：已告知。】

閏枝又云，前代買之孫文定著《春秋義》一書，用過寄呈鈞座。此書刻後即劈板，印行無多，甚為難得，務需善藏。

章近日眼又紅痛流淚，大約是看書稍多之故。且天太暖，濕熱又已蠢動，口又作膩。【徐批：春氣驟暖之故。】但精神極好，有時客來，長談亦不覺累。天氣稍好，當亦即好也。

【徐批：寄回閱過《雷翠庭學案》二冊，請察入。同人均道候。】

---

① 據前文，實乃《四庫全書珍本初集》，非《四庫全書》。

民國二十三年甲戌(1934)正月廿八夜^①

夫子大人鈞座：

　　敬稟者，日前呈上雷鋐《翠庭學案》，計登鑒矣。今日由鐵林寄到批諭，誦悉種切。致闓枝信，遵即送去。闓枝有復章信云："讀府主賜書，慰勉備至，紉感無似。弟非存諉卸之見，實覺精力日衰，不能不為成書之慮。春融已屆，當籌畫全局，以促進行。請先代陳，緩再自復。"云云。至諭中謂"松坡附案，非專案，希酌定"一節，日前闓枝卻亦有此說，但未敢擅專，故特請示遵辦。若如此，則柯鳳翁可否亦援此例，尋一附麗之處以傳之。【徐批：可。】徐榕生處《濰縣文獻叢書》尚未交來。《東甫遺書》，鈞處既無，當再託柯世兄向他處設法尋之。我師前買之《國朝文會》，已經闓枝閱過，現無用處，用特呈上，伏乞詧收。【徐批：尚未見。已寄到矣。】專肅，恭叩福安。受業曹秉章謹稟。孟春廿八夜。

　　【徐批：寄去閱過《萬清軒案稿》一冊，請察入。】

民國二十三年甲戌(1934)二月初二夜^②

夫子大人鈞座：

　　敬稟者，前星期五呈上《翠庭學案稿》一冊，昨又呈上《國朝文會》十二函【徐批：尚未寄來】，計已先後登鑒矣。今日闓枝交來新輯萬斛泉《清軒學案》一冊【徐批：閱過寄回】，又小汀囑代呈一函，一併寄呈鈞鑒。章有稟陳之語，仍條列於後。恭叩福安。受業曹秉章謹稟。仲春二夜。

　　《濰縣文獻叢刊》中宋晉之著《恒齋文集》一冊，今日章自作信，向

---

① 11∶162。
② 11∶179。

徐榕生借來，《集》後附刊其《行狀》一通，足供作《傳》之用，已交
閩枝攜去作案矣。惟《集》中文，碑傳居多，無一說經論學之作，毫不
見其學問。祇有一《啟明長庚解》，或者可采，且全冊僅文二十餘首，似
是刪本，非全稿也。①

　　章至榕生信中曾並言及鄭東甫，榕生覆信云，東甫為一達弟外舅，所
有著作皆在一達弟夫人處，未知確否，章日內當再函問一達也。【徐批：
屢次問過，不見其存書。惟零星抄來各紙，前已交執事矣。】

　　閩枝云，宋、鄭兩人之書如皆能得到，擬即附入孫佩南交游中，並將
柯鳳翁附入，未知鈞座以為當否？【徐批：亦可。】

　　閩枝又云，陳右銘之子伯嚴，現在此間，日內當往訪問右銘遺稿，思
以附入《湘鄉案》也。②【徐批：甚好。】

　　小汀百計張羅，為子還債，章屢屢為言，父還子債，中外所無，如果
債戶逼索，可任其涉訟，而伊堅不肯聽，賣衣賣書，現在又想質屋，急迫
不堪言狀。其信章不能不為代呈，未知我師能設法一應其急否？設或不能，
請諭飭鐵林，婉辭致章一信，仍由章回覆之可也。【徐批：所云押房契借債
一節，兄向不肯作此等事。小汀既有信來，送其四百元，取以應命可也。】

民國二十三年甲戌（1934）二月初九夜③

夫子大人鈞座：

　　敬稟者，日昨接奉批諭，並閱過發回《雷翠庭學案》兩冊，敬已誦

---

　　① 今《清儒學案》載入其《啟明長庚解》外，又載其《釋鑷》《武庫嬰買冢田玉券考》
《建初六年辛巳秝表》《齊魯古印攗後序》《續齊魯古印攗序》《辨蟫居藏書記》，亦無經學著作。
《清儒學案》注其出處曰"文鈔"，或即宋氏所著《旭齋文鈔》，而非錄自其《恒齋文集》。至於
宋氏之經學著述，今齊魯書社 1988 年已出版其所著《周易要義》一書；另宋氏又著有《夏小正
釋義》二卷，今收入《山東文獻集成》第一輯第三冊內。

　　② 陳寶箴（1831—1900），字相真，號右銘，江西義寧人。今《清儒學案》未收其人。其
子陳三立，字伯嚴，號散原。今國家圖書館藏有陳寶箴撰《河北致用精舍課士錄》一卷，附注
曰："本書收清陳寶箴所撰致用精舍記、致用精舍學規、說學等。"又中華書局 2005 年已出版
《陳寶箴集》。

　　③ 11：181。

悉。宋晉之單案，閏枝已經輯出，以采錄文中有篆體字，原書鉛印筆畫，甚不清晰，鈔手仿而寫之，更不成字，交龔梅攜去，子細校正，是以無稿可呈。章有應行稟陳之語，仍條列於後。恭叩福安。受業曹秉章謹稟。仲春初九夜。

章日前據徐榕生函云"鄭東甫是一達弟之外舅，東甫遺著各稿，均在一達夫人處"，當即函問一達，適值其伉儷赴津未返，至今未曾得覆，不知究竟有無。容遲一兩日，再往問之。

閏枝云，宋晉之著作，似以《周易要義》為最精。聞此書前經其壻高君出貲，交龍雲齋鐫板，嗣因高君作古，遂爾停止。山東圖書館擬將已刻出之板買去，為之補刊成書，與龍雲齋議價未就，故刻出各板，尚存該店。昨曾恭往問明，囑章令文楷齋前往該店商量，將此書之序及正文之前兩頁，印出一看，庶可得其大概。章明日當喚文楷齋人來，令其照辦。文楷齋掌櫃老劉，即龍雲齋之舊夥，想當做得到也。

閏枝又云，《晉之案》既做出，俟《東甫遺書》到，再斟酌以何人為正案，何人為附案，或將宋、鄭二人，連同柯鳳翁，均附入《孫佩南案》中，則清末山左名家，均薈萃一處矣。此說適與章見相同，想鈞座亦以為然也。①【徐批：各事均可照議辦理，即與閏兄諸公酌行之。】

民國二十三年甲戌(1934)二月十二夜②

夫子大人鈞座：

敬稟者，初十夜肅呈一稟，計登鑒矣。頃接鐵林由郵局寄到批回初二夜所上之稟，敬已誦悉。《萬清軒案稿》，未來想仍由車站帶來也。【徐批：近日寄到否？】一達弟處鄭東甫遺著，批諭云"屢次問過，不見其存書，惟零星鈔來各紙，前已交章"云云。查從前鈞座疊次發下零星鈔件，乃賀性存鈔錄乃翁松坡先生說經之文，及朱師轍鈔送乃祖《石隱山人自訂年譜》及《未刊書目》，又乃翁《仲我先生行狀》，並無鄭東甫文字。

---

① 今《清儒學案》以鄭杲東甫為正案，宋、柯、孫三人入"東甫交游"內。

② 11：183。

【徐批：後人零星抄來各紙，數年前即寄矣。】好在《東甫遺書》外間已有印本流傳，縱一達處尋不出，山左友人家與書鋪中，總尚尋得着也。前青海屯墾使蒯壽樞（合肥人）昨來章處，云其同鄉龔元凱①為癸卯庶常，曾官甘肅道尹，現在光景極窮，所著有《六百種稗精》（書名即可笑）一書，思將其稿出售與人，屬章向鈞座商之。【徐批：刻無鈔買書，即囑鐵林照來言作書奉答可也。】章看其書，乃薈萃秦漢以下小說鈔錄而成，雖分門類，而並無宗旨，翦裁亦無筆法，可謂枉拋心力。章因告以此種書應賣以書鋪中人，或可印行謀利。伊云，問過商務印書館，不肯出價。問需價若干。曰：三千元。因又告以鈞座現在正籌刻《學案》，決無閒錢購此。彼苦嬲不已，祇得允其姑為一問，用特陳明。書則不堪寓目，故不呈送。又代鐵林擬復章一信，請閱後令鐵林照寫寄來，以便回復。【徐批：已屬鐵林照辦。】專肅，恭叩福安。受業曹秉章謹稟。花朝夜。

　　【徐批：鐵林小病，近已見好。春氣漸暖，閏兄身體當可日臻強健也。】

民國二十三年甲戌（1934）二月十六日②

夫子大人鈞座：

　　敬稟者，望日奉批諭並鐵林信，蒯君所求，遵已回絕矣。《萬清軒學案稿》，於十四日由車站帶到，敬已誦悉。閏枝日來輯《齊次風案》，以附案未齊，亦未鈔出，故無可呈之稿。【徐批：沅叔前日來，已晤談矣。】章有應行稟陳之事，仍條列於後。恭叩福安。受業曹秉章謹稟。仲春既望日。

　　鈞座贈小汀四百元，日前得信後，當即由電話告知，伊極為感激，俟

---

　　①　龔元凱，字佛平，號君黼。安徽合肥人。光緒二十九年進士。著有《歐影詞稿》五卷。據《清詞菁華》云："元凱詞軒軒霞舉，有昂首青雲之致。卻能不逾尺度，故無浮囂氣。煉辭亦奇工極絢，逸麗無纖痕，成就在易順鼎之上。"又據趙炳麟《趙柏巖集》附錄，載有《國史館循吏·趙潤生列傳》，署曰"纂修官、翰林院編修龔元凱初輯"云云，則元凱又嘗任國史館纂修官。

　　②　11：72。

匯到交去，再取收條寄呈。【徐批：已屬鐵林寄去。】

章前閱萬清軒文集，知伊與平湖顧訪溪先生廣譽，先後主講上海龍門書院，因而訂交。訪溪本道、咸間嘉郡經師，章少時但見其制舉藝耳。偶與夔梅談及，伊處有其所著古文稿，假來閱之，始知其為姚春木弟子，專講樸學，著有《學詩求是錄》《四禮権疑》《江氏〈鄉黨圖考〉補正》等書，《文集》亦皆說經論學之作，無一泛常酬應文字，的是可傳。爰與閏枝商量為作一《傳》，或附《姚春木案》，或附《萬清軒案》，俟《傳》作成，再細斟酌；一面函託錢孫，在家鄉訪求其書，即不可得，就《集》中文采錄數篇，亦儘可觀矣。①【徐批：可。】

章前稟言，令文楷齋赴龍雲齋商印已刻未成宋晉之所著《周易要義》序文一事，昨據文楷齋云，龍雲齋之老掌櫃久已不在鋪中，僅有一看門人，概不接頭，老掌櫃之孫子雖亦在內，其人徧體惡瘡潰爛，臭氣熏人，不能與之交談云云。看其神氣，頗有畏難之色。今日閏枝云，伊日前亦打看，亦非一兩個人所能辦。章擬稍遲數日，再令文楷齋會同閏枝之底下人同去商量辦理，但若內中果有生惡瘡、不可嚮邇之人，則亦不能強人以難也。

《東甫遺書》，閏枝已託書鋪人去尋矣。【徐批：能檢得甚好。】

閏枝有一字條，云有一日本人，欲求鈞座寫一對聯，原字呈鑒。【徐批：已寄去對聯一副，可轉交也。】

【徐批：雷鏄父子能否作一案，或附？可鈔《畿輔先哲傳》中《師儒》《文學》兩傳中，請夔梅細閱一過，如有可採者，請與閏兄斟酌辦理，以免遺漏。】

民國二十三年甲戌(1934)二月廿三夜②

夫子大人鈞座：

敬稟者，日前由鐵林先後寄到鈞座賜小汀銀幣四百元，又給夏、傅兩

---

① 今顧廣譽（訪溪）收入《清儒學案》卷一百五十七方坰《生齋學案》"交游"中。其附錄中錄有《學詩詳說自序》《四禮推疑自序》及《悔過齋文集》文數篇，則訪溪之書嗣後業已尋訪到。

② 11:74。

人對聯各一幅。茲有閏枝新輯齊召南《息園學案稿》一冊，敬呈鈞鑒。【徐批：閱過寄回。】章有稟陳之語，仍條列於後。恭叩福安。受業曹秉章謹稟。二月廿三夜。

給小汀之欵，於寒食前一日匯到，章於寒食日躬自送交，取有收條，請交鐵林存查。小汀極為感激，云一兩日當有謝信也。

給夏、傅兩對，於昨日由車站取到，今日兩人來，分別交之，均囑代為陳謝。

閏枝現趕辦自己功課，他人之稿，皆未核出。

齊次風前已附入《杭堇浦案》內，近得其書，故特改為專案。閏枝現又將何義門自《李安溪案》內提出，擴為專案。因義門雖出安溪之門，且相依甚久，而其人實一校勘家，與安溪學派迥殊，故改為專案。而以顧千里、黃蕘圃諸人附入，則校勘家匯歸一處矣。①

其他各門當亦有須匯合者，或附案改專案，或專案改附案，一一整齊修理，正費蒐討也。【徐批：即可照此辦理，甚好。】

閏枝身體近日甚好，惟耳背之甚，則老境也。

敬一新宅甫經修好，定廿七日移入。惟其人日益憔悴，且耳聾日甚，與之說話甚為費力。

【徐批：《息園案》閱過寄回，請察入。續有成書，可隨時寄閱也。】

民國二十三年甲戌(1934)二月三十夜②

夫子大人鈞座：

敬稟者，日前肅上一稟，並呈《齊次風學案》一冊【徐批：已閱過寄回】、小汀收條一紙，計登鑒矣。茲呈上小汀謝信一函、舊箋對子十副，祈詧閱。【徐批：均收到。】章有稟陳之語，仍條列於後。恭請福安。受業曹秉章謹稟。仲春卅夜。

對紙是前日沅叔自津歸，云奉諭囑伊代覓舊箋，伊乃託之夔梅，今日

① 　今何焯入《清儒學案》卷四十一"安溪弟子"中，未如閏枝所議立為專案。

② 　11:76。

羹梅因伊赴西山看花，故交章寄呈。【徐批：本談吾弟昔年所買之好舊紙。】計十副中，有八副完好者，有兩副小有破碎處，故分別作兩捲。據羹梅云，每副價洋兩元，章看此紙身分並不甚好，祇是南紙鋪中底貨，每副兩元亦不算便易［宜］，未知我師合意否？如不合意，似可寄還，再另尋別種也。【徐批：可留，已囑鐵林寄價去矣。似此等紙，以後可不買。】

閏枝輯《何義門案》，尚未鈔齊，故無可呈之稿。《湯海秋案》，從前叔進所輯，全然無用。閏枝本交羹梅另輯，歸入《湘鄉附案》中，現因《湘鄉附案》人太多，改附《魏默深案》，刻已作成，閏枝取去復核矣。小汀新輯周春、吳騫、周廣業三小案，擬附入陳鱣《仲魚案》中，又葆之輯《吳摯甫案》已成，一併由閏枝閱去矣。

日前，諭將雷鐏及其子學淇，或作專案，或附何人案中，酌量為之。章查雷學淇《介庵學案》【徐批：近得雷學淇《竹書紀年》抄本一種，此書可以載入】，去年已經小汀輯出，由閏枝復核，呈鑒後發還。《傳》中曾將其父著作敘入，惟所見者，僅其經說一種，弟子、交游，均無可考。雖采錄文字數篇，頗嫌單薄，我師批簽中亦以為言。現在若能尋得雷鐏之書，將其父子併作一案，即無附列之人，亦自無妨，但恐書難求耳。[①]【徐批：如閱，當寄去。】

上年鈔示黃子壽《致諸鞠遲書》，言苗仙麓所著書未刊行者，尚有《歌麻古韻考》，我師並書其端，云《苗案小傳》如未載此書，可補入。現查《畿輔叢書》內，《歌麻古韻考》署名"苗夔補注"，羹梅在別處見一刻本，乃雲南吳某所著，故現在《苗傳》內，但補書"歌麻古韻考補注"七字。[②]

文楷齋來，說向龍雲齋商印已刻未成宋晉之《周易要義》序文事，現在板已檢出，惟該鋪看門人，想要酬勞錢【徐批：可】，又說印序一事，另有一朱姓與之接洽云云。章思看門人酬勞錢為數甚微，印好時，即可令文楷齋酌量與之，但不知此朱姓是何人，問之閏枝，亦不知也。

敬一於廿七日遷入新宅，章廿八日午後前往一看，修理尚未完工，物件雖已搬完，亦未安設妥當，房子規模，不如其舊宅遠甚。由章寓去，約

---

① 今雷學淇入《清儒學案》卷一百九十五《諸儒學案》中，其父雷鐏附學淇傳中。《雷鐏傳》中稱其有《古今服緯》一書，學淇為之注釋，然附錄中未錄其文，蓋其書未能訪求。今《四庫未收書輯刊》壹輯第五冊，收有是編，凡三卷。

② 今國家圖書館藏有《歌麻古韻考》四卷，吳樹聲撰，苗夔補注。

有三里多路，洋車往返，並不覺累。章現在衹是腿臂不能自如，此外一切，實與無病時無少減色也。【徐批：仍須善為調理，加意保重，老年尚可強健也。以上所談纂輯各事，均可照議辦理。】

民國二十三年甲戌（1934）三月初三夜①

夫子大人鈞座：

敬稟者，日前肅陳一稟，並呈舊箋對料十副，計登鑒矣。章有五十年前詩友王塏，上海人，曾官會稽典史，今年四月八十歲，重游泮水，來書囑章代鈞座賜一親筆對聯，以為光寵。謹擬聯句，另紙寫呈【徐批：寫好寄去，請察入】，如蒙允如所請，祈於臨池興到時，擇一色箋，揮賜一聯寄下，以遂其嚮往之誠，是所叩禱。專肅，恭叩福安。受業曹秉章謹稟。上巳夜。【徐批：此書後一信，亦收到。俟《學案》閱畢，再答復。】

民國二十三年甲戌（1934）三月初七夜②

夫子大人鈞座：

敬稟者，兩奉批諭，並閱後發回齊召南《息園學案》一冊，敬已誦悉。日前又肅呈一稟，代上海王塏求賜對聯，不知曾達鑒否？【徐批：已寫好寄去，當收到。】閏枝另輯《義門學案》，刻已鈔出，今日交來，用特寄呈鈞鑒。【徐批：閱過寄回。】章有稟陳之語，仍條列於後。恭叩福安。受業曹秉章謹稟。仲春初七夜。

鈞座所得雷學淇鈔本《竹書紀年》，是否為其所注，抑是考證，祈諭知，以便照登入《傳》。查《雷學淇案》，卷中有《考定竹書紀年》十四

---

① 11：79。

② 11：80。是札末署"仲春初七夜"，然據其內容，稱"代上海王塏求賜對聯，不知曾達鑒否？"王塏求賜對聯一事，在11：79札（1934年三月初三日）中首先言及。故本札當在11：79札之後。然其日期又在11：79之前，疑本札當為"季春初七夜"之誤。

卷，想即是此。【徐批：書名"竹書紀年義證"，另鈔去此書後序一分（雷自撰），又王晉卿跋尾一分，可知此書原委也。】①

《東甫遺書》，刻已由書鋪中尋來，為合肥李國松所刻《集虛草堂叢書》之一種。此《叢書》中大半皆係馬通伯著作，共四套廿四本，不拆賣，價洋三十元，因即買之。【徐批：馬書皆李氏刻。】《東甫遺書》占一套，其中有經學著作數種，並有文稿，已交閏枝帶去，以之作《學案》，儘夠用矣。俟《學案》輯出，再將全書呈鑒。書價當先在陳愷處支付。【徐批：有此書甚好，能否作一專案，再將其他無書者附入何如？緣宋晉之諸人，與孫佩南學術不甚相同，附入孫，不甚熨帖，請酌之。《義門學案》，閱過寄回，請察入。外又寄去抄件兩紙。】

章精神一切自覺尚好，惟仍不能寫字，筆總不聽使用，令人恨恨。

民國二十三年甲戌(1934)三月十四夜②

夫子大人鈞座：

敬稟者，昨奉批諭，並書賜王塏對聯一副，謹代祗領。今日閏枝與邵伯絅、陳仲恕諸人游西山，無稿交來。其所輯《宋晉之案》，前交羹梅校正文中篆體字，昨甫校出，茲特寄呈鈞鑒。章有稟陳之語，仍條列於後。恭叩福安。受業曹秉章謹稟。季春十四夜。

羹梅校此篆體字，據云原書鉛印本多錯誤，鈔字人依稀摹仿，錯益加錯。且鈇篆本非所習，求之《說文古籀補》，亦不可得，但依其筆畫，改用尖鋒，略具形象，較鉛印稍清楚而已。然求書檢校，已費多日工夫矣，將來手民寫出後，非倩行家細閱不可，決非僅知小篆者所能辦。章竊以印譜之序，關繫金文亦甚有限，若寫刻時無能精校，轉為全書之累，似不如竟將此文刪去。我師如以為然，即請批出，當再與閏枝商之。【徐批：原文無多，且此等文字亦不可少，似不可刪。】

---

① 據《年譜》民國二十一年壬申（1932）七十八歲條："八月，賀性存自北平來，談編輯藏書目錄事。攜通州雷介庵學淇所著《竹書紀年義證》稿本，蓋昔年南皮張文襄公訪求而未得者，後為王晉卿得之，今以貧老願歸公，價四百元。公別抄副本，謀刊印行世。"

② 11：82。

《宋晉之傳》中有"至民國，徵之不出"一語，章覺"民國"字亦不甚妥，亦請批出，再與閩枝商改。【徐批：已刪去矣。】

宋晉之既入民國後始卒，則萬不能作專案，不如與鄭、柯二人皆附孫佩南為宜，亦請批出為叩。【徐批：不可。以宋、柯二人附入《鄭東甫案》中最為得當。】

章近日身體除口膩之外，一切如常。今日午後，萃錦園主人邀賞海棠，在其園中內外游觀，不下三里多路，賓客甚多，有十餘年未見之友，一一敘話酬答，絲毫不覺累乏。下午，敬一又邀同社中同人至公園"來今雨軒"喫番菜，步而入，步而出，亦不覺累。【徐批：甚慰甚慰。】氣體固已甚健，惟手足仍不能自由活動，亦甚可怪。敬一有熟識之好針科，日內擬託其邀來一試。昨日與沅叔、羹梅諸公在林夷俶家晚飯，席間有陳佑銘中丞之子伯嚴吏部，羹梅問其乃翁著作，云皆在家中，尚未整理，羹梅與之初次見面，雖告以鈞座現在纂輯《清儒學案》，搜求先達遺著，伊究亦不甚了了，擬再託與之相熟者問之。【徐批：可不必問。】

民國二十三年甲戌(1934)三月十六日①

夫子大人鈞座：

敬稟者，日昨肅陳一稟，並《宋晉之案》一冊，計已登鑒矣。【徐批：已閱過寄回矣。】前羹梅改輯《湯海秋案》擬附《魏默深》者，又葆之所輯《吳摯甫案》，閩枝刻甫閱出，今日交來，用特寄呈鈞鑒。【徐批：均閱過寄回。】章有稟陳之語，仍條列於後。恭叩福安。受業曹秉章謹稟。三月既望日。

章前稟所言宋、鄭、柯三人應附《孫佩南案》，今日與閩枝言之，伊亦甚以為然。章日內即向柯世兄要乃翁《傳略》及其文稿也。【徐批：佩南自作一案，宋、柯均附入《鄭東甫案》中最妥當，前函已說明矣。盛伯義亦應附入《鄭案》中，可向楊鍾義索《傳略》及著述，楊公必知詳細也。】

---

① 11：84。

閩枝又思將馬通伯附入《摯甫案》中，祈酌示遵行。【徐批：可附入姚永概父子、昆仲如何？請考查。①】

陳愷自津歸，言鈞體康強，步履一切，非四五十歲人所能及，聞之莫名歡慰。

冠如來云，前代徐州人張振漢，求鈞座賜書其母墓碑，已蒙俯允，旋以張振漢思欲有所酬獻，又為代陳，以不善言辭，致拂鈞意，萬分惶悚，囑章再為陳謝。章以冠如於此等處，未免太不懂事，雖鈞座作字，求無不應，即有身分、有交情之人，亦不能以重大勞神之件為請，張振漢當日在北洋，一末弁耳，其母縱有苦節可稱，如何可以上勞高年人為之寫碑，況又欲妄有餽獻乎？種種冒昧，宜干盛怒。惟鈞座既已憫其孝思，允之於前，可否於臨池興到時，隨意書以行草與之，實出自褒旌寒微之至意。【徐批：眼花太甚，不能寫此等字。】至所云餽獻一層，章已切囑冠如，不得有所妄進。仍祈酌示，以便傳諭冠如，祗遵。

【徐批：寄回閱過湯、吳二冊，請察入。】

民國二十三年甲戌(1934)三月廿一夜②

夫子大人鈞座：

敬稟者，日昨肅陳一稟，並呈上《宋晉之》《吳摯甫學案》各一冊，計登鑒矣。【徐批：已閱過寄回。】旋奉批諭，並閱後發回《義門學案》一冊，敬已誦悉。今日，閩枝交來新輯《鄭東甫學案》一冊，特再寄呈鈞鑒。【徐批：閱過寄回。】章昨作函致柯世兄，索乃翁之《傳略》與文稿，尚未得覆也。專肅，恭叩福安。受業曹秉章謹稟。三月廿一夜。

【徐批：《東甫案》，閱過寄回，請察收。此冊應改為正案，以盛、柯、宋附之交游中，不妨與《孫案》互見也。另鈔去東甫之《如來變》，請閱覈。又書單五紙，如有應用者，擇示當令其檢呈也。】

---

① 馬其昶今附入摯甫弟子中。
② 11∶86。

民國二十三年甲戌(1934)三月廿六夜①

夫子大人鈞座：

敬稟者，日前奉到批諭，並閱後發回《宋晉之學案稿》，敬已誦悉。前蒙寫賜前會稽縣典史王塏對聯，業經寄去，昨來信，囑章代為陳謝。金錢孫信來，並託人帶來錢文端、文後山書畫扇面、鏡屏各一扇【徐批：收到】，云鈞座今年八秩正慶，錢、文兩公亦皆登正壽之人，敬以為壽，囑章代呈，伏乞賞收。【徐批：吾弟致錢孫，代為道謝道念為囑。】又前買《集虛草堂叢書》四函，刻已用過，並以呈上【徐批：收到】，中有鄭東甫所著書，想我師亦亟欲一覽也。冠如前為人求寫碑文事，昨得鐵林信，方知其詳。冠如人本近拙，然其更事已多，胡竟荒謬至此，可鄙極矣。惟居假以詞色，恕其既往，亦以見我師江海之量，無所不容也。專肅，恭叩福安。受業曹秉章謹稟。季春廿六夜。

【徐批：《苗先麓案》尚未動手，茲寄去其所著《說文四種》。何人纂輯，可交其閱看也。諸同人均代道候。】

民國二十三年甲戌(1934)三月廿八夜②

夫子大人鈞座：

敬稟者，日昨肅陳一稟，並《集虛草堂叢書》四函【徐批：收到】，又代錢孫呈扇面、鏡屏一對【徐批：收到】，計已登鑒矣。今日閏枝無稿交來，故無可呈之件。宋、柯兩人，當遵諭附入《鄭東甫案》中，惟柯世兄尚無復音，不知乃翁文稿曾已整理鈔訂否，日內當再催問之。葆之於《儀徵案·家學》中新鈔得阮福文一篇，《王伯申案》中亦增"家學"一

---

① 11：87。
② 11：89。

人，皆近日看書，於無意中得之者。① 沅叔日内以事須赴鄂一行，並擬南游衡山，約端節前後方能歸也。專肅，恭叩福安。受業曹秉章謹稟。季春廿八夜。

【徐批：茲寄去奉贈同人畫扇各一柄，共八柄，請察入分交為懇。外單一件。】

民國二十三年甲戌(1934)四月十四夜②

夫子大人釣座：

敬稟者，今辰接奉批諭，並頒給同人書畫扇單一紙，敬已誦悉。扇俟明日鐵林帶到，當即照單分給，錢孫處寄扇去時，即當轉述鈞意也。苗先麓已由龔梅謀入《湘鄉附案》，以全體尚未齊備，故未呈鑒。先麓之《說文四種》，章與龔梅皆有之，無須寄下。柯世兄處渺無音信，日内擬躬往訪之，但不知其在家否。專肅，恭叩福安。受業曹秉章謹稟。孟夏十四夜。

【徐批：端陽作何遣興，想必有美食大嚼也。】

民國二十三年甲戌(1934)四月十六夜③

夫子大人釣座：

敬稟者，星期六肅呈一稟，交車站帶上，度已登鑒矣。【徐批：收到。】鐵林來平相晤，詢悉福躬健勝，慰洽頌私。頒給同人書畫扇，遵即照單分致，一一歡欣鼓舞，捧持而去，囑代陳謝；沅叔南游未歸，當交其郎代收也。【徐批：如致錢孫函，請代道念道謝。】陳鱣《仲魚學案》，本

---

① "儀征家學"中所增者，乃阮福《孝經義疏補序》；"石臞家學"中所增者，乃王壽同，字子蘭，王念孫孫，王引之季子。
② 11:90。
③ 11:91。

以附入《儀徵案》內，旋經小汀改作專案，而以周春、吳騫、周廣業三人附之，現閏枝又將周廣業改為正案，而以陳鱣、周春、吳騫附之，茲特交鐵林帶呈鈞鑒。【徐批：閱過寄回。】鐵林病後，面容稍瘦，而神色尚好，略加調養，當亦不難復元也。今日，章與敬一在章寓為之補作生日，談讌甚歡，惟其食量較前大減耳。專肅，恭叩福安。受業曹秉章謹稟。孟夏既望夜。

【徐批：《耕崖學案稿》，閱過寄回，請察入。】

民國二十三年甲戌（1934）四月二十夜①

夫子大人鈞座：

敬稟者，日昨交鐵林帶呈一稟，並《學案稿》一冊，應早鑒及矣。【徐批：已閱過寄回。】頃閏枝交來新輯王植《懷三學案》一冊，特以呈鑒。【徐批：閱過寄回。】此間自昨夜大雨，至今未停，諸君皆拖泥帶水而來，衣履盡濕。龔梅輯出顧廣譽《訪溪學案》，顧為姚春木門人，應附《惜抱案》，為再傳弟子，閏枝帶去復閱矣。小汀亦成一案，尚未鈔齊。沅叔有家信，游衡山後，乘飛機回至漢口，尚須由漢坐船往游廬山也。此肅，恭叩福安。受業曹秉章謹稟。孟夏廿夜。

【徐批：《懷三學案》，閱過寄回，請察入。】

民國二十三年甲戌（1934）四月廿七夜②

夫子大人鈞座：

敬稟者，頃由鐵林寄到閱後發回之《耕崖學案》，敬已誦悉。日前，

① 11：92。
② 11：98。

羹梅所輯《顧訪溪學案》，擬附《惜抱案》為再傳弟子者，閏枝復核，以《惜抱案》已太繁，改附劉熙載《融齋學案》交游，茲特寄呈鈞鑒。【徐批：閱過寄回。】章有應行稟陳之語，仍條列於後。恭叩福安。受業曹秉章謹稟。四月廿七夜。

　　諭問《孟子四考》一書有無刻印本。小汀家有原刻本，云下星期五帶來呈閱也。①【徐批：所有借諸公之書，示知當奉還；自買之書，可暫留用也。】

　　小汀新輯出陳文恭《桂林學案》，閏枝帶去復閱矣。

　　鈞座所印《東三省政略》及前刻之《東三省沿革表》，不識均尚有存者否，葆之擬求每種各給予一部。【徐批：均可奉送一部，已屬鐵林檢寄。】葆之又云，鈞座選刻之《明清八大家文鈔》，學校中有人託其覓購兩部，伊囑章代問價值。章竊以此書所值無多，擬請給予兩部，仍出鈞座津逮後學之盛意，似較為得體，可否之處，仍乞批示，祇遵。【徐批：亦可送其兩部，均照送。】

　　此間自大雨之後，天氣甚涼。章三日著棉衣，今日又陡然悶熱，著兩件布衫尚出汗。敬一來，仍著極厚呢袍，下身尚著棉袴，面容亦愈覺消瘦，耳聾亦愈甚，可怕之至。【徐批：此時天氣寒暖，極須留意。體弱之人，尤不可受涼，至囑至囑。寄回《顧訪溪學案》一冊，請收入。】

民國二十三年甲戌（1934）四月三十夜②

夫子大人鈞座：

　　敬稟者，廿七夜肅稟，並呈上顧廣譽《訪溪學案》一冊，於次日交車站帶呈，計已登鑒矣。【徐批：已閱過寄回矣。】小汀所輯陳文恭《臨桂學案》，閏枝刻已核出交來，特呈鈞鑒。【徐批：閱過寄回。】章前致柯世兄信，囑將乃翁文稿及《傳略》檢送備用，久未得復，伊昨囑一友人

---

①　《孟子四考》四卷，清周廣業撰。徐氏問及是書，即為纂修周廣業《耕崖學案》。

②　11：93。

來告，因病不能作復，俟稍痊，將各件檢齊，即送來也。《劉鎬仲案》，尚未輯，章今日商之閨枝，將其文稿交葆之纂輯，附入賀松坡交游中。惟松坡已是附案，附中之附，甚少見，然舍此又無附處，尚祈酌示是荷。①【徐批：附中附有無此例？前云"另作一小傳，附於卷末"，不知曾有幾人？請閨兄斟定。】且鎬仲改官入粵後，曾補知縣實缺，不但政績無可考，即所官縣名，亦不得而知。此間自鳳翁故後，竟無知之者，不識我師尚記憶一二否，並求寫示。【徐批：略知一二，另紙書去。】專肅，恭叩福安。受業曹秉章謹稟。四月晦夜。【徐批：《臨桂學案》，閱過寄回，請察入。】

　　章日前稟中言及劉鎬仲履歷事，今日閨枝、葆之言鎬仲，得其胞伯慈民先生之《傳》。慈民名庠，係曾文正門人，若能得慈民之書或文為作《傳》，附於文正弟子中，即以鎬仲附慈民家學，較附賀松坡交游為勝。羹梅云，伊有慈民論學文兩篇，但須尋履歷作《傳》耳。鎬仲之履歷，我師如能追憶一二寫示，以備作《傳》最好。【徐批：已寫去一紙，茲再寫去一紙。慈民先生，余幼時曾晤一次，陳□銘約至河朔時，主講徐州書院，年甚久。】

民國二十三年甲戌（1934）②

夫子大人鈞座：

　　敬稟者，昨奉批諭，並閱後發回《東甫案稿》一冊，及鈔示四少奶奶信，與《東甫遺著鈔目》各紙，今日閨枝來，交與細閱。所有《東甫傳》中履歷不符之處，伊已帶回，當照信中所說改敘。至其遺著，如《春秋三傳同釋》二十卷、《讀春秋札記》十卷，與書函、筆記等稿，凡稿字較清者，均請囑四少奶奶檢送章處，轉送閨枝閱看。【徐批：已令人奉信去，令其就近送交尊處也。】此《案》亦即遵諭，改為正案，而以

---

① 劉孚京（鎬仲），今入《清儒學案》卷一百三十九"簾舫家學"中。
② 11：164。

宋、柯兩人附入。至盛伯羲，閩枝本擬附入《張文襄案》中，若改附東甫，亦無不可。惟盛公除詩稿之外，不聞有何著作，即所輯《八旗文經》一書，聞亦全出楊子琴之手。【徐批：如無書，只列一小傳亦可。】子琴與之為中表兄弟，有無著作，當無不深知者。但其人甚冷，訥於語言，容姑一問之，再作商量。① 【徐批：附張附鄭，均無不可。】馬通伯準附入《摯甫案》中。姚叔節已故，仲實尚生存。其父則章所不知，閩枝云亦一詩人，無他著作也。② 沅叔本與江叔海、邢勉之約同游衡山，嗣聞湘中道塗多梗，江、邢皆有戒心，不敢冒險。

天氣時晴時雨，忽涼忽熱，起居極難適宜。章昨夜受涼，喫食亦小有停滯。今日睡起，頗覺不適，熬神麴普洱茶服之，亦即豁然。至同人宴會，僅有一生日會，社友之外附入者，有敬一、沅叔、心如三人，屆時同人釀資，在章寓舉行。不能每月皆有生日，約計一年之中，不過八九次耳。若節日，則各人皆須在家料理節務，並無宴會也。承詢謹及。

此稟甫繕出，又奉批諭，並閱後發回《訪溪學案稿》，誦悉種因。【徐批：昨又寄回《學案》一冊，當已收入矣。】

諭問有借他人之書當檢還。惟此次寄呈之《孟子四考》二本，係借自小汀者，可俟閱後再寄還，此外並無借他人之書。龔梅輯《訪溪學案》，僅就所有《訪溪文集》為之。昨由籛孫在上海代購得訪溪所著書數種，擬再交龔梅一看，或尚有可采之處，用過後再寄鈞閱。《惜抱案》早已輯出，鈞座已閱定矣。

【徐批：此書三紙，裁留前一紙半存查，茲將後一紙半寄回。外一紙。劉慈民先生，曾主徐州書院，不知張伯英知其昔年著述否？】

---

① 盛昱（1850—1899），字伯羲，滿洲鑲白旗人。光緒二年進士，授翰林院編修，著有《鬱華閣遺集》四卷，今國家圖書館有藏。又北京大學圖書館藏《盛伯羲札記》一部，據書前提要曰：“這部《札記》為未刊手稿，所記多涉富國強兵之道。”今盛昱未入《清儒學案》。

② 姚永概（1866—1923），字叔節，安徽桐城人。今國家圖書館藏有其所撰《慎宜軒文》五卷、《東游自治譯聞》《慎宜軒筆記》十卷；其《孟子講義》《慎宜軒日記》，黃山書社已整理出版。其兄姚永樸（約1862—1939），字仲實。著有《史事舉要》《起鳳書院答問》《左傳義法》《論語解注合編》《蛻私軒讀經記》《七經問答》等書，國家圖書館均有藏。永概、永樸之父為姚慕庭，吳汝綸《桐城吳先生文集》卷三，載有《姚慕庭墓誌銘》。今姚氏父子三人均未入《清儒學案》。

民國二十三年甲戌 (1934)[①]

夫子大人鈞座：

敬稟者，日昨又奉批諭，並閱後發回《臨桂學案》一冊，寫示劉鎬仲仕歷一紙，均已誦悉。上次諭問未成者尚有幾案，求書不得者有幾家。章前日稟中，業經約略具陳，今日閨枝開來清單三紙，特以呈鑒。【徐批：存此備查。】單內所開，雖較章所陳者為詳，而蕭山湯文端尚未有稿，《俞曲園案》附案尚未齊，則亦漏寫矣。惟伊所云胡煦書皆未得，章實未接洽。據云胡是光山人，著述極多且好，請鈞座託人向汴中求之。[②] 其所開曹廷［庭］棟，是先太高伯祖，書全有稿，已做出，惟《傳》未合式，須酌改耳。[③] 章前擬請為汪伯雲加薪，又請派李詵為臨時校勘員，昨鐵林來信，已蒙允准，茲特正式開單，呈請批示，祗遵。【徐批：已批照辦。】又輓胡馨吾[④]、陳梅生[⑤]兩人區聯字句，亦另紙寫呈。[⑥]

民國二十三年甲戌 (1934)[⑦]

夫子大人鈞座：

敬稟者，日前又奉批諭，並第二次寫示劉鎬仲事略，敬已誦悉。今日星期五，同人來會。沅叔、心如亦來，共同商議趕辦稿件、迅速發刻各

---

① 11:251。

② 今《清儒學案》卷四十七為胡煦《滄曉學案》。

③ 曹庭棟入《清儒學案》卷二百零一《諸儒學案》內。

④ 胡惟德（1863—1933），字馨吾，浙江吳興人。

⑤ 陳嘉言（1851—1934），字梅生，湖南衡山縣人。

⑥ 其後之文字疑為錯亂，今附於 11:7 札後（甲戌年十一月初八），原因亦見 11:7 札腳註。

⑦ 11:95。因本札有"擬請延張君為幫總纂，自七月份起，每月薪水亦支二百元"，故推測為六月份。

事。閏枝深以精力已衰，稿之未成者，雖已無多，而全稿之整齊修理，非逐一細加考校，不能放心，若欲尅期告成，非添一結實幫手不可。云有史館舊同事錢塘人張采田①，足勝此任，因上鈞座一函，並呈張君所著《史微內篇》二本、《李義山年譜會箋》四本，茲特一併寄呈鈞座。至張君其人，章素所不知，沅叔則與之極熟，屢聞稱道。惟閏枝上鈞座書中云"願以總纂一席讓之，自認分纂"一節，章竊以為無此辦法。如果鈞座俯允添延，擬請延張君為幫總纂，自七月份起，每月薪水亦支二百元。在經費上雖覺增多，但能使全書早日告成，免致多延時日，正亦不徒以省費為尚。言之沅叔，意見相同。用特肅陳，仍乞②（闕）

【徐批：閏兄、沅叔，均另有覆函。】

民國二十三年甲戌（1934）五月廿五夜③

夫子大人鈞座：

敬稟者，日昨接奉批諭，誦悉一一。昨又奉到致閏枝、沅叔兩函，已於今日一一分交。張君處，當作通知，書由閏枝加函，明日送去，並約其下星期五到會，與同人接晤也。惟沅叔所云章處存有定稿一百數十案一節，章查全書，共祇一百九十餘案，若再加搜捕，或可湊足二百案。所有已成各案，前經閏枝指為定稿存在章處者，僅有三四十種。今日閏枝云，仍須一一加細過目再定，即又取去數種，是眼前章處可用之稿，尚不足二十種也。此間日日有雨，霉蒸潮濕，直是南方黃梅天氣。賤體極不舒適，進食既減，有時口渴胸滿，思茶而不能飲，純是濕熱為崇，可厭之至。幸精神尚好，看書、與客談天，均尚不改常態耳。知關垂注，謹以附陳。專肅，恭叩

---

① 張采田（1874—1945），一名爾田，字孟劬，自號遯堪。早年以詞章聞名，繼而研究經史、佛家之學。晚年嘗參與《清史稿》之纂修。據王鍾翰先生云："所著書，若《史微》，足以見其史識。若《李義山年譜》，足以見其考核史事之精。若《清后妃傳稿》，尤足見史筆謹嚴，上媲班、范，非近世毛西河諸人所能望見肩背。先生之學，信可謂精且博矣。"（《王鍾翰清史論集》第四冊《張孟劬先生〈遯堪堪題〉》）

② 是句後，原書接11：96，然其與前文內容不相連屬，疑錯亂。今將11：96續接於11：200札（甲戌年六月廿五日）。

③ 11：100。

福安。受業曹秉章謹稟。仲夏廿五夜。【徐批：書成稿不多，萬不能發繕開刻。即可暫候，萬勿開辦。天氣太熱，萬勿過勞為念，諸君均代道候。茲開胡煦書目一紙，請察收。如覓書，可託張少玉先生之子，其人在京。】

民國二十三年甲戌(1934)六月初二夜[①]

夫子大人鈞座：

敬稟者，前星期五肅呈一稟，知已登鑒矣。龔梅所輯《王船山學案》【徐批：閱過寄回】，閩枝刻甫閱出交來，又葆之前日致章一信，一併呈鑒。章有稟陳之語，仍條列於後。恭叩福安。受業曹秉章謹稟。六月初二夜。

張孟劬今日到會，聽其與閩枝接洽各事，頗肯負責。惟云寓居海甸，路遠天熱，萬不能每星〔期〕五必到，遇事當與閩枝隨時通信；並囑章將其到會接洽辦事情形，代為稟知鈞座。

葆之辭意甚堅，伊信中云請於本月起停止俸給。然伊日內尚交有功課，章擬七月（陽曆）分薪仍舊照送，八月以後停支。仍候批示，祗遵。【徐批：已屬鐵林照給七月薪。外又送程敬一百元，想已函達執事矣。】

閩枝深知孟劬學問，且素來交好，故今日談論，極為融洽，閩枝尤多降心相從之處。將來同人能否一律融洽，章當隨時密陳也。

小汀今日成《南園學案》，閩枝取去復閱矣。

【徐批：《船山學案》，閱過寄回，請察入。】

民國二十三年甲戌(1934)六月初十夜[②]

夫子大人鈞座：

敬稟者，日前由鐵林寄到批諭，知前呈之《船山學案》，業經登鑒。

---

① 11：101。
② 11：102。

【徐批：已寄回矣。外又二紙。】今日閨枝無稿交來，故無可呈之件。葆之之七月分薪，及鈞座另送伊之贐儀一百元，章均於昨日面交之，伊極為感激，並云此後鈞座如有編校等事，伊仍願供役，以報寵遇，囑章為之代陳。刻書一事，經沅叔問明閨枝，閨枝答應趕緊整理，決不致有停工待稿之慮。故沅叔已與心如接洽，準即開辦，期於鈞座大慶之時，將首函刻出，以佐壽觴。沅叔已具稟詳細情形，並有信致鐵林，言經費事，今日攜來，與章閱看後，即發郵也。惟現在自夏峯起，前列之五案，寫本已校好，交文楷齋上板。以下各案，閨枝雖經指定十餘種案，而仍有"須再細看"之言；並云書衡所作之稿，有《傳》太長，采錄之文過多，或不甚精當之處（聞《二惠案》已交張孟劬修改矣），必須一一修改，將來能否趕期趕出，不誤刻工，殊不敢必。惟有求鈞座隨時催問，不厭其煩，是所至禱。此間時時有雨，入伏之後，轉覺涼爽，亦非所宜。南中酷熱而旱，浙西一帶，地皆龜坼，嘉善、平湖□□□□，城內無井之家，皆向城外汲水，田稻決然無望，影響所及，此間米麵皆已長〔漲〕價。遠望鄉閭，近顧家室，皆不能無憂也。賤體幸尚叨芘安平，足紓厪系。專肅，恭叩福安。受業曹秉章謹稟。季夏初十夜。

　【徐批：沅叔信云已接洽，擬即開工，從前已定之稿，似不可再更動。如有修改，再送此處一看，展轉周折，成書不知何時，似與沅叔計畫不同，吾弟尚須切實通盤籌畫。大家說明，既已動工，即不能停待書，且既聚數十工人，而無書刻，徒耗工資，且恐工人刻緩，須心如口嚴催，立定工作程限，向來即如此辦法。前由叔衡所定之書，以鄙見似不可再更動。只將未成之書，趕速辦理，最為上策。不可先攪擾從前，而未成之書又閣置也，似非善策。統望詳酌示覆。】

民國二十三年甲戌（1934）六月十六夜[①]

夫子大人鈞座：

　敬稟者，昨奉批諭，並閱後發回《船山學案》一冊，敬已誦悉。今

---

① 　13：229。

日閨枝又無稿交來，故無可呈之件。章有應行禀陳之事，仍條列於後，恭叩福安。受業曹秉章謹禀。六月十六夜。【徐批：頃讀第二函，始知葆之有所為而去，兄甚惶歉，吾弟何不為調停？早日寄知。此時務請執事往說，萬不可去，仍舊共事。如暫不肯，即出兄尚另他事相煩，萬不可南歸，天下滔滔，亦不可遠行，另易生地，諸多不便也。務請吾弟為我多多道歉，堅為挽留，至懇至懇。】

《船山傳》刪改之處甚多，必須另鈔，采錄之文，亦多刪易，現由閨枝攜去，除將《傳》文另鈔一通之外，其餘各處，設法裁黏，檢擇鈔寫，免得全本另寫，多費鈔資。凡有似此之稿，以後皆如此辦法。

龔梅前輯之顧廣譽《訪溪學案》，業經呈閱。此人本係章看萬斛泉所著書中搜尋而得。其所著書，係託錢孫在上海買來。日前，錢孫又代購到方子春坰所著《生齋集》一部。方為顧之道誼至交，亦一堅苦卓絕之理學先生，《清史》中兩人同列《儒林傳》內，不能不為補案。今日與閨枝說明，將方之書仍交龔梅纂輯，輯成後，即附顧之交游。惟顧已係附案，附中之附，古人雖無此例，而現在此書實不能免。《凡例》中加以說明，似亦無不可也。【徐批：或將顧提出作專案，方附之，何如？①】

日前見柯世兄，云乃翁《傳》《誌》均尚未做，《哀啟》所敘事實，又極簡略，文稿亦未理齊，現甫向家鄉求人作《行狀》，做成當與文稿一同送來也。

向之已三四年未見，現既歸來，天稍涼，擬往訪之。前聞伊在長春文化會中擔任一事【徐批：未談及】，不知其尚須去否【徐批：伊云不再去矣】。

至葆之遺席，章以為此事不必派人。因未做之案已甚少，偶有一二搜訪得來，必須補入者，目下諸人，儘足了之。且閨枝已拉有可信之幫手，上緊修整稿件，自可不誤成書期限。若閨枝仍苦趕辦不及，仍要添人，至彼時再行請示添派何如？【徐批：甚好，目下即不必提可也。】

現在校出之首列五案寫本，文楷齋已上板矣。今日將閨枝所認為定稿者，又交沅叔五案，由伊處發寫也。

桐城吳先生《全書》二十二本，業經用過，並以附繳。【徐批：收到。】

---

① 今《清儒學案》將方坰生齋作專案，顧廣譽附生齋交游中。

　　江西萬廉山先生承紀，曾製《百漢碑硯》①，自其官州縣時，直至擢任道員，積多年功力始製成，未幾即卒於江南河庫道任所。卒後虧空甚大，遺物及硯，均儲於道庫，匪亂被燬，以故外間拓本甚少。章幼時在周表伯家曾見之，廉山係周表伯之母舅也。十年前，在隆福寺書店中買得石印者一冊【徐批：從前見過原拓本】，然亦甚精。我師如未見過此物，下次當檢出，寄呈鑒賞。【徐批：可寄來一看。】

　　【徐批：全書已將告成，不可發生新議論、新辦法。大家數年辛苦，豈可闌行更動？目下惟有趕辦未成之書，速速就緒，不誤繕刻為第一要義。且從前所定體例，所成之書，已百數十卷，鄙人老眼昏花，再重頭閱看，亦殊喫心也。】

民國二十三年甲戌（1934）六月十七夜②

夫子大人鈞座：

　　敬稟者，今日甫經肅陳一稟，並繳還《摯甫先生全書》一部。送五條去後，又由鐵林寄到批諭，並批答沅叔之信及所開清摺，均已誦悉。【徐批：昨日詳答一書，並附列二紙。定不能更動原書，何以此信未蒙見答一語？吾弟見到各節，須早早調停妥協為囑。】沅件遵即交去。蒙諭各節，章敢將社中近時情形，為我師詳言之。閨枝此次力舉張孟劬入社，固以自己精力不及，亟欲程功而然。然當此時拉一生人為助，未先白之同人，亦是其疏忽之處，因之同人皆有違言。【徐批：何以未先商之？】葆之素性尤為狷介，首謂：“我儕既不為總纂所信任，不如去休。”遂即作函言辭。章為之再三剖解，勸其少安。伊云：“年已六十餘，從事府主門下已久，忽來一素不知名之人為作導師，可恥孰甚，萬不能留。”【徐批：非導師，仍是同事。從前同館編書，總纂、纂修、協修皆一體也，無所高下。】章見其志堅不肯回，是以不得不為上聞。迨孟劬到社，^{是日，葆之已不來}始欲變

---

　　①　萬氏承紀所編為《百漢碑研拓本》，是書今藏江蘇省淮安市博物館，內有十五幅碑硯拓本，並萬立鈺《百漢碑研齋石刻始末原由》一文。（參見王厚宇等《淮安萬氏百漢碑研拓本及石刻始末》，《文物鑒定與鑒賞》2011 年 11 月）

　　②　11：104。

更體例，欲於《附案》中加同學、同調等名目【徐批：不妥】，繼又謂不如併弟子、交游等名目，概不書明，《正案》之後，但書一"附"字，下即列敘所附者之傳，其因何附列之故，則於《凡例》中說明之。當時言之成理，闓枝竟無以折之，但云"君且先作《凡例》再說"。章恐其攪動全局，乃曰："若如此，則全書皆須更動，現在成稿已定期發刻，萬不能行。"沅叔亦甚不為然。故章前稟，先敘孟劬到社與闓枝接洽辦理情形，即接言葆之言辭之事，後又有"以後同人相處，能否融洽，隨時密陳"之語，曲曲下忱，當蒙明瞽。至書衡舊稿，闓枝本不甚滿意，屢騰口說。【徐批：前答矣。原書萬不能更動，叔［書］衡已作古人，尚欲存故人之手稿也。】然不刪改於當時，而刪改於此日，且交孟劬刪改之，孟劬學識是否果勝書衡，章不能知，俟其將《二惠案》修好交來，當即寄呈鑒閱。【徐批：不可大更動。】此外各舊稿，如無大毛病，非萬不能用者，若再輕議修改，必當遵諭力沮，以免耽延誤事，請紓厪系。專肅，恭叩福安。受業曹秉章謹稟。六月十七夜。

　　【徐批：各案早經成書者，誠如尊意"如無大毛病，萬不可輕改撰定"此語，趕為辦理可也。《凡例》須照已成之書原訂體例纂擬，不可再發些新例，大翻前案，日久無成功也。】

民國二十三年甲戌(1934)六月廿三夜[①]

夫子大人鈞座：

　　敬稟者，昨由鐵林寄到手諭，誦悉一一。當又詳致鐵林一信，並略陳管見，囑其代為請示，今日以告沅叔，頗為許可，並云校勘極為繁重，總校得人，則此外校勘員可以不再添人，且葆之駕輕就熟，最為合宜，於事亦最有益，不但斡旋一面子已也。闓枝交來《程同文案》一冊，程亦長於西北地理者，故擬附《徐星伯案》中，用特寄呈鑒定。【徐批：閱過寄回。】至諭中"書衡舊稿不可改動"一語，章目前尚未宣示闓枝，因前稟所陳"闓枝將書衡所作《二惠案》交張孟劬刪改"各語，係屬密稟，俟

_____

①　11:111。

其《二惠案》改好交來，方可正告之也。沅叔亦說孟劬初到，一切情形全不明白，未免有恃才出風頭之意。伊住海淀，日內赴香山，當順道訪之一談，並切戒之也。專肅，恭叩福安。受業曹秉章謹稟。六月廿三夜。

　　頃又奉到兩次批諭，以全書成稿，決不令再有大更動，即張孟劬改變體例之言，章當時即已打消。葆之一節，章昨函所擬斡旋辦法，請即賜諭，以便遵辦。章再稟。【徐批：已書一紙，交鐵林寄去矣。】

民國二十三年甲戌（1934）六月廿五夜①

夫子大人鈞座：

　　敬稟者，昨日肅陳一稟，並《程同文學案稿》一冊，約今日可以登鑒。【徐批：已寄回矣。】茲呈上孫淵如石鼓硯拓本十紙，祈留供玩賞【徐批：收到，謝謝】，並遵諭檢呈石印萬廉山《百漢碑研拓本》一鉅冊【徐批：閱過寄回，請查入。昔年，余有原拓本，早已失去矣】，又代廠買呈舊宣紙樣一張【徐批：可買，須議價】，統希鑒督。章有稟陳之語，仍條列於後。恭叩福安。受業曹秉章謹稟。六月廿五夜。

　　淵如石鼓硯，十年前國務院僉事嚴家幹，以六百元得自某邸中，此拓本即嚴所贈章者也。

　　廠肆悅古齋古玩店人，多年不來，日前忽來云："有舊宣紙，不知總統要否。"問之敬一，敬一令其尋章，章令其送樣本來看。今日送來一張，紙尚好，約是道、咸間物。據云完整者共有七八十張，每張索價三元五毛，章告以如果全買，每張以八毛算，伊堅不肯，縮至三元，又縮至兩元五毛，因令其聽信再說。此紙鈞座是否合意，能買若干張【徐批：價廉可皆留】，祈②諭知，再與磋磨。該店夥前日又云，有杜石樵手鈔之書十一套，去年以三百元買來，至今賣不出去，因亦令其且送來看。今日送

---

①　11∶200。
②　此處原文闕略，今據其內容，當續接11∶96頁。今"諭知"以後文字，即11∶96頁所載。

兩套來，乃杜文端著述，尚未編定成書之手寫稿本，並非所鈔之書也。第一函曰《石畫龕論述》，第二函曰《時文辨體》，附《舉隅》。章今日方看第一冊，此冊中凡三種：曰《家塾緒語》，曰《明末記事綴筆》，曰《邇言》。以後各冊，曰《讀鑑餘論》，曰《餘論》《續餘論》《再續》。不知此兩函之外，尚有何種著作。就章今日所看《家塾緒語》言之，亦是專講理學，宗紫陽而闢陽明者。日內當令該店將全書送來，子細一看，如尚有他種正當著作，擬交閏枝，為補一案以傳之。【徐批：可補一案。】其書亦擬與之磋商價值，再請鈞座收買之。然亦俟看過全書之後，再行請示辦理，特併陳明。或稍遲數日，將此前兩函，先行寄呈鈞閱，再定辦法，亦候示，祗遵。【徐批：可。此書可寄兩三函一閱。約共有若干函？一人一生之勤學抄錄，如能磋商價廉，亦可買也。】

上次鈞座寫示光山胡公著述，諭囑問張劭予侍郎之郎君者，閏枝曾將鈞座所示之單攜去，章旋囑陳愷往訪張君。今日陳愷來，云張君住在東城，渠已尋着。刻已向閏枝將單子要回，即交陳愷託辦也。

【徐批：吳摯甫遺書已印出，不知吾弟已見否用否？】

民國二十三年甲戌（1934）六月廿八日①

夫子大人鈞座：

敬稟者，日前肅陳一稟，並呈上孫、萬各硯拓本【徐批：《百漢碑硯［研］》影拓本，已交鐵林寄回矣】，又舊宣樣一張，計早登鑒矣。旋由鐵林寄到改派葆之為總校諭字，章於昨日當面交之，並將迭次批諭中殷殷維繫之意，詳細告之。伊云：一時之憤，不及擇言，上勞鈞注，實深惶愧。謹當遵諭回社辦事，囑章代為陳達。章又與之言定校勘寫刻本，有必須畫一者二事，有不必避嫌遷就者一事。其詳及章別有稟陳之語，均條列於後。恭叩福安。受業曹秉章謹稟。立秋日。

校勘寫刻本必須畫一者二事：一為各傳中參用史傳，或寫"參國

---

① 11：107。

史"，或寫"參清史"。所以參差之故，以《清史》印本不可得見，所得
見者，從前坊刻之《儒林》《文苑》兩傳，及中華書局印行之《清史列
傳》耳。據聞，書局之本確從國史館鈔出，而閨翁力詆其偽，謂不可信，
必欲得繆筱珊所編舊目以證之。託錢孫代向劉翰怡①借鈔，至今未到。以
故采之舊坊刻本者，則書"國史"，采之書局印本者，則書"清史"，今
擬一律書為"史傳"。一為避諱字。現在刻書自非從前場屋文字與官文書
之比，有萬不宜用恭代字者。如鄭康成之名，祇能仍寫"玄"缺末筆，
不能以"元"字代；李二曲之名，祇能仍寫"顒"缺末二筆，不能以
"容"字代。若一用代寫字，便是為古人改名，似不可也。此外，"胤"
代以"允"，而"血胤"則不能以"允"代，祇能寫原字缺末筆；"弘"
代以"宏"，"曆"代以"歷"，而"歷數""歷"字，書中有書作"厤"
者，自應從之；"寧"字除作虛字用者書作"甯"，餘則皆缺末筆；"淳"
字有改"純"者，有書作"湻"者，而"醇"則不能書為"醕"。此亦
最易忽略之處，不可不注意也。所謂不可避嫌遷就者，則各案小序中，或
有犯複及與他案有衝突語，一經看出，務即簽出，交閨翁酌改。

　　劉鎬仲之文，葆之早經采出鈔好，特未作《傳》，故《案》未成。閨
翁交龔梅代之作《傳》，前月本擬訪求鎬仲胞伯慈民先生之書，為作一
《案》，鎬仲附入家學，刻知葆之處有慈民《儉德堂讀書隨筆》印本二冊，
已從借來。乃鎬仲從所寫於卷端與所條記中輯出者，卷首有柯巽菴所作
《小傳》，云所著有《儉德堂易說》《說文蒙求》《說文諧聲表》《後漢郡
國職官表》《唐藩鎮名氏表》《通鑑校勘表》《班許水道類記》《意林補》
《文選小學讀書隨筆》《漢魏音補輯》《儉德堂文集》《紫芝丹荔山房詩
集》等書。今但得《讀書隨筆》一種，擬亦交龔梅閱看，采錄《傳》
中。② 又有"曾文正居京師，頗以文學導後進，先生受業最早"之語，是
先生亦文正弟子。《文正附案》中人太多，閨翁早以為言，且以先生附文
正，鎬仲又成附中之附，若為特立一案，而以鎬仲附之，但未知撐得住

---

　　① 劉承幹（1881—1963），字貞一，號翰怡，浙江湖州南潯鎮人。家富藏書，建有"嘉業
堂藏書樓"。

　　② 今劉孚京傳後附錄之文有：《諸子論》《學述》《禮辨》《儉德堂易說序》《儉德堂讀書
隨筆序》《手寫儀禮圖序》。

否，當請閏翁與龔梅酌定也。【徐批：可另立一案，收其書目，敘明惜未得其全書。《文正案》中敘入弟子門，注明另有傳。】

葆之嘗謂家學者，乃弟姪子孫之躬承其教，克世其學者之謂也，若父兄伯叔，本亦有學問而無甚著作，不足立案，則惟有於傳中敘出之一法；而閏翁則謂弟可附兄案稱家學，兄自亦可附弟案稱家學。【徐批：不可。】葆之極不為然，謂世間決無兄受弟之教者。日前，張孟劬頗附會閏翁之說，定議：凡兄之有學問者，一律附弟案家學之中。其欲變通體例之議，雖已經章打消，獨此條恐不免有所改動，未知鈞座以何說為長？【徐批：兄萬不可附弟案，家學中從古祇父恭兄之教甚嚴，萬不能弟先兄後，見背於古聖矣也。】至各案成稿，存在章處者為多，遇閏翁要取去修改時，當即傳諭，切戒其毋大改動，免致多延時日。

胡文良之書，已經陳愷向張君借到《周易函書》兩函、《卜法詳考》一函。俟星期五閏翁來，即交之也。

杜文端手寫之書，除《石畫龕論述》六函與《武鏡》一函是其自己著作之外，《時文辨體》《時文舉隅》雖選錄批諭皆極精，然是無用之物；《詞選》一函，摘鈔《方輿紀要》一函，則亦無關著述。《論述》各函中，雖有各種名目，而其論說皆是語錄一派，因其宋學工夫過深，開口即先講《四書》，一着筆即是脩齊、誠正話頭，文筆雖極顯豁，議論雖極正大，看之實覺沉悶。書中又鈔錄醫方，鈔錄他人奏稿，與自己詩文錯雜而書，全未釐定。末二冊乃九十歲時所作，一生精力全在於此。昔賢為學之勤，真不可及。章前稟中云擬為補作一案，恐書中各文難於采錄。若竟置之，以一朝碩學名臣之作，淹沒不彰，至於今日而不為之一傳，於心又覺不安。日內仍擬將首函寄呈，請閱後酌示辦法再定。①【徐批：可寄來一閱。】章前稟擬並請收買之說，則可作罷，因其中無用者多也。【徐批：如價廉，亦可買下。】

鄭東甫遺文，一達弟處久未送來，擬請鈞座便中再一問之。【徐批：又代館長云，在河南數種，秋間可寄來。未成之案，應先分手趕編，勿專整理已成之稿，將未辦者從緩也，切囑切囑。】

---

① 杜堮（1764—1859），字次厓，號石樵，山東濱州人，嘉慶六年進士，官至禮部侍郎。今《清儒學案》未收其人。

民國二十三年甲戌(1934)七月初一夜①

夫子大人鈞座：

　　敬稟者，日昨由鐵林寄到手諭，並閱後發回《程同文學案稿》一冊，又發下《學案暫擬草目》一冊，諭將尚有若干案未動手，若干案未潤色，查校註明。茲經遵諭查明，另開一單，呈請鈞鑒，原冊並繳。【徐批：從前所併冊內，尚有未定各案。此次單內未併者，請執事查明，是否已擬未擬。】杜文端未刻書稿，實係平時隨筆雜錄，初未計及著書體例，後來又無人為之釐訂，故極為蕪雜，謹將首函寄呈詧閱。【徐批：收到。不知實價要若干？至廉之價若干？可酌定寄知。】悅古齋又送來舊宣一張，云此種亦有數十張，每張索價一元，章看此紙雖較上次所呈之樣略遜，似亦尚用得，因一併呈上，伏乞詧示辦理。【徐批：較前次之紙張幅更小，價應格外從減。】今日閨枝仍無稿交來，故無可呈之件。專肅，恭叩福安。受業曹秉章謹稟。七月朔夜。

　　【徐批：前借來之《孟子四考》二本，茲寄回，請交還小汀可也。】

民國二十三年甲戌(1934)七月初八夜②

夫子大人鈞座：

　　敬稟者，迭奉批諭，誦悉種因。今日閨枝交來核出葆之所輯王紹蘭《南陔學案》一冊，敬呈鈞鑒。【徐批：閱過寄回。】又鈔錄閨枝所開“校勘注意”各條，及章與閨枝來往信，又錢孫來信二紙【徐批：仍寄回】，一併呈鑒。章有應行稟陳之語，仍條列於後。恭叩福安。受業曹秉章謹稟。孟秋初八夜。

---

① 11：106。
② 11：112。

鈞座舊藏《百漢碑硯〔研〕》原拓本既已失去，章所呈之石印本，即可毋須賜還。【徐批：現在鐵林處，不知寄去否。】如鐵林尚未交寄，仍祈留供玩賞，暇時偶一披覽，亦可藉以遣興也。

摯甫先生遺書，上次發下之本，《學案》輯出用過後，即已呈繳。章略一披閱，卻未細讀。鈞座此書如有數部，即求檢賜一部，俾資服習，實所深願。【徐批：當囑鐵林寄去。】

王太岳《文集》，問之閏翁與諸同人，均云此人係一詞章家，駢文最好，《集》中恐無說經之作。閏翁又言，此人任雲南藩司，於銅政頗有論議，亦不知載在《集》中否。①

胡文良之書，除由張君處借到《周易函書》《卜法詳考》兩種之外，閏翁又從他處借得所著《葆璞堂文集》一種，均交小汀纂輯矣。

劉慈民、鎬仲兩先生之書，閏翁亦交小汀纂輯。以慈民為正案，鎬仲附之，但恐嫌單薄，且俟輯出，再請閏翁斟酌。

章前稟所陳"張孟劬附會閏翁之說，定議兄附弟案家學"一節，章本不謂然，故特密稟請示。今讀諭言，益覺正義昭昭，未容或紊，日內即當錄批，並上次手諭"成稿不可大改動"及"書衡舊稿，切毋刪改，以存故人手跡"，與此次諭中"未成之案，應分手趕編，勿專事整理舊稿"各語，一併錄送閏枝遵照。【徐批：此數條最要，望即可照辦。】

杜文端《石畫龕論述》六函，章已看完。前日寄呈之第一函，想我師必已披覽。此公之服佩宋學，實從研窮義理、講求舉業工夫入手，而所得甚深。居心之厚，立身之正，為學之勤，均不可及。自七十三歲致仕後，直至咸豐三年九十歲，日置一冊於案頭，或補錄從前之作，或追述已往之事，論文讀史，紀錄時事，隨筆寫之，一冊寫完接寫一冊。雖其中各有書名，然數十冊直是一書，故總名為"論述"。惜其子文正公先死，其孫翮後來又坐肅黨獲罪，遂無人能為擇其精美者釐訂成書，以致湮沒無傳。而其冊中所書，每反復丁寧盼望後人脩德勤學，克承其家，後數冊每冊之尾，皆留空頁，云為子孫跋識之地，而竟不能，深可歎也。龔梅云，伊處有沈可培先生《文集》，其前有文端序，云沈先生主講濼源書院，文端廿五歲時從之受業。沈先生《集》中經史皆有論說，學問極淵博，或

---

① 王太岳（1722—1785），字基平，號芥子，直隸定興人，乾隆七年進士。今國家圖書館藏有其所撰《涇渠志》一卷《圖考》一卷，《青虛山房集》十一卷。

為立案，而以文端附之，擬與闓翁商量辦法，仍候示遵行。①【徐批：可照辦。】至我師收買此書，容候磋商價值再說。【徐批：價已磋商如何？如價極廉，亦可買。】

闓翁所開"校勘注意"各條，自是總纂此時應說之話。惟若何修理舊稿，若何整齊體例，騰諸口說，業經兩年。章據其說，稟告鈞座已非一次，乃應整者不整，應注者不注，直至今日手忙腳亂，責成校對人為總纂代勞，而有能代勞之處，有不能代勞之處，章不得不逐條向之商詢，非好打筆墨官司也。故將往復之函，一一錄呈鈞鑒。【徐批：鄙意校對非原經手著書之人校對一次不可，請留意。】惟案內各傳下，參用史傳書法，往復辨論，不得解決，章前稟業已略陳大概。【徐批：此次《王案》中已寫明，"參史傳"云云矣。】章之意初以稿中或寫"國史"，或寫"清史"，參差不一，甚不好看。查《宋元學案》，各傳下均寫"參史傳"，故援其例，亦渾書為"史傳"，以歸畫一。而闓翁必欲分別道光以前書"國史某傳"，道光以後書"清史某傳稿"。章仍以為參差不好看，不寫"史傳"，何妨巡寫"清史"？而闓翁謂《國史》是一書，《清史》是一書，非分別寫明不可。章亦深明著作家必須字字確實，方可信而有徵。不知昔之"國史"，已一變而名"清史"矣。此時仍書"國史"，則恐動時賢之疑，妄生指摘。即書"清史"，而《清史》禁止發行，我儕從何得見？似亦有所未便。實覺種種，皆犯指摘。況此書我師專為津逮後學而作，刻成之後，正須廣為傳播，豈可令無知之徒，藉端而生梗阻？曾言之沅叔，亦云人心正不可測，含沙射影，不可防，總宜下活着，方有躲閃之地，是以不得不請我師斟酌示遵。至闓枝之所以堅持己見，實由於兩年之前，小汀、葆之、羹梅三人，每從中華書局所印之《清史列傳》中考查應入《學案》之人姓名，闓翁即云此書萬不可信，必須得繆小珊所編《目錄》，方可證明。因託籛孫向劉翰怡借鈔，經年未曾鈔來。前星期五，闓翁來會，忽云《目錄》鈔來矣，並與籛孫證明中華印本係國史館廢稿。孰知章昨得籛孫信，云中華印本即從清史館鈔舊國史館原本，與所鈔《儒林》《文苑》兩目，並無異同云云，是以並將此信呈鑒。且闓翁所開"校勘注

---

① 沈可培（1737—1799），字養原，號蒙泉，浙江嘉興人，乾隆三十七年進士。今國家圖書館藏有其所撰《依竹山房集》清鈔本、《濼源隨筆》不分卷、《濼源問答》十二卷。又上海圖書館藏有其《史記天官書星度釋》《史記孔子世家集證》，現已出版。今《清儒學案》未收其人。

意"各條中，寫明傳下應寫"國史儒林傳"或"文苑傳"，與應於"傳"下加一"稿"字等語，今交來《王紹蘭傳》下，寫"參國史本傳"，胡又自背其說？章迂拘褊淺，齗齗不休，徒為爭執，誠亦自覺非宜，而所以鰓鰓過慮者，總以我師盛名昭布函夏，處此時世，此等細微之處，萬不可不慎益加慎，免使昧昧者妄肆雌黃。如我師以章說為然，即請師於王紹蘭此案《傳》後批明："凡各傳下均用《宋元學案》前例，一律書'參史傳'。"則亦毫無痕跡也。【徐批：已於《傳》後圈去數字矣。】

　　《王紹蘭案》傳中議敘上有"被"字，恐有誤，請師批出，或抹去之。

　　已成各稿，或改附案，或改提專案，移來移去，不隨手注明，竊恐或有遺漏。已與羹梅約定，抽暇子細查對一次。

　　前後所呈兩舊宣紙樣，何者可買，祈諭知，以便議價。【徐批：如價極廉，皆可買；如價太昂，即不買。】

　　錢孫代買方坰《生齋集》十元九毛六分，已在陳愷處支付矣。

　　【徐批：《南陔學案》一冊，閱過寄回，請察入。】

民國二十三年甲戌(1934)七月十四夜①

夫子大人鈞座：

　　敬稟者，昨由鐵林寄來批諭，並還小汀《孟子四考》兩本，均已奉到。羹梅去年所輯《湘鄉正案》，刻經閩枝核出，今日交來，又閩枝復信二紙，一併呈鑒。章有應行稟陳之語，仍條列於後。恭叩福安。受業曹秉章謹稟。中元夜。【徐批：凡著一書，作一事，同人討論，皆公心也，並無二意見，說過即了，不可著意也。】

　　上次鈞座發下《學案草目》一冊，諭將現在尚有若干案未動手，若干案未潤色，查核註明。遵即開列清單寄呈，而冊內我師親筆注寫之人名，是否一一列在擬稿單內，章實未一一詳對，殊為疏忽【徐批：所有紅字附案注明，皆是原纂人列入者；附注冊內外，余所添也】。請鈞座再

---

① 11：118。

將此冊發下，再行查考究竟有無遺漏，請示辦理。【徐批：只就原冊查明尚有若干未告成。】初開辦時所擬《草目》，本係閨枝與同人分據坊刻之《儒林》《文苑》兩傳及《先正事略》《國朝學案小識》之書，參酌為之。迨前年《清史》既成而不可見，適得中華書局所印《清史列傳》一書，章與葆之、龔梅欲就其中核對有無遺漏、須補之人，閨枝即斥其書為不可信，而遇有無處搜求《傳》《誌》者，仍不能不求之此書中也。錢孫信中云，此書亦國史館原稿；章日前又聞人言，書局中人係從館中錄事買出者。而閨枝指之為廢稿，則不知有所據否？①【徐批：我們只論其人當入《學案》否，不必強論史館之稿廢不廢。】

參用"史傳"書法，究竟可否仿照《宋元學案》書"參史傳"前例以渾含出之，免招指摘之處，即乞先行諭知。【徐批：已注明前案內矣。】因前五案已上板，此外正在校對，與正寫樣本者，亦有廿餘案，遲則須改動者更多也。【徐批：用"史傳"二字。】

刻書版式，早已定出。乃刻字店竟忽故意違式，如書名總寫在中縫魚尾之上，今忽寫在魚尾之下。且此書現在卷數尚未排定，魚尾下卷幾之數目字，祇能暫空。數目字下須旁注人名，如夏峯、亭林之類，以便繙閱，而數目字決不能僅空一字。全書縱不及二百卷，大約亦有一百數十卷，是數目字須空五格，方足以供填寫。乃一律祇空一格，又可見刻字人之毫不留心。已喚之來，嚴斥之，並當告之沅叔、心如也。

閨枝精神實顧不周到，其於此書不欲多所收取，亦即自知精力不及之處。《草目》之外之人，姑且不論，即列入《草目》之人，章實恐有遺漏未輯者。【徐批：不妨多收，關係三百年學術甚大，學行不足者，亦不可濫收。】鈞座上次"兄萬不可附弟家學"及"已成稿無大毛病者，不可更動，徒延時日""書衡舊稿不可刪改，以存故人之手筆"各諭，章於前日錄致閨枝，此兩箋中即其復信，是以呈鑒。其信中云《錢竹汀案》是錢孫原稿，然錢孫實未作此案，可見其精神之顧不到也。

杜文端書，章看完《論述》之後，接看所選時文，是專以教子孫者；又看《詞選》，是其年九十、九十一兩年中藉以消閒者。昨、今兩日看所

---

① 王鍾翰先生對《清史列傳》的史源作過專門研究，認為《清史列傳》的史源主要來自於《滿漢名臣傳》《國朝耆獻類徵初編》，更正了此前學術界曾一直認為《清史列傳》全部直接鈔自清國史館《大臣列傳》的誤解。參見氏著《清國史館與〈清史列傳〉》，《社會科學輯刊》1982 年第 3 期。

著《武鏡》，是道光間初辦海防時有所感觸而為者，大致與胡文忠《讀史兵略》相似。雖同一鈔書，而翦裁斷制之處，遜胡多矣。悅古齋人來，子細問之，云此書是吳仲懌家之物，久無人要，索價雖有四百元之說，當可磋讓。【徐批：上次書云三百元。】其宣紙第一次之樣，章仍給以每張八毛；第二次之樣，章給以每張五毛。據云，回去問之掌櫃再說。【徐批：紙若皆買，價仍太昂。】

葆之八月分薪，堅不肯領，云府主前已另給百元，現在之百元，恰將適過節，請作為預支九月之薪，至九月分，即毋須再發，囑為稟陳。【徐批：太謙太謙。】請諭知鐵林接洽，章已照陳愷矣。

炳侯夫人現住前門外上湖南館中，日前來信云：房漏不能住，且將倒塌，有覆壓之虞，必須搬家。然實在無錢，囑章代乞恩施，伏乞酌量施行。【徐批：囑鐵林酌寄幾元，略為資助。】

【徐批：《湘鄉正案》閱過寄回，請察入。《附案》編出，即可寄來。閏兄信，寄回。前開來應纂人名一冊，寄請察明尚有若干未成書者，示知可也。】

民國二十三年甲戌(1934)七月廿二夜①

夫子大人鈞座：

敬稟者，昨肅一稟，呈上石印《百漢碑研》拓本一函，當已登鑒矣。【徐批：收到。】今日閏枝信來，云以昨夜在友人處晚飯，歸途受涼，今晨腹瀉脫肛，不能到會。所有核出小汀所輯胡文良《滄曉學案》一冊，遣人送來，茲特寄呈鈞鑒。【徐批：閱過寄回。】章有應行稟陳之語，仍條列於後。恭叩福安。受業曹秉章謹稟。七月廿二夜。

前由陳愷在張君處借來胡文良之書三函，刻已仍交陳愷送還矣。

閏枝又交還《王船山遺書》十函，亦送五條，交陳愷檢點歸架。

閏枝信中又云，前交孟劬刪定書衡所編之《二惠學案》，已將原稿取回（既將原稿取回，大約不再改動矣），現囑其創編《李若農案》，并擬

_____

① 11:126。

全書《序文》。又云須閱《聖祖御製全集》，章記得晚晴社中有此書，請諭飭陳愷一檢。惟章思若因《學案序》括述聖祖聖學之淵深，但須考查欽定各種書籍名目，即得大概，似無須檢看《全集》，徒耗工夫，況此書套數太多，雇車裝送，即甚麻煩。是否不能不看，擬問明闓枝再說。【徐批：可檢交闓枝兄，轉交一閱，可知詳細也。】

　　秋節將至，張孟劬處節敬，似可不送。【徐批：初到可不送。】

　　諭代撰聲山先生墓誌，謹當擬稿，呈請鑒削。惟薌侯所呈《事略》，頗不詳備，茲將應問之事，另紙寫上。凡鈞座所知者，即求批示【徐批：知者已為補入】；其不知者，請諭飭鐵林，問之薌侯，令其詳細寫出寄下，以便著手。【徐批：屬鐵林問明寄達。】

　　【徐批：《滄曉學案》，閱過寄回，請察入。此人所著之《周易函書》，能買一部否？】

民國二十三年甲戌(1934)①

　　聲山為嘉興之秀水縣人。^{亦郡城首縣。}秀水陳氏，自明碧山學士後，世有聞人，其家有花園，人呼其族為"陳園陳"。章初見聲山時，問其家世，不能言也。【徐批：其家先有人在河南服官，其後人有分光州候補知縣一人，為聲山之堂兄，聲山亦曾依之，其實不知是其支分遠近。】章考歲科考時，陳氏亦有三數人同考，相識者問是否伊之族姓，亦不知也。伊但云少孤，小時極苦，專靠鈞處撫養。雖略識數字，而竟不曾讀得甚書。十幾歲時，在人家訓蒙，每前一夜從鈞座授書數行，次日到館，轉以授之學生。迨後來學幕，始拼命用功，邵粒民是其生平第一知己云云。今《誌》中於其家世，固可渾括言之，而三代考妣，不能不詳敘。《事略》中所書之"曾王父，諱樹勛【徐批：聲山之祖】，王父，諱錫慶【徐批：聲山之父】"者，究竟是聲山之曾祖與其祖，抑是薌侯之曾祖與其祖？且其命名係以五行偏旁字排序【徐批：非也】，樹字之下，應尚有從火、從土兩代，始接得上"錫"字。錫，金旁，金生水，聲山名鴻年【徐批：初不是此名，後改用

者】，則"錫慶"應即聲山之父。章於此不能無疑問。始入汴者是其何人？是官是幕？【徐批：聲山之父，是余之舅祖，即在先祖署中辦工程事件，是就幕也。】其三代尊人有無出身官職？女三代是何氏？【徐批：恐蔣侯亦不能詳記。】須一一寫明，萬難從略也。現在是否即葬襄城？葬地是何地名？定何年何月安葬？亦必須明寫，方有著落。【徐批：隨後再查問。】

【徐批：是葬襄城。據云，如三代，須回去查，似先可不載何如？】

民國二十三年甲戌(1934)七月廿九夜①

夫子大人鈞座：

敬稟者，昨由鐵林寄到批諭，並閱後發回《湘鄉學案稿》一冊，敬已誦悉。今日闓枝無稿交來。【徐批：有稿隨時寄來閱。】前日發下《草目冊》，諭飭查對未成者尚有若干案。除章處就所有成稿核對之外，今日又詳問闓枝。據云，未成者亦僅錢竹汀、李若農、張文襄、汪雙池、湯文端數案而已，《疇人》各案皆未核，亦即皆在未成之列，大約共有二十餘案。【徐批：昨已有一紙專門寄去，言此稿辦法。】謹將此冊呈繳。章有稟陳之語，仍條列於後。恭叩福安。受業曹秉章謹稟。孟秋廿九夜。

已成之單案有須改動者，如吳嘉賓《子序學案》，現定改附《湘鄉案》，胡達源《箴言學案》，現定改敘入《胡文忠傳》首，亦附《湘鄉案》附案中；有須移動者，如原附惜抱之嚴長明，現定改附王蘭泉，原附儀徵之陳鱣，現亦擬改附他案。② 此外須移動者，尚不一而足，闓枝一時自亦說不清楚。章與言明，一俟各稿移附定後，由伊開單呈請鑒閱。【徐批：挪移定稿後，須留心校對，不可重複。】至諭問《草目》之外，尚有應纂輯者否。若以《草目》與《史傳》核對，實多遺漏。然闓枝之意不欲多收，誠以求書太難，其精力實有不及，亦不能不加以原諒。而章所慮者，正、附各稿移來移去，至今尚無端緒，即列入《草目》中人，

---

① 11：128。

② 陳鱣今《清儒學案》附周耕崖交游中。

恐不免漏輯，正亦不遑多求矣。【徐批：亦不必照《史傳》全收，須有斟酌。】今日閏枝云，魯山張宗泰為武虛谷再傳弟子，著述甚多，其書聞河南人新為刻出，擬託人求之。大約此人或在補輯之列。①

劉慈民、鎬仲伯姪二人之案，小汀已輯出，閏枝取去覆核矣。慈民之祖廉舫先生衡，為有名循吏，本有案在《疇人》中。今與閏枝商定，檢出改為專案，以慈民、鎬仲附入家學，我師以為當否？【徐批：亦可。】

章前稟所陳刻書中縫字一節，沅叔云，宋元版式書名，多在魚尾之下，是以仿之，現在字數雖多，數目字筆畫少，亦尚可匀排，不甚難看，故不改動矣。

杜文端書，悅古齋人初說是其鋪中三百元所買，後說是吳仲懌家之物，押在伊鋪中者。現在除歸還押款外，本主必須餘剩幾文，要賣四百。章當時即告以本頭雖多，一無所用，直是一文不值。伊乃云，凡看者皆如此說，然我們總想多賣幾文，不但自顧本錢，亦要對得住本主。現在鈞座如可收買，章擬先給以百廿元，慢慢增加，總在二百之內。如不能諧，俟與閏枝商準，纂輯後，再將全書還之。或先買其舊紙數張，庶可多閱幾日。惟前寄呈之首函，便中即祈賜下。如果為之作案，祇有此函中尚可采取數段，仍須另外訪求《傳》《誌》，亦不易也。【徐批：原書一函寄回，請察入。】

各稿付寫刻者，先有廿六案。今日閏枝又指出四案，共有三十案矣。

悅古齋昨日又攜來包安吳手卷一個、彭無山字幅一條，兩者每件各索一百廿元，特以呈鑒。彭字素未見過，不料此公書法如此之美，信可傳也。然要一百廿元，亦似不值。【徐批：索價太昂，留看數日，再寄還。】

【徐批：杜書一函寄回，請查收。】

民國二十三年甲戌（1934）八月初一夜②

夫子大人鈞座：

敬稟者，星期六肅陳一稟，繳還《學案草目》一冊【徐批：收到】，

---

① 張宗泰今附《清儒學案》卷一百零四"授堂私淑"中。

② 11：122。

並附呈包慎伯字卷一個、彭無善字幅一軸。各件甫經包固，適由車站取到批諭，並閱後發下胡文良《滄曉學案》一冊，敬已誦悉。董綬金到平，昨日午後來談，云三兩日內即將南旋，過津當勾留一日【徐批：已晤談】，遄謁函丈，暢紓積抱，囑章先為稟聞，用特肅稟。恭叩福安。章別有稟陳之語，仍條列於後，伏乞垂鑒。受業曹秉章謹稟。仲秋朔夜。

章前稟所陳張孟劬代撰《學案敘》須檢閱《聖祖御製全集》一事，章已與閏枝接洽。閏枝云，現在尚未着手，俟其着手時，問明必不可省，再議檢取。

《學案》各稿之付寫刻者，前經閏枝兩次指出定本廿六案，昨又指出四案，已送沅叔轉發手民，計已上板。未上板與正在校對及新發出者，前後共三十案。其已上板者，據聞《夏峯》《亭林》兩案已成，然尚未見印樣也。

現在寫樣送校，係由文楷齋先送李思本初校，由李處取回送章處，由汪伯雲校，伯雲校後送傅宅交何、傅二人校，再由傅宅送葆之，葆之校後，仍交傅宅付文楷齋修改。有疑難之處，非校對人能決者，則問之原纂人，或商之閏枝。惟遇有講小學與金石考據之案，多古體字與寫篆文者，則須送小汀、羹梅二人考定之，多一轉折耳。【徐批：如此辦理，甚細密。】

諭覓購《周易函書》，當託人向書肆求之。

諭疇人各案辦法，當告知閏枝，遵照辦理。不知張孟劬通算學否，若孟劬通算學，則更易辦矣。此外在事諸人中，惟羹梅於此道少有涉獵，難語深造。故前有擬別請一行家覆核之說也。【徐批：不必矣。】

董綬金[①]令文楷齋所作亭林集帖石刻，工資久未算結，石亦尚在鋪中。去年我師諭章函知綬金，設法將石取回，嵌之祠壁，章昨曾與綬金言之。據云，顧祠現為黨部中人占作學堂，以享堂改作飯廳，木主已不知棄置何所。刻已具呈市政府，請飭遷移，不知結果如何。文楷齋石刻一事，須俟此事了結後，再行料理。

【徐批：彭、包兩字軸價太昂，仍寄回。如能三四十圓一件，尚可留也。】

---

① 董康（1867—1947），原名壽金，字授經，號誦芬主人。江蘇武進人。清光緒十六（1890）年進士。民國後，任司法總長、財政總長。著有《書舶庸譚》。

民國二十三年甲戌(1934)八月初三夜①

夫子大人鈞座：

　　敬稟者，今午又奉批諭，並杜文端公書一函。日前，諭飭物色胡文良所著《周易函書》，茲在文奎堂覓得一部，連《卜法詳考》共四函三十本，確是初印。據云，照碼扣實價洋四十五元。章擬給以四十元，即在陳愷處支付之，請飭鐵林知照。【徐批：可。】至《學案》各稿挪移定後，遵當仔細查核。既不可有重複，又不可有闕漏也。杜書且俟與閏枝商定辦法，再作商量。餘容續稟。專肅，恭叩福安。受業曹秉章謹稟。仲秋初三夜。

　　【徐批：《詩匯》中黃仲則詩，是否漏選，請一檢查寄知。】

民國二十三年甲戌(1934)八月初六夜②

夫子大人鈞座：

　　敬稟者，日昨肅上一稟，並胡文良公《周易函書》《卜法詳要》四函，計登鑒矣。【徐批：收到。】今日閏枝來信，云日來牙痛齦腫，拔去殘齦兩個，痛稍減而人尚委頓怕風，不敢出門。小汀所輯劉慈民、鎬仲兩單案【徐批：此二人作一案】，伊已核出送來。惟本擬附入慈民之祖廉［簾］舫先生案，閏枝此番未將錢孫所作算學各稿中《廉［簾］舫案稿》取去細看，將廉［簾］舫之事蹟，添敘入慈民傳首，頗覺頭輕腳重。【徐批：與《廉［簾］舫學案》中不必強合。】所有《廉［簾］舫案稿》，小汀正在酌量修改，修好再與慈民、鎬仲彙合一處【徐批：不必合】，交閏枝核妥後，方能呈閱也。專肅，恭叩福安。受業曹秉章謹稟。八月初六夜。

　　【徐批：劉慈民、鎬仲共一案最妥當，不必與其上輩算學家強合一案也。】

---

① 11：125。
② 11：131。

算學另是一門，各歸各案方妥。過節後有成書，可隨時寄閱。余上月買得阮太傅石鼓硯十板，吾弟閱之，得勿樂乎？彭、包兩字軸，昨已寄回。】

民國二十三年甲戌（1934）八月初九夜①

夫子大人鈞座：

　　敬稟者，日昨肅陳一稟，計已達矣。悅古齋舊宣紙第二次章幅稍小者，每張五毛，決不肯賣，再三磋磨，至每張七毛，今日交來五十張，共計價洋三十五元，茲特寄呈鈞詧，其洋請飭鐵林，務於節前寄下。【徐批：收到，價廉，照付。】杜書，章已漸增至一百六十元，云至少必須三百五十元，故尚未定。【徐批：給二百元當可賣矣。】日前《湘鄉案》中，我師於文正年紀有疑。章按：文正卒時，實係六十二歲。文正若能活至七十以外，李文忠所創辦各項新政，文正必先為之矣。餘容再稟。專肅，恭叩福安。受業曹秉章謹稟。八月初九夜。【徐批：前日又奉答一書，計所來各字，均奉答矣。中秋作何遣興，念之。】

　　稟甫寫好，又奉批諭。黃仲則詩，在《詩匯》九十八卷之首，並未漏選。

　　【徐批：過節後當有書可看。】

民國二十三年甲戌（1934）八月十三夜②

夫子大人鈞座：

　　敬稟者，日前肅陳一稟，並舊宣五十張，知已達鑒矣。【徐批：收到。】茲呈上《簾舫學案》《蘭坡學案》各一冊。章有稟陳之語，仍條列於後。恭叩節釐。受業曹秉章謹稟。仲秋十三夜。

---

① 11：132。
② 11：133。

《簾舫案》，係小汀從算學案稿中拆出另作者，闓枝初於《慈民傳》中詳敘簾舫之吏治，《學案》則祇有慈民、鎬仲兩案，殊覺站不住，故小汀決計改作。雖簾舫以算學名，其孫、曾學派與之皆不相同，而祖、孫、曾同列一案，似亦無妨也。【徐批：細閱之尚可，即可照此定稿矣。】

《蘭坡學案》，係從《墨莊學案》提出，改作專案，加附梁章鉅、朱大韶二人。

張孟劬至今未見一字。前闓枝令其撰擬《序文》，伊要看《聖祖御製全集》【徐批：是《詩集》，非《全集》】，闓枝雖說俟其着手時再行檢取，章擬請鈞座諭飭五條管書人，即行檢出【徐批：已屬其檢送矣】，交章送闓枝，轉送孟劬，免得藉口於此書不得，故事延宕也。

小汀近日患腹瀉，不能久坐，一到即走。闓枝牙痛已好，而腰痛每至秋涼必發，故又駝矣。

沅叔前數日患沙眼，不能看書作字。然昨日又赴香山，大約好矣。

沅叔云，綏金在滬開一印刷公司，仿宋槧《龍龕寶鑑》字體，作活字板，甚可看得。我師前令向之所輯《明鑑長編》，似可令之排印。惟此書究有若干卷，訂若干本，稿本是否齊全，其中是否皆是鈔出之清本，抑亦有向之手寫原稿，囑章代為稟陳。【徐批：其中須詳細校勘、審定、潤色不可，又非向之經手人修整不可。】請鈞座飭人查檢明白，再寄數本與伊，以便算計字數、頁數，估定工價。【徐批：書未修好，不能定數。】一切細情，俟鈞座大慶，伊來祝壽時再面陳也。

杜書，章已加至二百元，該買云至少須三百五十元，立即將書取去。料其必賣不出，或當再來也。【徐批：太貴即不賣［買］矣。】

【劉、朱兩案，均閱過。又李潢一冊，一併寄回，請收入寄復。】

民國二十三年甲戌(1934)八月廿夜[①]

夫子大人鈞座：

敬稟者，兩奉批諭，並鄉侯信，敬已誦悉。今日大雨，僅龔梅來一

---

① 11：135。

談。閩枝處亦無稿交來，故無可呈之件。章有稟陳之語，仍條列於後。恭叩福安。受業曹秉章謹稟。八月廿夜。

劉簾舫祖、孫、曾三代，既不宜合，俟鈞座閱後發回，當將簾舫仍歸原輯《疇人案》內。【徐批：不必再更動矣，即可照此定稿可也。】慈民、鎬仲共立一案，實嫌單薄，當再囑閩枝斟酌辦理。【徐批：鄙意不應在疇人一類中如何？不過此案應列在何處，請酌。】

鈞座新得阮太傅石鼓硯，實為可賀之至，不識得價若干【徐批：一百六十元】？舊為誰家之物？將來如有拓本，求賜章一分，以增眼福。【徐批：無人善拓。】

包卷、彭軸，均還悅古齋矣。【徐批：前已寄回矣，均不買。】據云，包卷八十可賣，彭軸則必須百元也。

十六日，張孟劬遣人來取薪款，並開單索鈔資，云三次共四萬一千字。而章處未見其稿，無從核付。當即函告閩枝，請其核出後，即交來；並告以孟劬到社三月，尚無一稿呈請鈞閱，似覺非宜；又告以趕鈞座壽辰前，《學案》前十卷必可刻齊，屆時孟劬代作之《凡例》《敘文》，亦必須繕好，一同呈送。

小汀今日電話來，云腹瀉尚未愈。

【徐批：天氣驟涼，人多有小病。諸同人均甚系念，請為一一道候，恕不另。鐵林病尚未愈。錢竹汀是否曾主講大梁書院（曾記鄢陵蘇源生菊村，是其門弟子，頗有著述），請執事考查寄知。】

民國二十三年甲戌（1934）八月廿一夜①

夫子大人鈞座：

敬稟者，昨夜肅稟，今午送交五條覓寄，閩枝適遣人送來新輯錢大昕《潛研學案》兩冊，用再肅稟，寄呈鈞鑒。【徐批：閱過寄回。】章有稟陳之語，仍條列於後。恭叩福安。受業曹秉章謹稟。八月廿一夜。

---

① 11：249。

竹汀此案，閨枝致章信云，孟劬創稿後，經伊增修兩次，又往復商訂始成，是以耽延時日。又云，《敘文》已催孟劬速擬，《凡例》則仍由伊自纂，《聖祖全集》，囑章俟五條檢到，即逕送孟劬，不必由伊轉送，多一周折。

沅叔云，《明鑑長編》稿本，鈞座檢點齊全後，似須仍囑向之檢閱一過，方可付印。又云，向之決不再做東游，惟其境地極窘，新近又赴南京圖事，失意而歸，總須設法羈縻之。俟下月到津，與鈞座面商辦法。【徐批：俟晤面商。】

連日陰雨驟涼，章居室北向，極為潮濕，已覺重棉不溫。未識沽上如何？【徐批：亦有雨。】

民國二十三年甲戌(1934)八月廿七夜①

夫子大人鈞座：

敬稟者，日前肅上一稟，並錢大昕《潛研學案稿》兩冊，旋得鐵林信，知已登鑒矣。【徐批：已寄回。】今日會期，閨枝未到，遣人送一字來，云已多日不出門，現正力疾草擬《凡例》云云。謹將原箋呈鑒。【徐批：原字寄回。】其所謂腰痛頭暈，固是老病，每值秋涼必發。《學案》凡例，伊本屬張孟劬代擬，不知何故，仍復力疾自為。章日內擬躬往視之，仍當囑其從容辦理，不可過於求速，益更勞神也。《聖祖御製集》，五條來電話，云已檢出。章明日遣人取來，即雇車逕送孟劬，催其趕緊作《敘》，務期於重陽後，與前十卷刻本一同呈鑒。專肅，恭叩福安。受業曹秉章謹稟。八月廿七夜。

---

① 13∶110。

民國二十三年甲戌(1934)九月①

夫子大人鈞座：

敬稟者，本月十有三日，恭逢我師八秩大慶，諸同人皆將專誠赴津稱祝【徐批：不敢當】，章獨以病體支離，不克躬與其盛，私衷悵惘之深，實難言寫。【徐批：萬不可遠勞。】除與諸同人恭備菲物數種，由沅叔帶呈外【徐批：同人多情，均代多多道謝】，茲謹呈上內府製壽字朱絹箋一幅、高宗八旬萬壽朝鮮貢表硃批掛鏡一面，皆是舊有之物，亦未另加裝潢，聊當芹獻。伏乞賞收，勿加呵斥，是所至幸。【徐批：又另加贈，何以克當？至好又不敢卻，惟遙拜遠惠耳。】專肅，恭叩福安。別有應行稟陳之語，另箋附上，統祈垂詧。受業曹秉章謹稟。

【徐批：寄來《序稿》，已閱一過，後半尚須擴充；《凡例》亦須細讀。此二件稍遲再覆答寄回也。】

附上趙鈁呈壽詩一軸，並乞鑒收。

敬再稟者，日前接奉批諭，並閱後發下《學案稿》三冊，敬已誦悉。所有應行稟復之語，條列於後，伏乞垂鑒。秉章再稟。

《聖祖御製集》，已由五條取來，是詩文全集，且文多於詩。惟僅兩集，每集兩函，共四函。其中敕諭一類之書有年分者，僅至康熙三十六年。章本記得此書不全，卻不記得缺若干本。日內即當送與張孟劬應用也。

阮太傅石鼓硯，實為希世之珍，非福德兼備如我師者，不能得也，況價又如此之廉乎？

劉氏祖、孫、曾學案，似應以其祖簾舫為主，即按《簾舫傳》中在官時代，與各案挨次編排，鈞座以為當否？【徐批：可。】至疇人各案，去年已與閏枝談過，擬亦按照時代，與各案一律挨次編敘，不另提出疇人一類，以歸簡易。【徐批：甚好甚好。】

---

① 12：116。

疇人各案，此時尚未整理出來，俟閨枝逐一理出，自當隨時呈請鑒定。

錢竹汀未曾主講大梁書院。主講大梁書院者，為蘇菊村師者，是錢衍石，《案》早成矣。

各案有頁數太多者，分上、下兩卷。若曾文正連附案，且須分上、中、下三卷。亦有不能分者，不得不將采錄之文酌量刪去數篇，庶不致厚薄太不勻稱。

聞陳愷說鐵林病仍未愈，往往夜間痰湧失寐【徐批：近稍好，仍不壯實】，不知其近延何人診治也？【徐批：蕭先生，亦從前京官。】

【徐批：閨枝兄又因體弱辭編書事，特覆一函，請轉交，並待堅留，萬不可辭，非全書告成，諸公皆不可棄之而去，相懇相懇。】

民國二十三年甲戌(1934)九月初五夜①

夫子大人鈞座：

敬稟者，今早交懋宣處便人帶上一稟，並呈上壽字絹箋一幅、硃批掛鏡一面【徐批：收到，謝謝】，又趙鈁呈壽詩一軸【徐批：亦收到】，計已仰邀鑒督矣。午後閨枝來會，交章永年武延緒著《所好齋札記》二本，② 云是武君之孫寄呈鈞座者【徐批：收到】，謹以呈上，伏乞督閱。專肅，恭叩福安。受業曹秉章謹稟。九月初五夜。【徐批：覆閨枝兄一函，請閱後封送為懇。】

---

①　12：110。

②　武延緒，直隸廣平府永年縣人，清光緒二十九年進士，授翰林院庶吉士，據倫明《續補藏書紀事詩》載："武次彭大令延緒，永年人。治湖北京山久，人稱循吏。……著有《所好齋札記》，復能剖析莊、老諸子，下逮史公、淮南諸書，所言往往與乾嘉諸大儒冥合。已刊行者，有《楚辭》《莊子》兩札記。"《楚辭》《莊子》兩札記，今國家圖書館有藏。

民國二十三年甲戌（1934）九月初十日①

夫子大人鈞座：

敬稟者，接奉批諭，敬悉前呈之件，已蒙賞收，實深欣幸。發下《竹汀學案》兩冊，此稿中采錄之文，前後本有移動，尚須改訂。批諭以"《小傳》太長，亦須酌量刪節"，因連同批諭囑轉達閏枝各語，一併送其閱看。閏枝初五日在此本與同人約定，一同赴津祝壽。昨日來信云，天氣陰寒，體中又復不適，畏風殊甚，津行不克如願【徐批：閏兄體中近當康復，請代多多道候】。有賀壽信一函【徐批：閏兄有賀信來，請代達謝忱，不另覆也】，並所纂《凡例稿》四紙，囑章代為寄呈，今日又交來張孟劬所擬《敘文稿》三紙，一併鈞鑒。章有應行稟陳之語，仍條列於後。恭叩福安。受業曹秉章謹稟。九月初十日。【徐批：附寄去宋晉之著述二單，可採入傳中。如用何書，請轉近與徐榕生接洽。又寄鄭東甫書一單，如有用，當再行索寄；如無用，即不寄也。書名可否列入《傳》中，請酌。】

《凡例稿》，閏枝於初五日攜來，同人傳觀，沅叔亦在座，皆不置一辭。章閱之，覺其中字句固多可商之處，條例亦未完備，似仍須再請閏枝與同人妥商參訂，以期盡善。孟劬之《敘文》，體極為博大充實。惟但將聖祖學問分段鋪敘，未將鈞座作書之旨明白揭出，轉似拋荒本題。且前面文字過於繁重，收處寥寥數語，亦覺不稱。其起處"乃作而言曰"一語，章尤以為不合體裁。蓋為他人作敘，發舒意見，用此一句，提起全文則可；若自敘自著之書，將對誰作而言哉？似亦須請閏枝潤色後，再與同人參訂之。此二稿，鈞座閱後，擬請切實批示發回，章再與諸君妥商辦理。【徐批：《凡例》《序文》，均另紙寫意見，請諸君酌定，均請閏兄潤色為懇。】

刻成各卷，均由沅叔帶呈。前列十案中，尚缺船山未曾刻出。因原稿中有遺落之字，校對時展轉質問，又查對原書，始行補出，發刻較遲也。

---

① 12:119。

　　《王蘭泉案》，閨枝已遵諭另繕清本。此外又指定數案，令發交手民。原稿中有刪改鉤勒太多之處，恐手民看不清楚者，均由汪伯雲另錄一清本訂入，以免錯誤。

　　章自攖痼疾，八載未趨函丈，瞻戀之忱，實難言寫。七月中，榮叔章之弟季明在此行醫，給章一薰洗之方，云已治好多人。章遂依法用之，滿擬從此肢體活動，步履如常，則至九月，即可赴津祝壽。豈知藥力異常猛烈，薰洗之時，皮膚作癢，肌肉跳動作痛；薰洗之後，自膝蓋至腳，皆紅腫，出小疙瘩，奇癢不可忍，少一摩擦，毛孔出水，腳面皮破一塊，出血出水，多日不能着襪，苦不可言。中秋後，腫漸消，水亦漸乾，而步履依舊毫不活動。且膝蓋以上，亦作奇癢，每夜須以滾水洗之，方能安睡。季明本云筋絡中所積風濕，須三四次方能拔盡，現擬再過數日，如仍不見活動，即亦不再薰洗，再討苦喫。【徐批：藥力過猛，似不相宜。】仰承垂念，謹以附陳。惟當此大慶之時，凡居門下之人，無不趨前叩祝，章獨不能相從鞠跽，萬分恨恨。載繹溫諭，體恤周至，益深感愧。【徐批：萬不可遠勞，緩緩調理，務臻強固也。】

民國二十三年甲戌（1934）九月廿二日[①]

夫子大人鈞座：

　　敬稟者，沅叔、敬一、小汀、葆之、羹梅諸君回平，先後來談，欣悉我師壽辰天氣晴和，賓客來者不下七八百人，我師均躬自酬接，精神矍鑠，步履堅彊（強），談興之佳，猶是五六十歲狀態，而垂詢鄙狀，至再至三，聞之益深感戢。茲呈上代擬《聲山墓誌》一通，輓徐指揮聯額字句一紙【徐批：當已由京寫送】、包慎伯字卷一個【徐批：收到】，伏希鑒督。有應行稟陳之語，仍條列於後。恭叩福安。受業曹秉章謹稟。九月廿二日。

　　《聲山墓誌》，僅就上次鈞座批示及鄉侯《事略》所述與章所知者，參互為之，不識能用否？伏候鈞削。【徐批：尚須小有斟酌處。】

---

① 12：111。

　　包慎伯字卷，上次鈞座寄回後，業已還之，據云至少須八十元。日昨又復送來，云本主急等用錢，六十元即可賣矣。章又與往復磋磨，說妥五十五元，用再寄呈。如鈞座以為價尚相宜，即請留下，其價洋，即諭飭鐵林寄下。【徐批：已屬鐵林照付矣。】

　　沅叔以鈞座交伊之《書髓樓書目》八本相示，云奉諭飭交授金排印。伊閱之，覺不甚妥當，囑章再細閱一過，商定辦法。章見其中編次淩亂複雜，毫無條理，祗可存之藏書處，以為檢書之簿記，萬不可以示人。蓋《書目》亦是一種大學問，必須有作提要之本領，方能編排《書目》，決非賀性存所能勝任，亦非章所能勝任。竊以鈞座既欲交綏金排印，即請授金重為改編一過，編好呈鑒後，再行付印何如？現在此《目》尚存章處，候示遵行。【徐批：此不過是自己存書目錄，不敢問世。即請沅叔代為斟酌妥善可也。】

　　日前榕生來談，云宋晉之所著《周易要義》經其壻高君交龍雲齋刻成，現聞書板可以出賣，鈞座如可收買，伊可以託章邱人馬弼臣向之商辦。【徐批：如價廉可買。】此外，稿本有存在山東圖書館者，有存在濰縣丁稼民處者，鈞座如要，伊可函託圖書館與丁氏雇人代鈔。伊開有細目一紙交章，囑章一一代為陳明，請示辦理。章以為，晉之之案業已輯出，文亦采得數首，閏枝本思得其《周易要義》一看，如有自序，可以錄入《案》中，最為合式，故上次曾有令文楷齋向龍雲齋商印敘文之議。現在書板既肯出賣，章擬請鈞座收買之，俾免日久散失。【徐批：可買。】其他各書，託人代鈔，所費太多，鈔來已無用處，但將各種書目，為之敘入《傳》中可矣。【徐批：有可傳之作，不妨一抄。】書至此，適龔梅來，見榕生所開單內存在山東圖書館者有《續春秋三界考》《禹貢說義》，擬將此二種鈔來一看。【徐批：可鈔來。】特並陳明一切，俟奉諭後，再囑榕生分別妥辦。

　　榕生又云，鄭東甫遺稿之在一達夫人處者，伊已切實問之。如鈞座向之面索，必肯獻出。惟不願令一達經手，恐有遺失耳。【徐批：已送來數種，皆散亂殘稿。昨已開一《目錄》寄去，如有用者，再檢寄可也。】

　　十九日星期五，閏枝來，鈔示上鈞座函稿，云函已巡發矣。章當即告以全書尚未告成，現在正當趕圖整理要緊之時，不但府主不能允公之請，即同人亦決不能任公暇逸也。伊云：當將《目錄》排出，各稿之有尚須商酌者，一一分別開單，以便他人接手。章即問何人可以接手，公若意中無人，恐府主亦指不出人也。伊云：即請府主自為鑒定，亦無不可【徐批：不可不可】。章曰：若如此，恐非府主延請為總纂之初意。伊遂默然。章看其函中語意，實以誤拉張孟劬入社，懊惱之至，自覺無以仰副鈞座誆誒之盛意，又無以對同人，故欲託詞引去。然目下萬不能不設法挽留，請鈞座親筆復伊一函，章當躬往留之。【徐批：已有切實寄去，想其去意必可取消也。日來如何情形，即寄知為盼。】勢必一而再，再而三，如實在挽留不住，擬請月薪依舊照送，與之言明，一切均由小汀、葆之、羹梅三人代為整理，遇有新成之稿，及疑難之事，均仍須就之商確【徐批：必須留其成此全書，萬不可令其去，切屬切屬】。鄙見如是，鈞座以為當否？【徐批：大家均可幫忙。必須切實挽留，始終其事。】一切辦法，均俟奉諭後，再與小汀諸人妥為商定。《敘》與《凡例》，亦俟奉諭後，再與諸君商量另擬。羹梅、葆之前所擬補輯之人，閭羹梅已約略陳明鈞座矣。閭枝本不以多收為然，伊蓋恐求書為難也。現章已與羹梅言定，苟有書可得，皆為補作，稿成後，再送與閭看，不使為難，當亦不至有違言也。

　　敬一求書朱子祠匾"道承洙泗"，"承"字筆畫配不勻稱，或改"宗"字如何？

　　此稟甫經繕出，適得張孟劬信，云本以幫總纂名義從事編輯，刻聞閭老言辭，自當同退，請轉陳府主云云，此殆即閭枝函中所云"亦當有以自處"之說也。特此附陳，俟奉諭後，再作函復之。

　　【徐批：前此奉覆之函，與吾弟之意，大略相同，當必斡旋熨帖也。如何情形，隨時寄知。如有成案，隨時寄來一閱。】

民國二十三年甲戌（1934）九月廿四日[①]

夫子大人鈞座：

　　敬稟者，日昨蕭稟呈上《墓誌稿》、匾聯字句，並安吳字卷，計登鑒矣。【徐批：均收到，已答覆。】昨晨接奉批諭，誦悉一切。致閭枝信，章於午飯後躬自送去。閭枝閱後，先說府主盛意實在可感，惟身衰事太繁重云云，仍

---

　　① 12：92。

與函中之意相同。章因言公事誠繁重，然就神采觀之，卻毫無衰象，所苦者，拉一幫手不得力耳。伊遂拍案呼曰：是極是極，乃歷訴與張孟劬齟齬情形之，^{凡此情形，伊已早向沅叔言，閣沅叔已略陳鈞座矣。}又言因此人之來，既累府主虛糜重糈，復令友朋橫生意見，實在問心不安。不然，與府主數十年交情，當此編纂將次告成、正在整理喫緊之際，豈能恝然置之？現在又蒙府主溫諭挽留，愈增慚愧，惟有依舊勉為擔任。但交冬後，終恐病發，不能耐勞，終須有人幫忙。章曰：公但照府主函中所說，將《目錄》與"整理辦法"一一寫出，則小汀、葆之、羹梅三者，無一人不可幫忙。伊云：須君為我轉商，^{此輩來意見不甚融洽，故不欲面商也}即極口應之。伊乃囑章，代將一切言語陳明鈞座，請紓厪注。章初意恐非一次能了，故日前稟中陳有最後之辦法。目下鈞函既以交情感動之，而章又為破其癥結，是以易於轉圜^{閣枝所最恨者，是自往海淀催孟劬作序，孟劬對以"我的文章是無價的"。}惟張孟劬既言辭，亦當想一解決辦法。章曾問閣枝，閣枝云隨他去罷。此是閣枝恨極之言，當再與妥商之。專此，稟復。恭叩福安。受業曹秉章謹稟。九月廿四日。

　　敬再稟者，閣枝又言，各稿有以正案改附案，有以附案提改正案，亦有附案看之與正案之人不甚聯合者，更擬提出改歸《諸儒學案》。且凡附案之人，稿內所注"別為某案""別見某案"等字樣，現在查之，頗有尚無著落之人，亦須一一查明清理。凡此各項，總須全稿告成，方有定數，故此時《凡例》，亦不能作為定稿云云。謹再附聞。所有前呈之《序文》《凡例》兩稿，章意擬請鈞座既已允許照辦，自不再生異議。惟所謂"《文苑傳》中人物，非實專家之學具有本末者，不宜過多"一語，仍是不欲多收之本意。無論是否《文苑傳》人物，總以有無著述為斷。著述之有無真實本領，書到公評。有書即輯，無書即置之。書無可取，亦置之，何至濫列？何至喧賓奪主？現在擬補單中之書，羹梅已尋得十數種矣。

　　程世兄日昨攜其尊人詩稿來，云鈞座已允代為印行。章以恭甫本屬經生，作詩非其所長（有樸邀氣，無性靈語），稿欲印行，必須請一內行從嚴精選之。鈞座諭令分體改編【徐批：不必分體】，章擬交葆之一看【徐批：甚好甚好】。四本之中，約為刪存百餘首，作兩三卷，分體另編鈔清後，再呈鑒定【徐批：不必分體另編】。是否如此，候示祗遵。程世兄現暫住黟縣會館其親戚朱仲我之子少濱處，章昨日約其吃飯，並邀少濱。程世兄歷訴在家困苦之狀，云^①鈞座曾囑其尋鐵林，屬向劉鎮華處為謀一枝

---

① 是後當續接 11：208。此處線索是朱曦林師弟查出，並慷慨提供，在此表示感謝。

借。而伊以政、軍兩界皆無長局，現在家鄉已不能歸，思在商界中圖一托足之地，囑章代為陳明鈞座，求向中興公司為噓植一事。【徐批：緩緩遇機會。】章與見面，細談三次，覺其人已盡除昔年囂張之氣。朱少濱亦言其更歷憂患，頗能變化氣質，許其進德甚猛。【徐批：是否當之程飯牛①。】謹為代呈名條一紙【徐批：收到】，伏祈裁酌是叩。

民國二十三年甲戌（1934）九月廿六夜②

夫子大人鈞座：

敬稟者，日昨肅復一稟，言閨枝事，計早登鑒矣。今日星期五會期，僅龔梅來一談；小汀聞赴仲騫家拜壽，故未繞道來會；閨枝亦未來，想正在家編繕《目錄》與"整理辦法"單子，故未出門。章明、後日擬再往與一談，解決張孟劬事，且閨枝處尚有成稿未曾核出者，亦須婉辭一問也。章前稟所陳《書目》不妥之處，謹就管見所及，另紙開出數條，伏祈鑒詧。【徐批：收到，照改。】恭叩福安。受業曹秉章謹稟。九月廿六夜。

【徐批：未動手之稿，想亦不多，不知尚有幾人？已成之稿未潤色者，尚存若干？無書可查，歸《諸儒案》中者，約幾人？】

民國二十三年甲戌（1934）十月初四
（小春初四夜）③

夫子大人鈞座：

敬稟者，迭奉批諭，並發下鄭東甫、宋晉之兩先生所著書目單，及《敘》《例》兩稿，均已誦悉。謹將應行稟陳各事，一一條列於後，伏候

---

①　程夢餘（1883—1982），原名飯牛，又名賢孫，字幼魯。程鴻詔之孫。早年曾出國留學，積極參加革命，為中國同盟會會員。又曾擔任北京《國風報》主筆。

②　12：76。

③　12：72。

批示，祇遵。恭叩福安。受業曹秉章謹稟。小春初四夜。【徐批：鄭東甫四種，照單揀出寄去，請查入。原單亦寄回。】

《凡例稿》已連同批示一牋，交閏枝閱看，並與商定，俟全稿編排就緒，再與同人參訂。

《敘稿》及批示三牋，亦交閏枝閱看，自應遵諭，仍交張孟劬脩改。惟孟劬日前言辭，章已將其言轉陳鈞座，目下去留未定，若仍令脩改《敘文》，則必須留之，既留之，即不能僅令脩改一《敘》而已，必須再分給編輯之件。而問之閏枝，搖頭不已，似不欲再與往還者。若脩改《敘文》之後置之不理，則“無價之文”，不知又增何等聲價（勢必再與閏枝麻煩）。且留一日，須給一日之薪，僅作一《敘》，而養一長喫乾脯之人，亦萬萬無此辦法，似可即允其辭去（有觀望之意）。而閏枝謂去留須請府主示遵，是以種種情形，不能不詳陳鈞座。如鈞座可允其辭，章即函致閏枝，令其傳諭通知。特擬一稿，另紙呈鑒，俟奉批回後，再行繕送。【徐批：已將來稿先行寄回，即可繕發照辦也。】其實，張孟劬由閏枝拉之入社，目下去留，自仍應由伊決定。一言“請示辦理”，乃既懊惱悔恨之極，而又遲迴瞻顧，一無策畫。章所以不得不作此曲折，免其種種為難。可否之處，即乞諭遵。【徐批：照辦。】至孟劬此種文字，羹梅實優為之（若章無病，自問亦未敢多讓），惟閏枝不信服耳。

閏枝昨日來談，云日內正在趕辦《目錄》，無暇再看他稿。專辦整理付刊而致一切停頓，實非辦法。章今日又切催羹梅，未輯之案，務即趕緊辦理，勿再延擱；所有應行補輯者，亦囑其即將人名與所著之書一一開出，以便訪求書籍。

閏枝交來湯潛菴、方望溪、姚惜抱三案，云已核定，可即發手民寫刊。章見其中刪訂之處，確已裁貼完整，而《望溪附案》中有脫落之人，尚須向其查考也。

閏枝《目錄》與“整理辦法”寫來之後，小汀、羹梅、葆之三人儘可分辦，此章可斷言者。

收買宋氏書板及鈔山東圖書館宋氏之稿，已函託榕生，分別辦理矣。

鄭東甫書單，已給閏枝閱過，伊酌量圈出數種。茲將原單呈上，請囑檢寄，原單仍祈發下。

章日前將賀性存所編《書目》可商之處，就管見所及，約略摘開數條寄呈，當已登鑒。其中尚有漏列者，如邵伯絅所著《雲淙琴趣》，乃詞也，何以列於子部藝術類？《高宗御製詠瓷詩錄》與我師自著各種題畫詩，皆詩也，何以亦列入子部藝術類？【徐批：已告其改正。】凡此之類，恐尚甚多，請鈞座將章之單交下，以便遵諭交沅叔酌量辦理。【徐批：前單已交賀改正，原書由沅叔閱後，屬性存取回修改。】

鐵林寄來齊君所呈請將王三錫纂入《學案》一事，此人既《畿輔先哲》中有《傳》，自易辦理。惟齊君代擬之《案稿》與所摘錄之文，則全不合用，須囑其將王先生所著之書，交來一閱，方可酌量纂輯。即所附錄王先生之弟子，凡有著作者，均須將書及詳細履歷或《傳》《誌》送來，若其所述者，則亦全不合用也。算學二人，亦要書與履歷。【徐批：均有函屬其徑送弟處。】

正繕稟間，又奉批諭垂問各節，容再查明具復。總之，此次添一張孟劬，原為趕辦編輯、早日成書起見，不料此人一來，轉致橫生波折，諸事延緩。現在孟劬果去，當可各泯意見，漸次順手。章仍當隨事斡旋，極力催辦也。

《揀珠錄》，① 遵已照單分別送交，均囑代為陳謝。惟單內漏去朱小汀，請再補發一分是叩。【徐批：已寄去一本，請轉送。】

民國二十三年甲戌（1934）十月初十夜②

夫子大人鈞坐：

敬稟者，前、今兩日，迭奉批諭，並補送小汀《揀珠錄》一部，及東甫先生遺稿四包，均已誦悉。章前擬致閏枝辭張孟劬函稿，遵諭繕後，章躬自往晤閏枝，與之閱看。閏枝令章逕自函致孟劬，毋庸由伊轉致，並囑章將伊奉諭挽留，暫仍擔任，究竟能否久於其事，尚不能定各情形，為之說明。其意蓋以己留而孟劬辭去，對之覺有愧色也。【徐批：閏兄豁達樸厚，與鄙人數十年同年至好，且又久任此事，不能與尋常較量去留也。】當即照其所說，將信稿略改數字，又增加數句，發郵寄往海淀。適

① 今國家圖書館藏徐世昌撰、郭則澐輯《揀珠錄》一卷，民國間影印本。
② 12：77。

陳愷將本月領薪單送章蓋章，因即將孟劬薪水除去，然四個月已虛糜八百元矣。此外應行稟陳之語，仍條列於後。恭叩福安。受業曹秉章謹稟。十月初十夜。

今日，小汀輯來沈夢蘭一案，擬彙列《諸儒學案》者，閨枝取去閱看矣。① 虁梅處輯而未成之《曲園附案》《張文襄附案》《曾文正附案》，今皆分給小汀帶去纂輯，此係前數日，章與虁梅商定者。此外，擬補之案，今日又催虁梅開出，以便訪求書籍。

閨枝云，現在伊處所應辦者，一為遵諭刪改張孟劬所輯之《潛研學案》，一為已交張孟劬未曾輯出之《李若農案》。此外未核之稿，除錢孫所作十餘案之外，僅有小汀所輯之錢南園一案而已【徐批：請暇時再將未成各案，開一單見示】。因南園此案太嫌單薄，必須將附案內應列之兩人著作尋得，方可充足。此兩人，一為李文耕，一為劉大紳，皆雲南人，皆著名循吏，皆有文集。從前在清史館時，曾經見過，惟不記其書名為何。曾經訪問雲南同鄉人，竟無知者。章擬求鈞座再託人代為一訪。【徐批：此處相識，無雲南人。】

閨枝又云，現在移併各案，乃是結束辦法，移來移去，總要求其熨帖。即彙列《諸儒案》，亦須尋一線索，不能漫無倫次。故擬先自行彙做一案，再與諸同人商酌。

東甫先生各稿，章擬揀閱一過後，再交閨枝閱看。其中零頁（《致伯熙書》之類），擬先用白本粘之，庶免散失，然後擇其有論說成文者，令人鈔出，方可揀選。鈞座以為當否？

單中所開墓誌、壽文、書信四本，自亦是東甫所遺文稿，亦請寄下一閱。【徐批：檢出寄去，可收入。】其中書信，或有可采者，若為他人所作墓誌、壽文，則恐無用處也。

《書目》各冊，章已於前日往訪沅叔面交之，並就章所摘出者，一一檢出與閱。伊云："集部中君胡一無所見？"章云："集部似尚不致有錯，故不曾細看。"伊隨手一翻，亦竟指出紕繆數處。伊允為先行令人一一簽出，伊再另為編排，編成呈閱，再定辦法。【徐批：《書目》即轉告沅叔，請其代為逐細閱看，有應更定刪存，均請其酌定，再行排印也。】

刁包《用六案》，文楷齋寫本有脫落字，請即飭管書人，將《用六

---

① 今沈夢蘭（古春）附入《清儒學案》卷一百一十五"秋農交游"中。

集》檢出，寄下查對，用畢仍即繳還。【徐批：亦令其檢呈。】

【徐批：文楷刻書，不可停工待書。請吾弟與傅、陶兩公，隨時接洽，源源發給繕刻為囑。】

民國二十三年甲戌（1934）十月十七夜①

夫子大人鈞座：

敬稟者，今晨接奉批諭，並東甫先生文稿四冊，敬已誦悉。今日星期五，闓枝未到，故無可呈之件。章有稟陳之語，條列於後。恭叩福安。受業曹秉章謹稟。小春十七夜。

上次發下東甫先生殘稿四包，章已檢閱一過。其《致伯羲書》，論《春秋三傳》一百零九頁，直是一通書之草稿，有字句不相聯接之處，恐其中已有遺佚矣。《致仲魯書》一包，論象象共二十七頁，亦是一通書之草稿，不順文排好粘連之，幾不可讀。書中證引之文及其議論，必大有可採，獨先生當日何以用八行書起草，實不可解。章現已訂兩白紙簿，預備順文粘好再說。至其學案三本，乃讀《宋元學案》之論說，每一事作一段，亦是草稿。寫而復寫，故有塗抹處，有重複處。其中且有脫簡，並非定本。然採入《學案》，不妨分段擇錄也。日記中，摘錄報紙外國新聞最多，於其學問，無甚關係。惟《象象傳疏》一薄本，前有自序，似是已成之稿，字跡亦尚清楚可看。惟其中文義，與《致仲魯書》中所說，不識有無異同，須俟信稿粘好後，互相參看。且兩信均極冗長，恐非子細審定刪節，不能列入文稿也。此次發下之文稿四冊，章亦擬細看一遍，與前件一併交闓枝細看。

收買宋氏書板一事，十三日在五叔處晤榕生問之。據云：初聞山東丁姓者云馬弼臣可以與前途商辦，乃問之馬，而馬全不接頭，現又作信去問丁姓矣。鈔山東圖書館之書，則亦託丁代辦。

齊校長要求將其受業師王錫三收入《學案》一事，章查《畿輔先哲傳·高齡恩傳》後所附《王錫三傳》，如作《學案》，稍加裁節，儘可用

---

① 12：80。

得。而齊君以附在《高傳》之後，不足表揚其師，意欲求立專案。代擬之傳稿，則全不能用，其傳後摘錄之《易說》《詩說》《論語說》《孟子說》《史鑑說》各文，乃是平日與學徒講說之語，庸腐之極，了無精義，並不能算著作。尤可怪者，稿中續錄門弟子之前，有按語一段，云："先生教人以德行、言語、政事、文學為默計之法，特不欲明言，不敢比擬聖門也。惟學生私議，則以'某某等為某科'、'某某等為某科'"云云，已極妄誕矣；下又注云："姑以人之稱說者為類，分翰林、進士、舉貢、生員四者書之。"則全是鄉曲之見，鄙陋可笑。故章前日要其所書各人履歷、《傳》、《誌》著作來看。日昨，齊君躬自送來王先生之《行述》及其門弟子為立之《德教碑》與《祠堂碑記》（文皆惡劣，不堪入目），又此外各人之傳，與王德涵所著算學各書，章與之長談，其人實是一誠懇君子，惟於纂輯《學案》若何可作專案，若何可作附案，及無著作不能收入《學案》各種情形，為之詳晰剖說，則全然不解，一味歪纏，並要求將其兄齊樹枏亦收入案中。章不得已，告以當將送來各件，交總纂夏閏翁斟酌，再請示總統辦理，方始欣然而去。平心論之，如所謂王先生者，不求聞達，不事標榜，畢世鄉居教授，闇然儒修，為善不倦，苟有著作附列《學案》，以傳其名，亦未為不可，但恐無可附麗耳。不知能敷衍一小案，彙列《諸儒案》中，以塞齊君之望否？惟無著作，恐亦站不住，容與閏枝商之。其所交來王德涵算學各書，擬交羹梅一看。【徐批：作一《小傳》，列入《附案》中可也。】

陳任中，[①] 九月底六十政壽，有自述詩，並箋紙徵人壽詩。據云，亦曾呈送鈞座，現在收到詩甚多，擬求鈞座賜書數字，以為裝冊弁首用。再呈上箋紙一幅，如蒙允如所請，章擬求書"美意延年"四字與之，伏候裁酌。【徐批：可。即寫去，可轉交。】

諭問未成之案尚有若干。章所指者，一為李若農，一為汪雙池，一為鄒漢勛（此是小案）三者而已。尚有顧廣譽、方坰、沈曰富，則以何人居正，何人為附，迭次商酌，意見參差，迄不能定。且皆需擴充，雖已具稿，實仍在未成之列。[②] 此外仍補輯者，俟名單開出，再行稟告。

---

① 陳任中（1874—1945），號仲騫，贛州人。清光緒二十八年舉人。曾任民國總統府秘書、教育部次長。

② 今《清儒學案》將方坰生齋立為專案，顧廣譽附其交游中，沈曰富附其弟子中。

停工待稿一層，最為可慮，章與沅叔已屢屢言之。閏翁亟於修飾舊稿，置一切於不問，而其精神，實不能籠罩全局，又必欲一一自為。雖說開出辦法，分交他人照辦，至今多日未曾開出，章又不便過事催迫。明日擬順道為送薪水去，且俟見面再說。

章於十三日午後，往看五叔之病，已甚危殆。見其靠在一大椅上，閉目張口，喘息不定。呼之，微微點首，又似微呼理齋二字。問其眷屬，云前兩日稍好，此日忽又加重，神識不清，不能說話，腿部已腫過膝蓋之上。斯時榕生陪一陸姓醫生在座，兩人私語良久，同起，云往校場五條拉一蔣姓者來看，商量辦法，章亦即相隨而出。是夜，電問八叔處，云聞得小解後，稍稍見好。至昨夜再電問八叔寓中，知五叔已於午後兩鐘逝世。[1]【徐批：兄同堂十人，今僅剩四人矣。】五叔體氣本虧，加以連年心境過於惡劣，以致負此沉痾，不可救藥。我師高年，萬望釋懷自衛，勿過傷悼。明日如無大風，章當躬往送三。惟五叔寓屋偪仄，似應先行寄殯廟中，再為擇日開弔。辦理一切，想八叔必有籌畫也。【徐批：屢勞心感。】

陶心如在津祝壽後，即以事南旋，至今未來，可怪之甚。

籛孫來信，囑代乞鈞刻《明清八家文鈔》。如蒙俯允，祈即飭檢下一部，以便轉寄。【徐批：寄去一部，請轉交，並問候。】

【徐批：《毛西河案》並附《方棨如案》二冊，均閱過寄回，請查入。】

民國二十三年甲戌(1934)十月十八夜[2]

夫子大人鈞座：

敬稟者，昨夜肅陳一稟，今晨送五條第中，交便車帶上，不知何時達到。午後往為五叔送三，得見八叔及大孫世兄，詢悉福躬康泰，至以為慰。順道往訪閏翁，伊正在脩整舊稿。《毛西河案》頁數太多【徐批：閱

---

① 據《年譜》民國二十三年甲戌（1934）八十歲條："十一月，五弟世綱徙居北平甫旬日，於二十二日病逝，同堂兄弟又少一人，公為愴惻。"

② 12:85。

過寄回】，作一卷太厚，分兩卷，又嫌下卷太薄，擬將采錄文中之圖刪去。因係鈞座指為定本，故須請示，祗遵，用特交章寄呈鈞鑒。【徐批：不必刪，將頁數分勻可也。另詳寫一紙，夾在書內。其他卷頁如多者，亦不必刪，多載幾篇文字，亦甚好也。】章有應行稟陳之語，仍條列於後。恭叩福安。受業曹秉章謹稟。小春十八夜。

　　章與八叔談，知五叔之喪，擬俟盡七開弔，寄殯阜成門外廟中，再行覓地安葬。又問，知五叔身後雖所餘無多，若經理得法，亦尚可以過活。【徐批：尚可過。】惟此時一門細弱，孤苦零丁，見之令人酸鼻耳。

　　閩枝問及五叔所住之屋，據云屋從前秦佑蘅曾經住過，不但不成局面，且形勢極壞，佑蘅夫人即歿於其中云云。【徐批：兄亦去訪佑蘅，到此房。】然五叔垂死，移居而來，會逢其適，不能歸咎於屋之不利也。閩枝又云，其尊人丁內艱時，江陰已為粵匪所陷，因即寄寓衛輝。其祖太夫人之柩，寄殯一道士廟中，未幾，匪股北犯，衛輝一帶戒嚴，謀之道士，藁葬於廟外空地。迨江南肅清後，扶柩南歸，啟土時，見四面土皆離棺而立，極潤而不潮濕，始知倉卒之間，無意而得吉壤。後來府上有卜葬於衛輝者，即此地也。

　　閩枝恨張孟劬之甚，而又慮葆之仍存芥蒂，不肯幫忙，時時形之語言。今日，閩枝又問葆之果肯幫忙否，章告以早經商妥，公但將辦法定出，伊三人無不照辦者，設或偶有見解與公相歧之處，仍必隨時就公商酌，毋過慮也。【徐批：照此辦理甚好，即可照辦也。】

　　蔡世遠《梁村學案》，文楷齋業已寫出樣本，現經校有訛字，須檢原書一對，不知鈞藏有蔡世遠所著《二希堂文集》否？祈飭管書人一查，如有即行檢下。【徐批：聞性存已檢出交去矣。前日又開去山東數人，當見入覽，能物色其書否？】

民國二十三年甲戌(1934)十月廿三日①

夫子大人鈞座：

　　敬稟者，日昨肅陳一稟，並呈上閩枝刪訂之《西河案稿》一冊，計

已登鑒矣。【徐批：已閱過寄回矣。】《書髓樓書目》八冊，沅叔交其同鄉蕭龍友之子，素講目錄之學者，詳細簽注，沅叔謂其頗為詳盡。章又披閱一過，用特寄上。請飭交賀性存重編，先寫一草簿，呈由鈞座發下，再交沅叔細看，商量辦法。沅叔來字，又炳侯夫人一信，並祈鑒詧。章有稟陳之語，仍條列於後。恭叩福安。受業曹秉章謹稟。小春廿三日。

《西河案》，以分卷嫌太厚，故閩枝擬將采錄文中刪去數頁。如鈞座為然，以後他案即可照此辦法。【徐批：不必刪，刪則文恐不全。各案皆不必再刪，分卷厚薄，無關緊要。】

《書目》一經內行簽注，覺章前所指出之疵，不過十分中之一二耳。章刻下尚有管見數條，另紙寫上，請鑒酌後，統交性存，酌量辦理。

炳侯夫人住在上湖南館，夏秋間來信，云屋已將倒，必須遷居，囑章為乞搬家之資。迨鈞處幫款到後，又來一信，云實在度日為艱，囑章再為商懇鈞座，按月給以此數。章將其信寄與鐵林，不知鐵林曾呈鈞鑒否？豈知其前說搬家而不搬，延至今日，遭此大辱。據其信云，已經函懇鈞座，思借閒房四五間，暫行居住，囑章再為一言。【徐批：無房可借。】章竊以為，房不可借，其思得每月十元幫款之處，可否允如所請。【徐批：按節酌量幫助可也。】蓋其光景實在困苦之極，舍鈞座無可呼援，舍章之外，亦無人能為代乞恩施。至其性情乖謬，因房屋事已屢遭摧辱，然竟任其凍餓，實亦心所不忍也。

悅古齋杜文端之書，章前由一百六十元逐漸加至三百元，堅不肯賣，將書取去。昨日復來，云即照三百元可賣矣。如鈞座仍可收買，祈示知，當令其將書送來，再行給價。【徐批：價太昂，不買。即作覆他可也。】此書來後，章擬交羹梅或小汀為作一《案》以傳之。惟文端《清史》無傳，其後人既已式微，不知《傳》《狀》等文尚有可訪求否？【徐批：其後人與張錫元有戚誼。】

刁包《用六集》，由五條取來，查對後，已送還矣。《案稿》中所疑者，僅兩字耳，此係鈞處所有之書，檢取自尚容易，若借他人之書，早經歸還，勢必查無可查，故校對亦甚為難也。

前所說《錢南園案》中須尋應附列之李文耕、劉大紳兩人之書，章閱《書目》中有李文耕《喜聞過齋全集》，又有劉大紳《詩集》，乞諭飭管書人即為檢來【徐批：已檢去矣。】不知《詩集》中有文否，所云《全集》者，當必有文也。

　　章昨日輓五叔聯云：老運實堪傷，百感攻心，有生不若無生，垂死移居，姑再問舊都風物；斯才何可及，卅年結契，相見竟如未見，墜歡莫拾，還期諸他日雲霄。【徐批：如此沉痛，具見交情。】

　　【徐批：如有新成《學案稿》，可即寄來，先閱為盼。已編未成各稿，能分別斟酌定稿，次第送閱為盼。各稿均有成書，再分別脩理，便有次第也。】

民國二十三年甲戌（1934）十月廿四夜①

夫子大人鈞座：

　　敬稟者，日昨肅陳一稟，並呈上《書目》八冊及沅叔、炳侯夫人兩信，度已登鑒矣。連日大風作冷，今日尤甚。閨枝來電話通知，云體中又覺不適，在家延醫候診，不能到會。章深知其任事之心極專，苟可支持，決不推諉，故雖屢說要人幫忙，而所開“目錄”“辦法”及應整理之稿，至今迄未交出。日內風稍定，章擬躬往視之。如其精神實不能支，當與說明，將應脩之稿與未輯之案，即分交他人辦理也。【徐批：最好大家幫忙，可早成書。】日前，發下鄭東甫先生文稿四本，章已通閱一過。惟四本之中雖有墓誌、壽文、書札等名目，其實祇有墓誌一首、壽文四首、書札兩首而已，再除去塗改模糊、字句難辨與重複者，連他文計算，共祇十有一首。章擬與其致伯羲、仲魯兩書零頁及其他各件，一併為之整理清楚，鈔一清本，但不知已刻之《東甫遺書》中曾已刊有以上各文否，且夏間輯《學案》時，僅從榕生處借得《濰縣叢刊》中《東甫文》一卷，並未見其他項著作，不無闕漏，應請鈞座再將《東甫遺書》及其他各種稿件，一併發下，以便彙集核對，再行倩人審訂編次，成為一書。【徐批：均寄去，請查入。】蓋東甫先生學問、文章，極可佩服，今其遺著既在鈞處，不獨可為詳細纂入《學案》，各稿審編成書之後，擬請鈞座更為

---

　　①　12：90。

敘而刊之，以永其沒世之名。此本我師篤念故交、發潛闡幽之盛意。而章之所以為此言者，實以文人畢生劬學，竭盡精力，以事著作，身後既極蕭條，再併著作而不傳，有可深痛。故張文襄謂："刻他人不傳之著作，其功德勝於掩骼埋胔也。"愚見如是，伏候批示，祗遵。專肅，恭叩福安。受業曹秉章謹稟。小春廿四夜。【徐批：東甫之書，得吾弟通閱一過，擇其精者，彙成一書，為其印行，甚盛事也，兄樂為之。東甫之書，當有四包在此，茲均寄去，即請察入，檢查選擇可也。選抄完竣，原件均檢齊寄來，以便交還其後人也。】

民國二十三年甲戌（1934）十一月初一夜①

夫子大人鈞座：

　　敬稟者，日前發下《明鑑長編稿》兩箱，並單一件，均已奉到。【徐批：前已兩次奉覆各件，並帶《西河案》、東甫書，想均收到矣。】惟迭上各稟，均未奉批諭，闓枝請示之《西河學案》刪定稿本【徐批：已寄回】，亦未蒙發下，引詹函丈，莫名馳戀。今日闓枝仍未到會，來信云，連日畏寒畏風，醫家謂係年老陽衰之故，服藥五劑，畏寒稍好，而腰痛又作，不能出門【徐批：請代問候闓兄，天寒保衛為囑】。交來脩正之《儀徵》《石臞》《未谷》三案，囑即發繕，刻又將存在章處之《覃溪》《南江》《讓堂》三案稿本要去脩正。章已函復，請其節勞善衛，勿過亟亟。明、後日如無風，當躬往視之。此外應行稟陳之語，仍條列於後。恭叩福安。受業曹秉章謹稟。仲冬朔夜。

　　《明鑑長編》稿本奉到後，當即通知沅叔。②惟一切辦法，章與沅叔均未奉諭，是否即交向之檢校修理，抑先由沅叔檢點一過，約計卷數，酌擬辦法，再行請示辦理。【徐批：此件二箱，即逕交向之脩正，不必問沅叔，似脩正好，再交沅叔也。】

---

① 11：4。

② 《明資治通鑑長編稿》，吳廷燮主持編撰，徐世昌出資贊助。1943 年，此書曾歸鄭振鐸（參見《鄭振鐸日記全編》）。

《學案》人數，原據兩《經解》《學案小識》《先正事略》《書目答問》《經史理學人名表》《三碑傳集》《清史稿》《清史列傳》所見儒林姓氏，刪除重複，約有一千六七百人。【徐批：不必照前人之書全數照人立案，重在精於選擇也。】現除《學案》已錄及擬補者外，所略三百十餘人耳。現已輯成正案者，二百有五案，計二百十五人，附案七百六十四人，應補輯者，計尚有一百四十三人。其中有《學案》已錄，或父子，或兄弟，可於《傳》中連敘者三十餘人，可為附傳從緩檢書採錄者，亦約三十餘人。卓犖大者不過十餘人，其餘六十餘人，或補或略，總以得書為斷。【徐批：無書者，只好暫闕記。】

以上各數目，均係就理出之人名單子與稿本查對者。惟沈羹梅所得之數，為正案二百有五案，汪伯雲所得之數則正案二百有三案，微有歧異。日內尚須約葆之、小汀來，通盤再細查一過，方可有確數也。閩枝生怕多收，屢屢切戒同人，以州縣辦案為喻，云夠辦便了，不可開花。章亦屢與辦〔辯〕駮，謂州縣辦案不開花，是免株連、省拖累也，輯學案不開花，是畏難祇圖敷衍了事也。當時同人亦皆一笑置之。現在章與朱、閩、沈三人商定，凡必應補之人，祇要求得書來，即歸伊三人分輯之。輯成之後，再送閩枝覆閱。事前竟先不告之，鈞座以為當否？【徐批：現在只就有書，先行辦完，趕緊預備繕刻者為要。】

李文耕、劉大紳之書，已由五條檢來。李係《全集》，其文中大有可採，劉則但有《詩集》。閩枝云別有《文集》刊本，曾在史館見過。章已託書鋪中尋覓矣。

杜文端之書，鈞座如仍可收買，請即飭鐵林，將書價三百元滙下，以便交易。因該鋪中屢來催問，亦是亟等錢用也。【徐批：不買。】

沈羹梅本月廿六日五十生辰，擬求鈞座給以題欵書畫，以示優異。【徐批：隨後寄去。】

【徐批：此時既已開刻，萬不可停工待書。須先將全書，就從前約定辦齊，脩整完美，是為至要。凡此私人著作，有各人宗旨，見此三百年中學問道統足矣。不必如官書，將各門人完全羅列也。】

民國二十三年甲戌(1934)十一月初八夜①

夫子大人鈞座：

　　敬稟者，迭奉批諭，並先後發下《明鑒長編稿》、《西河案稿》、鄭東甫遺稿各件，均經奉到。茲葆之有新刻一種，囑代呈鈞鑒。【徐批：收到，請代為道謝。】章有稟陳之語，仍條列於後。恭叩福安。受業曹秉章謹稟。仲冬初八夜。

　　《明鑒長編》兩箱並單，已送向之矣。向之昨日七十政壽②，無大舉動。沅叔、遠伯、葆之及國務院舊人有交情者，約定明晚在章寓為之設席補祝。

　　《西河案稿》，已遵諭不加刪削，稍稍排勻頁數，分作兩卷。他《案》頁數較多者，亦即照此辦理。

　　東甫之稿，章已逐漸閱看。其所謂奏議、呈子、書函、條陳者，大半是因甲午戰爭建言，有自為者，有代他人屬草者。其時士大夫於洋務上，見解均尚不甚透徹，但有忠憤，並無切中時勢之言，覺其稿不盡可存。然章不敢擅定去留，擬除去重複與字跡看不清楚者，先令人鈔一清本，呈請鈞座閱定。【徐批：皆代人之言甲午言事者，均不必入選。】灤陽書院講義，純與肄業者講論題目做法，於書中義理發揮，極為透闢，亦有隨便說經之文，章亦不敢擅定去留，擬請小汀一看。如有可存者，令其圈出，另鈔清本，再呈鈞座閱定。

　　闓枝腰痛已稍好，今日到會，又取舊稿五種去脩正矣。所謂脩正者，即是排訂頁數，察看書法有無不一律處。初意頁數過多者，將采錄之文，酌量刪削之，今已遵諭，不刪削矣。惟此事凡同人盡人能為，正可不必獨耗心神。而闓枝必須手自料理者，重在補添附案，以消納無着落之人也。而未輯各案，儘可令他人幫忙。章與說之至再，終不放手，殊令人着急

---

① 11:7。
② 吳廷燮（1865—1947），號向之，晚號景牧，江蘇南京人。

也。今日闓枝云，未輯中有亟須求書者二人，一為吳卓信（《續經解》中有經學一種，別有《漢書地理志〔補〕注》），一為沈欽韓（有文集，又有《漢書注》），請飭管書人，查藏書中有無吳著之《漢書地理志〔補〕注》及沈欽韓《文集》，如有，即令檢下應用。① 有人云沈之《文集》，圖書館有之，然館中不能借出。此二書如鈞處無有，章再託人向書肆求之。【徐批：已令五條檢送矣。】

　　章前稟所陳《學案》人數，與所本各書中人名及審擇必不可少者，設法求書辦法，昨龏梅又開一單，較章所陳說者為詳，茲特呈鑒，仍請閱後發下。【徐批：交回，請收入。】所謂必須補輯之人，俟審擇定後，開單呈鑒，即知照闓枝，由朱、沈、閔三人分別求書辦理，不令其勞神。如實在無書可求，祇好置之，而於《凡例》中說明之，實不能照所本各書中之人，一一求備也。

　　闓枝又說，江慎修算學亦極精深，《案稿》中未曾采及，必須補錄，然須覓書請內行人為之。【徐批：略採擇些須，亦無不可。江慎修亦不必再此見長也。】龏梅知有廣東人陳援菴名垣者，新舊算學均好，且通曆數，現為輔仁大學校長，與章商量，擬請其代為幫忙。即錢孫已做《疇人》各稿，亦請其子細一看，祇看采錄之文當否，小序、論斷之語妥否，不煩其動筆，將來書成後，許以贈書一部，不另酬勞，鈞座以為可行否？如此辦法，闓枝亦以為然。沅叔亦與此人極熟，日內即託沅叔與之商量也。【徐批：凡講新算家，未多談中國，老算學家必又齟齬添許多閒氣，執事須留神也。】

　　龏梅現在將案中所列各人，皆按其生年列出一表，以為次序，寫成再呈鑒定。又擬仿《史姓韻編》例，作一《學案姓氏韻編》。已商定，歸汪伯雲作。將來在全書之外，另刻一本，附全書而行。所以不列於全書之首者，以葆之云此舉嫌小樣也。【徐批：可辦。】

---

　　① 吳卓信今附入《清儒學案》卷一百九十八《諸儒學案》中，附錄僅錄其《喪禮經傳約》一篇。則其時《漢書地理志補注》或未能訪求到。今國家圖書館有藏，凡一百三卷，清道光二十八（1848）年刻本。

附①

五條所檢來者，係劉大紳、李文耕二人之書；所要蔡世遠之《二希堂文集》，則未交來也。【徐批：已交去矣。】

日前，發下賀性存所開山東學者人名及其著作一單，章置之案頭，連日徧尋不得，不知疊押何處，請即囑其再開一單來。【徐批：可令陳先生面囑性存，再開一單可也。】惟此中各人之書，既已收歸山東圖書館，則書無可求矣，但祇要有姓名，有所著書名，如果係大學問、大著作家，再籌辦法。

向之信，附繳。

【徐批：久未看新編之書，仍請陸續寄閱為盼。】

民國二十三年甲戌(1934)十一月十五夜②

夫子大人鈞座：

敬稟者，日昨接奉批諭，敬悉種切。頒給龔梅畫一幅、聯一副，遵即轉交，伊極為感戴，云當有函申謝也。今夕適月當頭，同人在章寓設席，為龔梅預祝，閩翁以在家祀先，未到。章有稟陳之語，仍條列於後，伏祈垂鑒。恭叩福安。受業曹秉章謹稟。仲冬望夜。

閩枝現將張嘯山、顧尚之二人分作兩正案發繕，日後如審量得有可附

---

① 11：252。是段原附 11：251 札後，然據其前後內容，不相連屬，疑其錯亂，當續接於此。原因如下：其上 11：4 札稱 “李文耕、劉大紳之書，已由五條檢來”。其下 11：10 札中稱 “蔡世遠《二希堂集》，已由五條取來，《案稿》中疑字已對過，原書仍送還矣”。與是段所言相屬。此事緣起為：《錢南園案》中須附李、劉二人，故秉章求其書（參見 12：87 札 1934 年十月廿三日）；又蔡世遠《梁村學案》中有誤字，故須《二希堂文集》校對（參見 12：85 札 1934 年十月十八日）。

② 11：10。

之人，尚可補入也。①

羹梅所云應補輯之若干人，總以得書、不得書為斷，決不藉此稽延時日。伊有審別，必不可漏之人名單及其著作名目，日內寫出，即當呈請鑒閱。【徐批：甚好甚好。】

江慎修既兼算學，《案》中自亦不能不采錄及之，否則亦恐後之閱者，譏其疏漏也。【徐批：采擇一二篇即可矣。】

蔡世遠《二希堂集》，已由五條取來，《案稿》中疑字已對過，原書仍送還矣。

山東學者名單，已遵令陳愷轉囑性存再開矣。

同人久未輯有新稿。章知小汀、羹梅現均有着手之件；惟閏枝處尚有未閱出者，章日內又擬自為送薪水去，當再問之。

東甫先生稿中甲午言事之件，如均不入選，則凡此一包中所謂奏議、呈子、書函、條陳者，皆無用矣。然亦須設法粘連之，庶可交其後人保存，不至散失。其致盛伯羲、劉仲魯兩信，已訂兩白本，為之粘好。致伯羲信，言《春秋三傳》凡八行書，一百零九頁，每寫至十數頁後，輒斷斷續續，雜以詼諧俚語，幾不可讀，故雖有一百餘頁多，而此信並未寫完。及檢閱馬通伯為輯之《遺書》卷五、卷六兩卷"雜著"內，其論《春秋三傳》文中，信中議論，實已備見之，則此信可不錄矣。致仲魯書，言象象共八行書，廿七頁，亦是斷斷續續，寫而又寫，實未寫完。其稿中別有《象象傳疏》一本，前有自敘，初以為此已有成書，則此信之說，亦可不錄。及檢其書細閱之，自敘中明言作六十四篇既完，題曰《象象傳疏》，而敘後祇有第一篇，其餘六十三篇不知何在，豈稿皆無着耶？抑當時擬作此書，但作一篇，以為開章明義，而其餘皆尚未作耶？章擬請閏翁一看，如其見解實有獨到之處，即采其自敘入《學案》，以著其著作之一種，不問其有無成書矣。此外，《讀宋元學案》三本中，實多可錄之文，然亦是寫而又寫，極亂極難審辨，章正在細看，看完再想辦法。濼源書院題解，各本中亦粘有八行書，皆說經之文，亦擬請閏翁一看，擇尤錄存，但不解此公何以貫用八行書起草也。

---

① 張文虎（嘯山），今《清儒學案》卷一百七十二立為正案。"嘯山弟子"中附閔萃祥，"嘯山交游"中附顧觀光（尚之）、畢華珍、錢熙祚、程文榮、韓應陛五人。

送李備聰輓匾聯字句，另紙寫呈鈞鑒。

【徐批：東甫遺著如此辦理甚好。天寒晝短，同人作何消遣？刻書又成幾卷？陶君歸來否？】

民國二十三年甲戌(1934)十一月二十夜[①]

夫子大人鈞座：

敬稟者，日前肅陳一稟，計已塵鑒矣。章於十七日午後往視閏枝，告章云，現將徐星伯、崔東壁兩案中又各增一人，此亦所謂消納法也。茲龔梅有信一函，並有所為《清儒生年次序草目》及《擬補諸儒姓名》兩表，一併呈鑒【徐批：《兩表》仍寄回，請收入】，伏乞酌度辦法，賜以批答，以便遵行。專肅，恭叩福安。受業曹秉章謹稟。仲冬二十夜。【徐批：名次先後，亦可照此排列，仍請諸君卓裁。外又加一紙。龔梅之書眉上各注數語，請諸公酌定。《兩表》甚精詳，應補諸儒，可照辦添入。】

民國二十三年甲戌(1934)十一月廿六夜[②]

夫子大人鈞座：

敬稟者，日前肅上一稟，並龔梅函及其所為《兩表》，知已塵鑒矣。【徐批：已閱過寄回矣。】小汀所輯《方生齋案》，今日閏枝核出交來，特以呈鑒。【徐批：寄回。】章有應行稟陳之語，仍條列於後。恭叩福安。受業曹秉章謹稟。仲冬廿六夜。

方坰、沈曰富、顧廣譽三人，皆道光間吳中閏修之士。《顧案》先經龔梅輯出，閏枝以顧與劉熙載先後主講上海龍門書院，擬附於劉之"交

---

① 11:13。

② 11:17。

游"中，然兩人實毫無關係。迨訪得方《集》，始知方與顧同縣同時，素以道義相切磋，又訪得沈《集》，因另行輯訂，且史傳中亦係以沈、顧附《方傳》後也。方先生專講理學，顧則古文經學無一不精到。兩人之書，皆由錢孫在南中買來，現顧《集》為葆之借看，俟其交還，當呈鑒。

閨枝今日來字云，又患腹瀉，三日始止，雪後畏寒，仍不能出門。【徐批：代為問候。】除核出方生齋一案之外，另有新加修改徐星伯、崔東壁、臧玉林三案，令即發繕刻；又索去存在章處舊稿中《春海》《安吳》《月齋》《敦三》四種，將再加修改也。

陶心如已歸。書之刻出者，聞有十餘卷，已發寫之稿，則已將及全書十分之四矣。【徐批：所以書之格式，不能更動矣。】

龔梅所擬補輯之人，俟鈞座將前呈之《兩表》發回後，即先從訪求書籍入手。應用之書，如鈞藏及諸同人所皆無者，再求之圖書館，最後搜之於各書肆。一有書，則成案非難；無書者，即照前議，先立一《傳》再說。【徐批：所論甚當，即照此辦理。】

章婦在家於初六日起，患冬瘟極重。初得第四壻及張氏外孫女信，言病而不詳；十六夜，得三、四兩壻電，袛"病重函詳"四字；直至二十日，始得詳信，身熱十日不退，神識模糊，口糜譫語，舌苔紅絳，津液毫無，純是熱象，實已瀕危；繼又得信，口糜漸退，舌苔已變黃糙，似小有轉機，而熱仍未退，神識仍不清楚。章既不能南去，小兒癇病亦仍時發，兒婦為小孩牽絆，亦難遄歸。雖三、四兩壻與四小女近在左右，照料服侍，均可放心，而醫藥所需甚鉅，必須速為寄歟應用。【徐批：近接府款如何？】萬不得已，日前函囑鐵林，代乞恩施，得復知蒙俯允，賜歟不日可到。【徐批：早囑鐵林寄去矣。】如能醫治得法，轉危為安，實為萬幸。惟昨夜得信，云又受新涼，恐有翻覆，是病狀仍未脫危險也。章齒痛二十餘日，刻已平復，請紓厪注。

【徐批：《方生齋案》閱過寄回，請察入。年內不知尚有書寄閱否？除新添單內之人外，從前舊單中，尚有若干人未動手編纂，請查明，勿遺漏為囑。】

民國二十三年甲戌(1934)十二月初六日[①]

夫子大人鈞座：

　　敬稟者，昨午接奉批諭，並批答龔梅信及所呈《兩表》，敬已誦悉。茲將應行稟陳各事，條列於後。恭叩福安。受業曹秉章謹稟。嘉平初六日。【徐批：前日閱過《學案》一冊寄回，當已收到矣。】

　　批諭到時，適龔梅在座，當即示之。所有各案前後次序，及必須補輯之人，當即將《兩表》與奉批定辦法，交闓枝閱後，分交朱、閔、沈三人分辦。

　　賀性存所開山東學者姓名及其著作名目，章按：所謂牟陌人者，名庭相，已見《郝蘭皋案》；許印林者，名瀚，已見《王貫山案》；成瓘者，字籙園，已見《俞理初案》。惟所謂周孟伯者，《案》中所無，不知為何許人。闓枝云，曾聞柯鳳翁云山左同鄉中有咸豐時老翰林，周姓，經學極深，但不記其名號，不知即是此人否。又成琅，亦《案》中所無，似與成瓘是兄弟行。惟《案稿·成瓘傳》書其字為"籙園"，成著有《籙園日札》，俞理初為之序，而性存單內書"成琅著《籙園日札》、成瓘著《鋤[鉏]經摭記》"，兩相歧異。[②]《案稿·成瓘傳》中有"與弟禮西，以巧思用累黍法，考漢建初尺度"之語，不知禮西即是成琅否，尚須細考也。單內又有法曉山偉堂者，是鄭東甫交游中人，亦有大名。性存書其著作為"法偉堂遺著"，想是總名，不知書有幾種，卷數若干，擬託人向山東圖書館一鈔。[③]此外，《案稿》中已見各人之書，則皆可不要矣。前託榕生託人向山東圖書館鈔宋晉之書，尚無回音。沅叔於該館中亦有熟人，法偉

---

　　①　11：14。

　　②　成琅今未入《清儒學案》。今國家圖書館藏有成琅著《鉏經摭記》十四卷，清末抄本。《山東文獻集成》第二輯第十冊亦收有是編。

　　③　法偉堂（1843—1907），字容叔，號小山，山東膠州人。著有《山左訪碑錄》。其人未入《清儒學案》。據孫葆田稱：偉堂"韻學則雖顧（炎武）、江（慎修）、戴（震）、王（念孫）未能或之先也"。（轉引自石業華《法偉堂》，《膠州文史資料》第十七輯）偉堂嘗校勘《經典釋文》，當代語言學者邵榮芬先生重新編校整理後，今已由華東師範大學出版社出版。據《中國古籍總目》，法偉堂著有《山左訪碑錄》十三卷、《益都縣圖志》五十四卷。

堂書可否託沅叔託人一鈔？抑亦託榕生之處，候示遵行。【徐批：均可。】

　　東甫先生《彖象義疏·自敘》，閏枝已錄入《案稿》矣。此外，各稿章已粘成四鉅冊，尚未粘完，俟粘完後，細看一徧，再行斟酌付鈔。其書院題解各冊，雖為肄業諸生講解題理，實仍自己發揮其《春秋三傳》學者居多。是以連篇累牘，刺刺不休，寫而又寫，改而又改。章之知識太淺，無從窺測，亦擬請閏枝一閱，如有可存者，摘出另錄一冊。讀《宋元學案》各說，係逐條散記，擬按照原書目次前後，如所謂考略、序跋、條例、總目、序錄者，分別彙鈔，題其名為《讀〈宋元學案〉劄記》，未諗當否？乞批示，祗遵。

　　【徐批：請諸公酌定，鄙人未見其書也。全書將成，所有書中體例各項，酌定即可遵照進行，不必更動。不知近刻繕工人幾何？書已刻成若干？心如歸來，可隨時一閱示知也。十數年來，所辦《詩匯》《學案》兩書，與執事往來函牘，均匯存，不可遺失，亦此事中經過之一大考據也。吾弟以為如何？】

民國二十三年甲戌（1934）十二月十四夜[①]

夫子大人鈞座：

　　敬稟者，日昨奉到批諭，並閱後發下方坰《生齋學案》一冊，均已誦悉。【徐批：前日又奉答一書，並寄去聯語六冊，當均收到。】茲將《生齋集》六本，先行呈鑒【徐批：收到】；《顧廣譽集》，一俟葆之還來，亦即寄呈也。擬補單內各案，其書為同人所各有者，業經分認纂輯；須訪求書者，且俟得書再說。昨八叔來，屬作五叔《墓誌》。惟所持《事略》，係開弔時梧生之子所代作之家祭文，語極瑣屑，而看不明白。章日內擬請八叔往尋五叔履歷來一看，其餘家庭之事，當據祭文稿所說者，再向八叔細問之。章從前與五叔閒談，覺其帖括工夫亦甚深，經學辭章，亦都有門徑，但不知其應試自何年起，至何年止，我師當尚記得，乞即示知為叩。【徐批：五舍弟一生大端事蹟，兄知之甚詳，容日當開一單寄去，

―――――――――――
① 11:25。

方好著筆也。其官途、履歷,《家譜》中已略載之。】南中親友,又有人囑代乞鈞座所書對聯,祈飭檢數副賜下。專肅,恭叩福安。受業曹秉章謹稟。嘉平十四夜。【徐批:寄去對聯八副,請察入。五舍弟之祭文,請寄來一閱,恐有訛誤也。度歲作何遣興?諸同人興致如何?均為我致候為懇。】

民國二十三年甲戌(1934)十二月廿二夜①

夫子大人鈞座:

　　敬稟者,日前兩奉批諭,並閱後發下《方生齋案稿》一冊,及鈔示鈞著《書目序》,敬已展誦。【徐批:此是節略。】又奉頒下《竹窗楹語》九函,除章遵領外,餘即照單分給同人,均屬代為陳謝。② 中間,章曾寄呈《方生齋集》一部,計亦登鑒矣。昨日星期五,閩枝來會,忽又言辭,云已作函逕行寄呈鈞座,請自陽曆二月分起,停止薪水。【徐批:昨已有詳信去矣。】所有鐵林已經寄到一、二兩月薪資及年敬,僅將一月分薪及年敬取去,二月分薪,堅不肯收。章今日午後,又躬自送去,仍復堅辭。叩其所以,則云精神實覺衰憊之極,書已發刻,事事均須趕辦,斷難勝任;秋間府主復函,論及舊交,責以大義,不能不勉強振作,冀副殷盼,無如事機日緊一日,終恐稍有耽延,致辜盛意,故現在趕將舊稿整理付繕,以完責任;此外舊稿之有必須酌改者,與未輯各案,均當理出,呈請府主閱後,分交他人辦理。章告以上次府主不能遂公之請,此次豈能見允?況公之身體,素畏冬寒,今冬並未發病,轉瞬入春,自必更臻健旺,舊稿斷非一月之內整理得完,現在陽曆一月已餘,無多幾日,一入二月,豈有辦事而不受薪之理?伊云,儘正月內,我所應了者,必可全了。再向詰難,益多支吾之語,且動有囁嚅之態。【徐批:執事再往堅留,萬不能辭。】章竊窺其隱,此次之辭,似為龔梅所為^{次序}^{編輯}《兩表》而發。然苟有

---

① 11:20。
② 據《年譜》民國二十二年癸酉(1933)七十九歲條:"是月(九月),以《竹窗楹語》付刊,所作或近取眼前,或放懷遠古,或興懷一室,或橫覽五洲,隨意為之,純是化境。"今國家圖書館藏有《竹窗楹語》二十一卷,民國二十三年(1934)鉛印本。

意見，不妨直捷陳說，互相商量，何必徒鬧意氣，上瀆鈞聽？擬請鈞座再作一函賜下【徐批：已寄去矣】，其二月分薪，尚在章處【徐批：仍照送】，函中可否說明由章送交，章當約沅叔同往勸之。茲沅叔別有干瀆之事，具函囑代呈鑒。章有應行稟陳之語，仍條列於後，伏乞垂督。恭叩福安。受業曹秉章謹稟。嘉平廿二夜。

新輯之稿，除前呈之《生齋案》外，羹梅新成沈欽韓、汪師韓兩案稿，尚未鈔出。

陶心如云，現在刻工共有四十八人，已刻就成書者，共四十六萬二千餘字，已刻未印者，約五萬餘字，已寫未刻者，九十八萬三千餘字。但說字數，不說卷數，殊不明了，俟文楷齋人來，當面問之。【徐批：刻字鋪款，昨已兌交沅叔矣。】

刻字人頗有太不經心之處。前校寫樣時，《安溪案》內附錄各條，誤寫附案《王之銳傳》後，批明令其移改後，再行上版，乃送刻樣來校時，並未移改，刻又令其另寫另刻矣，並告傅、陶，嚴切戒之。【徐批：應嚴切督飭刻繕各工匠，細心辦理。】

日前，葆之看出張清恪《敬庵案》中采有《論學文》一首，痛詆顏習齋，謂"習齋之學，不程朱，不陸王，此人用，必為王安石，是大亂天下之道"，又曰"其學足以殺人"云云。葆之以鈞座素主表彰顏學，海內人士，靡不聞知，一旦以此文載諸《學案》，不但自相矛盾，且易啟學子誹議，來商於章。章亦以此文必不可存，因即刪去，亦不再關白閨枝，免生意見。然章實擅專，不能不陳明鈞座也，並將稿中此文裁出呈鑒。【徐批：葆之校書甚精細，《清恪案》中一文應刪去。清恪確守程朱，習齋則不然，無怪其此文也。學派爭論，千古一慨。】

五叔履歷，已面請八叔往其寓中尋之。【徐批：其祭文底，可寄來一閱。其事蹟，兄知之甚詳。候看其原底，再開單去。】八叔問章，《墓誌》做成後，請何人寫。章以為惟沅叔為宜，且其字亦耐刻，昨見沅叔，已與商允。惟章之文筆太劣，恐不稱耳，俟履歷交來撰成後，先呈鑒削後再定。五叔在民國未有實職，首行可否題為"清故山東補用知府"？【徐批："清故"亦不妥，非清時故也。】少笙徐君《墓誌》，抑不寫官，但寫誥封，題為"清故朝議大夫"【徐批：如此寫法較妥】，敢祈示遵。

沅叔信中所言瑞景蘇事，據云其人食不充腸、衣不蔽體者已久，故擬為求津潤。（八叔亦深知其景況，八叔且云其子不孝，一見老翁有錢，即攫之而去，不給輒為所毆。）惟其欠賬太多，一朝得錢，無論多少，到手即罄，擬求鈞座給以壹佰元，存在沅叔處，由伊按月以十元送去，庶可常得一飽。伊言信中未能詳言，囑章代為陳明，伏乞裁酌。【徐批：送其五十圓，由鐵林寄去。】

日昨程恭甫之子來，云在津曾已謁見鈞座，乃翁之詩文稿，鈞座允為印行云云。今日又來，適章往訪闓枝，未與相見，伊告僕人云明日再來，大約即為此事也。

數年來，鈞座批回之信，均以紙夾夾好，將來亦可粘一簿中備考。

【徐批：張清恪尊守程朱，宋以後，皆以宋學治天下。各國交通後，時事大不同。顏習齋學問事功，兼行並進，不肯蹈虛。此後之故老，此後之力學，恐非此不可。有識者自知之。】

民國二十三年甲戌（1934）十二月廿七夜①

夫子大人鈞座：

敬稟者，日昨接奉手諭，並復闓枝信及其原信，誦悉種切。遵持鈞函前往，再為傳述意恉，隨即允仍照常辦事，二月分薪亦即收下，並約定新正五日星期五來會，再與同人細商辦法。所有一切詳細情形，及章別有應陳之語，均條列於後，伏乞垂詧。恭叩福安。受業曹秉章謹稟。嘉平月廿七夜。

闓枝此次之辭，章本料其必為羹梅而發（《兩表》），今見原信云云，果不出此二事。然當時章已慮到，恐其意見不合，故特於稟中詳陳鈞聽。《張清恪案》中刪去《論學》一篇，不再向其關白，亦不欲多傷之意。豈知終不能免一場唇舌，上煩鈞慮，此亦章之處理不善，實深惶愧。羹梅《兩表》初成之時，曾經面告闓枝，當時即大相齟齬，駁難甚劇，兩人均來告章，故章於羹梅上書稟中，有"須顧闓枝面子"之語。

沈國模一案，闓枝擬改為梨洲附案，現又言："沈國模附案中亦有五

① 11：245。

六人，內惟邵廷采一人係西河弟子，可以移入《西河案》中，餘者尚無安插之處。前列各案已付刊，君看如何辦法？"① 章答以："此在公之裁度，非不學小生所能知也。"閨枝又云："舊稿中有數大案，萬不能不修理者。修理即須尋書，尋書實在費事。"章答以："公既見有應行修理之處，早應動手，何以延至今日，百冗千忙，萃於一朝，遂有應接不暇之勢？至所欲尋之書，可即開出單來，交我尋去。"伊遂又云："府主既仍留我，祇可暫擔任幾時，且看精力如何再說。"章乃又答以："府主倚公至深，必須杖公一手完成此書，言之屢矣，'暫再擔任'一語，公可言之我，不能聞之府主。"於是，遂定初五會商之約。迨送章出，云："屢次累君出城，甚抱不安。"章笑答云："此牛馬走職司所在，不敢告勞，但願公勿再惡作劇耳！"再啟中所說及章知其與龔梅齟齬者，祇在前列諸儒次序與《諸儒學案》兩事耳。

民國二十三年甲戌(1934)十二月廿八夜②

夫子大人鈞座：

敬稟者，昨將挽留閨枝情形詳具一稟，今日送五條，覓便帶呈。旋由陳愷送來批諭，並送瑞景蘇洋五十元，均已奉到；下午沉叔來談，當即交之。據云，瑞公本住後海僧寺，刻已為僧逐出，須尋其內弟衡永，託之轉交也。五叔《家祭文》，遵諭檢呈鈞鑒。章有應陳之語，仍條列於後。恭叩福安。受業曹秉章謹稟。嘉平廿八夜。

五叔《家祭文》，是梧生之子聖予所作。當開弔之先，八叔持來，囑章潤色。章覺其不合祭文體裁，敘事處亦甚蕪雜，方欲修改，適得章婦病重電報，心神瞀亂，不能構思，因送還八叔。今即據此作《墓誌》，實又

---

① 沈國模今未入《清儒學案》。沈國模（1575—1656），字叔則，號求如，浙江余姚人。姚江書院創始人之一。其學風近禪，與黃宗羲之學截然不同。梁啟超先生《中國近三百年學術史》云："康熙初年浙東王學，略成沈、黃兩派對峙的形勢。魯公（邵曾可——引者）之孫邵念魯廷采，受業韓孔當，又從梨洲學算。念魯繼主姚江講座最久，兩派始歸於一。"

② 11：27。

嫌太略。

　　刻字鋪欵，沅叔云已收到轉發矣。又云，《學案稿》寫出者，已甚不少，大約可以刻至端節，祇要端節後有稿接得上，決不致停頓。今日問文楷齋人，云刻成者約有十五六卷。

　　章將昨與闓枝所談之話，告之沅叔。沅叔云，初次挽留後，闓枝本有"年底再看情形"之語，此次云"暫再擔任"，恐又伏下後案矣。惟怕紛更，慮求書為難，是其本意，此外皆係託辭云云。（大約沅叔所聞，較章為詳。）謹再附陳，上紓厪注。【徐批：昨沅叔來，已細談矣。已切託轉達，當不至再謙辭也。兄感冒約十日，懶於執筆，此書奉答甚緩。五舍弟《節略》《行略》開出，不知能採用否？若有可問，再當開呈。原件均寄回。】

民國二十四年乙亥（1935）正月初八日①

夫子大人鈞座：

　　敬稟者，初六日肅陳一稟，並夏信、瑞收條，計呈鑒矣。前榕生承應辦理收買宋氏書板，並託人向濟南圖書館鈔書二事，日久未有消息。章於日前作函問之，得復，因馬姓其人有事，恐無暇及此，故均尚未辦云云。茲將原信呈鑒。【徐批：賀性存亦有信來云此事】所有濟南鈔書之事，章日內當開出人名、書名交沅叔，請其託人代辦，特此稟聞。惟收買書板，祇有等候榕生信息再說，實無他人可託也。【徐批：太費事，即作罷論。】五叔履歷，八叔云無處尋覓。我師上次手諭，允將五叔事蹟開示，暇時請即寫出，賜下以聞。【徐批：昨已寄去矣。官場履歷，恐亦無甚用處，茲又寫去一紙。】五叔二月間，即須安葬，《墓誌》必得動手，且須留出寫刻日期，已不能再遲矣。專肅，恭叩福安。受業曹秉章謹稟。新正穀日。

----

　　① 12：182。

民國二十四年乙亥(1935)正月十三夜^①

夫子大人鈞座：

　　敬稟者，新春曾兩次肅稟，附陳、夏、徐各信，當均登鑒矣。昨日星期五，閏枝仍未來。今日躬往視之，見其面色尚好。據云，並無大病，惟咳嗽多痰，動輒氣喘，有時心跳，夜眠怔忡不甯，且多亂夢，醫家勸令靜養。因將應看之件盡束高閣，終日靜坐，不稍用心。明日仍須延醫易方，下星期五或可進城。章本擬向索業經整理過之稿件，而向來堆置案頭者，一無所見，當已移置他處，恐其勞動，遂亦未令檢取，但囑悉心調護，談兩點餘鐘而歸。用特肅陳，藉紓厪注。【徐批：晤閏翁代問候。閏枝有病，應請諸君先各辦未完之各案，先將各案辦完，再整理其他，切囑切囑。】此外，尚有應稟之語，仍條列於後。恭叩福安。受業曹秉章謹稟。新正十三夜。

　　濟南圖書館鈔書一事，昨已開單交付沅叔。據云，伊有一門生王姓者在彼，可以託其代辦。

　　前陳程世兄擬求嘘植一事，日久未奉批諭，不知有法可想否？伊現借住朱仲我之子師轍黔縣館寓，朱君新經四川學堂聘為教員，日內須動身前往，伊勢不便久住。且天已漸暖，未帶春衣，亦不能長住下去。昨來與章商量，思赴津再謁鈞座，面陳悃曲。如一時無相當之事可圖，即當由津南返云云。俟其來見後，如果逕歸，可否諭飭鐵林贈給川資數十元，因其景況實太窘也。【徐批：近小病，未見客。已告鐵林，略贈川資。感冒十餘日，未出門，而看書、寫字，尚不能曠廢。】程世兄又言，其尊人之詩如蒙鈞座印行，須求賞一敘文；章告以屆時總統自應加敘，無須再求。伊又問及選後須另鈔付印，鈔資若何；章又告以總統既允代為印行，鈔資自亦由總統處支發。伊云自己無力辦此，得蒙總統垂念故交，為先人永沒世之名，不但感激，實在抱愧。章與疊次晤談，覺其舉止、言語，迥非從前狀

---

① 　12：202。

態。清白吏子孫，固能改行進德也。①

民國二十四年乙亥（1935）正月十九夜②

夫子大人鈞座：

　　敬稟者，章於元宵後見八叔，知福體小有違和，正深馳念，由鐵林寄到三次批諭，誦悉起居業已康復如常，莫名欣慰。今日閨枝來會，神采談論，一切照常，惟稍覺氣喘耳。

　　《學案》擬補諸儒所著書，除纂輯諸人所有者之外，開單設法蒐訪。【徐批：原單中，上記小紅點，請酌採。另開一紙，須斟酌，不可輕入者。】茲特呈上一分，請飭管書人，先就鈞座所藏書籍中一查，有者即檢下備用，無則再向肆中尋訪。再凡單內圈出之書，皆係開單後陸續訪得者，此外有於輯《學案》無關之書，則皆置之不問可也。【徐批：須有經史著述，品格近儒者，方可採入，不可太濫，切囑切囑。】章別有應行稟陳之語，仍條列於後。恭叩福安。受業曹秉章謹稟。新正十九夜。

　　今日，閨枝交來新整理出之舊稿六種，《李兆洛案》內加附王巘，《惲敬案》內加附趙懷玉，《嚴可均案》內加附張鑑、臧壽恭，《張惠言案》內加附董士錫，《章學誠案》內加附姚振宗，遂又取去舊稿八種，踵事整理。章復勸其息勞，並告以鈞座盼看新稿甚切，舊稿之已寫者，既可刻至端節，大可稍緩整理。伊云："我欲一鼓作氣，整理完全，再說其他。"新案羹梅已輯成者有兩種，未輯成者有三種。小汀輯《馮登府案》未成。

　　閨枝之病，章聞其所延汪醫云並無大病，袛是衰耳。閨枝亦自云自覺衰甚，此他人所不能知者。又自看命造，云今年十月是一重關，恐過不去。

　　羹梅在書肆中訪得單內 "○" 出者書廿餘種，擬擇書好而稀見者，

---

　　① "清白吏"，語出《後漢書》。據《後漢書·楊震傳》曰："性公廉，不受私謁，子孫常蔬食步行。故舊長者，或欲令為開產業，震不肯，曰：'使後世稱為清白吏子孫，以此遺之，不亦厚乎？'"

　　② 12：184。

請鈞座購留數種，以當租錢，仍候示遵，再與磋商價值。其不留者，用過即還之，祇是借用也。【徐批：可。】

宋晉之書板本，因閨枝欲一看其書是何義旨，如有自敘，並思采之入案也。現在收買一說，既尚無人接洽，祇可置之。好在晉之是附案，不采錄文章，亦無關緊要也。

作五叔《墓誌》須查其履歷者，係為其到山東候補與署缺，及歷次得保各年分，無履歷可查，即空敘亦可。

恭甫詩不分體另編，昨適葆之來談，已遵諭告之矣。【徐批：即酌選可也。】程世兄（即飯牛也）謀事之心甚切，時來探問消息。前日又來云：朱君日內即須啟行入蜀，伊所謀事若有，可希望當在此稍候；若無，可希望仍即由津南返。章日內將鈞諭告之，令其即整歸裝。惟看其情形，旅囊必已羞澀不堪，仍當令其到津晉謁延見後，再囑鐵林贈給資斧。【徐批：由鐵林奉覆。】

【徐批：已刻成未分卷之書，請執事與閨兄酌定次序先後，開一單示知再刻。此次寄來人名、書名單，匆匆閱一過，有不應入者，已另寫一紙寄去，請酌定。原單吾弟閱後，可交陳先生，囑賀性存查書有無。】

民國二十四年乙亥(1935)正月廿三夜①

夫子大人鈞座：

敬稟者，日前肅上一稟，並擬補輯諸儒所著書目單一分，計已達矣。【徐批：已寄回矣。】龔梅所輯沈欽韓《小宛學案》、汪師韓《上湖學案》，茲經閨枝核閱交來，特呈鈞鑒。【徐批：此三冊均閱過寄回。】章有稟陳之語，仍條列於後。恭叩福安。受業曹秉章謹稟。孟春廿三夜。

程世兄作乃翁《詩稿跋》交章，俟詩選出付印時，為書於後。其文亦尚簡淨，章為點竄存之。

程世兄旅況甚窘，一兩日內即擬來津晉謁，再行南返。

鄭東甫各種遺稿，章已粘成八鉅冊，檢其字跡清楚、篇幅完全者，先

行鈔一清本，再請通人閱看，斟酌去留。【徐批：昨日又來一函，言《墓誌》中應商之語，已奉答，先寄去矣。】

　　天氣太暖，章每年三四月後，濕熱發動，口膩食物無味，刻已提前發現。幸胃納並不因之減少，故精神一切照常，足紓廑注。家中來信，章婦病好，已起牀，惟腿軟無力，胃口不開。藥已停服，但以楓石斛、西洋參二味煎湯代茶耳。此亦章入春來，第一慰心之事也。

民國二十四年乙亥(1935)正月廿七夜①

夫子大人鈞座：

　　敬稟者，日前肅陳一稟，並呈沈小宛、汪上湖兩《學案稿》，計應登鑒矣。【徐批：閱過寄回。】敬一旋平來談，據述福躬業已康復，健談如常，垂念賤體，殷殷致問，聆悉之下，慰感交深。今日午後，又由車站帶到批諭，並發回擬補諸儒所著書目一分，蒙示各條，章應一一稟復者，及別有稟陳之語，均仍條列於後。恭叩福安。受業曹秉章謹稟。新正廿七夜。

　　今日星期五，同人皆來。閏枝神色大好，氣喘已平，惟仍咳嗽多痰耳。小汀新輯馮登府《柳東學案》，已交閏枝帶回復閱矣。

　　擬補諸儒，鈞座硃筆點出者，計五十一人，已一一記出，仍先行尋書，有書即輯，無書先作一《傳》再說。【徐批：此不過大致擇出，其中不知者亦甚多，仍請諸公細核。如不應入者，儘可刪去。】

　　洪鈞《元史譯文證補》一書，已尋得。據龔梅云，其書極好，考證輿地最詳。此人亦衹此一書，擬附入《李若農案》內。【徐批：此人應刪，不可載入。】李之著作，亦衹有《元史》足稱也。【徐批：李若農亦是當時一個老名士，亦無可取者。既已編案，尚可存之。他人不必附入也。】②

———————

① 11：256。
② 據《續修四庫全書總目提要》史部《元史譯文證補》條曰："西域武功之盛，卓越前古，觀於是書，可知正史之遺漏，匪可僂指。即《秘史》《譯文》及李侍郎所為注，猶未免囿於聞見。則其蒐羅考訂，豈挦撦家所可同年語云云。"（第二十三冊，第661頁。）

陳介祺、劉喜海二人，本是考訂金石家，且俟尋得其書，看其考訂有無足補經文、足證史誤之處，再定辦法。【徐批：陳介祺、劉喜海如無經學，無書可採，亦可存而不論。①】

袁昶著書刻書，均亦不少。雖無專門之學，而在張文襄門下，固亦錚錚佼佼者也。【徐批：爽秋亦無可取，亦可不入選也。】

繆荃孫亦文襄門下最著之人（是閫枝至戚），史才雖無可稱，而目錄、校勘之學，亦不可沒也。【徐批：繆公亦是當時名士，愛鬧脾氣，裝名士之人，亦不必著意。同時之人，知之較詳。】

《李越縵案》，為書衡所輯。鈞座於其所學，大加贊賞，事隔多年，恐亦不甚記憶。茲特檢出，再呈鈞鑒。【徐批：請再細閱原來評語，此人有經學尚可存之。】

應尋之書，遵將書目交陳愷，轉交賀先生，在鈞藏書中先行檢尋再說。

未分卷之書，自遵前諭，照閫枝函中所說釐定次序。惟閫枝欲照《詩匯》辦法，先按科第定先後，無科第者，始論年輩。然此書無科第之人實佔多數，且此書與《詩匯》不同，鄙見似仍應重年輩而略科第。且俟與閫枝酌定後，再行開單，呈請示遵。【徐批：尊論甚當，此書與《詩匯》大不同，應論年輩，並應論同時而學術、品望有大不相同者，是以甚費斟酌也。】

程世兄家上輩，祇有其祖伯勇先生為俞理初弟子，已附《理初案》中矣。其《全集》中，有文有詩，並所注《夏小正》一種。② 此外並無經、小學著作。其在湘鄉幕中，係專辦書啟之人，故文正、忠襄兩公及所部將領各謝恩賞摺，皆出其手，皆有稿附刻《集》內。薛叔耘《庸庵筆記》敘文正幕中諸賢，列伯勇於淵雅一類中，亦未言其通經學也。當恭甫到京時，章與初次相見，世緦告章曰："此係大經學家。"日久細談，覺其研討所得，亦祇是習帖括者常言，並無深造。故去年《學案稿》內，

---

① 陳介祺（1813—1884），字壽卿，山東濰縣人。據《清史稿藝文志拾遺》經部易類載，陳介祺撰《先天橫圖讀說》一卷。劉喜海（1793—1852），字燕庭，山東諸城人。陳、劉二人《清儒學案》均未收入。

② 今《清儒學案》卷一百三十七"理初弟子"中《程鴻詔（伯敷）傳》云，程氏著有《夏小正集說》四卷。又據《清史稿藝文志拾遺》經部禮類載，程鴻詔撰《夏小正集說補》一卷。此外，程鴻詔所刻《有恒心齋集》中，又收有《夏小正存說》二卷、《補》一卷。

但於《伯夷傳》後，附見恭甫之名，曰：子壽保，光緒戊子舉人，官某某知縣，能世其學。

炳侯之外甥朱家小有，賦閒日久，窘困不堪，云去年曾求鈞座設法栽培，蒙允在六條編書處予一位置，月可給薪三十元【徐批：無此說】。昨日朱伯勳託小汀來，囑章代為探問。然章實不知六條有編書處也，敢求明示，以便回復。【徐批：曾云如能寫書，亦照抄書人按字計算。】

【徐批：《越縵案稿》仍寄回，請察入。此函已詳細奉答，請執事細酌辦理可也。】

民國二十四年乙亥(1935)二月初一夜①

夫子大人鈞座：

敬稟者，日昨肅陳一稟，附《李越縵學案》舊稿一冊，計應登鑒矣。五叔《墓誌》，章甫經着手，尚有須請示者二事。一為三代誥封。查《譜》載，曾祖^{考妣}係一品封，此我師所請之封贈也。五叔之祖漢卿先生，本官知縣，加知州銜，書誥授奉直大夫是矣。【徐批：是否應書實官，由優貢官河南知縣，最後署靈壽縣。】而祖妣書晉贈淑人，不知是否五叔由知府加級所請之三品封典，何以漢卿先生又不書晉贈，殊難索解。【徐批：此是先四叔官知府、道員之封。當時請封未請，卻不記得。】且其父母均仍是五品本封，並無晉贈之階【徐批：非也】，竊恐有誤。章擬《誌》中其祖父兩代，均照其知府官階書四品誥封，未知合否？【徐批：祖封應照先四叔。】一則五叔幼年出嗣性臣先生，後以其胞兄夭折，因歸本房，而其胞兄之名，《譜》中不載，今《誌》中若必須敘明此事【徐批：不必敘】，則必得寫出兄名方合。【徐批：先二叔亦有官職，請查《家譜》。】竊以《誌》文祇將其幼失怙恃，由性臣先生教養成才一事敘出便得，其先出嗣，後歸還本房各節，直可不說【徐批：不敘為是】，以免拖沓。未知鈞意以為然否，仍祈示遵。【徐批：甚是甚是。】專肅，恭叩福安。受業曹秉章謹稟。仲春朔夜。

再五叔處墓誌石，不知已預備否？聞八叔近日在津，五叔葬事，亦不知其家中係託何人經理，無從探問。

【徐批：墓上事係託沈少蘭辦。安葬時，不必用下墓誌，墓誌在墓前地下，一時刻工亦不能成，已告八弟，俟文成刻好，隨後再下。大文脫稿，仍請先寄來一讀為盼。】

民國二十四年乙亥（1935）二月初四夜①

夫子大人鈞座：

敬稟者，昨日以五叔《墓誌》敘事有須請示之處，尚稟上陳，計已登鑒矣。【徐批：已奉覆矣。】小汀所輯馮登府《柳東學案》，闓枝已核閱交來，特以寄呈鈞鑒。【徐批：閱過寄回。】又呈上書單二紙。章有應行稟陳之語，仍條列於後。恭叩福安。受業曹秉章謹稟。二月初四夜。

馮柳東交游中有李超孫、富孫、遇孫兄弟三人，錢孫本已併輯為《嘉興三李學案》，闓枝嫌其無甚采錄，太嫌單薄，早思尋三李所著書，為增修而擴充之。而其書傳本甚少，現擬再為蒐訪，如實不可得，即改為柳東附案矣。②

擬補輯諸儒所著之書，羹梅曾在廠肆覓得廿餘種應用。用過之後，擬擇書精而少見者，請鈞座購留數部，不要者即還之，而以購價充作租用之錢。章上次業經陳明鈞座，奉批可行。茲將擬留之書名，開單呈上。不知此各種書，鈞藏中已有否，並鈞座是否合意，請批示發下，當再偕同羹梅與書買議價。【徐批：二單已寄性存詳查，有無此書，得復再奉告。】

又三李所著書目，請飭管書人查藏書中有一兩種否。如有即令檢下備

---

① 12：204。

② 今李氏三兄弟入馮柳東交游中。其傳後附錄中，錄有富孫所撰《七經異文釋自序》《詩氏族考序》《金石學錄序》。今國家圖書館還藏有李富孫撰《說文辨字正俗》八卷、《李氏易解剩義》三卷。又據《清史稿藝文志拾遺》叢書部獨撰類，載有李富孫撰《校經廎全書》十四種一百三十卷。

用，其中《拙守齋稿》《校經廎集》《芝省齋集》三書，① 如有最好，此外則多無用也。

沅叔轉託濟南圖書館中王君獻唐鈔書，王君回信已來，允照辦；並云宋晉之《文集》，濰縣丁氏已為刻板印行，伊知賀性存有其書。請鈞座向性存借來，交下一看。【徐批：《柳東學案》，閱過寄回，請收入。如有續編出，仍請隨時寄來一看為盼。】

陳弢老逝世，聞得諡文忠，追贈太師，長春派濤貝勒來也。

袁珏生死，遞遺摺擲還。

民國二十四年乙亥(1935)二月十一夜②

夫子大人鈞座：

敬稟者，日前接奉批諭，並閱後發下沈欽韓《小宛學案》、汪師韓《上湖學案》各一冊，又《越縵案稿》一冊，均已誦悉。茲呈上沅叔交來代付石印之《壽石齋硯譜》十包，祈飭檢收。③【徐批：收到。】又沅叔來字一紙，及章為山東鈔書各事致沅叔信稿一紙，並呈鈞鑒。章有應行稟陳之語，仍條列於後。恭叩福安。受業曹秉章謹稟。二月十一夜。

《沈小宛案》中鈞批指出疵累之處，已交羹梅，遵照設法刪節去矣。

洪文卿、袁爽秋、繆小珊三人，已遵於單內刪除矣。

《李若農案》，尚未輯，《元史考證》之外，無他著作，閨枝列之單中，欲立專案，不知何故。羹梅曾說，可附《張文襄案》中。【徐批：附《張案》中尚可。】從前曾聞書衡說，若農《元史》有藍本，卻不知其有無證據。【徐批：著《元史》之人甚多，不免彼此抄襲。】

現在發寫發刻各稿，以次序尚未排定，故概未分卷。

鈞座既采用章前稟中"重年輩，略科目"之說，自當與閨枝商量辦

---

① 今《清代詩文集匯編》第四百七十一冊收有李超孫撰《拙守齋詩文合鈔》、第五百四十四冊收有李富孫撰《校經廎文稿》。國家圖書館藏有李遇孫撰《芝省齋隨筆》八卷、《日知錄續補正》三卷。

② 12：187。

③ 《壽石齋硯譜》，清汪日暘撰，今國家圖書館藏有民國二十三年（1934）鉛印本。

理。今日將鈞批示之，云此時排次尚早，且俟排好後，再請府主鑒定可也。【徐批：年輩中，又須論學問、品望，不可按年排列。】

閏枝今日交來整理出之舊稿五種，另又取去十種。伊現在但趕修舊稿，不問其他也。

郝懿行《蘭皋學案》，閏枝不甚洽意，擬另加采輯，請諭飭管書人，即將《郝氏遺書》檢出，交章轉交備用。【徐批：已寫信去矣。】

章前日檢理算學案稿，見王錫闡"交游"《潘櫂章傳》上，閏枝注云："已附《亭林案》內，此言曆算各語，應移補入彼。"鈞座亦批云："請檢出《亭林案》，將曆算各說補入。"章知閏枝精神照顧不到，恐或遺忘，因令文楷齋將刻出《亭林學案》印本，交來檢閱，果未移補。且此《傳》之後，尚采錄其所作《辛丑曆辨》一篇，乃屬汪伯雲將《傳》中應補之字，一一補入，並按照書板每行字數，將采錄之文，一併寫出加入，約須添刻兩板。今日示之閏枝，閏枝反復躊躇，云此人著作以《國史考異》為最有名，算學本其餘事，《傳》既補好，文可不錄，免得添刻兩板，又要多費。章告以此人著作全已銷燬，祇有《國史考異》，潘文勤刻之《功順堂叢書》之內，其餘各書，概無傳本，藉此多存其一文，正亦大佳，豈有已經采錄而復刪去之理？伊仍猶疑不決。迨質之沅叔，沅叔與章之意見相同，云此是苦人，多存其一文，是一分功德，府主成此一部大書，決不省此添刻兩板之錢。伊乃將章令伯雲寫出添補之本帶回，說：我再想法去。此種事，他《案》中恐亦有之，章當與伯雲隨時留心也。如此一部大書，頭緒既繁，移動之處又多，既有移動，應當時即寫即辦，閣在一邊，日子一多，安能一一記得清楚？此等瑣事，本可不必陳諸鈞聽，因亦是辦事冗亂之一，故特言之。

《硯譜》現來者共二百本，沅叔與授經每人各取去兩本，故祇有一百九十六本，乞飭人點之。【徐批：託其印書，該價若干，應照付，請轉答。】

沅叔代託山東圖書館中王君獻唐鈔書，王君來信，極為誠懇，並敘說山東學者多人，章不能不有以答復之。伊又言，宋晉之書板，伊館中本欲收買，為之校正補刻完全，因經手人多方要索，不諧而罷。故章函中有"不必定歸府主"之語，鈞座以為當否？【徐批：可不買，不必與人爭買。沅叔信及抄信稿，仍寄回，請收入。】

民國二十四年乙亥（1935）二月十八夜①

夫子大人鈞座：

敬稟者，日前奉到批諭，並閱後發回《馮柳東學案》，敬已誦悉。茲特將章應行稟陳之語，條列於後。恭叩福安。受業曹秉章謹稟。二月十八夜。【徐批：以後來函照此字大，易於閱看，甚好。】

小汀新成梁廷枏一小案，閨枝帶回復閱，並斟酌附於何處去矣。② 移補潘檉章傳文一事，閨枝為扣足兩板行數，於所錄文後，加附一段，今日交來，明日即交文楷齋補刻也。

《學案》諸儒先後次序，諭云："年輩中又須論學問、品望，不可按年排列。"此自是探源之論，編次時，謹當與閨枝詳細考校排比，屆時仍先開單，呈請鑒定。

《壽石齋硯譜》，沅叔云原係印五百本，先來二百本，尚有三百本未印來。前函將此數目寫錯，囑其印羅紋紙之一百本。所用羅紋，別是一種，須照之始見，並非有所攙雜。均囑章代為陳明。至此書印價，鈞座盛意自當轉告。惟該書局既情願報效，如仍發價，決不敢領，亦決不肯再開賬也。

章日前復濟南圖書館王君一信之後，昨已又有信來，說鈔書事極詳極誠懇，並寄其所作《山左先哲遺書提要》，見之《華北日報》之"圖書周刊"者，甚為詳備。又要我們現編《學案》中所列山左儒先姓名，章亦即開一單寄之。

王君云，宋晉之經學諸書之藏在圖書館者，凡五種，皆原寫底稿，卷帙均不多，其家中又有晉之所著《古韻微》底稿。章今日商之閨枝，擬均託其鈔來一看。圖書館又有《文稿》一種，即濰縣丁氏據以印行之本。

王君又云，丁氏所印晉之《文稿》，賀性存所有一本，既未呈送徐總

---

① 12：196。

② 梁廷枏今入《清儒學案》卷一百三十三"月亭從游"中。

統閱看，可不必再向之借，伊當囑丁氏寄贈一本也。

王君又言，宋晉之《周易要義》書板，高氏刻此書時，刻資二百元，分文未付龍文齋，因將書板扣留作押。其館中初欲為之代還刻資，收買其板，乃高、宋兩家後人奇貨可居，動勒索數千元，因之罷議。現在如徐總統能收買印行最好，如不收買而要一看其書，則丁氏藏有印本，伊亦可以代借。章當復以前塗既居奇要索，鈞座亦不能收買，即託其向丁氏借印本，寄來備用。

王君前信曾說及掖縣周夢白為經學大家，而未言何名，章因問其是否鳳老所說之道、咸間老翰林。今信中云即是此人，名悅讓，曾為潘文勤釋彝器款識。所著書曰《倦游庵槧記》，都四十五卷，為生平精力所萃，王廉生、柯鳳翁皆力求其稿而不得。今其館中得手寫原稿十二鉅冊，其中經、史、子、集四部，皆有論著，經學大致同於高郵王氏云云。章以書太多，鈔亦不易，今日商之闓枝，擬託其代為一檢。其書如有自序及例說等文，請其鈔來一看，不必遽鈔全書。闓枝又云，記得鳳孫說，其學問素與俞蔭甫齊名，科第甚早，而官不甚顯，未知我師曾聞其名否？【徐批：未也。各節斟酌，皆甚得當，即可照辦。如有新擬成稿本，請隨時寄來閱看。】

民國二十四年乙亥（1935）二月十九夜①

夫子大人鈞座：

敬稟者，昨夜一稟，今日送五條交便車帶上，約明午當可呈鑒。茲文楷齋送校程瑤田《讓堂學案》寫樣，此《案》本是小汀所輯，《傳》中引讓堂《九穀考》，辨別稷、粱［梁］之說，有謂"粱為粟，以稷為秫，今高粱也"等語。後又采錄《九穀考·自序》一首，鈞座將《傳》中"今高粱也"四字鈎去，又簽批一紙，說明稷、秫與高粱之所以不同，闓枝注其後云："原文作者負責，似可不論。"章竊以為此文既經采入《學

---

① 12：211。

案》，說之通否，編《學案》者實與作者同負責任，未可隨便推委。謹將原稿呈鑒，擬即本鈞座簽批之辭，於《自序》文後，作一案語，既可以證鄭氏稷、粱兼收之義，且可以明讓堂之誤會。【徐批：《小傳》是編書人所撰，即編書人負責。《小傳》中去"今高粱也"四字，與原著書人無干，且原《九穀考》中亦無"今高粱也"四字，何必突加此四字而又不肯刪去耶？應仍刪之為是。】所擬案語如下：

"案：稷、秫本是一種，高粱與稷、秫迥非同類，亦不得等之粟。粟可稱小米，小米亦可云粱，所謂黃粱飯也。鄭氏稷、粱兼收者以此。"

鈞座如以為可，祈即諭知，祇遵辦理。【徐批：加此一段，更嫌贅疣，且亦不可暴前人之短也。即將《小傳》中四字刪去可也。】再沅叔之胞弟老六，昨日亥刻病歿於德國醫院，明日移霧阜成門外圓廣寺接三。章已電告劉稽查備官弔送去，謹並附陳。【徐批：晤沅叔為道慰。】專肅，恭叩福安。受業曹秉章謹稟。二月十九夜。

【徐批：原書帶回《讓堂學案》，請察入。】

民國二十四年乙亥(1935)二月廿五夜①

夫子大人鈞座：

敬稟者，日前肅陳一稟，計早登鑒矣。【徐批：已奉答寄回矣。】小汀所作梁廷枏一小案，閨枝閱出，今日交來，特呈鈞鑒。五叔《墓誌》，日昨甫經脫稿，《誌》太冗長，《銘》亦無樸茂氣。此種文字，不能簡，不能古，即不足觀，擬再加改削，再行呈請誨政。【徐批：緩緩斟酌妥協，再寄來一讀。】專肅，恭叩福安。受業曹秉章謹稟。二月廿五夜。【徐批：《梁案》閱過寄回，請察入。小汀諸君近又各編何案？梁章冉所著之書，皆有刻本否？北京有其書否？】

---

① 12：308。

民國二十四年乙亥(1935)三月①

　　敬再稟者，日前又奉閱後發回《梁廷枏學案》。諭問梁所著各書有刻本否，章查梁所著《南漢書考異》《南漢叢錄》《南漢文字略》及《論語古解》《碑文摘奇》《金石稱例》《續稱例》《書餘曲話》等，統名之曰《藤花亭十種》，為道光庚寅年所刻。龔梅於書肆中覓得一部，亦在擬請鈞座購留之列。上次開單請示時，因已為小汀取去編案，章尚未得見，故未列入。【徐批：可酌留。】又單內所列任兆麟《有竹居集》，已由賀性存在藏書中檢出交來，應即剔除。性存又檢來袁爽秋《安槃簃集》一函，現在既不為爽秋作案，其《集》無所用之，應即送還五條歸架。至闉枝要看之《郝氏遺書》，亦經檢出，交闉枝矣。王獻唐所說之周悅讓，既係著名之老經學家，自不能不為補作一案，酌量附存。此外，尚有"魚台三馬"，著作雖極多，而無處覓書，衹可付之闕如。② 明知各省之夙學老儒，遺漏實多，既限於時，復限於力，萬難一一搜補，此實無可如何之事。惟有於《凡例》中詳細言之，以自站腳步耳。此肅，再叩福安。秉章謹再稟。【徐批：因無書可查，應總序其名籍，列於卷末，以存其人，以待將來補輯也。五舍弟《墓誌》，承大筆撰成，費神感謝。惟其中尚小有參差之處，皆詳注之，請再潤色，交來一閱。銘古而蘊籍，大手筆之文也。《學案》又出書否？】

民國二十四年乙亥(1935)三月初三日③

夫子大人鈞座：

　　敬稟者，日前奉到批諭，並發回程瑤田《讓堂學案》一冊，敬已誦

---

①　12:206。

②　"魚台三馬"，或指馬邦玉及其二子馬星房、馬星翼。邦玉祖居魚台縣池頭聚村，後遷居別處。

③　12:209。

悉。（又宋晉之《文集》印本一冊，亦已奉到。）五叔《墓誌銘》，章自覺銘辭尚愜意【徐批：甚佳】，誌文實不簡潔。適嘯麓來平，因請伊與羹梅二人代為簡鍊。章又細酌一過，刻始定稿，謹以錄呈鈞誨。惟五叔之祖與父，本官均祇有五品告身，五叔既得知府，實官不論曾否請封，似皆可例書贈如其官，不識有當否，伏乞批示。【徐批：可。】至請沅叔書丹一層，章正月間曾已與之說妥，擬請鈞座再手寫一箋託之。【徐批：俟志稿酌當，照作函懇之。】若由八叔篆蓋，固甚簡便，而出名為難。章擬亦由沅叔出名，書為"傅某人書并篆蓋"，亦祈批示，祇遵。【徐批：可。】濟南鈔書一事，王獻唐又有信來，云宋晉之手稿類寫於殘書之背面，旁行斜上，不易辨識，非細心而於經學研究有素者，不能過錄，如不得妥人，即將原稿寄來云云。若如此說，即將原稿寄來，章亦無能為役，擬與閏枝諸君商量後，再想辦法。專肅，恭叩福安。受業曹秉章謹稟。上巳日。【徐批：《墓誌稿》寄回。】

民國二十四年乙亥（1935）三月十五夜①

夫子大人鈞座：

敬稟者，日昨接奉批諭，並五叔《墓誌稿》蒙批示之處，遵已照改，另繕清本，再呈鈞鑒。章別有稟陳之語，仍條例於後。恭叩福安。受業曹秉章謹稟。三月望夜。

《墓誌文》中"初北遷時占籍"，既有移改，則鐘麟公之下，即不能不接敘亭玉、膚功兩公，各以其官書之為南河公、督撫公，通否仍祈批示。【徐批：非都督公□□。擬改為："授經高氏，五傳而至君高祖"云云，請再酌定。】

章理出之鄭東甫《遺稿》可鈔者，惟《讀〈宋元學案〉》各條未鈔耳，因此各條中，亦須照原書排一次序，而章體中適又有小不適，遂致延閣。

日前向之來談，云《明鑑長編》又有增補，伊於鈔資一層，頗覺為

難。當囑其開單交來，由章代向陳愷處支取應付。向之又云，此書卷帙太繁，大約總須分至千卷，刻資恐非十萬不辦；章告以鈞座已與沉叔商定，決付排印。伊云即排印，字亦不要甚大，取其省紙，又可減少本數也。此層章甚以為然，但不知授經之活字板有幾號字，每號字各有若干大，似須先將板式商定，然後再議印行。章近數日未見沉叔，故尚未接洽。章以為授經之活字板究竟如何，似可將鄭東甫《遺稿》、程恭甫《詩稿》及鈞座藏書《目錄》先付印後，再印此書。【徐批：新印之《硯譜》，即是其活字版也。】

　　葆之選恭甫詩①，共祇圈出一百餘首，尚有在鈞邸詠園中草木絕句五十餘首在內。雖其詩實無佳者，然亦究嫌太少。章頗思為增數十首，稍添頁數，以充門面，尚無閒心及之也。

　　章於十三日，忽覺形寒發熱，口膩不思食，以為小有感冒耳。服藥，出汗不透，熱亦未退淨。乃自發熱後，左腿足驟然作痛，自大腿直達足跟，舉步尤苦。昨夜解帶脫襪，見腿足腫硬異常，方悟章本以風濕入絡，致成偏廢。當是久留絡中之濕，變而為厲，故遂牽制全身，有形寒發熱之象。若竟釀成外瘍，則更討厭矣。今日又延醫來診視，並以腿足示之，云果是絡中積濕為患，非真有感冒。湯藥方外，並開一洗藥方。姑且試之，未必竟有大效也。

　　《學案》近無稿出，星期五當催問同人。

　　【徐批：近數日體中如何，至為系念，希示知為盼。《誌》將酌改數字寄回，請察入。】

民國二十四年乙亥(1935)三月廿二日②

夫子大人鈞座：

　　敬稟者，今辰由鐵林寄到批諭及五叔《墓誌稿》，敬悉一一。茲將

---

　　① 程壽保，字恭甫，號清者，程鴻詔之子。光緒己丑科舉人。徐世昌任東三省總督時，恭甫任督署總文案。今國家圖書館藏有程氏《清者吟稿》一卷，民國二十四年（1935）天津徐氏鉛印本。

　　② 12：309。

《墓誌》敘籍貫處，重加修政，再請鑒定。章有應行稟陳之語，仍條列於後。恭叩福安。受業曹秉章謹稟。三月廿二日。

師門北遷後入籍一事，經展轉遷徙始定，若不詳細敘明，授經大興高氏下直接“五傳而至君高祖”云云，驟觀之，幾不知五傳之上，究為何處人，似覺於義未安。故擬改為：“授經大興高氏，遂占籍焉。越世又遷天津。”不再分敘某公某公，以免拖沓；並刪去一切門面套話，似較簡淨。章一隅之見，是否可用，仍祈酌定批示。【徐批：照此改定，甚好甚好。】

恭甫學問雖甚平實，而天分太低，故其所作，去詩尚遠。不過我師與章均不能面對其子說乃翁之詩不好，不值印行。且如此一正派君子，一生不得志，併此不傳，亦實所不忍。其原稿四本，葆之僅圈出一百十首，似嫌太少。章近兩日為增出廿餘首，大約可分兩卷，已經付鈔。俟鈔出分卷後，再行寄呈鑒定。

章腿足腫痛，純是絡中久滯，積濕為患。月望前後數日，竟至不能着地。每日睡起，即扶坐一籐椅上，兩僕搭至外間書桌前，寸步不復移動，苦不可言。連日服藥之外，並以藥水洗之，痛已稍減，已可照常履地。惟睡一夜，腫即全消，垂坐一日，至晚即又復腫。雖不至驟成外瘍，而絡中水無去處，終覺橫決可慮也。【徐批：最好以一藤椅坐於向陽處，伸兩足曝腿，或有效。】

鈞座所印《壽石齋硯譜》，祈賜章一冊，藉遣長晝。【徐批：寄去一冊，請查收。終日坐書案前，讀書作文，此吾弟致病之原由也。從此日日必扶曳行動，不可久坐，或可見效，請試之。】

仲英丈有堂姪名澄中者（係在揚州一房），係美國留學生，現在上海充中央銀行總稽核。今日來見，向章索鈞座所印仲英丈之《養福齋殘稿》，章處僅有一冊，不能與之，請鈞座飭管書人，即檢寄一冊與章，以便轉交。【徐批：帶去二本，請收。可送其一本。】澄中雖係留學生，而頗講求版本。近兩年，每年必北來一次，訪購舊書，故與沅叔、羹梅，皆得相識。章與之尚係初次見面，覺其人極為溫純可親，毫無習氣，其年比大葫蘆小十來歲也。

民國二十四年乙亥(1935)三月廿四夜①

夫子大人鈞座：

　　敬稟者，日前肅陳一稟，並修改五叔《墓誌稿》一件，計應登鑒矣。今日大風，僅沅叔來一坐，社中同人無一來者。閨枝有修正舊稿兩種，屬呈鈞座鑒定。【徐批：閱過寄回。】又前在南中購來顧訪溪所著書十四本，編案後，葆之借閱多時，昨始交還，用特一併寄上，統祈鑒督。【徐批：收到。】章有應行稟陳之語，仍條列於後。恭叩福安。受業曹秉章謹稟。三月廿四夜。②

　　連日大風，黃塵蔽天，昨夜今辰尤甚。章所居陋室，滿屋皆風，牀帳動搖，竟夜不得安眠。今日聞和平門有洋車行，至門首、門扇為風吹闔，拉車人被擊，登時斃命。

　　章足已不痛，照常履地，惟垂坐一日，至晚猶甚腫耳。

　　敬一來，云鈞座前給伊之《水竹村人集》四本，為其女婿索去，屬章為之代乞再賜一部。【徐批：又寄一部去，請轉交。】

　　曼仙之兄覲瀛，於日前去世，明日開弔，不知曾有訃致鈞座否？【徐批：有。】其光景極難，擬求諭飭鐵林，備數十元奠敬送之，不必送匾聯也。【徐批：送二十元。《秋農》《貫山》兩修正案，閱過寄回，請收入。如有新案，即寄閱為盼。】

民國二十四年乙亥(1935)三月廿七夜③

夫子大人鈞座：

　　敬稟者，前日肅陳一稟，並閨枝修正舊稿二冊，計登鑒矣。【徐批：

---

①　12:275。
②　此段後，當續接原書12:232、12:233。
③　12:231。

寄回。】今日由鐵林寄下批諭，並五叔《墓誌稿》，及頒賜《壽石齋硯譜》一本、《養福齋殘稿》二本，均已奉到。茲遵擬上輓朱子良聯語一紙，祈鑒定後，交鐵林寫寄可也。（鐵林信中說，朱是錦州人，未知是錦橋先生族中後輩否？）章有稟陳之語，仍條例於後。恭叩福安。受業曹秉章謹稟。三月廿七夜。①

五叔《墓誌》，當另繕清本，送由八叔交承辦葬事人備紙畫格，送請沅叔書丹。沅叔刻又約同林夷俶、邢冕之、江翊雲諸人，准四月初一二，動身往游黃山。歸途走錢塘江，吃〔喫〕鮮鰣魚，尅期端節前回平。《墓誌》俟其歸來再寫，亦尚不為遲。章八年苦病，未出舊京一步，以視沅叔腰腳之健，游興之佳，天予清福，不知幾生修到，徒有豔羨而已！

沅叔目下既有遠游，陶心如前月又以事南去，尚未回來，刻書之事，恐有延閣〔擱〕。章雖儘可隨時催問，然決不能得力也。

《硯譜》排印字體、板式均甚佳。大東印書局之所以不肯開賬領款者，其眼光全在《明鑑長編》一書也。【徐批：一時尚恐難印。】恭甫之詩、東甫之文，若亦先交排印，又恐其仍不要錢，似須俟沅叔歸後，由其與之種種說明再定。【徐批：由天津印亦可。】章又以恭甫詩、東甫文兩種，本書之聲價，已自高下不同，印工似亦可以稍有區別【徐批：兩書如印，尚須作序】，鈞座以為何如？【徐批：可。】

仲英丈之《養福齋殘稿》，當即送交澄中收領。章昨日曾約澄中來寓小酌，以舊藏仲英丈所刻《文肅公遺稿》，暨所輯陳氏《清芬錄》贈之；又以章昔年所作仲丈之《傳》及《則蘧墓誌》《炳侯墓誌》，一一鈔與閱看；並與細談仲丈一房從前在汴情形。伊皆聞所未聞，咨嗟感惜者久之。《文肅遺稿》及《清芬錄》，伊云在南曾得一鈔本。此來曾先到濟南見堯峰、懷瑜二人，又得一排印本，覺與此刻本所載者，頗有出入不同之處，歸去當細校重刻之。又云，《清芬錄》中據伊所見過上輩遺蹟，與各種紀錄書中所載，可以采輯補入者甚多，亦當逐漸增輯。其言極為肫懇，誠留學生中少見之人也。

鐵林寄來章觀瀛訃，傳諭命作輓聯。惟觀瀛業已出殯，未便再送輓聯，擬仍請照章前稟所請，諭飭鐵林備三四十元奠敬送之，似較為得體也。【徐批：送二十元。】

章以絡中積濕，致成偏廢。支體雖不活動，並無苦楚，本已安之若素，聽其自然，不復妄想全愈。祇以去秋誤用榮老四薰洗之方，思將積濕拔出，當時腿足出水，一月不能著襪，已屬苦不可言。豈知積濕雖未拔盡，而確已挑動之，至今天暖，遂又發動，現在雖已見好，恐入夏後，仍又增劇耳。蒙諭不可終日伏案，嘯麓來，亦以此傳諭，具紉垂念之深。然章除一書案之外，實別無消遣之地。惟向陽曝腿與時時行動二事，當遵諭日日為之，以副諄命。

遠伯年紀甚輕，忽亦中風。聞其請蕭龍友診治，參著並進，大喫補藥，竊謂非宜。章之得以苟延至今，自謂是不喫參著之功。或者各人體氣不同，未可相提並論，則非不解醫者之所敢知矣。

敬再稟者，昨得鐵林信，傳諭詢問季湘所校寫姚氏《說文》一事。章三年前見其已成兩卷，篆寫甚精。迨其赴長春時問之，云暫不帶去，俟家眷去時再說。近兩年郵政梗阻，久不通信，聞其眷口已去，尚有一姪在此，日內當喚之來，令其作信往問。章竊以此事本不易辦，季湘現在事必甚忙，祇有先將原書要回，隨後再想辦法。鄙見如是，尚祈批示，祇遵。【徐批：即可照此辦理。】專肅，載叩福安。秉章謹再稟。

民國二十四年乙亥（1935）四月初七夜[①]

夫子大人鈞座：

敬稟者，迭由鐵林寄到批諭，並發回《秋農》《貫山》兩案稿，又給敬一《詩集》一部，均已先後奉到。《詩集》，遵即遣人為敬一送去。今日又由陳愷交到送章觀瀛奠敬廿元，亦即遣人送去。蒙諭東甫文、恭甫詩付印時均須作序一節，現在恭甫詩甫經鈔出，祇有廿餘頁，可為訂極薄一冊，錯字已經一一校正，其原來詩題下之小序及自注之語，尚須子細斟酌，或刪或改，俟一切酌定，再行呈鑒。我師應有一序，章已代為擬出【徐批：甚好】，程世兄臨去時，堅囑章亦作一序，因亦作序一通，程世兄又自作一跋，交章為之附於卷尾，茲特一併呈請鑒定。序文中措辭如有

———————

① 12:238。

不合之處，即祈削政交下，再錄入詩內付印。【徐批：序、跋均好，皆可印入。】東甫文，俟鈔齊後，擬先交闓枝一看，斟酌去留，並酌定書名，再行作《序》呈閱。至《學案》新稿，業經切催，小汀、羹梅即為趕做，大約再有兩星期，當有卷可交也。陶心如臨走時，告章云有要事，須至南京、上海，並回常州一行，約二十天必歸；逮走後，又令文楷齋來告云，接授經電，令其隨之赴日本，愈說愈遠，不知何日始能歸來也。專肅，恭叩福安。敬一處收條及章處謝帖，一併附上，伏乞垂鑒。受業曹秉章謹稟。四月初七夜。

民國二十四年乙亥（1935）四月初八日①

夫子大人鈞座：

　　敬稟者，日前肅陳一稟，並恭甫詩中序、跋各稿，計已登鑒矣。羹梅前在書肆中求得應補輯諸儒著作各書，擬請擇藏書中所無者，購留數種，業經稟奉批可，茲將書肆所開發票呈鑒，書價係由羹梅與之磋定，端節在邇，祈即飭鐵林，核發是荷。【徐批：已囑鐵林，照單付價矣。】所有各書，刻已分交小汀、羹梅編輯，用過後，再行寄奉，點收登架可也。專肅，恭叩福安。受業曹秉章謹稟。浴佛日。【徐批：原寄來序跋三件，閱過寄回，請察入。公及闓兄邇來體中當健，甚念。】

民國二十四年乙亥（1935）四月十五夜②

夫子大人鈞座：

　　敬稟者，得鐵林信，知前上各稟均呈鑒矣。《倭艮峯學案稿》，曾奉

---

① 12:318。
② 12:320。

批另鈔清本,茲閨枝已令寫人鈔出,囑再呈鈞座一閱。【徐批:閱過寄回。】專肅,恭叩福安。受業曹秉章謹稟。四月望夜。【徐批:《艮峯學案》,閱過寄回,請收閱。應否書"文端學案"?各冊如何寫,須一律。】

民國二十四年乙亥(1935)四月十七夜①

夫子大人鈞座:

敬稟者,星期五夜,肅呈一稟,並《倭文端案稿》清本一冊【徐批:寄回】,計已登鑒矣。【徐批:寄去扇九柄,請費神分交。外有一單。】昨由鐵林寄到批諭,並恭甫詩中序、跋各稿,敬已誦悉。恭甫詩鈔出校對過,特以寄呈鑒定。凡闌上有"○"者,皆葆之原選,有"·"者,係章補選,以詩存人,《序》中已說明此意,當不為閱者所笑也。鄭東甫《讀〈宋元學案〉》之作,雖亦未作完,然論議皆極透闢,足以見其本領。惟其稿亦是寫而又寫,顛來倒去,凌雜無次。章雖手為整理,反覆細看,仍覺不能信心,因又託葆之復看,並代為挨次排定。俟其看好交來,再行發鈔。章除口中發膩,食物無味之外,一切如常。閨枝近來身體亦健。承念,謹以附陳。專肅,恭叩福安。受業曹秉章謹稟。孟夏十七夜。【徐批:執事代作恭甫詩序,請另抄一紙寄來為盼。恭甫詩稿寄回,請與沅叔商,如何印法。此處亦有印字館可印,但不如上海之精也。】

民國二十四年乙亥(1935)四月廿五夜②

夫子大人鈞座:

敬稟者,日前呈上恭甫詩一冊,當鑒及矣。【徐批:已寄回。】頃閨

---

① 12:321。

② 12:326。

枝交到新輯林昌彝一案，擬附入《左海案》中者，亦補輯《諸儒》中之一種也，特呈鈞鑒。專肅，恭叩福安。受業曹秉章謹稟。四月廿五夜。【徐批：端節作何遺興？同人均請代候為囑。林昌彝一冊，閱過寄回，請察入。同人有成稿，請隨時寄閱。】

民國二十四年乙亥（1935）四月廿七夜①

夫子大人鈞座：

　　敬稟者，昨交陳愷帶呈一稟，並《林昌彝學案稿》，計達鑒矣。【徐批：已閱過寄回。】旋由鐵林寄來批諭，並頒賜社中同人暨敬一書畫摺扇共九柄，又發回《艮峯學案》清本一冊、《恭甫詩》一冊，均已奉到。茲遵諭將章代擬恭甫《詩敍》，另錄一通，呈請鑒督。【徐批：收到。】章有應行稟陳之語，仍條列於後。恭叩福安。受業曹秉章謹稟。孟夏廿七夜。

　　賜扇除章已取一柄珍弄外，餘當照單分別轉交。

　　自來《學案》諸儒名稱，或用別號，或用地名，本無一定。然無用諡法者，因諡法有重複也。現惟官至大學士者，用地名，如安溪、蔚州、儀徵、湘鄉、南皮之類，倭文端係蒙古旗人，萬不能稱為“蒙古學案”，故祇好亦用別號。【徐批：即照所議辦理。】

　　平、津兩處印字館排印書籍，固不及上海之精。現在沅叔尚未歸來，恭甫詩且緩俟《東甫遺稿》編成後，一併與沅叔商量付印何如？仍候示遵。【徐批：如此辦理甚好。】

　　小汀、羹梅兩人手中，均有輯而未成之案。小汀近日又以債約期迫，日坐愁城。其孫又有病，醫藥所需甚亟。昨來電話，囑章為向他處轉商應用。而章竟無處為之代呼將伯，亦竟不能催其功課，惟有切催羹梅而已。【徐批：久旱，昨得雷雨，天氣甚佳。北京想亦得雨也。】

---

① 12：323。

民國二十四年乙亥(1935)五月初三夜①

夫子大人鈞座:

敬稟者,日前肅復一稟,知已呈鑒。昨由鐵林寄到批諭,並閱後發回《林昌彝案稿》一冊,敬已閱悉。茲閩枝交來補輯汪士鐸、馬其昶兩案,又修補郝懿行《蘭皋案稿》,一併寄呈鈞鑒。【徐批:均閱過寄回。】章有稟陳之語,仍條列於後。恭叩福安,並賀節釐。受業曹秉章謹稟。五月初三夜。

汪梅村是胡竹村附案中人,現始得其《文集》輯之。

馬通伯雖歿在宣統三年之後,然列附案似無妨,且亦是摯甫先生門下也。【徐批:此冊刪去數文,轉為潔淨。】

《郝蘭皋案》補附周悅讓,即柯鳳翁所稱之人。其書不可得,僅據《山左先哲遺書提要》所云作《傳》,以存其人。② 【徐批:此人學問甚好。】

今辰得沅叔四月廿三信,云游黃山後,以養菴雖係浙人,而未到過西湖,遂由徽而杭;又以邢冕之欲游天台、雁宕,又由杭而台而溫,歸塗擬至蘇州、無錫兩處小作勾留,始能北返云云。大約日內當已在蘇矣。

此間三日前,連日悶熱,章僅著一短衫,尚汗出不止。忽又連日陰雨,陡作深涼,重著棉衣。炎涼不定如此,滬上如何?想亦大致相同。

羹梅擬求賜《壽石齋硯譜》一本,便中祈寄予之。【徐批:已先寄去。】

汪伯雲、陳愷亦擬各求賜扇一柄,不知尚有餘存者否?【徐批:已先寄去矣。】

【徐批:郝、汪、馬三冊,均閱過寄回,請察入。】

---

① 13:274。

② 今《清儒學案》卷一百一十四"蘭皋私淑"中附《周先生悅讓傳》,未附錄其文。其著有《倦游庵甈記》,已由齊魯書社 1996 年出版。又據《中國古籍善本書目》載,周氏選撰有《經通》二十六卷、《管子通》一卷。

民國二十四年乙亥（1935）五月十四夜[1]

夫子大人鈞座：

　　敬稟者，兩奉批諭及郝、汪、馬三案稿，與給沈之《硯譜》，給汪、陳之扇面，敬一之對子，均先後奉到，各件已一一照交矣。【徐批：代印《硯譜》，尚未交齊，可問一聲。】今日閨枝臂痛，小汀以其次孫病殤，均未來會。《馬案》中有“須查補”之字，及批示各節，明日當送與閨枝閱看也。【徐批：此《案》中刪去文字數篇，可不載也。】送蕭仲三壽聯句，另紙寫呈鈞鑒。專肅，恭叩福安。受業曹秉章謹稟。五月十四夜。

　　【徐批：已刻成之書，諸君已校正若干？刻工如何？訛字多否？請隨時留意。最好隨刻隨校，隨時脩正以送。積久遺忘，成書後，閱出便為難也。近又有成書送閱否？小汀代慰問，已有所饋贈矣。】

民國二十四年乙亥（1935）五月廿一夜[2]

夫子大人鈞座：

　　敬稟者，今辰由鐵林寄到批諭，敬已誦悉。秉章稟陳之語，均條列於後。恭叩福安。受業曹秉章謹稟。五月廿一夜。

　　已刻成之書，約有四十卷之譜，刻工尚無差池。訛錯雖多，隨到隨校，校出即令修改，並無延擱。惟原寫清本底子，不時有校出脫落之處，殊為費手耳。【徐批：前周所抄之本，時有訛誤，屢次批出，請校正。似須發出之時，須先校過方好。】

　　排印《硯譜》之未交齊者，遵已告知沅叔，令其催問矣。

　　八叔來，云五叔《墓誌》已送請沅叔書丹，囑章速之。今日沅叔來，

---

① 12：329。
② 13：268。

據云近日適爛腳，俟腳好即當動手，決不久延。

送小汀之三十元，今日當面交之，並傳諭慰問，伊極為感激，囑章先代陳謝。

閏枝手腕腫痛，已十餘日不能寫字矣。【徐批：請代問好，近當大愈矣。】章前數日忽然眼紅作痛，因停止看書寫字，時時以乳孩便洗之，刻已愈矣。【徐批：天氣乾熱，所致應時服滋潤之品。邇來當已清健，甚念。所補各附案，近又有成書否？可隨時寄閱。如無書可借者，即可停止。】

民國二十四年乙亥(1935)五月廿八夜①

夫子大人鈞座：

敬稟者，茲呈上金錢孫寄來平湖葛煜珊之孫詠莪囑章轉呈家刻兩種，伏乞詧收【徐批：收到】；又附上小汀謝信一函。章有稟陳之語，仍條列於後。恭叩福安。受業曹秉章謹稟。廿八夜。

葛詠莪②擬求頒給鈞刻《新元史》及《蘇天爵集》各一部，錢孫亦欲乞賜《蘇集》一部。【徐批：均照所索，囑鐵林飭人檢送，執事轉交。】但此書鈞座何時所刻，章前未之知。是否得有舊本，因其罕見而重刻者，並祈賞章一部。如蒙俯允，乞囑管書人檢出，統交章處是荷。【徐批：亦奉送一部。】

李光地《安溪學案》內，又校出有脫落之處，請囑管書人，將《安溪全書》內《初夏錄》一種檢出交章，以便查補。【徐批：亦飭檢查送閱。】

恭甫詩，已交沅叔酌核字數，寄南排印。據云至少須印三百本，連裝訂一切，有數十番夠矣。【徐批：可印五百本。】

連日大風，乾燥異常。外面謠言極多。今晨城門未開，路上禁止行

---

① 11：260。

② 葛昌楣（1886—1964），字詠莪，號蔭梧，浙江平湖人。家富藏書，工於書法，為南社社友。

人，電車亦未開行，不知何故。過午亦已照常，大約不致驟有事故也。章近日眼痛已好，惟仍流淚，故仍不敢常用目力。而入五月以來，無一順遂之事，不勝煩悶耳。

【徐批：正案、附案各稿，已無辦者。可請小汀、羹梅，幫同閨兄，速速整理舊成之稿，詳細校勘，陸續發繕，免刊刻又有訛脫也，至懇至懇。】

民國二十四年乙亥（1935）六月初五夜①

夫子大人鈞座：

敬稟者，前日肅陳一稟，並葛詠莪呈書兩部，小汀謝信一函，計應登鑒矣。【徐批：均收到。日前奉答一函，當已入覽矣。】今日又星期五天陰而極悶熱，閨枝有腹疾，小汀恐有雨，均未到會，均有電話來通知。羹梅來一坐。沅叔赤足着履，扶杖而來，步履仍極不便，云腳上共爛四處，尚有三處未平復【徐批：代為問候】，本擬不來，因《學案》底稿有脫落行數處【徐批：須預先細校對】，必須與閨枝面商補救辦法。而閨枝適未到，留一信，交章明日送去。連日入夜仍戒嚴甚緊，沽上想平安也。專肅，恭叩福安。受業曹秉章謹稟。六月初五夜。

民國二十四年乙亥（1935）六月十五夜②

夫子大人鈞座：

敬稟者，日昨接奉批諭，並給小板排印《新元史》八函【徐批：非小板排印者，係毛邊紙刷印大板者，已屬鐵林考察矣】；又精刻《蘇天爵文集》三部，除章自領《蘇集》一部之外，當即分別轉寄葛詠莪、金錢

---

① 12：183。
② 12：224。

孫二人。章前稟所言《馮柳東案》，茲經闓枝修整交來，特呈鈞鑒。【徐批：此冊前已閱過，茲又閱所加"三李"傳文一過，寄回。】承諭令小汀、龔梅二人幫同闓枝，速速整理舊稿一節，此汀與梅極願幫忙者。惟闓枝仍必欲一手經理，祇有俟其整理出來，加意過目。凡屬在事同人，皆已一一約定，請放心可也。此肅，恭叩福安。受業曹秉章謹稟。六月望夜。【徐批：寄回覆閱《柳東學案》一冊，請察入。有稿隨時寄來。】

民國二十四年乙亥（1935）七月初三日①

夫子大人鈞座：

敬稟者，叔進在滬鬻字為生，去秋忽猝然中風，右體偏廢，今年漸習左書，仍理舊業。前日接其《徵壽文啟》，知此月十五日，是其七十正誕，正擬稟陳師座，請酌送壽禮【徐批：擬送祝敬四十元何如】，適由闓枝轉來趙劍秋椿年一函，囑章為之代懇鈞座送一壽分，藉為醫藥之助，用將夏、趙兩箋，一併呈鑒，求諭飭鐵林，斟酌辦理。專肅，恭叩福安。受業曹秉章謹稟。七月初三日。

【徐批：五舍弟《墓誌》，不知沅叔已書否？請代詢問，告八舍弟知之。近有書可看否？近日濕熱，執事體中如何？甚念。已刻成之書若干？已校定者若干？發繕者若干？繕刻訛錯多否？均請留心政校，隨時寄知。】

民國二十四年乙亥（1935）七月初十日②

夫子大人鈞座：

敬稟者，日昨接奉批諭，敬已誦悉。昨日小汀輯出孫之騄、李誠兩小

---

① 12:214。
② 12:313。

案，擬彙列《諸儒學案》者，已交閨枝覆閱去矣；又去年小汀所呈錢辛伯先生《詩稿》，我師命其代為編訂，刻已編校竣事，並遵諭代擬《序文》一通，囑為寄呈鈞鑒。【徐批：現正披讀，尚有訛字。俟閱竣，再發刻。】章所編輯鄭東甫殘稿，其中去留，擬交閨枝子細酌定，再擬定書名，寫目呈鑒。至東甫從前在京狀況，我師與之交情深淺，祈先寫示一二，以為作序之用。【徐批：隨後書成，閱一過，再開去。】丁匯、鄭聯字句，均另籤錄副，並希訾及。專肅，恭叩福安。受業曹秉章謹稟。七月初十日。【徐批：近日秋熱，執事體中如何？甚念。閨兄安恙，亦請代為問候。】

　　金籛孫有謝賞書信一函，並以附鑒。葛詠莪信來，則囑章代為陳謝也。

民國二十四年乙亥（1935）七月十九夜①

夫子大人鈞座：

　　敬稟者，日前送上兩稟，並錢辛伯先生《詩稿》【徐批：收到】，孫之騄、李誠兩案稿，計可先後登鑒【徐批：此二稿並未寄來】。連日天氣酷熱異常，晝夜汗出不止。雖已有數次大雨，而夜間滴露俱無，仍是旱象。章傷風已愈，惟濕熱蘊蒸，實未稍減，食物依然寡味耳。昨日星期五，閨枝以中暑未到，今日遣人往問，云舉體不適，不能出門，且前日偶然大意，右腕誤一用力，因而更痛。【徐批：請代問候。】沇叔在頤和園僦屋避囂，校書作字，均移於彼。近已多日未回城中，五叔《墓誌》，或可寫出也。拆脩工廠房屋一事，前經函託袁良飭局通融辦理【徐批：晤為代問】，得復已經照辦。因又致一函，傳言道謝。原信並復函稿，一併附呈鈞鑒。專肅，恭叩福安。受業曹秉章謹稟。七月十九夜。【徐批：雨後天氣稍涼爽，執事體中甚念，務隨時珍衛為囑。】

　　此稟繕就，適奉批諭，敬悉一一。容再續稟。二十日。

---

①　12：315。

民國二十四年乙亥(1935)七月廿五夜①

夫子大人鈞座：

敬稟者，又將十日未奉諭言，殊深馳系。茲闓枝交來脩正校邠、葵園兩案稿，附案中人有須請示刪移者，用特呈鑒，祈即批示，祗遵。【徐批：注定，寄回。】章有稟陳之語，仍條列於後。恭叩福安。受業曹秉章謹稟。七月廿五夜。

闓枝腕痛日劇，作字更苦，是以案上簽注之字，筆畫均不甚清晰。

柯鳳翁之《傳》與稿件，乃郎年餘無消息，日前作信催問，又已四日未見回音，真不可解。

程恭甫詩，陶心如送排印樣本來，章已校過矣。

五叔《墓誌》，沅叔以天熱，迄未着手。刻已漸涼，昨又催之，云即寫也。

章傷風愈後，又為殘暑所苦，舉體不適。雖眠食如常，而濕熱蘊蒸，迄未稍減，無論何事，總鼓不起興致。惟看書或與友朋閑談，較稍可耳。【徐批：秋涼必強健也。近日書又刻若干？又繕若干？請時時考校催促。正案已截止，脩整須趕辦，請諸公格外偏勞。晤闓兄，代為道候道念。】

敬再稟者，家叔上有八旬餘老母，作三千里遠游，本非得已。去年，有人為薦得上海郵政儲金匯業局文牘事，離家較近，便於省親，是以不再北來。豈知今春局長更易，伊亦牽連被汰。擬在南另圖枝借，無人挈引，難於登天。既不能枵腹而為孝子，而堂上甘旨之需，又不可一日或缺。信來囑章，為之再求恩植，可否仍令到社裏司校勘，仍照前月支薪洋五十元？【徐批：均可照辦。】現在《學案》雖將藏事，而校讎整理，事正紛繁。如蒙批示，當即函令束裝前來也。專肅，再叩福安。秉章謹再稟。【徐批：現正繕刻，校勘最為緊要，即可北來，照舊辦事。繕刻、校對，亦須勤催細查，以少訛誤為妙。】

敬再稟者，《學案·序文》自張孟劬之作奉批駁回後，闓枝久置不

論，亦未議及倩誰另擬。章竊謂作此文，必須能知鈞座纂輯此書之旨，又身在局中，深悉編纂前後情形，方能言皆有中。羹梅、葆之實皆能勝任，特閏枝無交派之言，伊等亦不欲率然自任。然實不能再遲，章刻擬函致錢孫，傳諭令其代作一《序》。伊本一切了然，且亦閏枝素所心折之人，當不至或生異議，未知我師以為何如？祈即批示，祗遵。【徐批：可。】專肅，再請福安。秉章謹再稟。【徐批：此《序》前曾屢談，一朝學術，皆由聖祖闡發光大，無所不包，錢孫當知其詳。】

民國二十四年乙亥(1935)八月初二夜①

夫子大人鈞座：

　　敬稟者，昨得鐵林信，知家叔所請回社辦事，渥蒙恩准，當即飛函馳告，令其即行束裝北來，感戴鴻慈，容有涯涘。今日又由鐵林寄到批諭，並發回《學案稿》兩種。所有附案中應刪之人，遵已刪去；其須移附他案者，亦分別記出；采錄之文，有應更易次序者，並由汪伯雲另寫粘好，以備發繕。閏枝手腕痛稍減，腫亦漸消，請紓廑系。專肅，恭叩福安。受業曹秉章謹稟。八月初二夜。【徐批：晤閏兄，代道候。近日天氣驟涼，執事與閏兄體中如何？甚念。諸君同候。】

民國二十四年乙亥(1935)八月初九夜②

夫子大人鈞座：

　　敬稟者，日前肅陳一稟，言作《序》事，計已登鑒矣。章所輯錄鄭東甫遺文，已與閏枝商定去留，可采入《學案》者，伊已一一鈔出，茲將其來信，先行呈鑒。東甫之文，章再詳閱一過，寫出目錄，一兩日內亦

---

① 12：300。
② 12：302。

即可寄呈鑒定也。【徐批：在精不在多，請公留審擇。】專肅，恭叩福安。
受業曹秉章謹稟。八月初九夜。

民國二十四年乙亥(1935)八月十二日①

夫子大人鈞座：

　　敬稟者，日前肅上一稟，計登鑒矣。茲將章所鈔輯鄭東甫殘稿六本，
寄呈鈞鑒。【徐批：刪去三冊，不再寄回矣。】所有上次發下刻本《東甫
遺書》四本及濂源書院題解三本、益昌書院題解一本，又零星各稿經章
清理粘訂者八本，並四少奶奶之信一件、原單五紙，一併呈繳，伏乞點
收。章有應行稟陳之語，仍條例於後。恭叩福安。受業曹秉章謹稟。仲秋
十二日。

　　此東甫殘稿，章鈔輯後，先與葆之看過，後又與閬枝商量，有簽注
語，請督酌批示。有可采入《學案》者，閬枝已鈔出矣。

　　從前馬通伯選訂東甫著作，刻入《集虛草堂叢書》者，名曰《鄭東
甫遺書》。現在重輯殘稿，章擬名之為《鄭東甫遺書補》，仍請酌定示遵。
至書中各文編次，擬仍悉照通伯之例，惟各文之去留，須請鈞座鑒定，章
等不敢擅擬。

　　凡此各稿，實皆通伯選剩之物。大約通伯當日，亦因其過於零亂，難
於整理，故遂棄之。惟照四少奶奶單內所開篇目檢點，頗有遺缺。且其信
中云，柯鳳翁昔日大致酌定卷數，約可分四十卷，而所謂《〈春秋三傳〉
同釋》《讀〈春秋〉札記》等書，今亦未見，是東甫稿之遺失者，固不知
凡幾也。現在呈閱鈔輯之文，俟酌定去留發下，再行編目，另鈔正本
付印。

　　東甫之人品學問，已具見馬通伯所為《序》與《傳》中。我師與之
交情，或更知其一二軼事，均祈寫示，以為作《序》之用。【徐批：茲照
抄來各冊，刪去三冊，採取三冊，歸併為二冊，請詳校，抄清本付印何
如？凡二種，請執事代各作一跋語，或作序均可。】

---

① 12:266。

民國二十四年乙亥(1935)八月十六夜①

夫子大人鈞座：

　　敬稟者，日前寄呈鄭東甫稿本各件，度已登鑒矣。節前數日，依然燥熱，一番風雨，遽爾深涼。伏維興衛時宜，裀飪安晏為頌。閏枝前數日手腕痛，已稍好，今日來會，見其腕際又貼膏藥，纏裹甚厚。據云，天氣驟涼，忽又作痛，且較前更劇也。傅治鄉自長春假歸（伊現充簡任秘書），前日來晤，云季湘現充宮内府總務處長，姚氏《說文》伊不知其曾否帶去。章擬仍喚季湘之姪來，令其先在家中一尋；一面即託治鄉帶信季湘，令將原書先行交還，隨後再想辦法。此章為保存原書起見，想我師必以為然也。【徐批：甚好甚好，即照此辦理可也。】章上次稟中尚有請示，令錢孫代作《學案序》一事，實以閏枝身衰多病，整理舊稿，精神已不能處處周到。寫樣刻樣，迭次校出，疵累甚多，向之商問，頗嫌厭煩。故遇有萬不能將就之處，秉章即與葆之、沅叔商量，設法脩飾。張孟劬《序》不能用，本亦是其最不稱心之事。現在伊既不說辦法，章實不能不設法預備。特所見是否有當，尚祈批示，祗遵。【徐批：即請錢孫代作《序》，甚好甚好。想吾弟必已寫信去矣。】專肅稟陳，恭叩福安。受業曹秉章謹稟。八月十六夜。

民國二十四年乙亥(1935)八月廿三夜②

夫子大人鈞座：

　　敬稟者，日前接奉批諭，敬已誦悉。茲閏翁交來脩正鄒代鈞《敦藝學案》一冊，囑寄呈鑒定後，再另鈔清本發刻。【徐批：閱過寄回。】章

---

① 12：303。
② 12：252。

有應行稟陳之語，仍條例於後。恭叩福安。受業曹秉章謹稟。八月廿三夜。【徐批：《敦藝學案》一冊，閱過寄回，請查入。】

姚氏《說文》原書，章已將季湘之姪喚來，令其在季湘存家書箱中找尋；一面並函告季湘矣。

倩籛孫代擬《序》文，日內即當寄信前去。初開辦時，鈞座曾諭及有清一代人文，實皆由聖祖培育而成，《學案》對於聖學，應如何闡述，囑籌辦法。章當時即與閨枝、書衡及諸同人商議，擬全書告成後，仿曾文正《先正事略序》，於《序文》中將聖祖聖學之淵深，及作育人才之盛德，一一詳述，稟奉批，令照辦。籛孫固已早經接洽矣，特不宜如張孟劬，將聖祖各種學問分段排敘，若作壽敘者，而全不道及《學案》耳！且孟劬之作，開口即說黃梨洲《宋元學案》及《明儒學案》兩書，正可由宋元明諸儒學派，順序入清；一說到清，即提出聖祖如何講究學問，如何慎選賢才，所以能開二百數十年文治之盛；而所重用之人，如李安溪、熊孝感、魏蔚州諸公，亦皆順勢序出入後。凡能開學派、贊成文治者，歷朝名人，皆略略表之，既足推崇聖祖，而全書之內容，皆可渾括。寫出後，再揭出作意，更自己多說謙虛話，磊磊落落，一篇典重文字，似亦不難著手。章病久才盡，能說不能做，聊為我師陳其所見，以博一噱。若在十五年前，不甘此事讓人也。【徐批：秋風送涼，諸希珍衛，閨兄諸人，均代道候。】

遠伯病終不起，其終受參茸之累乎？可惜可惜！

五叔《墓誌》，沅叔今日寫出交來，已送交八叔矣。

閨枝腕仍未愈，章頑健如常，請紓厪注。

【徐批：《學案》請隨時籌畫［劃］進行，早日成書，為囑為囑。】

民國二十四年乙亥(1935)八月三十一日[①]

夫子大人鈞座：

敬稟者，日昨肅上一稟，附輓夏午貽聯句，度登鑒矣。【徐批：尚未

見。】半月前，曾呈李誠、孫之騄兩小案稿，未奉發回，想塗中當無遺失也。【徐批：並未見寄此案來。前亦有小案，均隨時閱過寄回，請再查收。】閏枝腕痛，前數日已覺稍好，腫已全消，惟動作微形牽掣耳。近日又尋一按摩者捏之，痛復增劇。今日來會，喫點心，見其持筯甚費力，若握管作字，必更苦矣。章近日飯後，每坐北房廊下，向陽曝腿，徧身透汗，腿腳痠而且癢，曝後坐室中，俟汗收後，至庭内走數十步，極為舒服，恐用西人上電氣法，未必遂能勝此也。鐵林信云，錢辛伯先生《詩稿》，我師命付文楷齋寫刻板樣，已定十行廿字，章竊以刻詩每行以廿一字為宜【徐批：可照辦】，未識可稍稍改動否？【徐批：可，即告文楷齋。】柯世兄處，至今無回信，豈不以乃翁入《學案》為然耶？如《傳》與文稿終不交來，祇可於宋晉之或鄭東甫兩傳中附見一名，則併附案亦不能立，亦可歎也。① 專肅，恭叩福安。受業曹秉章謹稟。八月晦後。

民國二十四年乙亥（1935）九月初七夜②

夫子大人鈞座：

　　敬稟者，昨由鐵林寄到批諭，並發回東甫文稿三冊，敬已誦悉。馬通伯前訂《東甫遺書》，即係叢錄為編，故章擬仿其例，名為《東甫遺書補》，分為四卷，訂兩冊，茲先寫目呈鑒。【徐批：不必襲其名，即用"東甫遺稿"之名，照弟所擬次序即可。③】諭代作跋語或序，章擬為師代擬一序，將其稿之零亂情形，略一言之，脫稿再呈鑒定。至李誠、孫之騄兩小案稿，我師閱後已經發回，日前章徧檢案頭不得，疑尚在鈞處，故於稟中言及之。今日問之閏枝，始知發回後，為伊攜去，健忘若是，真可愧也。心如交來《清奇吟稿》封面及書籤題字畫格各一紙，請臨池隨意一揮。【徐批：寫去，請查入。】封面之背，或交八叔作數篆字何如？【徐

---

① 今《清儒學案》卷一百九十四《東甫學案》交游中有柯氏小傳，其後按曰："先生卒後，碑志未出，僅就平生往還所聞見者，為之傳。"今《民國人物碑傳集》卷七，載有張爾田撰《清故學部左丞柯君墓志銘》一篇。

② 12:284。

③ 今國家圖書館藏有鄭杲《東甫遺稿》四卷，民國二十五年（1936）鉛印本。

批：可。】章於初二日卯刻，又得一孫。【徐批：大喜大喜，可賀可賀。】
屍體濕熱稍好，胃納亦稍增，足紓廑注。恭叩福安。受業曹秉章謹稟。九
月初七夜。

民國二十四年乙亥(1935)九月十四夜①

夫子大人鈞座：

　　敬稟者，日前接奉批諭，並《清耆吟稿》面簽題字、《東甫遺稿》目
錄各紙，敬已誦悉。上次鈞座閱定小汀所編錢辛伯先生《一松軒詩稿》，②
章昨又向文楷齋索來翻閱一過，覺原抄詩題中人名凡雙名者，均兩字並
寫，如賈迪之致愷、伊杏農耕雲、潘伯寅祖蔭之類，向來無此款式，已一一註明，
令其改為兩字，旁行直寫矣。嘯麓代撰之《序》甚佳，情文兼至，頗似
《庾子山集》中小品，伊近來詩文較十年前，固又大有進境也。《東甫遺
稿》，遵已發鈔清本，俟鈔齊，再行請示付印。倩錢孫代作《學案序》一
事，回信已來，云病後不敢用心，亦不能用心，率爾操觚，恐不足塞府主
懇懇之指，囑代婉陳，茲將原信呈請鈞鑒。【徐批：已寄回。】章擬再去
信，向之婉商，如伊必不肯作，自亦不便相強。【徐批：高年多病，不必
再煩勞矣。】可否由章將全書體段及我師意旨，一一寫出，交嘯麓抽暇為
之？伏乞批示，祗遵。【徐批：如此辦法甚好。即由吾弟詳細纂述，囑筱
麓再潤色，兩人合而成之，必成一篇絕大好文章也，拭目俟之。】鈞座送
蔡廷幹匾聯，業已遵擬字句，令小兒寫出送去，另紙錄底呈鑒。③ 專肅，
恭叩福安。受業曹秉章謹稟。九月十四夜。【徐批：書已刻成若干？未刻
者，請隨時查考，寄知為盼。校對者，日有書可看否？】

---

①　12：286。

②　錢桂森（1827—1899），字荺白，號犀庵，江蘇泰州人。清道光二十九年進士，選翰林
院庶吉士。錢氏為徐世昌房師。據《年譜》民國二十三年甲戌（1934）八十歲條載："是歲，刊
房師錢閣學《一松齋詩集》。"

③　蔡廷幹（1861—1935），字耀堂，廣東香山縣人。曾被清廷選為第二批幼童赴美留學，
與徐世昌同為袁世凱幕僚。

民國二十四年乙亥（1935）九月廿一日^①

夫子大人鈞座：

敬稟者，日昨皆奉批諭，敬悉種切。錢孫所患，係自前年忽然脈象歇至，經醫服藥不久，即復原狀。愈後稍一用心，即覺心慌，脈即又見歇至。迨後即不用心，亦有時無端心荒。心一覺荒，脈象即不能如常，故竟不敢用心也。【徐批：通信時，為我道念。】《學案序》，謹當遵諭，與嘯麓協商擬辦。惟嘯麓自十二日回津後，迄無信來。聞敬一云，伊到津又患腹瀉，不知日來身體如何？【徐批：已如常矣。】伊近年閉戶著書，極為勇猛。除改定所為詩詞之外，去年秋冬六個月，成《洞靈小志》十二卷；今年春夏六個月，成《十朝詩乘》廿四卷（係有清一代有關掌故之詩話）。每著一書，惟日孳孳，若有迫不及待者，用心不免太過。且亦時時多病，面目日見憔悴，迥非昔比。章每告以著作雖是正事，精神亦須保嗇，不能聽也。閨枝手腕，近請一按摩者日日按摩，痛雖稍減，而腕仍不能仰而向上，手指仍不得力，腕之上、肘之下，有筋結之疙瘩，亦未舒開也。【徐批：道候道念。】章一切如常，請紓厪注。專肅，恭叩福安。受業曹秉章謹稟。九月廿一日。

【徐批：文楷為刻之硯，請囑其刻好即寄來。或交吾弟寄來，好再陸續寄刻也。】

民國二十四年乙亥（1935）九月廿八夜^②

夫子大人鈞座：

敬稟者，前星期五曾上一稟，當早登鈞鑒矣。【徐批：已批回多日

---

① 12：289。
② 12：291。

矣。閏兄手腕大愈否？甚念。】今日閏枝云，黃子壽《陶樓學案稿》內附案"弟子"一類，鈞座有批，問及蓮池高才生。查其時，蓮池弟子自以王晉卿為最著，但係生存，照例不錄。已於此《案》"交游"中，乃翁《重三先生傳》內，略敘梗概。其餘未能盡悉，囑章代為問之晉卿，請其擇有著作傳世者，酌量開示。再陶樓在蓮池刊有《札記》及課萟，並囑向晉卿覓之，以便增補。又孫詒讓《籒廎案》內，鈞座有批，問及其父琴西先生。查琴西除補輯《永嘉學案》一書外，無他著作，已經敘入《籒廎傳》首矣。① 又其家有名希旦者，著《禮記集解》一書最有名，擬為補案，須尋書耳。均囑章代達鈞座，專此稟陳。恭叩福安。受業曹秉章謹稟。九月廿八夜。

再此間昨日有雨，旁〔傍〕晚雨稍大，有霹靂，亦變象也。

【徐批：前日批回一書，當入覽矣。】

民國二十四年乙亥(1935)十月初六夜②

夫子大人鈞座：

敬稟者，日前由陳筱珊送到批諭，誦悉種切。今日星期五，適逢寒雨，同人均未到會。羹梅所輯汪雙池一案，經閏枝核出交來，閏枝又有脩正《李穆堂案》，另繕清本，一併寄呈鈞鑒。【徐批：兩案均閱過寄回。】章恭代鈞座擬《東甫遺稿序》，昨甫脫稿，措詞未識洽當否？【徐批：甚妥甚妥，即可排印。】並以附上，求賜削政。此外有應稟陳之語，仍條列於後。恭叩福安。受業曹秉章謹稟。十月初六夜。

《雙池案》中，有應移動之文，俟閱定發回後，再行裁移改訂。【徐批：《三書》移後，已注明冊中矣。③】

《學案》已刻成者有六十卷，正在刻者有四卷，已寫出而未校未刻者

---

① 據《清史稿藝文志拾遺》，孫衣言尚有《孫衣言日記四種》四卷、《遜學齋文續鈔》五卷、《孫琴西文稿》一卷。

② 12：172。

③ "三書"，或即下文所說《與江慎修三書》。(參見12：226札，1935年十月二十夜)

有七十卷。此皆問之心如，據所開之實數也。惟文楷齋近來送校之件甚少，到處傳送，不知閣於何處，亦並囑心如查問矣。【徐批：須時時催促為囑。】

舊稿之未經整理出來，與《算學》各案及應彙歸《諸儒案》者，一併計算，約共有四五十家。《算學案》前託陳援庵代為覆閱，業經閱竣交回。據云，所輯原本《疇人傳》，極為妥當，毫無可議。章擬即交闓枝編排次序，伊俟各舊稿整理完竣後，再來取也。【徐批：即可作為定稿。】

未輯新稿，按從前舊單所列之人，除汪雙池現甫輯成外，尚有錢竹汀、錢南園兩案，闓枝尚未動手【徐批：請即動手】，湘鄉、南皮兩公附案未定，《鄭東甫案》亦未定【徐批：請速酌定】。其新單所開，擬補輯者有八人，歸小汀、羹梅兩人分辦。【徐批：請速辦。】惟齊校長去年所說之王先生，一無著作，實在無從立案。至其弟子中，若蔣式芬、王瑚，又豈可入《學案》之人？故闓枝決計置之不理，如遇齊校長晉謁時，請鈞座即以此告之。

闓枝囑函問晉卿黃子壽主講蓮池時之高足弟子。據復云，其時專攻八股，並無講求實學者，惟袁昶學問宏通。若胡月舫、孟綏臣等，乃馬二先生之類，經、史、子、集毫未寓目，更無著作之可言云云。已轉告闓枝矣。

倩嘯麓代擬《學案·序文》一事，章已函與商洽，專候章將全體書段寫去，伊即據以動筆。【徐批：應詳細寫去。】惟章記性太壞，若事事翻查，手足均不便，當須邀同羹梅、葆之，隨說隨寫，方能詳備也。寫至此，忽然想到，梨洲兩《學案》，專主程、朱，深闢陸、王，後來唐鏡海更導而揚之，所作《學案小識》，屏斥夏峯而不錄，現在我師此書，既化除種種畛域之見，首列夏峯，又崇尚顏、李學說，謂為最合時尚，此是五百年來，儒術轉變之一大關鍵，《序》文後半，似須將此意明白揭出。章似又記得，聖祖論學，亦曾兼取象山、余姚兩家，卻記不起語出何處。考查明確，則此層作用，亦可推本於聖祖也。敢陳所見，伏乞批示，祇遵。【徐批：另紙寫去。】

亭林、船山、梨洲三儒從祀文廟，均係辛丑兩宮回鑾後，由郭春翁奏請者，自應同時奉旨。【徐批：三人非同時奉旨，船山似在最後，請查明為是。記不甚清何人奏請，何時議準奉旨。】今《學案》中從祀年分，亭林書為"宣統初"，船山書為"光緒三十四年"，梨洲書為"宣統二年"，何以如此歧異？必須查明改正。①　【徐批：閩枝脩《清史》時，當有所考。】

《案》中各項書法，最須一律。如《傳》內書籍貫，相同之縣名之上，必冠以省名，乃稿內竟有漏寫省名者，不能不添寫，然一經添寫，一行之中多出兩字矣。又如書科目年分，必書干支，乃稿中有書"十幾年"及"幾十幾年"者，亦不能不改寫，一行中又缺少一字或兩字矣。【徐批：執事曾論康、乾兩朝干支恐有複見者】必須設法勻排，遇有不易勻排之處，勢不能不另寫另刻。如此之類，時時有之。最可笑者，夏峯附案"交游"中有鹿善繼，下注"別見《明儒學案》"。鹿本一義行之士【徐批：非也，誤矣】，其與夏峯同調為人稱道者，亦祇援護東林君子一事，何以能入《學案》？【徐批：此是鹿太公，另紙寫去。】《清儒學案》中，又何以有"別見《明儒學案》"之人？看出後，隨即將此一行刪去。凡此各節，有告知閩枝者，亦有不告者。鈞座屢次諭飭，認真校勘，用特縷陳。

近日謠言極多，外面不定何時輒復戒嚴。且有饕餮之徒，甘與蜣螂爭食，世界安得不亂哉！

文楷齋刻硯，問之，云已刻好，日內即交來也。（刻據送來硯大小七方，敬呈檢詧。）【徐批：已收到。】

姚氏《說文》一事，日前季湘之姪來，云徧檢書簏，僅有王仁俊寫本一匣，姚氏原本，乃叔確已帶往長春，暇時依舊校寫，囑章先為陳明；又云，乃叔現又奉使鄰邦，約冬月可以旋長云云。章思季湘在彼，身任要職，決無工夫再親筆墨，縱或抽暇校寫一兩頁，濟得甚事？不如仍令將原書設法寄歸為妥。【徐批：可。外又奉答，另書二紙。】

---

　① 據《清德宗實錄》卷二百二十，光緒十一年己酉十一月條載："乙卯，諭內閣，前因陳寶琛奏，請將黃宗羲、顧炎武從祀文廟，當令禮部議奏。本日，據該部會同大學士、九卿具奏，請毋庸從祀。又據潘祖蔭等另奏，請旨準行各一摺。著大學士、六部、九卿、翰、詹、科、道再行詳議具奏。"又據《清德宗實錄》卷五百九十六，光緒三十四年戊申九月條載："甲申，禮部奏請準先儒江蘇崑山顧炎武、湖南衡陽王夫之、浙江余姚黃宗羲從祀先師孔子廟廷。從之。"

民國二十四年乙亥(1935)十月初八日^①

夫子大人鈞座：

　　敬稟者，昨上一稟，並《學案稿》二本，文楷齋刻硯七方【徐批：收到】，送五條交車站，約今日可以達到。汪紱《雙池全書》一部，前年自杭州買來，現在《雙池案》已輯出，書已用過，謹包固寄呈，計共一百五十六本【徐批：收到】，乞飭點收。專肅，恭叩福安。受業曹秉章謹稟。十月初八日。【徐批：此次共三次來書十三紙，又加寫二紙，共十五張，外《序稿》二紙。】

民國二十四年乙亥(1935)十月十三夜^②

夫子大人鈞座：

　　敬稟者，日前兩次肅稟，先後呈上羹梅所輯之《汪雙池學案》及閩枝脩正之《李穆堂學案》各一冊，又《雙池全書》一部，硯七方，知已一一登鑒矣。前星期五，閩枝因有風未來，今日又未來，亦無信來知照，不知其體中安適否，明日當遣人往問之。小汀今日交來新輯崔應榴一小案，是應補輯單中之人，明日亦當送與閩枝閱核也。沅叔新刻所作《衡廬日錄》及《南嶽游記》，交來藍印本各一冊，囑代為寄呈函丈，伏乞詧鑒。【徐批：均收到。】葆之云，有江蘇水災書畫義振會，屬章代陳，擬求鈞座捐賜親筆書畫一兩件。如他人經手已經捐過，則不必再捐矣，候諭轉告。【徐批：已交鐵林帶畫二幅，楹聯十副，當已收到矣。】賤體一切如常，惟今年覺左腿僵硬更甚。中秋後，左踝骨上起一白頭小瘰，河南所謂“白不老”者，不覺痛癢，亦未出膿。數日後，乾瘰結一黑痂，兩月

---

① 12：244。

② 12：221。

之久，痂不脫。前日踝骨忽然紅腫，如洋錢大一塊，微微作痛。昨以萬金油擦之，徧腳作癢。今日膝蓋以下至腳腕，全部作癢，恐仍是經絡中積濕為祟，當無大害。然癢不可忍也。【徐批：天寒即不癢。】外間謠言頗多，不知此間能否依舊寗居，亦甚可慮。專肅，恭叩福安。受業曹秉章謹稟。十月十三夜。

【徐批：李、汪兩稿二本，閱過寄回，請察入。如有續成之稿，隨時寄閱為盼。】

民國二十四年乙亥（1935）十月二十夜^①

夫子大人鈞座：

敬稟者，日昨由鐵林寄到捐賜江蘇火災義振會畫兩幅、對聯十副，當即送交葆之，有回字一紙，特呈鈞詧。今日沅叔交來上鈞座一函，代授經為粵人潘明訓轉呈新刻仿宋版《禮記注疏》四函，附《校勘記》二冊，囑章代為寄呈【徐批：收到】；又告章云，潘君欲求鈞座於此書賜一跋語，如蒙俯允，伊當代擬數語，呈請鑒定後，寄與之。伊函中未曾言及囑章代為請示遵行。【徐批：即請沅叔代作跋語，寄閱為懇。吾弟可轉告之，不另覆沅叔函也。】向之校補《明鑑長編》，並所說鈔資一節，久無消息。章昨作函問之，據復：應補者，託人在北平圖書館鈔永樂二十二年下半年《實錄》，計資二十四元；又鈔隆慶六年下半年《實錄》，字數視前加多，鈔價早已付出，記不清楚數目，請亦按前二十四元之數給之。計此兩項共四十八元，章擬即在編書處鈔書項下支出付之，亦請批示，祗遵。【徐批：可照辦。】向之信中又云，在《大政訓纂》補鈔建文一冊，字數無多，可以不給鈔資。其所已校出者，為成化、宏治、嘉靖三朝；現在正校正德；萬曆似已有人校過，擬不再校；洪武尚擬一覆；永樂、隆慶尚有訛脫，擬覓善本，再詳校之。此書千卷，日校二卷，非兩年不克竣事云云。其所寫之字，筆畫極細，且更不成字，恐鈞座閱之太費目力，故特照錄其語奉聞；又附上宋晉之《旭齋文鈔》一本，祈交鐵林轉還賀性存。

---

① 12：226。

閨枝手腕仍未好。【徐批：代為問候。】章左踝骨紅腫之處，又有作膿之勢，不覺痛癢，似不甚好，日內擬覓一外科看之。【徐批：請外科須留神。】專肅，恭叩福安。受業曹秉章謹稟。十月二十夜。【徐批：昨寄去奉答各函，並《學案稿》二冊，當已收到矣。】

　　羹梅云，《雙池全書》中並無《文集》，不知別有刊本否。① 《與江慎修三書》，係從《年譜》中鈔出，故不敢竟標《文集》之目。羹梅又云，此《三書》辨論相因，若去前《兩書》，似覺非宜，仍祈鈞酌批示。

民國二十四年乙亥(1935)十月廿七夜②

夫子大人鈞座：

　　敬稟者，日昨由鐵林寄到三次批諭，又另諭兩箋，並李、汪兩案稿，敬已誦悉。【徐批：尚有李佩聰之後人來求作《墓表》，隨後再將《行狀》寄去。】今日又奉批諭，仿宋《禮記注疏跋》，遵屬沅叔代擬矣。《鄭東甫遺稿》四卷繕清，訂作兩本，《序文》已另鈔，訂入卷首，呈請鑒閱後發下，再託心如寄南排印。【徐批：此處有排印者甚精，即在津印，免費許多周折也。】需印若干部，亦乞示遵。《序文》原稿，並以附請存詧。章有應行稟陳之語，仍條列於後。恭叩福安。受業曹秉章謹稟。十月廿七夜。

　　程朱、陸王學派，雖有不同之處，然皆是闡述孔孟之道，在今日尤不應再持門戶之見。

　　鈞諭凡有兩派互相攻擊之文，均不采入《學案》，謹當遵辦。

　　閨枝處寫官屢換，不得其人，鈔《李穆堂學案》者尤難。《雙池案》，由羹梅處鈔來，字跡固較為工整也。

　　前星期五，敬一以尊翁《墓表文》見示，不知何人所為，問章用得否，適閨枝、小汀諸君先後皆到，不及細與斟酌，但將太不堪之處略改數字還之。昨日又來一字，云《墓表》撰文即用師名，並蒙我師允為書丹，

---

① 今國家圖書館藏有《雙池文集》十卷，清道光十四年（1834）刻本。
② 12：216。

鐵林有信傳諭，令其交章斟酌。然此文實極惡劣，萬不能用。敬一讀書太少，文字本是外行，今日招之來，將此文某語太鄙俚，某語恭維太過，種種不得體之處，一一與之詳細說明，即由章為之另做。【徐批：必須由執事另做，方可書名。】惟章自代師座作《東甫遺稿序》後，又接連作文四篇，皆極用心，須稍稍休養一兩天，方能動筆。因即與說定，以兩星期為限，用特稟聞。脫稿後，仍當先呈鈞削再定。【徐批：不可太累，不可太用心，緩緩為之可也。】

章所請之外科姚姓，係壽州孫文正子景周之副手，看法與藥均仍是景周舊傳。前星期來看，云純是濕氣為患，袛有用膏藥消化之，若一破，恐經絡積濕，全由此出，無法收功。自貼膏藥後，腫處漸低，紅色亦漸淡，其發白似膿之處，又復乾癟，或不致為大患。惟至明春天暖後，終覺可慮也。【徐批：此醫尚穩當可用。】

蕭仲三，九年不見，昨日邀章往陪玉雙吃飯（因玉雙生日也，八叔亦在座）。從前仲三之面圓胖，與玉雙等，現在竟較冠如尤為瘦削，乍見幾不相識。老年多病，真可怕也。

民國二十四年乙亥(1935)十一月初四夜①

夫子大人鈞座：

敬稟者，日昨又由鐵林寄到批諭，誦悉種切。《東甫遺稿》即在天津排印，最為合宜。授經處之活字版，字體太笨，極不好看，且動即拖延，無從催問。上次交印之《壽石齋硯譜》，不知已否交齊？【徐批：尚未送齊。】恭甫《詩稿》，排印又已數月，渺無消息。程世兄屢次來信問及，章擬日內託心如作信催之。程世兄信中又言，曾有榧子一筒，寄呈鈞座，不知收到否，囑章代為問聲。【徐批：已寄到。】伊又欲求鈞座賜以親筆墨跡，以為藏弄之珍。茲將原信呈鑒，不知鈞座能破例，於墨跡上賜以款稱否？【徐批：隨後檢寄，原信寄回。】章左踝骨腫已全消，惟自膝蓋下至腳心，皆奇癢，夜夜須以熱水洗之，方能安睡。左股按之，且作痠楚，不知何故。【徐批：當是風濕。】近日又咳嗆多痰，聲啞，頗類傷風，幸眠食如常。作敬一尊人《墓表》，已將成功，尚須子細打磨脩飾，方能呈鑒。【徐批：非由吾弟另作不可。】其原底實太不成文，何事可以表彰，何事不可以①表彰，全不明白，而又應略者反詳，應詳者反略，種種紕繆，毫無繩墨。問之，云是柯鳳老底子，不免厚誣鳳翁矣。時局謅張，可慮之甚。但以仰倚福星，躘次依然，安穩過新年為幸耳。專肅，恭叩福安。受業曹秉章謹稟。冬月初四夜。【徐批：寄去李佩聰後人寄《行狀》，求作《墓表》，請吾弟暇時代為一作，不必忙也。近有《學案稿》閱否？】

附②

頒到《東甫遺稿》八部，遵當分別送交。惟第三卷論文辭文内論詩各語，已見《讀〈宋元學案〉‧讀序錄》第三條，此文即不應存；又第四卷致孫佩南兩書，言方、姚古文辭大致相同，應存一刪一。章當鈔訂之初，竟一無覺察，荒瞀至此，尚能了得甚事，殊有負我師諉屬盛意。現擬於卷末加一跋，另紙寫上，可否於印出各書上，每部添印一頁重訂之，伏乞鈞裁。

民國二十四年乙亥(1935)十一月初十日③

夫子大人鈞座：

敬稟者，日前肅陳一稟，並程夢餘信，計已蒙鑒詧矣。【徐批：已寄

---

① “表彰”以下文字在12：241，因原書與前文錯亂排列，故重新整合。
② 12：101。因其上札稱《東甫遺稿》已在天津排印，此札稱《東甫遺稿》已經印出，故將其附在12：258札之後。
③ 12：246。

回。】章改作敬一尊人《墓表》，其原文不但言不雅馴，且所敘事跡，無一可以表彰者。章曾告敬一云，文以簡為貴，不宜過長，伊極不為然，蓋惟恐減去事跡也。現在一一就其原文所說，融化為之，不遺一事，但將吉林分建試院一節，特加詳敘，脫稿後，已送伊看過，伊尚為滿意。茲特錄呈鈞鑒，祈賜削政，發下再交敬一，備紙畫格可也。【徐批：稍為斟酌數句，另紙寫去。請吾弟酌定改入，不必拘用我之原文也。】葆之交來江蘇水災籌賑會收據一紙，並以附上，祈交鐵林存詧。專肅，恭叩福安。受業曹秉章謹稟。冬月初十日。【徐批：原稿寄回，請收入，酌定再交敬一可也。外又一紙。】

民國二十四年乙亥(1935)十一月十一夜①

夫子大人鈞座：

敬稟者，昨日肅陳一稟，並附上敬一尊人《墓表稿》一件。【徐批：已閱過寄回矣。】今辰由鐵林寄到批諭，並李佩聰《行狀》，諭飭代作《墓表》，章日來正為世緗夫人作《墓誌》，俟脫稿後，即當接作佩聰之《表》。惟其《行狀》以“知府”書為“奉政大夫”固誤，然其文中云“補靖州直隸州，庚戌到任甫兩月，調永順府知府”，則是直隸州署知府，非實缺知府也，書“奉政大夫”，並不為誤。至“誥封”“誥授”“誥贈”等字樣之分別，今之人已不能明晰。且其《行狀》前敘三代處，“曾祖”但寫“誥封”，有無官職，均不書；“祖”書“明直隸某某知縣”，亦不寫出身，殊為疏漏。用特摘出一紙，請囑鐵林函問李世兄速復，以便詳敘入《表》。【徐批：已交鐵林矣，均由鐵林問明速覆。】專肅，恭叩福安。受業曹秉章謹稟。仲冬十一夜。

【徐批：近有無《學案》寄可閱？執事近來文興甚豪，篇篇皆佳，亦耄而好學，身體強健也。】

---

① 12：306。

民國二十四年乙亥(1935)十一月十六夜①

夫子大人鈞座：

　　敬稟者，今辰接奉批諭，並敬一尊人《墓表稿》，所有削改之處，遵即照改，另繕清本，送交敬一畫格紙矣。其中伯兄廷瓏一段，我師但用"以他人事牽入官"七字包括一切，更覺泯然無跡，真所謂"筆補造化天無功"矣，實深傾佩之至。茲將呈閱之稿，仍行繳上，以備存查。惟敬一曾云，奉②師面諭，此碑可請八叔篆額。日前八叔來談，章問之，毫不接洽。章刻並囑敬一，即往八叔處面求。如得八叔允許，則題款即在我師"撰並書"之下，接寫"某人篆額"，似即可也。此等處，敬一實絲毫不懂，伊若早來與章商量，決不致費此大事也。前由鐵林探問李佩聰三代出身、官職，雖據開來，仍不明白，刻又將原單註明，函囑鐵林再問矣。章作世緗夫人《墓誌》，已脫稿。佩聰《墓表》，一兩日內，亦即可動筆。【徐批：不必忙，緩緩為之可也。】自九月至今，未斷作文，每一星期，必成一作。雖出於酬應者居多，亦尚有興會。惟工夫太淺，腹笥太空，祇能說白話，不能用書卷，所以字裏行間，總無古茂氣也。專肅，恭叩福安。受業曹秉章謹稟。仲冬既望夜。【徐批：作文亦消遣之一端。編書諸公，近有成稿否？刻書已成若干？今年終能成若干？未脫稿者，尚有若干？請示知。】

民國二十四年乙亥(1935)十一月十八夜③

夫子大人鈞座：

　　敬稟者，日前肅復一稟，今辰又由鐵林寄到批諭，敬已誦悉。敬一尊

---

① 　12：317。
② 　原書"奉"字後闕略，今據其內容，其後當續接12：260。
③ 　12：270。

人《墓誌》，已交伊備紙畫格，並將碑身與碑頭、碑座尺度，一一告知，囑其令文楷齋為之備石。篆額一層，伊亦云照章囑咐，面向八叔商允矣。一俟格紙畫好，伊即躬自到津，叩求書丹也。【徐批：已來津矣。】學生起鬧風潮，愈加擴大，一時恐難即了。天氣嚴寒，闓枝感冒畏風，今日仍未到會。沈、朱、閔三人分認補輯之案，又已切催矣。專肅，恭叩福安。受業曹秉章謹稟。仲冬十八夜。

【徐批：程恭甫詩已印成否？是否即在北京印？刻成《學案》若干卷？現在專刻此書若干人？寫手若干？明年幾時可告成？請核示。】

民國二十四年乙亥（1935）十一月二十夜①

夫子大人鈞座：

敬稟者，昨日肅上一稟，計已登鑒矣。董綬金送來未交齊之《壽石齋硯譜》八包，茲特寄呈。惟章未開看，不知本數對否，祈飭檢點示知是荷。【徐批：收到，已由鐵林檢查。】此肅，恭叩福安。受業曹秉章謹稟。仲冬廿夜。

陶心如云，《硯譜》書局中早經印齊，為綬金遺失，此八包是綬金所賠者，亦可笑也。

【徐批：今年底刻成若干？刻成《學案》校正精審否？請詢明寄知。】

民國二十四年乙亥（1935）十一月廿五夜②

夫子大人鈞座：

敬稟者，日昨肅上一稟，並《硯譜》八包，計登鑒矣。今日有風，

---

① 12：272。
② 12：273。

仍甚寒。閨枝勉強到會，云感冒已愈，而腕痛又作，恐是冬至節氣關繫，且以叔澥前日逝世，① 頗有戒心。蓋伊兩人同庚（七十九），皆已相適與今年亥歲相沖也。

敬一赴津，面求鈞座為書《墓表》，據聞鈞座早已允之。【徐批：堅求為書之。】然文太冗長，章終恐我師太累也。【徐批：擬寫行楷。】五叔《墓誌》刻工、拓工，均遠不及文楷齋，外行經手，固應如是。專肅，恭叩福安。受業曹秉章謹稟。仲冬廿五夜。

【徐批：天寒晤閨兄代問候，執事亦宜少出門。】

民國二十四年乙亥(1935)十二月初二夜②

夫子大人鈞座：

敬稟者，日昨由鐵林寄到兩次批諭，誦悉種切。恭甫詩，係在上海排印。【徐批：請問何時可印成？】《學案》一月以前，曾經查問心如，云已刻出六十卷，現又刻出者，不過兩三卷耳。刻手、寫手，據心如云，現在共有四十人。章以為，此事目下應催做新稿，若舊稿之整理，則閨枝自能趕辦，不必過催，且催他人，伊亦在座，正亦不必再催伊也。章於冬至日晚飯時，忽然頭暈，痰塞口中，流涎不止，不能說話，約十分鐘而定。【徐批：天氣驟寒，內有積濕所致。】近日，惟節飲食，間以戈製半夏含於口中，③ 吐痰稍利，後腦仍有時發重，故李佩聰《墓表》，尚未動手也。【徐批：可緩緩為之，不必忙。】專肅，恭叩福安。受業曹秉章謹稟。嘉平初二夜。

【徐批：近日體中如何？甚念甚念。新稿想亦無多，請催速速了之為是，不可再遲緩也。】

---

① 江瀚（1857—1935），字叔澥、叔海，號石翁，福建長汀人，曾任京師圖書館館長。

② 12：262。

③ "戈製半夏"為中醫方劑名稱。

民國二十四年乙亥(1935)十二月初九夜①

夫子大人鈞座：

敬稟者，初二日肅陳一稟，計已登鑒矣。連日嚴寒不稍減，今日常會，閨枝以畏寒未到，餘人雖到，而皆無做出之稿。章傷風已五日，依然聲重鼻塞，食不知味，似仍中有積熱也。江叔海訃聞已出，定一月十九日領帖，我師應送扁額。茲將字句擬出，另紙寫出，請鑒定後發下，再行寫送。【徐批：甚好，請即寫送。】又二胡盧來信，定一月十九日在南京嫁女，囑章代為陳明，求賜伙助。用將原信附上，請諭飭鐵林，酌量辦理。【徐批：送二十元，屬鐵林寄交執事轉送。】專肅，恭叩福安。受業曹秉章謹稟。嘉平初九夜。【徐批：《書髓樓藏書目》印成②，分送同人每位一函，另開清單寄去，請吾弟分送為懇。】

民國二十四年乙亥(1935)十二月十六夜③

夫子大人鈞座：

敬稟者，前上各稟，知均登鑒矣。閨枝已兩星期未到會，曾來一字，云感冒畏寒，不但不敢出門，並不敢出庭院。今日仍未到會，至薄暮，遣人送一信來，云感冒仍未愈，自覺病可治，衰不可治，《學案》必須趕為料理結束，實不宜再事拖延，而衰體萬難擔任。有上鈞座一函，囑為轉呈，請別聘賢者，免致貽誤云云。時適沅叔與諸同人在座，據沅叔云，十日前曾往訪之，看其氣體實已衰不可支，其時即有辭意，言之甚決，今果具函上請，因亦囑章將其情形詳陳聰聽。章查《學案》舊稿之整理好者，

---

① 12:264。
② 今國家圖書館藏有民國二十四年（1935 年）鉛印本。
③ 12:248。

約有八九，未整理者已屬無多，惟次第未定，《諸儒案》未排好。此外未輯者，祇有錢竹汀、錢南園兩案。若擬補輯者，雖尚有十餘人未做，然有書即做，無書即不做，亦並無關緊要。【徐批：刻成之書實有若干卷？即寄知為盼。】刻下如鈞座准令閏枝暫辭社事，由閔、沈、朱三人通力趕辦，亦不致有耽延。擬請鈞座手復閏枝一函，囑其將一切稿件，均交閔、沈、朱三人繼續辦理，遇有疑難處，即由伊等就商，俾其稍免用心，可以服藥調養。【徐批：別覆閏枝一書，請閱後面交。】至年底，應支陽曆一、二兩月雙薪及例給之，年敬仍請諭飭鐵林照發，以後仍請按月發給，至書成再停，以示體恤。章與沅叔諸人反復推論，意見相同，用特縷縷稟陳，伏乞批示，祇遵。恭叩福安。受業曹秉章謹稟。臘月十六夜。【徐批：即照所擬辦理。已囑鐵林先覆一函矣，當另函覆閏兄，照此辦理。即請閔、朱、沈三兄格外偏勞，趕速辦理，不可再遲延也。應補之人，有書即作，無書即合，總存其名可也。】

民國二十四年乙亥(1935)十二月廿三夜[①]

夫子大人鈞座：

　　敬稟者，前星期六肅上一稟，並閏枝信，計登早鑒矣。【徐批：前信已答覆，並函覆閏枝，一切照執事所擬辦理，當已轉達，可速速籌辦，不可再遲也。】前數日，寒氣已稍和緩，昨日大風，又作深寒。今日星期五，閏枝仍未來，不知其身體究屬如何。章感冒未愈，亦不能出門，明日當遣人往視之。【徐批：不可冒風寒出門，至要至要。】小汀又補輯邵瑛、汪遠孫、鈕樹玉三小案；邵是紀文達弟子，汪是陳碩甫交游，鈕是錢竹汀弟子[②]。閏枝既以身衰言辭，此三稿竟無人是政。【徐批：均可分隸三案中，不必另立案也，即由其三人經理可也。】章前稟所陳暫允閏枝卸肩調養及一切辦法，實為趕速完成此書起見。今日沅叔來，亦以不宜長此耽延

---

①　12：234。

②　今鈕樹玉（匪石）入《清儒學案》卷七十六"艮庭弟子"中，卷八十四"潛研弟子"中互著。

為言。我師如以章所陳為然，祈即諭知，俾可遵行。再日前鐵林傳諭，頒給章與諸同人《書髓樓書目》各一部，章已披閱一過。賀性存並未按照沅叔所簽出者詳細改編，依然雜亂無章，直是一草帳簿，不能作為藏書目錄，不知已印出若干部，似不宜廣為散播，致招誹笑。章雖無目錄之學，然於我師前不敢不直陳所見，伏乞宥諒是幸。十叔日前來信，新得周氏四十九星硯，囑為作一《題記》。昨已作出，寫稿寄去，屬其並呈我師鑒定。章與周氏過於親切，故文中不免感慨太重，不識我師謂之為何？【徐批：尚未見。】專肅，恭叩福安。受業曹秉章謹稟。祀竈夜。

　　再，閱《藏書目》中有顧光旭、王昶《同岑詩選》，又王昶《湖海文傳》《湖海詩傳》，均求飭管書人檢賜一閱。【徐批：五條書改歸朱鐵林、陳鎧經管，如用書，可函由鐵林檢取。】我師寫成之對聯，並求檢賜數副，因又有人囑轉求也。章又叩。【徐批：寄取對聯八副，可查入。】

民國二十四年乙亥(1935)十二月廿七夜①

夫子大人鈞座：

　　敬稟者，今辰奉到批諭，並復閏枝信，敬已誦悉。章擬明日將鈞函並薪及年敬一併躬身送去，婉陳鈞意，見面後是何情形，當再稟聞。昨日，董綬金派人送來印好《清耆吟稿》十八包，外有發單，開明五百本。② 章逐一檢點，實共有書四百九十九本，當將實數寫一收條，交來人帶回。所缺之一本，將來付價時，自可照數扣算。茲將發單先行呈上，請交鐵林收存。至其書應給程世兄若干本，即祈示知，由章寄出後，再將餘書呈奉可也。【徐批：送其二百本，即請吾弟轉交。寄一百本來，餘交陳愷存五條。近得黃子壽刻成《文鈔》一部，若有用，當寄去。】專肅，恭叩福安。受業曹秉章謹稟。嘉平二十七夜。

---

① 12：256。
② 《清耆吟稿》，即葆之所選程壽保之詩。詳見"民國二十四年乙亥1935年三月十五夜"札。

民國二十五年丙子(1936)正月初十①

夫子大人鈞座：

　　敬稟者，臘尾一稟，並呈《家集序例》，計早登鑒。【徐批：尚未及閱，隨後寄回。】初三日閏枝來，云各舊稿或應脩補，或應刪訂，當一一寫明辦法，以便交他人整理，而至今尚未交來，卻亦不便催問。新稿除小汀所輯邵瑛等三小案外，羹梅亦成任兆麟、迮雲龍兩案，尚無附麗之處，皆須閏枝稿件交來，方可酌定辦法。②章傷風仍未愈，且婦孺輩亦皆傷風咳嗆，竟是一種流行時證，可厭之至。專肅，恭叩福安。受業曹秉章謹稟。新正初十日。

民國二十五年丙子(1936)正月十五日③

夫子大人鈞座：

　　敬稟者，今辰由鐵林寄到批諭兩件，敬已誦悉。《清耆吟稿》，遵寄程世兄二百本，呈上一百本，祈飭點收；餘一百九十九本送五條，交陳愷收存。閏枝新年曾來一面，章以傷風未愈，尚未往答。日來天稍和暖，當出城訪之，即傳述鈞意也。《黃子壽案》已做出，其《文鈔》，當即是近年其門人等為刻者。此書章與諸同人均有，即需用時，亦無須寄下也。聞敬一云，鈞座近又在南中買書甚多，請飭人寫一目，賜下一觀。【徐批：並不多，皆破爛殘書，大為整理，亦甚可觀也。無甚特別者。】專肅，恭叩福安。受業曹秉章謹稟。元宵。【徐批：公之書，尚未讀完。近日校書，其他

---

①　13∶190。

②　任兆麟今入《清儒學案》卷五十三"象先家學"中；迮雲龍則未入《清儒學案》。迮雲龍，字耕石，吳江人，雍正年間副貢生，善詩文。據《分湖小識》卷三"文學"載：雲龍"隱於分湖之濱，築室種樹，著書自娛，所居'池上草堂'，藏書甚富。"

③　13∶181。

筆墨皆停頓也。王晉卿除送匾聯、祭席外，擬再送奠敬四十元。】

民國二十五年丙子(1936)正月廿二夜①

夫子大人鈞座：

敬稟者，元宵肅上一稟，並《清耆吟稿》一百本，計早登鑒矣。【徐批：收到。】王晉翁逝世，章處未得報條，迨閱報紙，知悉接三已過。昨作一聯輓之，又恭代我師擬一聯一額，另紙錄上，祈鑒定發下，以便寫送。【徐批：寄回，請寫送。】天氣忽又大暖，室中鑪火未撤，衣亦不敢減。因以齒痛大作，不能食物，苦不可言。閏枝多日未見，稿件亦未交出，沅叔與章同一着急。沅叔以事赴津，云當趨詣函丈，面陳一切也。【徐批：已面談矣。】專肅，恭叩福安。受業曹秉章謹稟。孟春廿二夜。

【徐批：沅叔與執事商擬八個月完全告成，此意甚好。即可照此確定，不可再緩。去年一年籌措經費，今年格外喫力，非速告成不可。此時金融情形，人家皆受竭蹶之苦，經濟困難，此事速速收束不可。吾弟應速籌之。】

民國二十五年丙子(1936)正月廿九夜②

夫子大人鈞座：

敬稟者，今辰由鐵林寄到批諭兩件，敬已誦悉。大雪兩日夜未止，沅叔自津歸後，又往香山賞雪，直至今日上燈後，始來晤，奉諭一切，自當遵辦。【徐批：書不可再遲緩，八個月之期，必須照辦為盼。】俟天晴，章當往看閏枝，傳述鈞意也。章傷風愈後，又齒痛多日，食物甚苦，且鼻涕中仍時時見血，內蘊之火猶盛。幸精神如常，足紓廑注。十叔囑作容齋

舅祖遺蹟卷子跋語，知已呈鑒。舅祖之詩，曾經先君編定為《學福樓詩稿》，今此卷中詩草，尚有未編入者，先君所藏冊中亦有之，又各有未編之文草，章刻擬一一鈔出，附於先君所編之後，將仲建表伯詩十一首、文兩篇亦附入，約可成書兩卷。【徐批：甚好甚好。】一俟鈔訂畢事，再呈鑒定。專肅，恭叩福安。受業曹秉章謹稟。孟春廿九夜。【徐批：年來吾弟著作之多，足見精神已復元矣。】

　　再，秉章先世著作遺書，大半不可復得。章自二十歲後，泛覽所及，見有先人詩文，隨時鈔輯，五十年來，積楮盈尺，現與家叔抽暇編訂《家集》，實仍欲搜求遺書。因將所為《家集序文凡例》及歷世著作《書目》，先付排印，分散各藏書家，用當徵引。① 以排印字小，恐鈞座閱之過費目力，謹繕寫一冊呈上，祈賜瀏覽。《序》《例》中所列編訂各條，有無紕繆之處，並求批示，無任跂禱之至。秉章謹稟。【徐批：表彰先代著作，數十年搜求，得成大觀，苦心孤詣，積久不懈，甚盛事也。拜讀一過，精密無遺漏，可佩可佩。原書奉繳。】

民國二十五年丙子(1936)二月初一夜②

夫子大人鈞座：

　　敬稟者，日前肅上一稟，計已呈鑒矣。今日閩枝來信，交到上鈞座信一函，並舊稿四十一件，計四十二本均簽出意見辦法，囑一併寄呈鈞鑒。祈閱後發下，以便分交同人趕緊辦理。章有應行稟陳之語，仍條列於後，伏乞批示，祇遵。專肅，恭叩福安。受業曹秉章謹稟。仲春朔夜。【徐批：此次寄來四十二冊，均注明寄回，請查入，分別辦理。閩兄寄來之函，並另開清單，亦寄回，請吾弟隨後查閱，斟酌辦理為懇。】

　　此四十一案，閩枝簽註各語，均甚平允，擬仍分交各原纂人修理，有須訪求書籍者，亦由原纂人酌量辦理。

---

　　① 今國家圖書館藏有《干溪曹氏家集序例》一卷附《書目》一卷，曹葆宸、曹秉章輯並序，民國二十四年（1935年）鉛印本。

　　② 12：127。

此四十一案之外，閏枝尚留出《三魚》《潛研》《南皮》三案，云《三魚》《潛研》原所經手，應整理清楚，以完手續，《南皮正案》中現有鈔件可附，藉以隨手整理之，約遲一月，可以全數交出。此中惟錢竹汀《潛研學案》，即是前年鈞座批駁張孟劬所輯者，龔梅熟看竹汀之書，屢欲纂輯此《案》，閏枝未付，現在仍欲自行改輯，以挽回張孟劬面子，其心亦甚苦矣。《南皮附案》，龔梅正在搜羅纂輯，且俟閏枝將《正案》交來後，再行一併呈鑒。

《勞餘山案》內附案之沈廷芳所著《十三經正字》一書，本是浦鏜所著者，沈廷芳在翁覃溪處轉鈔而去，應於其《傳》中將此書刪去。浦鏜，嘉善諸生，窮半生之力，著此一書，負之至京，謁紀文達。文達極為賞識，留館於其家，為之納監，令考北闈。遽即逝世，遺稿遂以散失。章擬請閏枝於《文達案》內附立一案，以傳其名。閏枝以《文達案》中所附皆辦理《四庫全書》之人，浦鏜身分不合，不能附；又以覃溪與之並非直接交游，亦未附。故現在尚無著落也。[①]【徐批：附於最末，似無不可，以見文達愛才之雅。】

江永《慎修案》內，閏枝必欲補錄其算學著作。上次鈞座曾云，其學問所重，不在算學，後來復看《算學案》之陳君，亦如此說。現在究竟應否補錄，祈批示。【徐批：有書略加補輯亦可，如無書即不補，不必拘拘也。】

慎修與孔㢲軒案內，均有其兄。閏枝以為兄亦可附入家學。章竊以為惟弟與子姪，親受其父兄、伯叔之教者，謂之家學，兄則不能謂為家學也。其兄之名，即可敘入其本人《傳》中，上次有似此者，即如此辦理。江、孔兩兄，亦擬如此敘法，以歸一律。【徐批：即照此辦理，甚妥。】

王晉卿之名，已見於其父《學案》傳後。閏枝欲作為專案，似乎不稱，以歸入黃子壽弟子中為宜，祈批示。[②]【徐批：先以其生存，可以附入他案。今其歿矣，其著述多可以專案也。】

鈞座從前欲將鄭東甫、盛伯羲、柯鳳孫、宋晉之分別正附，歸在一處。現在《東甫案》已做好；《晉之案》雖做出，而太簡；《鳳孫傳》與著作，均屢催其子，未見一字之復；伯羲著作，更無處尋問。如何辦法，

① 今浦鏜附入《清儒學案》卷八十“獻縣交游”中。

② 王樹枏（晉卿），今入《清儒學案》卷一百八十四“重三家學”中。

祈批示。【徐批：鄭作專案，宋、柯附之最妥；伯羲當是鄭之座師，不知能附入否？請查問，是否鄭之師。①】

孫佩南作專案，恐站不住。【徐批：甚是甚是。】

錢塘二梁案，本錢孫所輯。兄弟二人同作一傳，向無此式，似應改作分傳。

《錢南園案》極單薄，伊係惜抱門人，閏枝以其文章非桐城派，不附惜抱。究竟若何，應與同人公同商酌辦理。【徐批：另作小案，歸入《諸儒案》中亦可。②】

此外，無歸著之案——《諸儒學案》，不能不立。然如《宋元學案》中所列《諸儒學案》，均仍各有統系，各有說數。現在無歸著之稿，如散錢滿地，一無貫串之法。小汀曾云分省書之，如直隸諸儒云云，山東諸儒云云，亦是一法。然總須說出一道理來，方好容與同人商量妥洽，再行請示辦理。

閏枝函中李若農、繆筱珊、袁爽秋云云，前年鈞座曾諭章云，洪文卿、袁爽秋、繆筱珊三人不必入《案》，閏枝因將洪誤記為李，故有此語。【徐批：《李文田案》似已擬成，請查。】然章以為三人之中，自以袁爽秋學問為最好，惟其著作、文章，皆不能入《學案》耳。李與洪二人所言西域地理，洪實居李之上，以洪皆係親身閱歷之，言較有根據，李之書則有藍本，並非自出心裁，閏枝、龔梅皆如此說。故初議以洪為正，以李附之；奉諭後，擬改以李為正，洪附之。【徐批：不妥。】洪之人雖無足取，其書既可采，似亦在不以人廢言之列。【徐批：洪、袁皆不必入《學案》。】此《案》亦尚未做，如鈞意決不取洪，則李若農另尋一附麗之處附之，候示遵行。【徐批：李如無專案，亦設法他人案中。】至繆筱珊，鈞座謂其假充名士，不甚可取。惟閏枝與伊郎舅至親，若於《南皮案》中附見一名，似亦無足輕重也，亦祈示遵。【徐批：繆即定入《南皮案》中可也。繆之弟，亦鄙人同年相識。洪、袁二人，可勿論矣。】

此後整理出之舊稿，及新輯之稿，均逕呈鈞座核定如何？【徐批：均可隨時送閱為盼。】

閏枝既留有整理之稿件，自不能不受薪。天晴，地稍乾，章當將未收

---

① 今鄭東甫立專案，柯劭忞（鳳孫）、宋書升（晉之）、孫葆田（佩南）三君皆入“東甫交游”中。盛伯羲未入《清儒學案》。

② 錢灃，今入《清儒學案》卷208《諸儒學案》中，內又從其文集中選錄其文四篇。今國家圖書館又藏有《錢南園先生遺集》五卷。

之二月分薪為之送去，並傳述鈞意。如仍不收，則須鈞座再來一函也。
【徐批：四十二冊中，大半皆已看過之稿。茲又將冊面所簽出，均簽注，
可請諸公斟酌辦理。其從前未經閱定之稿，此次脩整後，可再寄來一閱；
從前閱定之件，此次諸公酌定，即可繕刻，不可再遲也。】

民國二十五年丙子(1936)二月初六夜①

夫子大人鈞座：

　　敬稟者，日前肅上一稟，並閏枝信及其籤出辦法之舊稿四十一案，計
應早經達到矣。【徐批：已閱過寄回，當已收到矣。】雪晴兩日，嚴寒未
解，且各胡同中水雪加以泥濘，車行敧仄可怕，因以不敢出門。今日同人
來會，章將前稟所陳各節一一告之，皆以為然。一俟稿件閱過發回，即可
分交辦理。惟有必須擴充者，若書不易得，則尚須另作辦法也。【徐批：
即請分別趕緊辦理。如無書者，即歸諸儒類中可也。】章前在五條檢來
《同岑詩選》一函、《湖海詩傳》兩函，鐵林信囑閱過仍寄天津，再行轉
還五條【徐批：鐵林另有信奉答】，茲特遵照呈上，祈飭督收是叩。此
肅，恭請福安。受業曹秉章謹稟。仲春初六夜。【徐批：各冊寄回，請諸
公即著手分辦。從前閱過者，即可繕刻；未閱過者，成稿可寄一閱。有書
者，即成專案；無書者，均歸諸儒類中。如此辦理，可一氣呵成也。前
日，執事開來各節及各冊，加簽均奉答矣。】

民國二十五年丙子(1936)二月十三夜②

夫子大人鈞座：

　　敬稟者，日前由鐵林寄到批諭，並閏枝原信，及發回《學案》舊稿

四十一種，昨又奉到批諭，均已誦悉。近日，天雖已晴，而嚴寒未解，故仍不敢出門。今日星期五，除闓枝不到外，閔、朱、沈均來，當以批諭示之，公同議定辦法。先將次序排出，核定正、附，再論諸儒。如此，全書方可一氣貫串也。現在，次序已經排定，各人承認脩理功課，亦已認定。章有應行稟陳之語，仍條列於後。專肅，恭請福安。受業曹秉章謹稟。仲春十三夜。

　　諸儒次序，仍照闓枝原議，先列入祀聖廟之夏峯至恕谷十一人，_{此十一人仍以年齒為次，如孫一、黃二、顧三、王四之類，排至恕谷}此後皆以年齒為次，不照闓枝以科目為次之說。此自是《學案》規模，不比選詩文也。

　　王晉卿一說，章前因闓枝信內有擬作專案之言，故亦率爾請示。而未曾想到《學案》諸儒，本以宣統三年為斷，歿在三年以後者，附案中惟列柯鳳孫一人而已，晉卿實難改作專案，自破其例。故現在仍即其父傳後，將其著述名目，詳細敘入，亦須託人向其子姪輩問明再說，尚不知其子姪輩說得清楚否？【徐批：如此辦法甚善，即可定議。】

　　盛伯羲《詩集》之外，一無著作。如果是鄭之座師，則尤不能作附案。【徐批：《鄭傳》內須敘明，本是直隸人，隨其父官即墨，貧不能歸，遂占籍焉。鄉試遇伯羲，遂得解元。蓋以古文為時罷也。】

　　孫佩南擬入《諸儒》。

　　《李文田案》已做出，尋一相當之處附之。①【徐批：可。】洪則遵諭剔除。

　　現在併計整理各稿及新輯未成者，共有五十案。【徐批：即可次第辦理，送閱為囑。伯羲在《東甫傳》中一見，亦可存其名矣。】

民國二十五年丙子(1936)二月二十夜②

夫子大人鈞座：

　　敬稟者，前星期五肅陳一稟，計已登鑒。【徐批：已批答矣。】天稍

---

①　今李文田附《清儒學案》卷一百八十八"南皮交游"中。

②　13：243。

回暖，泥濘載塗，閩枝處尚未去，而又傷風、咳嗆、聲啞，諸多不適。今日大風極冷，小汀未來，葆之、羹梅分去整理之件，云已著手。羹梅新輯出之任、连兩案，《傳》未鈔齊，一兩日內，即可呈鑒。【徐批：抄出即寄閱。】專肅，恭叩福安。受業曹秉章謹稟。二月廿夜。【徐批：昨有二紙，由鐵林寄去。體中近日如何？甚念。春寒不可出門。應整理之稿，請弟時時催促，成即寄閱。】

民國二十五年丙子（1936）二月廿三夜①

夫子大人鈞座：

敬稟者，今辰由鐵林寄到批諭，敬已誦悉。茲呈上羹梅所輯任兆麟、连鶴壽兩案，又脩整舊稿兩冊，統祈鑒定。【徐批：均閱過寄回。】送陳、王兩處聯額字句，並另紙寫上呈鑒。章有應行稟陳之語，仍條列於後。恭叩福安。受業曹秉章謹稟。二月廿三夜。

任兆麟，羹梅擬附褚寅亮，《褚案稿》尚在閩枝處，俟交來再行併入。【徐批：似可與寄，請酌。】连鶴壽，俟彙編《諸儒案》時併入。

書衡舊稿，如惠定宇、閻百詩兩案之互有出入者，羹梅均已攜去脩整矣。此外，錢孫《案》之須擴充者，則歸小汀酌辦；葆之舊稿，仍由其自行脩理。

《案》中有字號相同者，如焦里堂、韓理堂，"里""理"字雖異，而音則一，故葆之擬改韓案為《公復學案》。此外，則鄭東甫之前，尚有沈東甫炳震，不知鄭東甫另有別號否，祈示知。【徐批：不知。】

前見報紙云柯鳳翁之少子犯精神病【徐批：其少子本有病】，欲臥軌道，聽車壓死之說。旋問沅叔，云確有其事，且事前曾抱鳳翁著作草稿，到處尋人求售，云無飯吃也。然鳳翁家況，何至竟無飯吃？此必是兄弟間有何情形，鈞處如有與鳳翁家相熟之人，能一問否？【徐批：其身後情形，略有所知。】

昨日晴暖無風，午後曾往訪閩枝。伊又發痔，見其坐立行走，皆其費

---

① 13：77。

事。示以批函，並將同人分辦情形，一一告之。惟前所退回之二月分薪，初仍不收，云既不辦事，仍領厚薪，實說不過去。經章再三婉述鈞意，始行收去，云此後務必停止，如府主垂念老朽，交情所在，賜以幫助則可，萬萬不敢再領薪水云云。是否即為停薪，伏乞酌定示知。【徐批：可停。】

文楷齋極為疲玩，《一松軒詩》上版數月，迄未以刻樣送校。昨又嚴切催之，云再有十日可得。

章二次傷風尚未愈。天氣實在不好，兩日稍暖，刻又起風，明日又作冷矣。

【徐批：任、迕二案及兩舊案，均閱過寄回，請收入。此後舊案有整理者，送閱時，請加簽說明，以便檢閱。閏枝薪屢辭，即可停發，已告鐵林矣。】

民國二十五年丙子(1936)①

天已回暖。章聲啞稍好，咳嗆依然，痰涕猶多，涕中且仍帶血，可厭之至。今日葆之來，亦咳嗆、聲啞，竟是一種流行病也。

閏枝力辭薪水，前稟已為詳陳，可否竟行停支【徐批：已停】，俟四月間伊八十生日時，備一壽敬送之，並祈酌定，示遵。【徐批：俟其整壽日，送祝敬百元。以後每節，送津貼一百何如？】

《漢學師承記》，亦請飭管書人檢下備用。【徐批：已飭檢送。】

民國二十五年丙子(1936)二月廿七夜②

夫子大人鈞座：

敬稟者，昨辰由鐵林寄到批諭，敬已誦悉。章日前肅陳一稟，附新、

---

①　11：210。
②　13：203。

舊稿各二冊，想可先一日呈鑒。【徐批：寄回。】閻百詩、惠定宇兩案，
羲梅已互相損益，脩整竣事。《孔葒軒案》，亦脩好。《江慎修案》中須補
算學，羲梅於其所著《翼梅》一書內，酌量采錄。此書刻在《海山仙館
叢書》中，羲梅所儲者，中有闕佚，不能適用。鈞處如有《海山仙館叢
書》，請飭管書人將《翼梅》一種檢下，鈔畢即呈繳。【徐批：已由鐵林
屬管書人檢送矣。】《許桂林案》，閏枝欲覓其《易確》一書增入之，刻已
在坊中覓得此書，仍交葆之原纂人辦理。前星期五所議編排次序，今日諸
君又復加研討，大致已定。擬彙列諸儒者，亦將姓名一一開出，由小汀帶
去斟酌排比，定出辦法，再行稟請示遵。章有應行稟陳之語，仍條列於
後。恭叩福安。受業曹秉章謹稟。仲春廿七夜。

　　《海山仙館叢書》，鈞處如有固好；如無，請飭鐵林即來信，當再設
法向他處借用。【徐批：已屬人檢送矣。】

　　許桂林《易確》四本，紙板均佳，價洋八元，擬即買之。　【徐
批：可。】

　　舊稿中單案太多，本不好看。現擬凡篇幅太狹，無書可以擴充，其人
既無師友附麗之處，又無他人可以附之者，概歸諸儒，未知是否，仍祈示
遵。【徐批：有著述者，仍可專案，不必定要"弟子""交游"諸名色，
諸公以為何如？】

　　《武虛谷案稿》，前閏枝聞李敏修言，虛谷有弟子李洲、李渡兄弟二
人①，然未言其籍貫、事實，現更無從考問；鈞座又以附錄中有虛谷與童
二樹同脩《偃師縣志》之事，諭令尋二樹傳著，附入交游，實亦無從尋
覓。② 故已將《虛谷案》付寫矣。【徐批：已由鐵林函詢敏修矣。武虛谷
有已刻之書，不知敏修有否。】

　　盛伯羲《鬱華閣集》，章無此書，鈞處如有，祈賜一部。【徐批：已
寄去，當收到。】盛公並非鄭東甫座師，章記得鄭是己卯山東解元，是科
山東主考是洪鈞、張百熙也。【徐批：可附《東甫案》中。】

---

　　① 據《清史稿藝文志拾遺》集部別集類，載有李洲《松蔭精舍文集》三卷、《詩集》一
卷，道光十八年刻本，今國家圖書館有藏。今《清儒學案》未收李氏二兄弟。
　　② 童鈺，字璞岩，又字二樹，浙江山陰人。據《清史稿藝文志拾遺》，二樹著述多為詩集，
如《抱影廬詩》《二樹詩略》等。袁枚對其詩甚為贊賞，並撰有《童二樹先生墓志銘》。今《清
儒學案》未收其人。

東甫先生各草，反覆寫之，本非定稿。其文之見於此，復見於彼，或一文而數稿者甚多。如卷三論文辭文內論詩各語，已見《讀宋元學案·讀序錄》第三條，此論即不應存；又卷四致孫佩南兩書，言方、姚古文辭，大致相同，應存一刪一。此編者之荒瞀，無與於先生之純駁也。曹秉章記。【徐批：是否照此補一頁，或再斟酌數語，請酌定。不加亦無妨，加之則確認矣。】

民國二十五年丙子(1936)三月初五夜①

夫子大人鈞座：

敬稟者，今午由鐵林寄到兩次批諭，並發回新、舊稿四冊，及盛伯羲集一本，同人來會，當即一一示之。茲呈上小汀整理舊稿一冊，羹梅整理舊稿四冊，伏乞鑒核。【徐批：均閱過寄回。】章有應行稟陳之語，仍條列於後。恭叩福安。受業曹秉章謹稟。三月初五夜。

羹梅十日之中，共整理出十七案【徐批：甚好甚好】，有極費手者，大半皆未鈔齊。葆之整理一案，亦未鈔出。【徐批：請諸公費心，一氣呵成，至感至感。】

蘇菊村應附錢衎石弟子之列，三年前早經議定，乃覓《案稿》不得，昨經函問閏枝，云尚未纂。似此者，恐尚有人，必須一一子細審核，方免疏漏。【徐批：請即分別檢查辦理為懇。】

鈞諭有著述者仍可專案，不必定要"弟子""交游"名色。小汀亦謂凡著作甚多，及其書素有定評者，仍宜歸入正案，不必以有無附案為專案、諸儒案之分別，適與鈞意相同，現已照此定議矣。

沅叔定月之十四日，為其第三子完婚，云師座不敢驚動也。【徐批：已屬鐵林送禮矣。】

【徐批：此次寄來整五冊，均大致閱過寄回，請察入，分別寫清本發

---

① 13：200。

刻。各卷中抄寫有訛誤，請諸公詳細校。未動手之案，亦即分別補纂。如有繕成之稿，隨時寄閱為盼。】

民國二十五年丙子（1936）三月十二夜①

夫子大人鈞座：

敬稟者，日前呈上脩整舊稿五冊，計早登鑒矣。【徐批：已寄回矣。】茲再呈上脩整舊稿七案八冊，伏乞鑒核。【徐批：閱過寄回。】又新買《易確》一書，已用過，應即呈繳，並祈詧收。價八元，已在陳愷處支付矣。兩日大風作冷，章又有感冒，今日頭暈發燒，然非大病也。此肅，恭叩福安。受業曹秉章謹稟。三月十二夜。【徐批：茲閱過此次寄來八冊，寄回請察入。此後寄來者，隨時閱過，仍分起寄回。】

民國二十五年丙子（1936）三月十九夜②

夫子大人鈞座：

敬稟者，昨由鐵林寄到批諭，並《學案稿》五冊，敬已誦悉。茲呈上小汀新輯李文耕《復齋學案》一冊，龔梅脩整書衡舊作惠研谿、閻潛邱兩案，伏乞鑒核。【徐批：均閱過寄回。】章有應行稟陳之語，仍條列於後。恭叩福安。受業曹秉章謹稟。三月十九夜。

李文耕，閩枝以其籍隸雲南，擬附入《錢南園案》中，而《案》迄未輯。現擬將錢、李同列為滇中諸儒，似尚合式，仍祈示遵。【徐批：已寄回。】

惠、閻兩案，閩枝以書衡所作《傳》，均長至二千數百言，於全書案

---

① 13：220。
② 13：221。

傳不一律，刻經羹梅逐一設法節短；又《惠案》中載所為《古文尚書考》，全錄閻百詩《古文尚書疏證》，亦嫌過繁，羹梅因將兩案互相參訂，請賜核示。

閏枝所留數案仍欲自為者，迄未交來。今日，將伊處所存書籍，先行送來。而毛士、王用誥、何西夏三人之書，《案》尚未做，究竟其書有無可采，章擬請葆之將書子細看一徧，酌定去取再說。【徐批：近又晤閏兄否？身體如何？在念。】

現校出《萬斯同案稿》【徐批：寄回】傳中有與"附錄"犯複之處，經與同人商酌，擬將"附錄"刪去，候示遵行。【徐批：可刪去。】

【徐批：此次寄來四冊，均閱過寄回，請收入。閏兄處所存未著手之案，如諸公各纂完，執事可陸續到閏兄取回，交諸公趕辦為懇。】

民國二十五年丙子(1936)三月廿七日①

夫子大人鈞座：

敬稟者，八叔回平，紹眉、嘯麓踵至，先後來晤，傳述師座垂念賤體，諄諄致訊，實深銘感。近日天已回暖，以前小恙，悉已平復。惟痰多口膩，伏案稍久，便覺頭暈，後腦發重。所幸精神尚可支持，足紓綺注。【徐批：飲食須留意。】閏枝生日送禮及以後辦法，於復鐵林函中，略陳鄙見，囑其回明，請示遵行。茲呈上小汀新輯《徐實夫案》一冊，擬彙列《諸儒案》者，又葆之理出《澤州學案》一冊【徐批：可定為專案】，均請鑒定。閏枝未交出之稿，章日內當往訪問之。此肅，恭叩福安。受業曹秉章謹稟。三月廿七日。

【徐批：張、陳兩案稿，閱過寄回，請察入。昨已寄回一包，必已收到矣。】

---

① 13:227。

民國二十五年丙子(1936)閏三月初四夜①

夫子大人鈞座：

敬稟者，前星期六肅上一稟②，並《學案稿》二冊，當早已登鑒。【徐批：已寄回。】日前紹眉回津，囑其代陳跂戀之私，亦應上達鈞聰矣。茲呈上葆之理出丁宴《柘唐學案》一冊，小汀新輯《高均儒案》一冊，^{此案擬附柘唐交游}又龔梅理出陳碻《乾初學案》一冊，伏候鑒定。另附上閏枝交還書十二部【徐批：收到】，並原單一紙，又前年新買書三部，業經用過【徐批：收到】，一併呈上，並乞餄人點收是叩。此肅，恭請福安。受業曹秉章謹稟。閏月初四夜。

再，紀文達《閱微草堂硯譜》，鈞處如尚有存者，龔梅囑代為乞賜一部。秉章謹再稟。【徐批：現已無存者。京中存書，亦無存此種，請轉達。】

再，閏枝交還各書中，有四人之書，尚未纂輯。一為毛士之《春秋三子傳》，所謂"三子"者，一為公羊，一為穀梁，一為其父，書名如此，其書必不足取，其《春秋諸家解》，龔梅云亦不佳。一為王用誥《論語經正錄》，龔梅云甚為看得，留備補輯。③一為何西夏《經義》，龔梅云亦無可取。一為熊子容《禮記授讀》，此書本是鈔錄各家之注，以教小學生者，且鈔至《玉藻》而止，並未成書，如何可入《學案》？用併陳明。【徐批：此次寄來三冊，均閱過寄回，請察入。】

---

① 13：224。

② 上札 13：227 即為丙子年星期六。

③ 《論語經正錄》十二卷，乃王用誥之父王肇晉所撰，"晚年病作，未及詳加搜討，其子用誥繼成之。"（《續修四庫全書總目提要》經部《論語經正錄》條。）王用誥（1840—1893），字覯五，號筱泉，深澤人。論學亦秉承其父之學，一以程朱為宗。今《清儒學案》未收其人。據賀濤《王筱泉先生行狀》曰："於經尤喜《易》，陰陽、象數、義理諸家之說，既皆探其奧突，已乃屏棄之，比屬經辭，因類尋義而消息，於身心事物以求安處。初成《易備忘錄》，續有《讀易劄記》。於《書》有《禹貢考》《洪範解》。於《禮》有《中庸說》《禘祭考》。於《詩》有《詩鈔》，自諸家釋訓，以及群經子史百氏與歷朝金石，苟涉於《詩》，皆鈔之。……此外，復有雜著數十篇，皆捍正祛妄，無膚闊論。先生辨說雖多，一以躬行為本，嘗欲推行之於世，以驗所學。"

民國二十五年丙子（1936）閏三月十二日^①

夫子大人鈞座：

　　敬稟者，前星期五肅呈一稟，並《學案稿》三冊，又呈繳書十二部，當早登鑒矣。昨奉批諭，並發回《學案稿》五冊，均已誦悉。茲有葆之作張宗泰一小案，龔梅增補勞餘山一案，又呈繳前年新買用過書七部，附單一紙，伏乞鑒詧。專肅，恭叩福安。受業曹秉章謹稟。閏月十二日。

【徐批：歷次寄來《學案》，均閱過寄回，此處無存而未閱者。】

　　再，此次發下包書紙上有墨寶【徐批：非余書也】，擬即裝潢藏弄，惜未題款，謹仍寄上，請飭侍史於紙角蓋一印章，仍賜下為叩。

　　【徐批：張、勞二案，閱過寄回，請察入。】

民國二十五年丙子（1936）閏三月十八夜^②

夫子大人鈞座：

　　敬稟者，前星期五稟呈《案稿》兩冊，用過書七部，並單一紙，知登鑒矣。【徐批：天時不正，執事身體須善自保攝，不可多食厚味。近延何人診治？現時尚服藥否？甚念甚念。】昨奉批諭，並發回鄆縣二萬及惠研谿、闔潛邱、李復齋等案稿四冊，今日又奉批諭，並發回徐實夫、陳澤州案稿二冊，均已誦悉。承諭澤州作專案一節，如果富有著作，《案》中多有采錄，即無附案，自亦可觀。澤州所著僅一文集，雖有五十卷之多，而采錄者少，閏枝將其交游附見之名，大半刪去，不知何故。現與同人商

---

① 13：191。
② 13：193。

量，如果畢振姬、張玉書二人之書可以覓得，擬即錄為澤州附案也。①
【徐批：如無可增錄者，即原《諸儒案》中亦可。】章近日以天氣暴暖，
濕氣發作，又覺口中發膩，食物無味，痰出不利。今日四鐘時，同人畢
集，正在談論，忽然頭暈痰閉，右手不能動，口不能言，流涎不止，與去
年冬至日痰閉情形略同，而為時較久。五鐘後，始漸平復，晚飯不敢照常
喫，頭額微覺發熱，或又有感冒，亦未可知。閏枝久不見，所未交之稿，
一兩日來，天氣無風，體中稍好，當出城訪之，否則作字問之。葆之、羹
梅處未鈔齊之件，一經交來，即當隨時呈鑒。【徐批：有稿即寄來閱。】
專肅，恭叩福安。受業曹秉章謹稟。閏月十八夜。

民國二十五年丙子(1936)閏三月廿五夜②

夫子大人鈞座：

　　敬稟者，日昨接奉批諭，並發回張宗泰、勞餘山兩案稿，敬已誦悉。
茲有小汀新輯梁茝林一案，擬附林鑑塘交游，羹梅新輯程際盛一案，擬附
王蘭泉交游，又吳卓信一案，擬彙列《江蘇諸儒案》，一併呈請鑒核。
【徐批：均閱過寄回，照議辦理。】又附上乾隆仿藏經箋一張，求師以大
草賞題“梁園舊話”手卷引首。卷中原文，並另紙鈔奉，統希督閱。【徐
批：原紙稍短，另照樣易一紙寫去，並附一小詩，原紙亦寄回。】章有應
行稟陳之語，仍條列於後。恭叩福安。受業曹秉章謹稟。閏月廿五夜。

　　《梁園舊話》手卷，本係秦苓溪所裝。首為魯垂紳書，次為高書，次
為李某信、劉某信、余某信。容齋先生晚年得之於相國寺骨董鋪中，又以
侍宦時，曾寓相國寺後門，爰就卷後餘紙，凡與寺有涉之事，隨筆書之。
書成後，為王季陸乞去，王丹麓有作“雲林小景”一段於後，加以長題。
(二王皆容齋先生門人。)章於庚申年購得，追思百十年來舊事，對於容
齋先生，實有無窮感慨，乃又覼縷題後。若相國寺鼓樓兩段，則係引申先

---

　　① 畢振姬、張玉書二人均未入《清儒學案》。據《中國古籍善本書目》載，畢振姬有《畢
堅毅先生文集》六卷，清司昌齡抄本。又據《清史藝文志拾遺》載，張玉書有《張文貞公文錄》
二卷、《張文貞外集》二卷。今陳廷敬（澤州）入《清儒學案》卷二十“環溪交游”中。

　　② 13：196。

生之說而為之言也。倩羹梅另行接紙，書之於後，因名之為《梁園舊話》。然非我師為題字於首，不足為重。臨池興到，乞賜一揮，至叩至叩。【徐批：所抄來二冊中疑皆有筆誤，另紙書去，請酌定。】

　　章自十二日後，十八、廿一又痰閉兩次，實由天時不正所致。厚味已久不嘬，且近日每思嘬涼拌之菜，以內蘊溼熱太重也。眠食起居雖皆如常，而實不敢出門，閨枝處未交之件，當作函問之。

　　【徐批：寄來稿本三件，閱過寄回，請察入。有續成之稿，隨時寄來。外又三紙。】

民國二十五年丙子(1936)四月初二夜①

夫子大人鈞座：

　　敬稟者，前星期五呈上《學案稿》三冊，暨章求賞題之件，計均已登鑒矣。【徐批：各件均已寄回，想早收到矣。】近日雨後又大涼，可著重綿。賤體一切如常，惟看書稍多，便覺頭暈，即流涎不能出聲。然捨卻看書，實無消遣之事，如何如何。閨枝處竟不能去，因於前日致伊一信，其所留以自脩各稿，勸其不必過於勞神，交章轉付他人辦理。今日交來四案，章即分交小汀、羹梅代為整理。惟有張文襄一案，閨枝尚未交出，因伊處覓有可以補錄之文，少遲鈔齊，再交來也。茲羹梅輯出許鴻磐一小案，擬付入凌次仲交游者，敬以呈鑒。【徐批：閱過寄回。】紹眉來，屢次暢談，明日即當歸去，一切均囑代陳。【徐批：已晤談矣。】專肅，恭請福安。受業曹秉章謹稟。四月初二夜。【徐批：《許案》一冊，閱過寄回，請察入。】

　　程世兄信來，云有寄呈鈞座新茶一筒，不知收到否？【徐批：收到。通信時代為道謝。扇九柄，外一紙一罩。】

---

① 　13：218。

民國二十五年丙子(1936)四月初九夜①

夫子大人鈞座：

敬稟者，昨奉批諭，並發回《學案稿》三冊，及《梁園舊話》二冊，賞題引首一張，又原箋一張，均經奉到。引首後綴以題詩，尤為此卷增重聲價，感泐萬萬。茲葆之有補錄焦里堂父子文一冊，並原稿兩冊，一併呈鑒。【徐批：均閱過寄回，請察入。】章又有鈔出周篔谷先生文稿兩冊、容齋先生詩文稿一冊，並求鑒定。附擬送吳鞠農輓聯一紙②，又閏枝謝帖一紙。此外有應行稟陳之語，仍條列於後。恭叩福安。受業曹秉章謹稟。四月初九夜。

《焦案》原稿清本鈔錄，有不合體例及訛字，葆之刻已一併校正矣。【徐批：兩冊合併，請再細校為囑。】

鼓樓扁"聲震天中"字，容齋先生誤記為"威震中天"，當於題記後，加數語識之。"東棚"誤"東柵"③，則家叔筆誤，已改正。其宅易主後，種種改作，章亦盡知，限於篇幅，不能詳記也。

章向值春夏之交，溼熱蘊蒸，輒多不適。今年天氣更壞，起居一切，益不如前，頭暈痰閉，屢屢發作。所苦者，心中清楚，口不能言，悶急欲死。且一至夜深，僕人睡熟，若竟痰閉不醒，必至無人知覺，深為可慮。其實，章年逾七旬，中風九年之久，病日深，體氣日衰，若果一暈，而絕不再受床褥之災，亦屬幸事。是以竟不延醫，不但省錢，亦不欲以垂盡之年，付之時醫，試其伎倆。連日服蛇膽、陳皮及竹瀝、薑汁等品，痰出稍利。惟頭仍時時作暈，說話舌猶強澀，不看一字，不寫一字，以當靜攝。昨日敬宜來談，云日前赴津，兩謁函丈，又蒙殷殷垂問，用特縷陳，以紓厪注。【徐批：所服此數藥甚得當，再加以靜養，如得透雨，天氣清潤，病體自可安適也。】

---

① 13：212。
② 吳敬修（1864—1936），字菊農，河南光州人。
③ 時容齋先生居東棚板街，曹葆宸在《梁園舊話》中筆誤為"東柵"。參見13：270札（丙子年六月初七夜）中"徐批"。

　　昨夜擬輓吳鞠農聯句後，又痰閉一次。雖為時不久，而此身竟成廢物，如何如何！

　　再，先舅祖周容齋先生《學福樓遺稿》，為先君所編錄，章刻又輯未編詩及文數篇為《補遺》，並附仲建表伯詩文於後，前月曾經稟陳鈞座，又舅祖之祖篔谷先生所著《四寸學文稿》，章丁卯年於書肆中得殘稿鈔之，茲特一併鈔呈鑒定，擬求我師為之印行。①【徐批：兩稿暫留此一讀，自當代為印行。俟執事代作序時，尚有童時見聞可以奉告，敘入文中，亦可有意味也。】因周氏上輩之著作，世人竟無知者，現在除我師與章兩人，更無人能道其家世矣，欲傳其所不得傳者，章實無此力，是以聞之於師，並代周氏子孫，九頓以請。如蒙俯允，當恭代我師作一序文弁其首。伏乞諭遵，至叩至叩。秉章謹再稟。

　　兩稿後，章均有一跋，詳言顛末。《四寸學殘稿》上、下卷，印好可訂一本；《學福樓遺稿》亦可訂一本，頁數、字數均不多也。【徐批：外又寫一紙，又寄去閏兄所開三紙。】

民國二十五年丙子（1936）四月十六夜②

夫子大人鈞座：

　　敬稟者，前星期五呈上葆之補錄焦里堂父子文一冊，並原稿兩冊【徐批：均閱過寄回】，又章鈔呈周氏遺稿三冊【徐批：暫留閱】，度已均蒙鑒及矣。日昨由鐵林寄到批諭，並發回《許鴻磐案》一冊，又頒賜章及諸同人摺扇九柄。扇已於今日有來者面交之，惟沅叔以事赴綏遠，並作恒山之游，俟其歸來，再行交付。近日，葆之小有感冒，龔梅為閏枝書壽屏，均無稿交來。僅有應繳用過書兩部，皆許鴻磐著，一曰《尚書札記》四本，一曰《六觀樓文集拾遺》一本，伏乞督收。【徐批：收到。】章與家叔所輯《家集》，嘯麓來信云已將首冊呈鑒，並諭囑將全書寄津，當付

---

　　①　周爾墉，字容齋，嘉善人，嘉慶年間副貢生。官至戶部郎中。其甥曹治豐輯有《學福樓詩鈔》。周震榮（1730—1792），字青在，號篔谷。乾隆十七年舉人。官永清知縣。嘗與章學誠修《永清縣志》。

　　②　13：208。

印行，曷勝感悚之至！章此事雖係畢生大願，而纂輯已經數十年之久，若竟置之，則亦同於不纂，而力量實有未及。既蒙鑒其悃忱，為我先人傳其不能傳者，並使小子得以附之而傳，感激圖報，矢諸來世。所有封面書簽各字，並求賞題，以為光寵。惟首冊目錄中尚有注寫未備之處，已函告嘯麓，將首冊寄回，俟注好再連同全書，一併呈上。【徐批：俟定式樣再寫。】章近日服傅治癬藥，專以降痰為主，不看一字，不寫一字，枯坐靜攝。【徐批：靜養最好。】有時雖亦作暈，而痰未上壅。祇要天時稍正，當亦無大礙也。專肅，恭叩福安。受業曹秉章謹稟。四月十六夜。

再，我師書畫摺扇，如尚有餘存，請頒賜家叔及汪伯雲各一柄是叩。【徐批：又寄去扇面二件，請轉交。體中近日如何？至為繫念。天久無雨，乾風作熱，久病人最不相宜，須加意調攝。飲食起居，須格外留意為囑。】

民國二十五年丙子(1936)四月廿三夜①

夫子大人鈞座：

敬稟者，日昨奉到批諭，並發回錄補焦里堂文一冊及原稿二冊，又閨枝前開之稿目單，均已誦悉。周氏詩文遺稿，蒙允印行，此不獨章所感佩，即勉民表伯地下有知，亦當矢圖銜報也。連日天氣悶燥異常，章愈覺不適，暈仍時作，痰仍不利，舌尤強澀。子細體驗，實由天時所致，不盡屬之體衰。但盼得雨，能使燥氣稍平，則體中或可稍安。藥仍照服，眠食亦皆如常，請紓廑注。閨枝昨日生辰，令小兒隨同家叔往祝，到客甚多，亦甚熱鬧也。閨枝所開單內各案，大半皆已整理。惟《三魚案》，原作不符體例之處甚多，小汀正在尋出原書，一一修理，尚未完備；《潛研案》，羹梅有修改處，尚未鈔齊；葆之處，亦有未鈔出之件。閨枝交出各稿，缺湯海秋一案。此案本係羹、葆二人所為，現仍由伊二人補做，亦不費事也。未成之案，本已無多。羹、葆二人擬將正、續兩《經解》中人，設法補齊。統計所缺，亦不過三十餘人，能補則補，不能補即作一傳，附存其名矣。【徐批：辦法甚好，即可著手。】尚有鳳孫、晉卿二人《傳》及

---

① 12：334。

著述名目，至今未得，如實在催之不至，袛好空衍一《傳》存之。至未刻者若干，未繕者若干，俟問明心如，再行具復。專肅，恭叩福安。受業曹秉章謹稟。四月廿三夜。

再算學各案，原來皆本之《疇人傳》。惟《疇人傳》中采錄各文，皆翦裁為之，不登全篇，與今體例不符。羹梅擬照其目，錄取全文，因買正、續及三續《疇人傳》各一部備用，共價洋廿二元，擬即在陳愷處支付，仍候示遵。【徐批：可。】

近來小汀、羹梅、葆之三人趕辦未完各案，極為踴躍，端節已至，伊三人光景均極艱窘，可否酌量各送節用若干？出自鈞裁，未敢擅請，伏乞示遵。【徐批：所論甚當，每人各送節敬五十元，即由鐵林寄去。】

民國二十五年丙子（1936）五月初一夜[①]

夫子大人鈞座：

敬稟者，日前奉到批諭，並頒賜君儒家叔與汪伯雲書畫扇面各一頁，當即轉交袛領。茲有小汀整理《三魚學案稿》一冊，呈請鑒定【徐批：閱過寄回】；又閩枝謝壽信一件，及送節敬去回字一紙，並文楷齋刻出《一松軒詩稿》樣本二冊，均以附呈；又呈上《一松軒詩稿》封面，及書簽、格紙，請鈞座書好發下，以便交刻。【徐批：均寫好寄去，請查收。】章有應行稟陳之語，仍條列於後。專肅，恭叩福安。受業曹秉章謹稟。五月初一夜。

《三魚附案》頗有增補，因小汀於鄉邦文獻最所熟悉。"私淑"中增沈近思，則照閩枝所議也。

《一松軒詩稿》須印若干部，俟示遵行。【徐批：先印五百部。】

前數日熱至一百餘度，一雨後，陡有深涼。章暈閉實由天氣熱所致，故近日覺稍好也。

敬再稟者，昨得鐵林信，駭悉古愚世弟之變。[②] 我師高年攖此慘痛，

---

① 13：87。

② 據《年譜》民國二十五年丙子（1936）八十二歲條："五月，韓榮興、鄧榮光先後來商籌席夫人歸葬事。公子緒直久病，又染時疫，月之十四日申時溘逝。"

不敢以世俗浮辭，曲為寬譬。但褆躬為重，總須加意珍攝，一切付之曠如。邇日起居何似？【徐批：老年殤子，情何以堪！眠食尚好。】祈諭飭鐵林、紹眉等先為示知，以紓下念，是所至禱。秉章又叩稟。

【徐批：《三魚學案》閱過寄回，請察入。】

民國二十五年丙子（1936）五月初八日①

夫子大人鈞座：

　　敬稟者，前星期六寄呈《三魚學案稿》一冊，並《一松軒詩稿》刻樣先後兩本及封面、書籤、格紙，當均登鑒矣。【徐批：均已寄回矣。】茲羹梅將何義門加入安溪弟子中，並於所錄《讀書記》及文與附錄，均酌量刪節，特將《安溪案稿》下冊呈鑒。【徐批：《安溪學案》下冊一本，閱過寄回，請察入。】因義門本受業於安溪，閩枝將義門作專案，而以各校勘家附之，同人均不以為然，沅叔亦不以為然。現將義門提出，所有各校勘家，沅叔與同人商定，以顧千里為首，另作一案。至《錢竹汀案》，閩枝仍用張孟劬舊稿，諸多不協，羹梅亦另行纂輯，須再有一星期，方可鈔成。日來天氣涼爽，賤體尚安，我師福體如何？下懷殊深系念。再鈞座給予大葫蘆三十元，又送朱、閔、沈三人節敬各五十元，已一一轉交，均囑為道謝，謹以附陳。專肅，恭叩福安。受業曹秉章謹稟。五月初八日。

民國二十五年丙子（1936）五月十五夜②

夫子大人鈞座：

　　敬稟者，前星期五寄呈一稟，並《安溪案》下冊，當已登鑒。茲葆之新成王棻一小案，擬附《孫仲容學案》"交游"者。又沈國模《求如學案》舊稿，閏枝以求如係明季人，於清初諸儒無可附，而其《案》內所附諸人，如史孝咸、王朝式二人，亦皆明季人，應皆除去。【徐批：沈、史、王三人，亦應列《諸儒》。①】此外，邵廷采一人，龔梅補采其文，附入《南雷學案》"弟子"中【徐批：可】；又將韓孔當、蘇元璞、鄭錫玄、邵曾可與邵元長、俞長民、史標，均列入《諸儒學案》。② 用特連同《求如案》舊稿一冊，計共四冊，一併呈請鑒定。【徐批：均閱過寄回。】章近日尚好，我師福體安否？【徐批：尚好。】莫名系念。專肅，恭叩福安。受業曹秉章謹稟。五月望夜。【徐批：此次寄來王萊等新舊四冊，均閱過，酌定寄回，請卓核。】

民國二十五年丙子（1936）五月廿二夜③

夫子大人鈞座：

　　敬稟者，敬宜旋平，帶到頒賜同人鈞撰《藤墅儷言》十部。④ 與談，藉悉福躬安泰，至以為慰。前日奉到批諭，並《三魚學案稿》一冊、《一松軒詩稿》封面題字，今日又奉到兩次批諭，並《學案稿》五冊，均已誦悉。茲有龔梅重輯《果堂學案》一冊，小汀重輯《月亭學案》二冊，呈請鑒定。【徐批：均閱過寄回。】章有應行稟陳之語，仍條列於後。恭叩福安。受業曹秉章謹稟。五月廿二夜。

　　諭沈國模、史孝咸、王朝式應列入《諸儒案》中。惟查沈、史二人卒於清初，王朝式實卒於崇禎年間，見邵廷采所撰《傳》中，不便列入。【徐批：歿於明末者，不便列入；歿於清初者可入。⑤】

　　《一松軒詩稿》，遵囑文楷齋，用連史紙先印五百部。

　　上次諭問《學案》已刻若干，未刻若干，刻手若干人。問之心如，

① 今沈、史、王三人均未入《清儒學案》。

② 今韓孔當、邵曾可、邵元長、俞長民、史標四人，同入《諸儒學案》；而蘇元璞、鄭錫玄二人，則未入《清儒學案》。

③ 13：96。

④ 今國家圖書館藏有民國二十五年（1936）退耕堂鉛印本。

⑤ 沈國模卒於順治十三年（1656），然亦未入《清儒學案》。

據云已刻者九十家一百零一卷，現在正刻者四家五卷，已寫未刻者四十一家四十三卷，寫手減為八人，刻手及粗工仍三十二人。

【徐批：此次寄來《果堂》《月亭》兩案三冊，均閱過寄回，請察入。上次來書云程世兄恭甫之子索一小畫，茲檢一幅，同《學案》一包寄去，請便中函寄為懇。邇來體中何狀？甚念。】

民國二十五年丙子（1936）五月廿九夜①

夫子大人鈞座：

敬稟者，前星期五呈上一稟，並《果堂學案》一冊、《月亭學案》兩冊，當已登鑒。【徐批：已閱過寄回。】茲有羹梅覆輯錢大昕《潛研學案》兩冊，附張孟劬原輯《潛研學案》刪篇備檢一冊，又新輯郭麐一小案，擬附沈小宛交游者，葆之補輯茆泮林一小案，擬附成心巢交游者，又曼仙原輯之先太高伯祖慈山公一案，現經小汀、羹梅二人覆輯，擬入《浙江諸儒案》中者，一併呈請鑒定，並錄呈輓黃錫臣扁聯字句一紙。②再章與家叔所編之《家集》，曾蒙鈞座允為印行，現在整理完全，計二十四卷，用特寄呈，祈賜督閱；並飭紹眉，代為酌定排印款式，至感至叩。【徐批：現在紹眉病甚劇，書尚存此。】章近一月以來，痰閉雖未復發，而頭暈時作，痰出不利，舌猶不靈，吐音不清，故仍不敢停藥。而左腳踝骨、腳跟、腳心及小腿肚均腫痛，不能履地，此亦濕熱下注之證，必須天氣稍涼，方可復原狀。【徐批：尚望善於調攝，不可大意。】謹以附陳，請紓厪注。肅此，恭叩福安。受業曹秉章謹稟。五月廿九夜。

【徐批：此次寄來潛研各案，均閱過，原書照數寄回，請察入。（計六冊。）《張文襄案》已動手否？何時可成？此外未成尚有幾案？請查示。】

---

① 13:99。

② 據《黃錫臣先生訃告》稱，錫臣"於民國二十五年六月十八日，即夏曆丙子年四月廿九日亥時壽終"。

民國二十五年丙子(1936)六月初七夜[①]

夫子大人鈞座:

敬禀者，前星期五，寄奉一禀，並濳研等《學案稿》六冊【徐批：已閱過寄回】，及秉章所輯《家集》二十四卷【徐批：收到】，計均登鑒矣。玆呈上小汀新輯浙江《諸儒學案》内浦鏜、盛百二、葉維庚三人案稿一冊【徐批：可入】，又伊囑代呈其幼子祖英，交通大學畢業所作論文印本一冊【徐批：小汀有佳兒，可喜可喜】，伏乞鑒督。專肅，恭請福安。受業曹秉章謹禀。六月初七夜。【徐批：浦、盛、葉三人稿一冊，閲過寄回，請察入。周氏遺稿三鉅冊，經執事費心搜集表彰，欽佩之至。原件寄回，可代作序。童年在塾，時時見勉翁、仲翁相偕訪先祖。後先大父見背後，勉翁囑先叔攜余兄弟往謁，時勉翁居東棚板街，在花園中亭子下相見，旁有一匏，風景如在目前，回憶已七十年矣!】

民國二十五年丙子(1936)六月十四夜[②]

夫子大人鈞座:

敬禀者，日前續呈一禀，並浙中《諸儒學案稿》【徐批：已閱過寄回】及小汀呈其子所作《全國鐵道管理制度》各一冊，當已登鑒。今日奉到批諭，並發回《果堂》及《月亭案稿》共三冊，又給程世兄畫一幅，均已敬悉。畫幅已加函，交郵掛號寄去。午後大雨，朱、閔兩君均未到;薄暮雨止，僅羹梅來一坐。伊近日已將《湘鄉附案》中各人之《傳》，一一作出，惟一兩日尚不能鈔齊。葆之現覆輯《謝程山案》，《程山全書》係向圖書館借得，館中定例，凡借大部之書，不能一次取全，必須作數次

① 13:270。

② 13:183。

掉換，因以又多延遲。前呈周篔谷先生文稿，我師如已閱過，請仍寄下，因現在又得文四首，擬續錄於後，為補遺也。【徐批：昨已寄去，當收到矣。】前數日，忽又酷熱，賤體又頗不適。病狀曾經函告所識之紹興趙醫，據復云，暈悶全是痰之為祟，由於水虧金燥，脾土失潤，舌之掉轉不靈，則係水火未濟，擬一方來，專以養肺液、補心氣為主。章覺所說甚合，今日試服其方。然一切恐非秋涼不能全復也。【徐批：紹眉病，經嘯麓薦醫診治，近數日已見平穩。朱鐵林病，亦見平和。】專肅稟陳，恭叩福安。受業曹秉章謹稟。六月十四夜。

民國二十五年丙子(1936)六月廿二夜①

夫子大人鈞座：

敬稟者，兩奉批諭，並發回潛研等《學案稿》及周氏《詩文稿》三冊，均已誦悉。茲有小汀新輯趙寬夫一小案，擬附入陳碩甫交游者，羹梅新輯《湘鄉附案》一冊，呈請鑒定。【徐批：均閱過寄回。】周氏稿三冊，係篔谷先生，暨容齋舅祖、仲建表伯三人之作，可否總名之為《嘉善周氏祖孫曾三世遺稿》，祈酌定示遵。【徐批：減去三字較為大方。】序文俟天氣稍涼，便當屬草。近日賤體雖尚安適，然尚不敢用心也。《張文襄案》原稿，閨枝尚未交出；其《附案》，羹梅已有預備。【徐批：請即索回，速辦為囑。】擬送馮公度壽扁、壽聯字句【徐批：當已送過矣】，另紙寫②上，並祈削政發下，再行寫送。專肅，恭叩福安。受業曹秉章謹稟。六月廿二夜。

紹眉病勢甚劇，其世兄來電，囑章為延汪醫往診，尚未定也。

【徐批：未成之案尚有若干？請示知。校書請格外注意，如刻成訛誤太多，如此大部書，甚不好看。此次寄來趙、曾二冊，均閱過寄回，請察入。】

---

① 　13：102。
② 　原書"另紙寫"後闕略。據其內容，闕處當續接 13：107。

民國二十五年丙子(1936)六月廿八夜①

夫子大人鈞座：

敬稟者，日前寄呈一稟，並《湘鄉附案》及《趙寬夫案》各一冊，當早登鑒矣。【徐批：收到，現正閱。】馮公度做壽，擬求頒賜扁額，章上次曾擬字句呈鑒，擬俟閱定發下，再行寫送。昨其子來信，云已奉②頒到中堂對聯各一件，惟無扁額，仍欲求補給；旋又得孟恩溥信，云馮公度壽禮已送，壽字、壽聯奉諭函告。現在可否再行補給扁額，請示遵行。【徐批：可由京寫送。】實在其人俗不可耐，徵壽文啟中言尤夸誕，不值一笑。鈞座此次給以親筆壽字，又有壽聯，已特別加重矣。茲將其子來信附呈鈞鑒。專肅，恭叩福安。受業曹秉章謹稟。六月廿八夜。

【徐批："嘉善周氏三世遺稿"，減去三字較為簡當。《張文襄案》，請即索回趕辦為囑。】

民國二十五年丙子(1936)七月初五夜③

夫子大人鈞座：

敬稟者，接奉批諭，敬悉一切。【徐批：外書三冊。】紹眉前年見章所作五叔《墓誌》，欲章為之預作一《誌》，章婉辭卻之。旋來平，面囑為作一《傳》，必須生前見之，方能放心。章當時即告嘯麓，相共訝為不祥。今果驟然病逝，多年好友，又弱一個，為之悵然者累日。孟恩溥來信，傳諭代擬輓紹眉扁聯字句，茲特另紙寫上，伏乞鑒定。【徐批：前執事寄來尊府歷代大著，紹眉作古，無人經歷排印。昨已面交嘯麓閱看，與

---

① 　13：106。
② 　原書"云已奉"後，文字有錯亂，今當續接13：104、13：105。
③ 　13：108。

執事另議辦法。】聞陳筱珊云，鐵林病已大好，曾得其親筆信，此又極可欣慰之事也。《張文襄案》，催問閨枝，據復暑天諸事廢擱，現當即行檢理，將應補錄之文，仍交由章覓寫人鈔寫。茲有小汀新輯馬國翰一《小案》，擬入山左《諸儒學案》者，又蘇源生一《傳》，擬附《嘉興二錢學案》衍石弟子內者【徐批：均可】，葆之增輯謝文洊一《案》，均呈鈞鑒。專肅，恭請福安。受業曹秉章謹稟。七月初五夜。【徐批：馬、蘇、謝三冊，均閱過寄回，請察入。】

民國二十五年丙子(1936)七月十二夜[①]

夫子大人鈞座：

敬稟者，日昨奉到批諭，並發回《湘鄉附案》及《趙寬夫案》各一冊，均已誦悉。承詢未成之案尚有若干。查未成者，僅有張文襄一案。其《正案》中，有應補錄之文，日前閨枝先檢出三篇，交章處代鈔，據云其餘隨後送來，乃章處鈔出後送去；其應續錄者，尚未交到，當再催之。此案之外，所擬補者雖尚有三十餘人，而須看書尋得著否，有書即做，無書即設法作一傳，存其名。《諸儒案》須俟一概做齊，方能彙萃為之。《算學案》應錄之文，羹梅尚未動手，亦決不至多延時日，可請放心。【徐批：《算學案》照前商量辦法，即可動手。】茲有葆之補錄孫詒讓文二首，及擬董沛一傳【徐批：閱過寄回】，又敬宜囑轉呈《墓表》拓本一包【徐批：收到】，統祈鑒督。專肅，恭請福安。受業曹秉章謹稟。七月十二夜。【徐批：《序文》《凡例》亦須動手辦理。萬不可令刻手停工待書，至囑至囑。】

再嘯麓云，曹潤田之太夫人本月廿三日八旬大慶，不散帖子，不徵文，囑章代為稟知。【徐批：已送過禮矣。】伊約望後可回津也。【徐批：此次寄來孫、董一冊，閱過寄回，請收入。】

---

① 13：113。

民國二十五年丙子(1936)七月十九夜^①

夫子大人鈞座：

　　敬稟者，前星期六一稟，並附呈各件，當早登鑒矣。【徐批：均閱過寄回。】鐵林病已大好，有親筆信來，為之欣慰之至。當其病劇時，紹眉尚安全無恙；今伊病好，而紹眉竟作古人。可見壽命各有定數，不繫乎醫藥之得力與否也。敬宜昨來云，有一佛教會中人，名王治臣，向辦慈善事最多，極有聲譽，身後其子備紙，囑其代求鈞座書賜扁額，當令小兒書"心存利濟"四字交之。又孟恩溥寄來孫洪伊訃，^②應送扁聯，亦擬字句，令小兒寫出，寄往上海矣。孫之扁聯字句，另紙錄呈鈞鑒。專肅，恭叩福安。受業曹秉章謹稟。七月十九夜。【徐批：《張文襄案》中應抄之文，請即分手速抄。前奉答函件，當早收到矣。近又有稿本送閱否？甚盼甚盼。現尚有未動手三十餘人，如實無書可覓，即設法各作一傳，歸入《諸儒傳》中可也，請即酌定。】

民國二十五年丙子(1936)七月廿六夜^③

夫子大人鈞座：

　　敬稟者，送奉批示，蒙諭趕輯趕鈔各節，今日已傳示同人，均各領悉。茲有小汀新輯姜兆錫一小案【徐批：《姜稿》已閱過寄回，請察入】，擬匯入江蘇《諸儒學案》者【徐批：可入】，又敬宜囑轉呈包封一件【徐批：收到】，一併寄呈鈞鑒。《張文襄案》，閏枝初次交鈔之件，均已鈔出，送伊閱看。嗣又交來數篇續鈔，而原稿迄未交出。又要索閱《文襄

---

①　13：111。
②　孫洪伊（1870—1936），天津人，早年入袁世凱幕。
③　13：118。

全集》，再事續補，恐非十日內所能竣事。惟總須將原稿要來，方能參核彙訂也。沅叔又偕養菴赴晉游五台去矣，聞尚須繞道至汴，遊嵩山，節邊恐不能歸。章今日未刻，又得一孫。兒婦七年之中，連舉五男，殊為可喜。我師聞之，當亦為我稱快也。【徐批：可賀可賀。】專肅，恭請福安。受業曹秉章謹稟。七月廿六夜。【徐批：如有續成之稿，即寄來閱。】

再，前節送閏枝一百元，閔、朱、沈三人各五十元；此節擬仍請照送，祈諭知司鑰人，遵照辦理。陳筱珊處，章當與接洽也。

【徐批：大孫能挐窠，神手快挈甕。諸孫玉燕連，報環屢占夢。厥徵應於駟，其數逾薛鳳。滋根展春旸，一笑掃寒霧。君云頗多累，繞室棗梨閧。吾特羨蔗甘，歲歲含飴送。單傳破天荒，色喜耿餘痛。物理鬱必伸，憫默妙搏控。會看百尺桐，丹山振新呼。痺翁得第五孫，仍用甕均賦賀。蟄雪】①

民國二十五年丙子(1936)七月廿八夜②

夫子大人鈞座：

敬稟者，昨日肅上一稟，並呈各件，當均登鑒矣。今日八叔來，得悉師母大人仙櫬及古漁弟柩，即日發引歸葬，蘇門不能躬往奠送，歉罪交深。【徐批：一切從儉辦理，不敢驚動親友。】天氣炎涼無定，起居極難調攝。賤體涇熱又熾，吐痰仍不順利，舌亦不靈，胃口益壞，加以齒痛，食物尤苦。【徐批：近日想已好，甚念。】閏枝所要《張文襄全集》，已為送去；其前兩次交來屬為代鈔補錄之文，均已鈔出。《全集》內可選者，當亦無多，且俟選出，再行趕鈔，節前恐不能竣事。前銓敘局幫辦方兆鼇，現在撰一筆記，述及當日錦瑷鐵路，須查閱《東三省政略》，章處此書，前由嘯麓轉借與一友人，帶往貴州，至今未歸，無從討取，而方君待用甚殷，鈞處此書，當尚有印存者，可否賜給一部，寄章轉交？【徐批：

---

① 此處"徐批"原在12∶106。今據13∶118札中稱"兒婦七年之中，連舉五男"云云，而此"徐批"下款曰"痺翁得第五孫，仍用甕均賦賀"，故連屬之。

② 13∶115。

已令寄去一部，想已收到。】再，昨據文楷齋云，《一松軒詩稿》已印訂完全，寄呈鈞處。此稿本係小汀所藏書，既刻成，似應給予數部以酬之，並祈酌裁。【徐批：已寄去五十部。】又有廠賈攜來舊六尺單宣十六張及裁開五尺單宣對料六副求售【徐批：紙可買，不甚舊】，共索價二十二元【徐批：太昂，可令大減價方買】，似嫌稍貴。茲各寄呈樣紙一張，如果合用，再與議價；不合用，仍將樣紙發還可也。【徐批：大減價即買。紙不舊，不能如此之價。】專肅，恭請福安。受業曹秉章謹稟。七月廿八夜。

【徐批：近日尊體如何？甚系念也。】

民國二十五年丙子（1936）八月初三夜^①

夫子大人鈞座：

　　敬稟者，日前兩稟，並附呈《學案》及紙樣各件【徐批：已答覆】，當均登鑒矣。茲有小汀新輯姚之駰、姜炳璋兩小案，擬附入浙中《諸儒學案》，此即擬補各人中之無可附麗者。又《段懋堂學案》所附之江有誥，龔梅尋得文三篇補入之，一併呈請鈞鑒。【徐批：均閱過寄回。】凡《附案》中有名之人，而未采錄其文者甚多，現在倘能隨時尋著，即行鈔錄，以補其闕，我師當以為然。【徐批：如無書，即作一傳可也。】《張文襄集》，閏枝正在閱看，以一百數十卷之鉅冊，翻閱一通，即非易事，恐必須節後方能選出付鈔也。

　　師母大人啟靈，聞車至長辛店，須小有停頓，敬宜擬日內至彼照料。沅叔往游五台，日內即須歸來為其如夫人安葬。事畢仍須南游，與楊蔭北同至無錫。過節不知別有所事否？專肅，恭請福安。受業曹秉章謹稟。八月初三夜。

　　【徐批：此次來書二冊，均閱過寄回，請察入。過節作何遣興？甚念甚念。】

---

①　13：120。

民國二十五年丙子(1936)八月初四夜①

夫子大人鈞座:

敬稟者,昨肅一稟,並呈《學案》稿件,於今日送由五條,交車帶上。【徐批:均閱過寄回。】適由車站取到孟恩溥遵諭寄下《東三省政略》兩函,附圖一函;又《一松軒詩稿》紅印、藍印者十部,墨印者四十部。《政略》當即轉交方君;《一松軒詩》除分給同人及沅叔、敬宜外,以四十部送小汀。恩溥又傳諭,擬輓潘馨航扁聯字句,② 茲特另紙寫上,伏乞鑒定。【徐批:可即寫送。】專肅,恭叩福安。受業曹秉章謹稟。八月初四夜。

民國二十五年丙子(1936)八月初九日③

夫子大人鈞座:

敬稟者,前奉批諭,並發回《學案稿》,及紙價十七元,當已轉交。近日新《案》無續成者。《張文襄集》,闓枝尚未看出,日內當往催之。此外,應補之人均在趕辦,決不稍有拖延。

鈞座新刻之《題畫詩》,已遵諭轉囑文楷齋,板樣字體,悉照上次所刻《題畫詩》之式,趕緊認真辦理,寫出即連同底稿送來,由家叔及汪伯雲校勘。【徐批:第八卷、第十卷已交陶心如帶去。】該刻字人唯唯而去,當不至有前後參差之處也。前擬輓潘馨航扁聯字句,昨經孟恩溥寄還,日內當令小兒寫出送去。前鈞座重刻之《鄉會試硃卷》,家叔與汪伯雲均乞賜給一分。【徐批:寄去各二本。】專肅,恭請福安。受業曹秉章謹稟。八月初九日。

---

① 13:122。
② 潘復(1883—1936),字馨航,山東濟寧人。
③ 12:108。

民國二十五年丙子(1936)八月十八日^①

　　沅叔南游尚未歸來。秉章近又傷風甚重，身熱，咳嗆多痰，得汗而熱仍未退。直至十六日，始稍舒適。而胃口太壞，怕吃油膩，已久不吃肉，實與素來食性相反，竊恐年老胃敗所致。幸精神一切照常，依舊可以苟延，請紓厪注。專肅，恭叩福安。受業曹秉章謹稟。八月十八日。

　　再《武虛谷學案》內所附魯山張宗泰，僅有一傳，而未采錄其文。其所著書有《魯巖所學集》十五卷、《交游記餘事稿合編》三卷，今閲《書髓樓藏書目》中共有二部，而五條徧尋不得。此書想必在津，請飭管書人，即檢一部寄下，以便采錄。^②【徐批：此處檢查無此書，可請汪、曹二公，偕同陳先生前往一查檢何如？】

　　【徐批：體中近又如何？甚念。高年須善自調理，飯食起居，隨時留意，可卻病也。《學案稿》所餘無多，請一鼓作氣，尅日成書，亦一快事。有成稿，即陸續寄來看。《凡例》《序文》已擬辦否？請吾弟格外注意。】

民國二十五年丙子(1936)八月廿五日^③

夫子大人鈞座：

　　敬稟者，日昨接奉批諭，並頒賜家叔與汪伯雲重刻《鄉會試硃卷》

---

　　①　12：97。是札前有闕文，今散佚不可考。所以斷定為 1936 年，原因如下：其一，是札稱"沅叔南游尚未歸來"，與前 13：120 札（1936 年八月初三日）所稱沅叔為其如夫人安葬後，"仍須南游，與楊蔭北同至無錫"相合。其二，是札曹秉章自云身體狀況，亦與前 13：115 札（1936年七月廿八日）相似。其三，《武虛谷學案》內所附魯山張宗泰之傳，亦成於 1936 年。參見13：191札（1936 年閏三月十二日）。

　　②　今《清儒學案》卷一百零四《授堂學案》"私淑"中，僅附張宗泰一小傳，或因其書未訪得。今國家圖書館藏有《魯巖所學集》十五卷《補遺》一卷、《魯巖餘學稿》二卷、《質疑刪存》三卷、《交游記餘事稿合編》不分卷。

　　③　13：123。

各二冊。嘯麓日前到平相晤，傳諭排印《家集》辦法，容與家叔及嘯麓酌議定後，再行請示辦理。今有小汀新輯陳熙晉一小案，擬彙入浙中《諸儒學案》者，呈請鑒定。【徐批：閱過寄回。】《張文襄全集》，閩枝已經看出。《傳》係照原稿稍加修飾；補錄之文，除前已鈔出者外，尚有數篇，俟鈔齊彙訂成冊，再行呈鑒。【徐批：抄齊即寄來。外書一冊。】專肅，恭叩福安。受業曹秉章謹稟。八月廿五日。【徐批：《陳案》一冊，閱過寄回，請察入。各小案無書者，皆可分手作一傳，彙入《諸儒案》中可也。秋涼，體中何如？甚念。】

民國二十五年丙子(1936)九月初三日[①]

夫子大人鈞座：

敬稟者，昨奉批諭，並發回《學案稿》一冊，均已敬悉。茲有葆之新輯牛運震一小案，擬彙入山東《諸儒學案》者，呈請鑒定。【徐批：閱過寄回。】《張文襄案》，一經鈔齊，即行呈鑒。此外應補之人，或附何案，或列諸儒，均正在趕辦也。

近日霜風作冷，賤體一切如常，惟吐痰仍不利耳。【徐批：飲食如何？】專肅，恭叩福安。受業曹秉章謹稟。九月初三日。

【徐批：《牛階平案》一冊，閱過寄回，請察入。如有成稿，隨時寄閱。】

民國二十五年丙子(1936)九月十一夜[②]

夫子大人鈞座：

敬稟者，初三日肅呈一稟，並牛運震一小案，計登鑒矣。【徐批：已

閱過寄回。】茲有葆之所輯劉玉麐一小案，擬附程瑤田交游，又小汀所輯方觀旭一小案，一併呈請鑒定。《方案》首頁有簽注一條，並祈鈞酌示遵。【徐批：可入浙中《諸儒案》內。】《南皮案》，鈔件尚未齊，俟羹梅《附案》交到，再行呈鑒。聞向之【徐批：未來】、敬宜【徐批：來】日內先後赴津，叩祝崧齡，章均託其代陳悃曲。嘯麓在此，因季湘到平，其泰山有事，須與伊二人商定，是以未能趨前。再聞陳筱珊云，鐵林起居仍未能一一照常，不知究屬何病，何以如此淹纏，殊為繫念之至。【徐批：久病成虛弱，時時查問，氣悶一時尚難復元，飲食尚好。】專肅，恭叩福安。受業曹秉章謹稟。九月十一夜。【徐批：劉、方兩案，閱過寄回，請察入。《海西草堂題畫詩》，文楷齋已寫若干？已刻若干？均隨時送校否？請催促，不可擱起。執事近體想安善，甚念。】

民國二十五年丙子（1936）九月十七夜[①]

夫子大人鈞座：

　　敬稟者，日昨由孟恩溥寄到王晉翁《陶廬全書書目》一冊，當交羹梅錄入《傳》中。昨五條來電話，問鈞座寄回《牛運震學案稿》曾否收到，章處實未接得。車站所帶信件，向無遺失，何以此次忽有延閣？請飭人查問為要。【徐批：已寄到。】頃，羹梅輯得曹仁虎、陸耀遹、陳壽熊、潘維城、朱右曾、朱緒曾六小案，曹、陸係《附案》，餘均擬入江蘇《諸儒案》內，一併呈鑒。【徐批：均閱過寄回。】此外，伊所認撰者，尚有四五家，亦將次第告成。閔、朱二人所認，聞亦大半脫稿。全書之成，正可計日而待，刻工決不至有停頓也。季湘到平，迭與晤談。姚氏《說文》原書，伊因此次係奉公而出，由瀋陽、錦州、承德展轉到平，途中時有檢查，且無僕從相隨，不能多帶物件，是以未曾帶來。已與言明，歸去後，遇有妥便，即行帶來。章胃氣仍未稍復，依舊怕吃油膩。只有白菜、黃豆芽湯最為可口，而齒牙脫落殆盡，門牙又復作痛，舍此二味之外，但有喫豆腐耳。【徐批：可鑲牙否？】天氣極冷，重棉不溫，瑟縮枯坐，益形衰

---

①　13:130。

慭。知關厪注，謹以附陳。專肅，恭請福安。受業曹秉章謹稟。九月十七夜。【徐批：曹仁虎等六小案，均閱過寄回，請察入。《序文》《凡例》已籌畫著手否？嘯麓歸，聞吾弟體中漸康復，甚慰。飲食亦須善自調攝。】

民國二十五年丙子(1936)九月廿四日[①]

夫子大人鈞座：

敬稟者，迭奉批諭，並發回《牛運震案》及《劉》《方》兩案，均已敬悉。鈞著《題畫詩集》，文楷齋迄未有寫樣送來，已催其速寫；並告以如有寫出，即行送校，切勿延閣也。茲羹梅輯得徐承慶一小案，擬入江蘇諸儒案內，葆之輯得趙紹祖、汪光爔、凌堃、龍文彬四人小傳，有擬列入《諸儒案》者，有擬作為《附案》者，均呈請鑒定。【徐批：均閱過寄回。】專肅，恭叩福安。受業曹秉章謹稟。九月廿四日。【徐批：此次寄來二冊，均閱過寄回，請察入。撰擬各案，皆將告竣。即請催繕刻工人，按期速辦速送校，不可遲延。請與心如酌定辦法，竭力進行為囑。】

敬再稟者，炳侯夫人來信三紙，附呈鈞鑒。所云一節，伏乞酌量諭知，以便轉達。秉章再稟。【徐批：已酌送資寄去矣。《張文襄案》鈔齊否？請催促，即寄閱。】

民國二十五年丙子(1936)九月三十夜[②]

夫子大人鈞座：

敬稟者，日前肅呈一稟，並徐承慶一小案及趙紹祖等小傳【徐批：已閱過寄回矣】，又附陳炳侯夫人信，當均登鑒矣。茲有小汀新輯王崧一小案【徐批：閱過寄回】，擬入雲南諸儒案內者，又閏枝交來曹廣權之子

---

① 13：133。

② 13：136。

以其父所著《明倫通義前後錄序目》一冊囑為轉呈者【徐批：收到】，一併呈鑒。炳侯夫人之事，已來催問，鈞意於其所請，作何回復，祈即諭知，以便轉達。【徐批：已寄去矣。】

《海西草堂題畫詩》，昨日文楷齋送來第一卷寫樣一本，已經家叔與汪伯雲校過，當囑其趕寫，陸續送校。立冬以後，早晚已甚冷。章雖吐痰仍不利，舌仍不甚靈便，而飯量稍增，精神稍見健旺。日前，與嘯麓同至城西李鳳年家看菊，共有兩千餘盆，四百餘種之多，為生平所未見，實為異常有趣。日內如無大風，尚擬拉敬一、沅叔諸君同往。知關厪注，謹以附陳。想我師知章久病之軀，尚能出游，必為一快也。專肅，恭叩福安。受業曹秉章謹稟。九月三十夜。【徐批：此次寄來《王崧案》，閱過寄回，請察入。王晉卿已有《書目》①，可向其後人借書一閱。能成一案，豈不大妙？執事以為如何？】

敬再稟者，段芝泉生平，除圍棋及近年研究佛學之外，無可言者，輓語即就此二者著筆。② 思之數日，總不能不脫不黏，一無痕跡。因仍提空作一聯，另紙寫上，敬候削政。章謹再稟。【徐批：已照寫寄滬矣。】

民國二十五年丙子(1936)十月初八日③

夫子大人鈞座：

敬稟者，上星期六寄呈一稟，並王崧一小案及曹廣權所著書一本（附擬輓段芝泉聯句一紙），當均登鑒。【徐批：均收到。】初二日奉到批諭，並發回曹仁虎等六小案，均已敬悉。茲有小汀所輯王芑孫一小案，擬入江蘇諸儒案內者，葆之所輯李鎧、趙佑、余廷燦、柳榮宗四小傳，均擬作為附案者，一併呈請鑒定。【徐批：均閱過寄回。】章前月底曾兩次感冒，日前起居稍有不慎，又三次感冒，發熱兩日，胃口仍極壞，食物無味，而仍極饑【徐批：驟寒，一切須慎重】；左腿、腳又作痛，步履益

---

① 即前札所稱"《陶廬全書書目》一冊"，（參見 13：130 札，1936 年九月十七日。）今國家圖書館藏有王樹枏撰、謝道弘編《陶廬全書書目考》一冊，民國二十五年（1936 年）鉛印本。

② 段祺瑞（1865—1936），原名啟瑞，字芝泉，安徽合肥人。

③ 13：143。

艱，與去冬情形相似。近來，光進琨移在章比鄰，恒日日步至伊處閒談，刻已數日未去矣。家中先人享祀，行禮起跪，固須扶掖，而腰骨尤為僵硬，不能如前數年之從容。老病頹唐，年復一年，正不知所屆，真可恨也。文楷齋刻詩，先後送校兩卷。據云，寫手僅此一人，故不能快，然絕不敢延閣也。【徐批：須屬其精細刻書，不可草率。】專肅，恭叩福安。受業曹秉章謹稟。十月初八日。

【徐批：此次寄來王芑孫等小案二冊，閱過寄回，請察入。小案當亦無多矣。已刻各案，皆須清理，編列卷數，不知已動手否？可與諸君商酌，逐漸辦理為屬。】①

民國二十五年丙子(1936)十月十四夜②

夫子大人鈞座：

敬稟者，迭奉批諭，並發回各《小案稿》，均已誦悉。《張文襄案》，因《附案》中張幼樵之書，龔梅迭向其族人索取，至今未到，故尚未編齊。茲將《正案》一冊，先行呈鑒。【徐批：已閱過寄回。】王晉翁已有《書目》，諭令向其後人借書一閱，為成一案。此固亦章所贊同者，惟晉翁係卒於民國，祇能援柯鳳翁之例，為附一名於其尊人《傳》後，並詳書其著作名目以傳之。若竟作為專案，則不但自破其例，恐因此而生指摘。為全書詬病者，實繁有徒，此則章所期期以為不可者也。【徐批：甚是甚是。】各案將竣，刻書之事，自當與心如接洽催辦，決無延宕，可請放心。章月前精神本極健旺，胃口亦好，乃自在李家看菊之後，忽又有感冒，胃口頓壞，食物無味。平日下午以後，小溲極暢，忽竟涓滴，皆無精神，亦極委頓，言語頗覺吃力。經延汪逢春診視，云純是濕熱中阻，別無他病。惟胃脈素強，徒現弱象，為老年之所大忌。第一方先以養胃行水為主，第二方進以燥溼之品服之，胃氣漸轉。昨、今兩日，食物漸覺有味，小溲暢行。今日第三方尚未服，大約可望即痊，請紓厪注。【徐批：近日

---

① 此“徐批”在12：26，據其內容，當附於是。
② 13：140。

如何？甚念甚念。】炳侯夫人來信，云已承鈞處寄予洋廿元，囑章代為陳謝。鐵林來信，作永訣之言，閱之頗可駭怪。又聞人云，其所有者，皆已用完，且虧負甚鉅，尤堪詫異。章與之兩年不見，決不料其老境如此饑荒也。肅此，恭叩福安。受業曹秉章謹稟。十月十四夜。

民國二十五年丙子(1936)十月廿二日[①]

夫子大人鈞座：

　　敬稟者，前星期六肅呈一稟，並《南皮正案》。【徐批：閱過寄回。】是日，適由車站帶到批諭，並發回王芑孫等小案兩冊，敬已誦悉。茲小汀新輯倪文蔚、陳懋齡兩小案，羹梅輯出《南皮附案》一冊【徐批：均閱過寄回】，又葆之囑代呈新刻所編《焦里堂年譜》一冊[②]【徐批：收到】，一併寄上，統祈垂詧。秉章有應行稟陳之語，仍條列於後。專肅，恭叩福安。受業曹秉章謹稟。十月廿二日。

　　倪豹岑，初聞出曾文正之門，繼經考查，是保舉老師，並非受業門下，故擬列入安徽諸儒。

　　《南皮附案》中僅有四人，頗嫌單薄，然實不敢強為附會。李芍農，無文可選。張幼樵文，其族人迄未送來，祇好俟書到再行補錄。

　　現在仍補之小案，尚有元和雷甘谿浚一人，為不能不補者，其書已託人向蘇州求之。[③] 此外，尚有一二有書者，亦即日可以編出。

　　現在編輯之事，羹梅實總其成。各小案完結後，伊即當整理算學各案，仍照前議，將《疇人傳》中所著錄之文，均尋訪原書，酌采數篇，俾臻完善。因辦此事，又新買張作楠《翠微山房數學》一部，價六元，丁取忠編《白芙堂算學叢書》一部，價亦六元。此二書已由羹梅攜去，其價擬即在編書處支付。

　　羹梅整理《算學案》，一面即由小汀彙編《諸儒案》。此二事告竣，

---

①　13：145。

②　今國家圖書館藏有閔爾昌編《焦里堂先生年譜》一卷，民國十六年（1927）刻本。

③　雷浚今入《清儒學案》卷七十六《艮庭學案》"子蘭弟子"中，後附其著述三篇，則其書已訪到。

方能編定卷數也。

沅叔新納一妾，頗為得意。聞伊日內赴曲阜，為孔氏作媒人，約下月初可歸。

秉章近日胃口大開，惟仍不敢喫油膩，精神亦漸復舊。天氣雖冷，不出門一步，故亦無礙。【徐批：甚好甚好。】知關厪注，謹以附陳。

【徐批：《南皮附案》及此次小案，均閱過，一併寄回，請察入。《南皮正案》亦並寄回。所擬辦理各法，均甚妥協，請小汀、夔梅格外偏勞為懇。】

民國二十五年丙子(1936)十月廿八夜①

夫子大人鈞座：

敬稟者，前星期六肅陳一稟，並《南皮附案》及倪、陳二小案，又葆之所編刻《焦里堂年譜》各一冊，計早登鑒矣。【徐批：昨均閱過寄回矣。】茲有葆之所輯簡朝亮一小案，擬附朱九江者，敬呈鈞鑒。【徐批：閱過寄回。】夔梅重輯顧澗蘋一案，因有尚須脩改之處，須下星期方能寄呈也。秉章近日胃口甚好，精神亦好。惟有時口中仍覺發膩發澀，似溼熱尚未完全退淨者，再過幾時，未知如何。【徐批：不可喫太濃厚之味。】專肅，恭叩福安。受業曹秉章謹稟。十月廿八夜。【徐批：《簡案》一冊，閱過寄回，請察入。】

民國二十五年丙子(1936)十一月初五夜②

夫子大人鈞座：

敬稟者，前星期六肅呈一稟，並簡朝亮一小案【徐批：此次寄去】，

---

① 13：149。
② 13：150。

當已登鑒矣。龔梅重輯顧澗薲一案，業加修訂，茲特寄呈鈞鑒。【徐批：閱過寄回。】專肅，恭叩福安。受業曹秉章謹稟。十一月初五夜。【徐批：《顧案》一冊，閱過寄回，請察入。邇來天暖，執事體中如何？甚念。】

敬再稟者，《東三省政略》，秉章昔年分纂所專任者，為軍事一門；而後來編定時，又與幹臣分任修改旗務、學務，亦一手重修；既又修改司法、內務兩門，其中文字，並無留稿。所有我師頒給之書，已為友人借往滇中，無從覓還，擬求我師再行頒賜一部。肅泐，再請福安。秉章再稟。【徐批：可。可屬陳先生代揀出奉送。】

民國二十五年丙子(1936)十一月十二夜[①]

夫子大人鈞座：

敬稟者，今日奉到兩次批諭，並發回大、小各案稿，適同人均在座，當即一一傳示。《南皮案·小序》，遵諭仍用闓枝原作；采錄《勸學篇·宗經第五》一篇【徐批：照議留存載入可也】，當此廢經不讀之時，同人皆以宜存為言。張幼樵文，已鈔得三首，訂入稿中矣。茲有葆之新輯王柏心一小案，擬付黃彭年交游者，小汀新輯黃模一小案，擬入浙中諸儒案者，一併呈請鑒定。【徐批：均閱過寄回。】算學各案稿，已經龔梅整理出一半。其有文者，已一一酌量采錄原稿中。行款、體例頗多參差之處，必須另鈔整齊，方能呈鑒。《諸儒案》，已與小汀說妥，即行動手彙編，與《算學案》均期於年內一律告竣。全書之《序》與《凡例》，龔梅亦答應一手擔任。然必須算學案稿理好，全書次序編定，方可著手撰擬。因頭緒太多，稿雖鈔定，恐尚有遺漏，須加修改之處，大約亦不能遲過正月也。秉章近日胃口既佳，精神亦尚充健。昨作一聯，輓鐵林云："老來如此蕭條命，實不猶，乍傳手札驚心久；病革尚多齟齬事，無可說，祇有師恩圖報難。"雖係白話，自覺尚有言外之意。此人收場如此，實堪感歎，不得不謂為辜負師恩也。專肅，恭叩福安。受業曹秉章謹稟。十一月十二夜。

---

① 13：154。

【徐批：王、黃二冊，閱過寄回，請察入。】

民國二十五年丙子(1936)[①]

夫子大人鈞座：

敬稟者，昨上一稟，並宣紙一卷，計登鑒矣。【徐批：收到。】今日無可呈之件稿。諸君來商量趕輯辦法，及已成各稿中書法之不合式者，若何脩改，以歸一律，均已議定。柯鳳翁《傳略》，至今不可得。敬宜處有其所著《穀梁補註》排印本，向之借來閱看，卷端有《自序》一篇，《新元史》則無《自序》，祇好錄《穀梁序》一篇而已。惟其仕歷，毫不清楚，我師如約略記得，望開示數語，以便作《傳》。王晉翁著作甚多，去年即託人向其（闕）

民國二十五年丙子(1936)十一月十四夜[②]

夫子大人鈞座：

敬稟者，昨日蕭呈一稟，並《學案稿》二冊，當已登鑒。柯鳳翁附《鄭東甫案》"交游"中，其所著《春秋穀梁傳註》一書，從敬一借來，有《自序》一篇，龔梅擬采錄入《案》；其所著《新元史》，秉章祇有排印本，並無《序文》，不知我師刻本中，有其《自序》否。【徐批：刻本北京五條有，可屬陳先生一查。此處亦屬孟先生查也。】如有，請即飭鈔寄下。再，我師上次開示鳳翁《事略》，有曾主講游梁書院一語，不知在何年分。秉章記得勉民表伯之後，係路漁翁接主游梁講席，鳳翁約又在漁翁之後，並祈開示為禱。專蕭，恭叩福安。受業曹秉章謹稟。十一月十四

---

① 11：199。
② 13：152。

夜。【徐批：鳳孫昔隨鹿文端①官河南巡撫時入幕中，曾代閱書院課卷。傳聞山長無人時，曾居此席，可不必提出矣。滋老在汴時，正漁翁主講，滋老為漁濱先生課讀弟子。】

民國二十五年丙子(1936)十一月十九夜②

夫子大人鈞座：

　　敬稟者，前星期六寄呈《學案》兩冊，後又肅一稟，奉詢柯鳳翁主講游梁書院年分及所著《新元史》有無《序》《例》，並擬請頒賜《東三省政略》一書，知已先後登鑒。【徐批：皆答復過。】羹梅整理算學各案，現已十得七八。原議照《疇人傳》所敍各人之文，采錄《案》中，以壯瞻觀。而明安圖書最難得，阮文達所作《疇人傳》即云其書不傳，而此人名望甚大，不能不極力搜討。現羹梅在書肆覓得羅士琳之書中有明安圖著作，書共十六本，索價六十元，議定七折，計四十二元，已囑羹梅購定。其款請飭司鑰者照數寄，由陳筱珊轉發。【徐批：已屬照發。近體如何？甚念甚念。】所有未曾脫手之稿，均已議定，准於臘底一律趕完。茲先寄呈梅文鼎、王元啟、薛鳳祚案稿三冊，祈賜鑒定。【徐批：均閱過寄回。】專肅，恭叩福安。受業曹秉章謹稟。十一月十九夜。【徐批：晚晴信箋用完，如有，請寄點來。梅、王、薛三冊，均閱過寄回，請察入。】

民國二十五年丙子(1936)十一月廿六夜③

夫子大人鈞座：

　　敬稟者，昨日陳筱珊帶到批諭兩件，並發回王柏心、黃模兩案，及頒

---

① 鹿傳霖（1836—1910），直隸定興人，字滋軒。下文"滋老"者，即指鹿氏。
② 13:170。
③ 13:173。

賜《東三省政略》一部，又賜閱刻本《新元史》兩冊。今日又由車站取到批諭兩件，及簡朝亮、顧廣圻兩案，敬已誦悉。茲有羹梅增訂王錫闡、華衡芳、丁取忠、張作楠四案，又鄒伯奇一小案，擬附陳東塾交游，王聘珍一小案，擬附凌次仲交游，汪家禧、端木國瑚一小案，擬增附儀徵弟子，小汀新輯胡元儀、元玉一小案，擬附王葵園交遊①，一併呈請鑒定。【徐批：均閱過寄回。】又附繳還《新元史》兩冊【徐批：可令陳先生收回】。秉章有應行稟陳之語，仍條列於後。專肅，恭叩福安。受業曹秉章謹稟。十一月廿六夜。

《新元史》兩冊，已有蟲蛀之處。

鄴架藏書，總須有得力管理之人不時整理方好。【徐批：請告陳愷，由其經理。】

羹梅手中脩整《學案》各稿，均已將次告竣。小汀彙編《諸儒案》，今日已排出次序，與閔、沈兩人看過，其中或尚有須移動之處，斟酌妥協，便可編訂矣。

沅叔今日赴津，為其親家李準點主，不知其能抽暇趨承函丈否。

秉章自夏間口多黏涎，時時發膩，至今未曾稍減，實皆是溼熱為之。厚味已多月不復沾脣，近來侑飯，惟以肉湯煮白菜、凍豆腐為最美耳。

【徐批：此次八冊，均閱過寄回，請察入。】

民國二十五年丙子(1936)十二月初三夜②

夫子大人鈞座：

敬稟者，上星期六寄呈王錫闡等八案，當已登鑒。【徐批：已閱過寄回。】茲有羹梅新輯任德成、任思謙、任兆麟一小案，擬付《任鈞臺學案》"從游"③，小汀新輯劉大紳一小案，擬入雲南諸儒學案，葆之新輯喬

---

① 今胡元儀、元玉二人入《清儒學案》卷一百九十三皮錫瑞《鹿門學案》"鹿門交游"中。

② 13:172。

③ 今任德成（象山）入《清儒學案》卷五十三"鈞臺從游"中，任思謙、任兆麟入"象山家學"中。

萊、洪梧、梅植之、賀瑞麟四人小傳，擬作《附案》，或列《諸儒學案》，一併呈請鑒定。【徐批：均閱過寄回。】專肅，恭叩福安。受業曹秉章謹稟。十二月初三夜。

敬一交來紙一卷，囑為轉呈，並祈鑒詧。【徐批：已寫好寄出矣。】

民國二十五年丙子(1936)十二月初十夜①

夫子大人鈞座：

敬稟者，日昨接奉批諭，並發回梅、王、薛三案稿，均已誦悉。晚晴信箋，茲先寄呈二札，續有印來，再行寄奉。陸朗夫等案稿六冊，皆羹梅所整理增輯者，並呈鑒定。【徐批：均閱過寄回。】前擬買之羅士林算學書，本經羹梅與書肆言定，迨至款到，付價取書，而書已為東方圖書館買去，不肯出讓，幸尚可以借看。所有書價四十二元，羹梅已經繳還，當交陳筱珊收入帳內矣。天暖無雪，外間病痛極多，賤體託芘安適，請紓厪注。專肅，恭叩福安。受業曹秉章謹稟。十二月初十夜。【徐批：陸朗夫等六冊，均閱過寄回，請察入。體中近日如何？甚念。】

敬再稟者，秉章所編《家集》，經與家叔子細斟酌，將所附錄《傳》《誌》等文，全行刪去，又與京華印書局商量，另定板式，改為每頁廿六行，每行廿八字，約計全書七百頁，用江南連史紙印二百部，連排印工、裝訂費一切在內，共需一千二百四十元。昨曾函告嘯麓，囑其代為稟陳函丈，請示遵行。【徐批：昨已與嘯麓晤談，麓有書奉答矣。】至《集》中詩文，我師上次諭中有"可以酌量刪節"之語，然所登者，皆從各處刻本中零星鈔輯而來，且多經前人選刻傳世，似亦未便再刪，故仍照舊稿付印，但將《附錄》刪去，已減頁數不少。用特陳明，伏乞亮詧。秉章謹再稟。

【徐批：此次寄來《學案》三冊，均閱過寄回，請察入。】

---

①　13：166。

民國二十五年丙子(1936)十二月十四日[①]

夫子大人鈞座：

　　敬稟者，日前肅上一稟，並《學案稿》六冊【徐批：已閱過寄回】、晚晴信箋兩束【徐批：收到。】茲再呈上龔梅新輯兩小案，並信箋三束【徐批：收到】，伏乞鑒督。所有算學家十三案，龔梅先已理出十一案，餘有羅士琳、明安圖兩家，現亦一律修飾齊全，惟須重鈔，字數甚多，容俟鈔出，再呈鑒定。小汀、葆之兩人手中尚有一二案未曾輯出者，皆係小案，年內總可趕出。至全書各案次序，業由家叔約略理出一草底，昨交龔梅細加詳核。此件一定，龔梅撰擬《序》《例》，小汀彙編《諸儒案》，即可先後動手，期於正月內，一律告成。去年，汪伯雲曾編有《〈學案〉姓氏韻編》一分，擬於全書之外，附刻一冊，以便翻查，須俟次序排定，此冊方能定稿耳。專肅，恭叩福安。受業曹秉章謹稟。嘉平十四日。【徐批：陳維祺、孫鳳起共一冊，閱過寄回，請察入。】

附[②]

　　再近兩月來，章從敬一處借得《清史稿·列傳》閱之，排印之脫落舛誤，書法之差池鄙陋，不一而足。最可笑者，《循吏傳》中有浙江金華府知府張楷，光緒八年由侍講被簡，搜捕永康八堡山盜匪，移設營汛官弁云云。惟此人到任不及三載出缺，仲英丈前往接任，八堡山事乃仲英丈到官著手第一德政，張君何得掠美？此外，章所不知而不能指其誤者，正復

---

　　①　13：162。
　　②　13：27。本札兩段原接13：25札（1937年正月初十日）後，疑為錯亂頁。本札所言《清史稿》誤記陳仲騫事，與下札13：164相屬；又所言給龔梅雙柏事，與13：23札（1937年正月初二日）相屬。故將其改置於是。

不知凡幾。十月間，陳仲騫到平來晤①，云伊在南京擔任修改《清史》，將其中不合民國口氣之字眼，全行改去，極為得意。章思作文有酌改字眼，至改僵時，將以下字句全行抹去，不留一字者，伊今改字眼，至改僵時，安知不併事實而改易之？此本成後，益不足觀矣。章又稟。

　　敬再稟者，前兩節在事三人，均各致送節敬五十元。現在小汀、葆之二人，自仍照前數致送，惟羹梅數月來，於纂輯一事既已隱綜其成，又極勤奮，趕稿極多，其景況又最為艱窘，可否照從前致送闓枝之數，給以雙柏，由章特別交付？非章敢偏厚於羹梅，正亦我師獎勵體恤之至意。伏乞酌示，祗遵。章謹再稟。【徐批：已寄去矣。】

民國二十五年丙子(1936)十二月十八日②

夫子大人鈞座：

　　敬稟者，日前肅陳一稟，並呈羹梅所輯孫鳳起、陳維祺兩小案，及晚晴信箋三束，計登鑒矣。茲呈繳用過書五部：任兆麟《有竹居集》一函八本，牛運震《空山集》一函四本，此二書皆從五條檢來者，王用誥《論語經正錄》一函十本，張作楠、江臨泰所輯《翠薇山房數學》十五種二十本，丁取忠所輯《白芙堂算學叢書》三十本，皆新購者，統祈詧收。閔、朱二人手中未作之數小案，今日又切催之，均云臘內必繳卷也。章閱《清史列傳》已畢，前稟所言仲英丈政績敘入《張楷傳》中，已可詫異，而杭菫浦、翁覃溪二人，竟不立傳，先八世伯祖顧菴公，《國史文苑傳》原本附在宋荔裳之後，先太伯祖慈山公，《文苑傳》原本係專案，並標明經學，從前章均託人鈔來看過，今不知為何人刪去，則尤可怪矣。現擬再問敬一借他種《傳》及《本紀》《志》《表》等全閱一過，以資談柄也。專肅，恭叩福安。受業曹秉章謹稟。嘉平十八日。

---

① 陳任中（1874—1945），號仲騫，贛州人。北洋政府期間，任總統府秘書、教育部次長。
② 13:164。

【徐批：邢大經，山東人，人品不端，不可收入《學案》，請一檢查為囑。】

民國二十五年丙子(1936)十二月廿二日[①]

夫子大人鈞座：

敬稟者，前日肅上一稟，並呈繳書六部；旋奉批諭，並發回王錫闡等案稿六冊，敬已誦悉。蒙囑傳諭陳愷，經理五條書籍，當即告知遵照。惟各書散置架上，易積塵垢，亦易於散失，必抖晾翻閱，相輔而行，而又勤加稽察，方可盡免諸患。陳愷雖是外行，而人甚精細，當可無虞也。羹梅所整理之羅士琳、明安圖兩案，刻已鈔齊訂好，敬呈鑒定。【徐批：均閱過，已寄回。】算學各案，已悉數整理完。羹梅又將全書各稿似覺其中稍有疑問者，及《附案》人名下之書"別為某案""別見某案"者，恐或尚有脫漏舛誤，特再逐細一看，有須改者改之，無須改者即行付寫，然後審編次序，撰擬《序》《例》，挨次為之，決無停頓。小汀、葆之二人手中分認補輯之小案，年內當尚有卷可交。此外，尚有湯文端一案，係最初單內開列之人，以其書不可得，又無可附麗之處，是以迄未動手，尚須與諸君商量辦法也。【徐批：此人似必須專案。此人之書，京中似尚易求，可在各大書鋪一訪求之。】[②] 章近日忽又傷風，咳嗆氣喘，口又發膩，每飯菜喫不多而甚饞，不能不擇清腴有味者，略製一二，以飽老饕，然實又多費矣。專肅，恭叩福安。受業曹秉章謹稟。嘉平廿二日。

【徐批：羅、明兩冊，閱過寄回，請察入。未閱之稿，尚有若干？可隨時寄閱也。】

---

① 13∶159。

② 湯金釗 (1772—1856) 字敦甫，一字勖慈，蕭山人，卒諡文端公。其人未入《清儒學案》。今國家圖書館藏有其所著《寸心知室存稿》六卷。

民國二十五年丙子(1936)十二月廿五日①

夫子大人鈞座：

　　敬稟者，日前呈上羅士琳、明安圖兩算學案稿，當已登鑒。【徐批：已閱過寄回。】茲有葆之新成雷浚、余廷燦兩小案，小汀新成汪照一小案【徐批：均閱過寄回】，又呈繳牛運震《周易解》兩本，統祈鑒晉。此外，尚有新購正、續《疇人傳》各一部，須留備校對、寫刻之用，用畢再行呈繳。昨日，陳愷交到頒賜同人二月薪金及節敬等類，當已一一分致矣。章近日忽又無端傷風，咳嗆多痰，兼以氣喘，徧體痠痛，口膩無味，不思食，每日兩餐僅食粥耳。專肅，恭叩福安。受業曹秉章謹稟。嘉平廿五日。【徐批：雷、余、汪三冊，均閱過寄回，請察入。近日體中如何？又服藥否？甚念。】

民國二十六年丁丑(1937)正月初二夜②

夫子大人鈞座：

　　敬稟者，嘉平廿八日，陳筱珊交到鈞座特致羹梅雙柏，當於廿九日將羹梅約至寓中，傳述盛意，當面交之，伊極為感激，云當手自端簡陳謝也。【徐批：著書甚猛，精細可佩。】章患重傷風，已半月有餘，咳嗆氣喘，眠食均損，精神又形委頓。除夕祀先，竟不克終禮，昨、今兩日，亦不能至影堂行禮，實覺怵然難安。家叔於嘉平十三日，南旋省親。到家後，來信詳言家鄉政急民煩情狀，閱之亦為不歡。陳筱珊云，金城行夥之與相熟者，均託其為乞鈞座所書楹帖，因特囑章代為陳請，特不知鈞座近來仍時有書存者否？如有，可否檢一二十副，便中交車帶下，無任延跂之

至。【徐批：檢寄十二副，即可轉交。】專肅，恭叩福安。祇頌迎年增福。受業曹秉章謹稟。丁丑新正初二夜。【徐批：算學書，書髓樓無藏者，亦可收買儲藏也。新年後，體中如何？倩人診視服何藥？甚念。請善調攝，示知為盼。】

民國二十六年丁丑（1937）正月初十日[①]

夫子大人鈞座：

敬稟者，日前接奉批諭，並鈞書楹帖十二副，當即轉交陳愷矣。章自元旦後，服藥甚為得力，近三四夜，氣逆已平，連得美睡，胃亦漸開，客來已可如常敘談，惟痰仍多耳，吐不爽利耳。羹梅以其妾及稚子七八人傳染瘟疹，稚子輩已皆發透，其妾傳染獨重，伊須照料病人，不能出門，昨日星期五，到會一轉即走，極為焦慮。蓋伊自正室亡後，祇有一妾，子女皆其所出，又善於持家，故又不能泰然也。嘯麓自昨到平相晤，氣色視去冬較為光澤。問知近在戒除嗜好，若果能戒除，誠大好事，我師聞之，亦必為之一快。專肅，恭叩福安。受業曹秉章謹稟。初十日。[②]【徐批：羹梅近日稚子病皆愈否？心緒如何？甚念。執事春暖，必大安健也。】

民國二十六年丁丑（1937）正月十三日[③]

夫子大人鈞座：

敬稟者，日前肅陳一稟，計登鑒矣。有婁縣人章束，輯有《國朝學略》一百卷，民國辛未，其孫以萬為之排印。年前，汪伯雲之堂姪孟舒，得其中《柏鄉學略》一卷，出以見示，其體例頗與現輯之《學案》相仿。

---

① 13：25。

② 原書此札後續接 13：27、13：28、13：29 三頁，疑此三頁與是札錯亂。今已將此三頁改附 13：162 札（1936 年十二月十四日）後。

③ 13：30。

卷後其孫跋中云，其祖素不足於唐確慎《學案小識》之簡陋，因有是作。章頗思得其全書，一證現輯《學案》異同之處，乃竟苦求不得，似其書並未全印。而章末之名，同人亦無所聞知，無從考查行歷，為附存其名於《學案》中。現擬函託錢孫，轉向松江舊學家訪問之。如亦無所得，擬囑夔梅於《學案·凡例》後，將其所輯《學略》大旨及訪求不獲原委，一一敘入，以副鈞座發潛闡幽之盛意。用將《柏鄉學略》一卷，寄呈鈞鑒，一切仍祈諭示，祗遵。【徐批：應物色其上卷一閱如何？】又夔梅交來謝信一函，並以附上。專肅，恭叩福安。受業曹秉章謹稟。新正十三日。

　　敬再稟者，章向敬一借原印《清史稿·列傳》【徐批：此處有一部，亦不全。如用，可寄去】，閱後本欲再借全書徧閱一過，更思將《儒林》《文苑》兩傳多留幾日，以備參考《學案》人名之或有出入者。敬一以此書現在政府復行禁止流行，視為秘寶，堅切索回，祗得還之，所未得閱者，亦不再向續借。日前筱麓云，此書原印本，天津尚有售處，每部價洋一百四十四元，較從前賣至三百、四百者，便宜特甚。俟筱麓旋津後，擬請鈞座囑其代買一部寄下，以為結束《學案》參考之用。【徐批：金梁將印，尚未出書。】即在鈞座藏書中，似亦不可或無此書。仍祈酌示，祗遵。章謹再稟。

　　正封函間，接奉批回兩件，陸朗夫等《學案》六冊。

　　【徐批：天氣漸暖，執事體中當易調攝。第一飲食，必須留意。】

民國二十六年丁丑（1937）正月十七日[①]

夫子大人鈞座：

　　敬稟者，日前肅陳一稟，並夔梅謝函，計已登鑒矣。夔梅家病人，已漸次就痊，可為欣慰。章外感已愈，胃口已開，而每餐進食甚少，吐痰不能爽利，稍稍看書破悶，眼又作痛，雖無大礙，然衰憊至此，亦殊可憎也。敬一回平，傳述我師垂念殷拳，並諭以靜心調理，凡事不可着急，聆悉之餘，尤深銘感。【徐批：人到老年，須講求養生之學，身體或可不衰。吾弟以為何如？】茲有小汀新輯林兆豐一小案，擬彙入浙江諸儒者，

---

　　① 13：42。

敬呈鑒定。【徐批：閱過寄回。】此外，有尚未輯出者，仍在切催趕辦，決不稍有延滯，可請放心。【徐批：林冊一本，閱過寄回，請察入。】閏枝新年曾來過一次，昨聞有病，未知若何。【徐批：代為問候為囑。】沅叔與林夷儗定廿二日偕赴蘇州、無錫等處看梅花，云鈞處曾允給該處各大寺院對聯交其帶去，盼即寄下也。【徐批：已寄去十二副。】專肅，恭叩福安。受業曹秉章謹稟。新正時十七日。

民國二十六年丁丑（1937）正月廿四日①

夫子大人鈞座：

敬稟者，迭奉批諭，並閱後發回各案稿，一一誦悉。昨日星期五，同人來會，無稿可呈。章有應行稟陳之語，謹仍條列於後，伏乞鑒垂。止肅，恭叩福安。受業曹秉章謹稟。新正廿四日。

湯文端集，翁六先生《日記》中云有刻本。翁是其女壻也，然竟徧求不得，亦不知其集名。現在羹梅擬為作一《傳》，附之王紹蘭交游中。②

章末的是一續學之士，其書既未印行，《學案》中不為附見一名，未免太為淪落。章已函託錢孫，向松江舊學家訪問其行歷，不知何日始能得復。閣筆以待，令人着急耳。

《清史稿》一書，章記得鈞座曾得有半部，嘯麓云不全者，現在可以補全。

鈞諭又云《清史稿》現係金梁經手，尚未出書，亦與嘯麓所說不符。章已囑其面陳鈞聽，請示辦理。

羹梅家病人，大小均已告瘥，正在調理之際。然醫藥一切所費，已甚不貲，儘鈞座特給之二百元，尚有未敷。昨日曾云，生平每遇有意外進項，必有意外之用，為之三歎。敬一家中小孩，亦患瘟疹，男女七人一一傳染；其次孫又兼抽風，尤為危險，中西醫生更番迭進，聞已可保無虞

---

① 13:37。

② 今檢《清儒學案》卷一百一十六王紹蘭《南陔學案》，無"交游"之目，湯金釗亦未入此案中，其人確未入《清儒學案》。

矣。陶心如亦出疹子，未知情形如何。

沉叔於廿二日偕林夷傲，赴蘇州、無錫一帶看梅花去矣，健福可羨之甚。【徐批：昨有信來。】

章前數日又眼痛、牙痛、舌痛，刻已漸平，請紓厪注。

日昨有海王村羣玉齋書買來，云鈞座所刻印之《東三省政略》《東三省沿革表》《顏李學》三書，從前賀性存曾託其代為銷售，不知現在尚出售否，囑章代為請示。伏乞批諭是荷。【徐批：不出售。】

民國二十六年丁丑(1937)二月初一日①

夫子大人鈞座：

敬稟者，日前肅陳一稟，度已早登籤掌矣。【徐批：已查收。】前日星期五，小汀一齒痛，未來；羹梅、葆之雖來，仍無可呈之稿。秉章精神一切，均漸已復原。惟牙根上下皆痛，食物頗不得勁，每當睡醒，口中作苦，喉際亦覺乾痛，似內熱猶甚重也。敬一諸孫男女傳染瘟疹，其第三孫疹甫發透，忽又抽風，終以殤折。聞尚有一男孩喉爛，滿口皆爛，亦甚可危，不知究可保全否。陶心如之病，由電話問其家中，云已見好，惟尚未出房門耳。諸關厪注，謹以縷陳。專肅，恭叩福安。受業曹秉章謹稟。仲春朔日。【徐批：執事近狀當是胃熱，須於飲食中格外注意，即可復元矣。有書稿隨時寄閱。】

民國二十六年丁丑(1937)二月初八日②

夫子大人鈞座：

敬稟者，日昨迭奉兩次批諭，誦悉種切。茲有小汀新輯李林松一小

---

① 13:44。

② 13:46。

案，擬彙列江蘇諸儒學案者，敬呈鑒定。【徐批：閱過寄回。】秉章眼、牙、喉、舌諸患，實係肝、胃兩經之火，不肉食已將半載，每飯轉覺蔬食有味。惟進食較前略少，卻亦無大礙也。昨袁紹明來，有代陸軍五十八師師長陳耀漢求書扁額，囑章轉為呈請。惟以九尺長之匾作四字，恐我師高年，書此大字，過於吃力，當告以先為請示再說。【徐批：可寫，寫好隨後寄去。】章又嫌其原擬字句不佳，為之另擬四字【徐批：甚好】，連同原底，一併呈上。如鈞座不欲為此種酬應，即乞諭知，仍由章設辭卻之可也。專肅，恭叩福安。受業曹秉章謹稟。仲春初八日。【徐批：《序文》《凡例》何時可著手撰擬？林松一冊，閱過寄回，請察入。】

民國二十六年丁丑（1937）二月十五日①

夫子大人鈞座：

　　敬稟者，前星期六肅陳一稟，並呈小汀所輯一案，當早登鑒矣。【徐批：已閱過寄回。】今日諸同人來會，無稿可呈。家叔臘杪南旋省親，須清明掃墓後，方能北來。汪伯雲年已望七，咯紅舊恙復發，日瀕於殆，刻已飛函催家叔速來矣。專肅，恭叩福安。受業曹秉章謹稟。仲春十五日。

　　【徐批：有稿即寄回。】

民國二十六年丁丑（1937）二月十八日②

夫子大人鈞座：

　　敬稟者，日前肅陳一稟，計登鑒矣。鈞著《海西草堂題畫詩》，現已刊齊，呈上封面，暨書簽畫格一紙，祈題寫發下，再行付刊。③【徐批：

---

①　13：48。

②　13：53。

③　今國家圖書館藏有民國二十五年（1936）徐世昌退耕堂刻本。

寫好隨後寄去。】汪伯雲病竟不起，於十五日未刻逝世。伯雲籍隸吳縣，係容齋舅祖之外孫壻，與章為表郎舅。少壯困於科舉，久為幕客。迨章失職後，始北來相依，即住於章寓前院，入編書社，與家叔同司編校，作字最為端楷，屢蒙鑒賞。病時既簡於醫藥，身後幾無以為斂。現在，附身一切，雖託人代為賒欠辦理，而款實無從籌措，擬求鈞座賞給鈔幣二百元，先付斂殯之資。如蒙俯允，祈即飭交匯寄陳愷處交下為叩。【徐批：已囑孟先生照數寄去矣。】專肅，恭叩福安。受業曹秉章謹稟。仲春十八日。

民國二十六年丁丑(1937)二月廿三日①

夫子大人鈞座：

　　敬稟者，昨晚由孟君寄到兩次批諭，蒙給予汪伯雲賻金，一俟陳筱珊取到匯款送來，當即交其家屬祗領也。茲有小汀新輯徐鄗一小案，擬列入江蘇諸儒者【徐批：可】；又羹梅補作柯鳳翁一傳，附《東甫案》交游中【徐批：均閱過寄回】，補作王晉翁一傳，附《陶樓案》內晉翁尊人重三先生家學【徐批：可】。《鳳翁傳》，並將其尊人佩韋先生敘入《傳》首。【徐批：甚好。】《王晉翁傳》，初因闓枝定議"附案中不能再有所附"，故前稿但於重三先生傳後附書"子某人，某官，著有某書"，寥寥數語而已。【徐批：附入"家學"，甚好甚好。《傳》後之語，可刪去。】然梨洲所作《學案》附案中，儘有所附，前例具在，何以不欲用於今日？殊不可解。且以晉老之為人，既格於斷代為書之例，不能作專案，且不得一《傳》以傳之，問心亦覺不安。因與羹梅商量，仍用梨洲舊例，另為之。【徐批：可。】特以一併呈鑒，仍祈批示，祗遵。【徐批：即照此次所議辦理，甚為得當。】專肅，恭叩福安。受業曹秉章謹稟。仲春廿三日。

　　正封函間，適陳愷送到匯款，當即轉交汪氏祗領，取有謝束，謹並附上。

　　【徐批：此次寄來三件，均閱過寄回，請收入。《序文》《凡例》，已動手否？】

---

① 13：49。

敬再稟者，陶心如病已好，昨曾來談，伊於三月廿二日六十政壽，擬求賜給書畫一二件，以昭榮寵，可否之處，仍祈酌行是叩。【徐批：送一畫，一大壽字，已交孟先生寄去矣。】專肅，再請鈞安。章謹再稟。

民國二十六年丁丑(1937)二月廿八日 [①]

夫子大人鈞座：

　　敬稟者，日前肅陳一稟，並小汀所輯一小案，及龔梅補作鳳翁、晉翁兩傳，計已登鑒矣。【徐批：均已閱過寄回。】昨由孟恩溥寄到傅嶽棻尊人訃告，傳諭代作聯額，遵將擬出字句，另紙寫上，仍候鑒定後發下，再行寫送。【徐批：閱過寄回，即請寫送。】專肅，恭叩福安。受業曹秉章謹稟。仲春月晦。【徐批：《海西草堂題畫詩》，均已刻成，請即校勘。無錯即令刷印，先刷五百部，少刷藍色。《學案》已刻若干？須請編纂人隨時一校，免有大錯為囑。小案無多，以校勘為重要。】

民國二十六年丁丑(1937)三月初七日 [②]

夫子大人鈞座：

　　敬稟者，日昨由車站帶到批諭，並閱後發回《學案稿》三冊，暨頒賜心如壽字、山水各一幅，日內即當遣人送去。【徐批：沅叔不在京，請心如切催速刻，詳細校勘。此書年久，應速速催辦告成為囑。】此間連日大風作冷，室內鑪火早撤，老羊裘又已上身，未知沽上如何，我師起居當健適如恒也。【徐批：頑健如常。】前所云婁縣章末所輯《國朝學案》一書，函問錢孫。據復，此人是其年伯，書則未之前聞。其孫名以萬者，仍流寓舊都，作介紹信，令章設法訪問。乃章託人約其前來面談，已將一

---

①　13:55。

②　13:4。

月，渺無消息，不知何故。《序文》《凡例》，夔梅尚未着手，業經傳諭切催。【徐批：現繕刻校對要緊，請注意。】小汀、葆之兩人手中，尚有小案數家，人甚有名，不但書無可求，《傳》《誌》亦不可得，是以未曾輯出。必不得已，祇有設法擇一合宜之處，附見一名，以為結束。【徐批：凡無書之人，彙其名，列於書卷之尾，存其名，俟得書再補作傳可也。】專肅，恭敬福安。受業曹秉章謹稟。季春初七日。

民國二十六年丁丑(1937)三月十三日^①

夫子大人鈞座：

　　敬稟者，今辰由車站取到批諭一件，敬已誦悉。小汀新成兩小案，特呈鑒定。【徐批：閱過寄回。】又陶心如謝柬一紙，孔昭焱囑代呈麥孟華《詩集》一本，並乞誓覽。【徐批：未見寄來。】文楷齋刻成之《海西草堂題畫詩》，須俟家叔到後細校一過，方能開印。【徐批：可請小汀、葆之代為一校何如？】家叔本云清明上墳後即可北來；嗣來信云，家嬸往楓涇看視女病，家中僅叔祖母一人，少遲一兩日，再行動身；繼又來信云，過初十即行，決不再遲。大約日內已首途矣。專肅，恭叩福安。受業曹秉章謹稟。三月十三日。【徐批：《學案》大致已成，即可就此收束，不必再等書籍。《凡例》《序文》告成，即須加意校勘也。既已刻成若干卷，即須清理，至囑至囑。王、袁二冊，閱過寄回，請察入。沅叔昨晚過此晤談，今日當已回京矣。】

民國二十六年丁丑(1937)^②

夫子大人鈞座：

　　敬稟者，昨肅一稟，並呈小汀新輯小案二冊，計應登鑒矣。【徐批：

已閱過寄回矣。】《學案》全書刻工，據心如云，約略計算，至遲六月間必可告成。而同人屢以結束之期為問。章謂此則仍以編定遲速為斷，府主亟欲觀成，迭次催問，諸公皆已洞悉，現在祇要應補者一一補出【徐批：如無書可補者，均列名於卷尾】，應脩正移動者一一如議辦妥【徐批：請速辦理】，次序排好，《序》《例》撰成，稿本盡數付梓，諸①公停手之日，即是結束之日。結束之後，府主或欲另有纂輯，仍必借重通博，勷成盛舉。彼時，鄙人得再從事其間，實為大幸。此即日前與同人問答之語，敢以上聞。伏乞酌示，祇遵。【徐批：執事相處數十年，此書成後，即無他編纂，亦有筆墨煩吾弟偏勞。執事病體尚未大全，亦不能即時南歸也。】前稟代孔昭焱呈進之書，臨發未曾封入，謹以附上，並希督覽。【徐批：已收到。】專肅，恭叩福安。受業曹秉章謹稟。三月既望。

敬再稟者，昔年鈞座初議選輯清詩之時，章面請並選清文，諭令隨後再說。章曾告之書衡，繼又言之錢孫。去冬，錢孫來信，追憶述及，屬即再為申請。昨以語諸沉叔，伊亦極為贊成，云若再選清文，俾與《詩匯》相輔而行，實為不朽之業。伊日內以事赴津，事畢即當趨詣函丈，詳陳一切。【徐批：此事尚未細加討論，三百年文派不同，各有卓卓可傳之根據，非詳細討論不能定，豈體例大綱無大體綱要，不能著手。兄已籌之熟矣。】我②師意恉如何，並可面諭之也。至一切辦法，俟奉諭行後，再偕沉叔約集同人籌商辦理。此肅，載叩福安。秉章謹再稟。【徐批：《學案》寫刻，非詳細不可。每刻一書，隨後閱校，訛誤甚多。此次須詳細校勘，至囑至囑。】

再，琉璃廠裱畫店大樹齋，章與交往有年，該店今年在南京設立分號，以宣紙兩張，囑代求鈞座賞書"大樹齋裱畫店"六字，分為兩方，鉤摹懸掛。墨蹟即另行裝裱，並懸店室，以昭榮寵。【徐批：紙太不佳，另易舊牋寫去。外匯字二卷。《題畫詩》請速校發印，亦須細校。】此肅，再頌頤綏。章再稟。

---

① 此句後當續接 13：7。此條線索為朱曦林師弟提供。
② 此句後當續接 13：35。此條線索為朱曦林師弟提供。

民國二十六年丁丑(1937)三月廿八日①

夫子大人鈞座：

　　敬稟者，日前肅陳一稟，計早登籤掌矣。【徐批：各信前均批回矣。】家叔於廿二日到平。鈞著《題畫詩》，先由家叔校後，又送請葆之覆校，除將舛誤一一改正之外，字體有不一律者，如"巾凡"字或作"帆"，或作"馬風"之類，似不好看，現均改為"帆"。此外，卷三《題畫菊》第二句"分畦種菊亦陶然"，第三句"西風亦醉黃花酒"，兩"亦"字，疑必有一誤，擬將下"亦"字，改為"一"字，未知可否？【徐批：可。】第五卷《題畫蘭詩》"三外野人"四字，不知出處，不敢妄改，並祈示遵。【徐批：或是昔年畫蘭人別號，此處無原稿可查。或單書"天"字之誤，可否改為"天外野人"。或請將此四字全改去，請酌定。執事即改之可也。】春初，稟中所陳婺縣人章末著有《國朝學略》一百卷，僅由其孫以萬、以藜排印出《柏鄉學略》一種，欲求全書以為現輯《學案》之參考，函託籛孫問之松江舊學家。據復，以萬現尚在平，充丹鳳火柴公司秘書。日昨，託人介紹來晤。據云，乃祖著作甚多，遺稿泰半散失。當與言明，現將為之附入《清儒學案·劉融齋案》中。旋即攜示所著《學略》已刻、已印及手寫底稿共六冊，別有全書《草目》二紙，《誌》《傳》一冊，以之為附案資料，儘夠用矣。當交葆之細閱，纂入融齋弟子中，因《融齋正案》，即渠所為也。日來，龔梅正與家叔詳勘《案稿》中附列"別見""別為"各人名有無遺漏、重複、舛錯之處，勘明後，將全書人名一一寫出，再排次序，《凡例》《序文》，斯可接連做去。一面即請小汀彙編《諸儒》，惟《諸儒》既分省編列，案前之小序，或一省一序，或統各省共作一序，則須小汀臨時斟酌為之，未能懸定也。再，所有輯成正、附案，雖已有一千一百餘人多，而按之章氏《學略草目》，則尚有遺漏，祇可於《凡例》中，略敘搜求為難情形，不能再為補輯，多延時日矣。章自去夏多病以來，諸事廢擱，需做之文甚多，率未動筆。近來精神

---

① 13：8。

尚可支持，當一發奮為之。諸關厪注，用特縷陳。專肅，恭叩福安。受業曹秉章謹稟。三月廿八日。

再，近有賣舊宣紙者，質地尚佳，據云每張實價一元五角，不折不扣【徐批：價太昂，紙亦不舊，可不收買】，呈上樣紙，乞酌示要否。【徐批：已帶還矣。】

民國二十六年丁丑（1937）四月初六日①

夫子大人鈞座：

敬稟者，日前奉到批諭，及鈞書"大樹齋裱畫店"橫額兩幅，當即轉交該店領去，云鈎刻後，當將墨蹟另行精裱，裝鏡框懸掛也。昨得孟恩溥信，傳諭將舊宣樣紙一張寄回，並已袛悉。《題畫詩》內"三外野人"四字，刻又由恩溥寄到續諭，方知"三"字乃繕清稿時，其人不識草書，將"天"字誤寫作"三"，當即改為"天外閒人"矣。茲有羹梅於張澍《介侯案》內添附邢澍一小案，葆之於劉熙載《融齋案》內添附費崇朱、章末兩小案，一併呈請鑒定。【徐批：均閱過寄回。】金鑅孫八月廿四日七十政壽，擬請給予親筆書、畫各一件。畫亦不必裝裱，字則以對為宜，不必大幅，均取其易於包寄也。【徐批：隨後再寄去，由弟轉寄。】如蒙俯允，不拘何日，仍請發由秉章轉寄。【徐批：可。】專肅，恭叩福安。受業曹秉章謹稟。四月初六日。【徐批：此次兩冊所補，均閱過寄回，請察入。外寄去扇九柄，請照單分交。】

敬再稟者，頃聞人言二世妹逝世，不知何病，殊可駭詫。【徐批：喉症並痧疹。】且秀賓赴滬營葬，不知已否旋津？【徐批：歸來。】我師高年，務乞勉付達觀，善加珍衛，是所至禱。【徐批：老年遇此，情何以堪！】此肅，再請福安。秉章謹再稟。

---

① 13：12。

民國二十六年丁丑(1937)四月十五日^①

夫子大人鈞座：

敬稟者，日前送奉批諭，誦悉種因。【徐批：《學案》二冊，亦同寄去。】頒下書畫摺疊扇九柄，除秉章自留一柄外，餘已一一照單分給，均囑代為陳謝也。所有《學案》定稿，已寫刻、未寫刻、已校、未校各本，一共六十餘冊，皆經家叔整理清楚，送交沅叔轉發文楷齋，分別脩改上板。全書人名次序，亦由家叔與羹梅理出草目，一俟《諸儒》各案彙編竣事，再行通體校核一過，便可告完成矣。此外，尚有不得書及不得《傳》《誌》者，一概不再搜補。【徐批：應載其名，書尾。】《序文》，羹梅脫稿後，小汀、葆之又加以討論，刻繕出清本，敬呈鑒定。是否可用，伏乞批示，遵行。【徐批：另將拙見寫五紙，請卓裁。外書五紙寄去，原稿一併寄回。】專肅，恭叩福安。受業曹秉章謹稟。孟夏十五日。【徐批：李文清棠階，河南人，有文清《遺集》，此人已收入《學案》中否？請查示。冉覲祖，記已有傳矣。】

民國二十六年丁丑(1937)四月十九夜^②

夫子大人鈞座：

敬稟者，日前肅陳一稟，並羹梅譔擬《序文》一通，計早登鑒矣。【徐批：已閱過寄回矣。】茲羹梅又將《凡例》擬出【徐批：均閱過寄回】，經小汀、葆之公同參酌，羹梅又重行整理出鄒漢勛《叔績學案》一冊【徐批：閱過寄回】，一併寄呈鑒定。沅叔前月杪往游嵩山，心如亦以事赴南京，均云節前一定旋平。所有應發文楷齋寫刻及脩改之稿，家叔前月檢理就緒，早已送交沅叔宅中，想手民決不至有停頓也。專肅，恭叩福安。受業曹秉

章謹稟。孟夏十九夜。【徐批：鄒冊又閱一過寄回，請察入。《凡例》應有
儘有，但詳細周密處，須全書在胸，詳細酌定，恐有掛漏，請諸公隨時會
商，酌定為懇。弟閱《學案》有可疑之字，無原書原稿可校，隨筆以數點
記之。請諸公校閱時，錯即改之，不錯即可不必改也。】

民國二十六年丁丑（1937）四月廿六夜[①]

夫子大人鈞座：

　　敬稟者，日前肅上一稟，並《叔績學案稿》一冊，羹梅所擬《凡例》
一通，計均登鑒。【徐批：均閱過寄回矣。】旋由車站取到批諭，並頒給
錢孫書、畫、對聯等件，昨又奉到批諭，並手諭五紙，及羹梅所擬《學
案序稿》，均已誦悉。茲有葆之新輯黃汝成一小案，擬添附亭林私淑者，
謹呈鈞鑒。【徐批：閱過寄回。】所有秉章應行稟陳之語，仍條列於後。
專肅，恭叩福安。受業曹秉章謹稟。四月廿六夜。【徐批：黃冊閱過寄
回，請察入。《張文襄案》閱過否？】

　　李文清係專案，早經輯出，名曰《強齋學案》。

　　冉覲祖附在《張清恪案》中，亦早輯出矣。

　　羹梅所作《序文》，章本嫌其一起語近空廓，諭云“應劈空發大議論
數行，下接自聖賢之君”云云，此須仍令羹梅動手，庶幾可以大力包舉，
不至有頭上安頭之弊。收處數語，章亦嫌其單薄而無餘味，今當遵諭，令
其推廣言之。

　　諭在朝數語中，應加入湯文正、張清恪，在野則應標出夏峯、亭林。
章按：夏峯、亭林，已見於“孫、黃、顧、王之儔”之一語中；湯文正、
張清恪應加在何處，亦須由羹梅斟酌。

　　諭分類諸賢，須與原書分類查校。章按：原書各案，並未分類編次，
《序》中所云某某某某德行而兼政事者，通經以致用者，關閩之遺，貞介
之操，史家之才，疇人之師，文家之選，則係借此分別點出當時朝廷造就
人才，如此舉一以概其餘，似可不必人人標舉，轉嫌冗沓，亦須由羹梅細

---

① 12：338。

酌也。【徐批：非令其人人標舉也，恐有參差處也。】

　　諭《清儒學案》推尊聖祖為一代國學之祖，應書廟號，平擡如《詩匯》之例。章按：《序》中書為清聖祖，聖祖即是廟號。惟《詩匯》御製詩，均仿《明詩綜》例，書為"某祖某皇帝"，此稱"聖祖"，不稱"聖祖仁皇帝"者，因無前事可師，且近年人之眼光、思想，均與刻《詩匯》時不同，設有無知之徒妄行指摘，必至無辭以答，似覺不妥。【徐批：既稱"聖祖"而不抬寫，似不合式例。或書為"康熙時""康熙朝""康熙一朝"等等樣式如何？請酌定。】鈞意如必欲書為"聖祖仁皇帝"，仍請酌示，再行遵辦。【徐批：非必須書也，為書聖祖而不抬頭，有此體例乎？似不如改寫其他字樣，請諸公酌定。】至於平擡不平擡，則是刻書款式，又與書法不同。鈞意必欲擡頭，以示尊崇，亦請示知，遵辦。但此書為傳世起見，總以廣行流通、一無阻遏為重，不在形式也。【徐批：傳世為久遠也，非眼前也。年久能無明眼人責備乎？】

　　章前稟所陳"尚有不得書及不得《傳》《誌》者，一概不再搜補"，諭載其名於書尾。究應如何載法，當與同人酌定。

　　小汀正在彙編各省諸儒，以直隸一省，現在已不名為直隸，固不便改為畿輔，尤不便書為河北，來商究竟若何寫法。章以為，《清儒學案》中，自以仍用清代舊省名，書"直隸"為是。

　　端節已至，所有社中六月分薪及節款，祈飭司鑰者，即行一併提早匯平，因各人均極為延盼也。【徐批：已發。】

　　沅叔游嵩山已歸。據云，少林寺前，有兵駐紮，其中因燒飯起火，全廟被燬，現在極為荒涼，寺僧祇餘二三十人。漢唐碑碣碑文之後，刻有前朝名人題名，均被磨去，改刻標語，可為浩歎。

民國二十六年丁丑(1937)五月初三夕①

夫子大人鈞座：

　　敬稟者，昨、今兩日，迭奉批諭，並發回羹梅所擬《凡例稿》一通，

---

①　12：344。

及鄒漢勛、黃汝成兩案稿，均已誦悉。茲查所有書籍中，尚有《疇人傳三編》一函未繳，用特呈上【徐批：收到】；又錢孫謝信一函，並以附呈，伏乞鑒詧。章有應行稟陳之語，仍條列於後。專肅，恭叩福安，並賀節釐。受業曹秉章謹稟。五月初三夕。

《張文襄案》，早經呈閱，正在寫刻。

鈞著《題畫詩》十卷，由家叔反覆校閱，現在甫經脩改齊楚，囑文楷齋遵諭先印五百部。

《序文》中書法及行款，當與諸同人詳細斟酌，如何合式，如何辦理。

秉章三十年來，託居門下，仰蒙豢養，深仁有加，無已感泏之深，何可言喻。月前蒙諭“《學案》雖將結束，以後凡有應酬筆墨，仍令隨時代為撰擬”，又有“秉章病未脫體，一時不能南歸”等語，仰見我師愛惜周至，讀之不禁感激涕零。惟自問所能，萬分譾陋，加以老病頹唐，偶有所作，愈覺惡劣，月支厚糈，實覺不稱，而一經停薪，即無飯吃，此中情形，言之實為可恥。是以上次有續選清文之請，我師既可款不虛糜，秉章與諸同人亦得各效所能，藉酬高厚。【徐批：現在實無此項經費。】惟編纂之事，無論卷帙繁簡，均難計日而待。秉章今年七十有四，帶病苟延，已經十載，視息人間久暫，實難自必。故雖有所請，仍不能不多所審慮，為我師直切陳之。葆之、小汀、羹梅三人，固亦同倚硯田為生，卻又不欲坐食乾脯。目下無論選文與否，總求鈞座設法予一名義，庶可永被大德，免生愧怍。

羹梅前以《學案》將次結束，曾託人為之圖事。適有至好為之挈引，入上海農民銀行充當秘書。前月將《序》《例》擬出後，業已動身南下。瀕行囑章代為陳明，如果續有編輯，伊亦仍願效力。此一年來，伊在社中成績實多，其薪水可否至秋間再議停支？【徐批：六月已發，七月即可停止矣。】

現在全書刻成尚須時日，所有葆之及校對各人月薪，總須俟一律完工，方可停支。【徐批：葆之、小汀應請校勘。】

選文辦法，錢孫從前自己曾有所作，刻已鈔目寄來。沅叔對於此事，亦頗有所見。【徐批：此事兄亦有見解，不知與諸君意見如何？】

以上一切情形，沅叔節後赴津，趁前詳細面陳。所有錢孫寄來舊目，當交沅叔帶呈鈞鑒。【徐批：兄近年用款，已甚竭蹶。性喜編纂書籍，而經費已無所出。日用飲食之需，年來已大核減。四存學校，亦停付經費矣。適我窮措大，有何不可？兄視之亦甚空洞，不足計較也】

民國二十六年丁丑（1937）五月初八日①

夫子大人鈞座：

　　敬稟者，日前肅稟詳陳一切，並呈繳《疇人傳三編》一函，計已登鑒矣。【徐批：收到。】惟以章及諸同人寒酸生計，上煩藎慮，實為踧踖難安。選文選一事，本極繁重，所需亦多，章亦何敢固請。特以錢孫既有所陳，並據鈔來舊擬《選例》一冊，可以見其老學之勤，用託沅叔，攜呈鈞鑒。專肅，恭叩福安。受業曹秉章謹稟。五月初八日。【徐批：沅叔來此已談選文各節，想回京已面談矣。外又寫一紙，請閱。】

民國二十六年丁丑（1937）五月初十夜②

　　（闕）鑒。昨有蘇州舍親潘子義^{文勤之}_{堂姪}來信，云在友人處見鈞座手寫《歸雲樓題畫詩》影印本，視同璚寶，囑章代求賞賜一部。如蒙俯允，祈即發下，以便轉寄。【徐批：此書遍尋不得，當是為人所取盡淨矣。茲寄上前寫篆《元逸民畫傳》一本、《千字文》一本，請轉交。】章近日又為濕熱所困，胃納大減，餘無所苦。專肅。恭叩福安。受業曹秉章謹稟。五月初十夜。

民國二十六年丁丑（1937）五月十七夜③

夫子大人鈞座：

　　敬稟者，日前肅呈一稟，並呈上鈞著《題畫詩》付刻寫本十冊【徐

---

① 　12：245。
② 　11：212。本札與下 11：267 札內容相屬，故置於是。
③ 　12：242。

批：收到】，求書《家集》封面格紙一頁【徐批：寫好寄去矣】，當已登
鑒矣。茲有小汀新輯浦起龍一小案，擬入江蘇《諸儒學案》者，呈請鈞
鑒。【徐批：閱過寄回。】其所彙編之《諸儒學案》，僅編出直隸、雲南兩
省，俟各省編齊，再行呈鑒。【徐批：請速辦。】此外，有已付刻之案，
因抽補更換及補采文字之行數不合式，須另刻者，現經葆之整理出《亭
林案》一種，小汀整理出《獻縣案》一種，須改刻之頁數，尚不甚多。
【徐批：速辦。】已寫出而未刻，及已刻而未修改之案，積存在沅叔處者，
共有四十餘種，當可趕辦也。【徐批：請催速辦為懇。】章近日又為濕熱
所困，胃口既壞，右臂起瘰作癢，搔之出水，癢不可忍，請醫敷藥稍好，
惟癢仍不止耳。【徐批：春夏之交，人身最愛作癢。】專肅，恭叩福安。
受業曹秉章謹稟。五月十七夜。【徐批：此次寄來一小案，寄回請察入。
夾行小字，老花眼，不易看，請代校閱。】

民國二十六年丁丑(1937)五月廿四夜^①

夫子大人鈞座：

　　敬稟者，日昨奉到批諭，並閱後發回浦起龍一小案，及鈞題《家集》
封面一紙，頒賜潘舍親珂羅板印草書《千字文》、刻本草書《元逸民畫
傳》各一冊。此兩種如尚有存者，擬求再頒賜家叔及章每各一冊，因
《畫傳》中《貞素先生墓誌銘》文內所敘文恭公，即章之遠祖也。【徐批：
送令叔二本，送執事四本，請察入。】章家初為閩之霞浦人，居霍童山。
南唐時，由霞浦遷瑞安之許峯。宋元間，又由瑞安遷華亭之干溪。明末，
又由干溪遷嘉善。是以所編《家集》，名之為《干溪曹氏家集》，以志其
所自出。^②惟《墓誌》中云"遷華亭長谷"，與《舊譜》中所謂"遷干溪
者"不同；又閩之霍童山，《墓誌》作"靈童山"，二者必有一誤，尚須
細考。然既敘有文蕭、文恭兩公，又上而推至貞素先生之五世祖，則此

---

　　①　11：267。
　　②　今國家圖書館藏有《干溪曹氏家集》二十四卷，《附錄》一卷，《雜綴》一卷，曹葆宸、
曹秉章輯，民國二十六年（1937）鉛印本。

《誌》亦足為章家世系所出之一證。得蒙頒賜，正又不獨珍重法書，以為璨寶矣。其中，有草書辨不出之字，用特照錄一通，呈請詳閱填示。

今日星期五，適值大雨竟日，小汀、葆之均未來。小汀彙編《諸儒案》，業經編好兩省，其餘自可挨次編出，既無須重加考究，即不至再有停頓。惟《宋元》《明學案》，專重理學一門，各有統系，不容或混。其中《諸儒案》，仍皆各有授受淵源，不同泛設。今則書中所收各種學問，門類既多，搜羅亦廣，而編纂之人又各欲表揚其鄉先生，又不免徇人之請。於是動輒作專案，實在單簡不能自立者多，子細推敲，又多無可附麗。兩年來，始經虁梅與同人商量，凡此之類，有可附者附之，有可擴充者擴充之，既無可附，又無可擴充，祇可彙列《諸儒》之中。而《諸儒案》之前，亦應有一小序。《宋元》、《明學案》之《諸如案》，皆有特別講究，故皆有話說。今雖分省編列，實皆係附屬品，而已作《小序》，實無話說，故現在併各省諸儒，作一小序以貫之。而所有各稿，附此附彼，移來移去，究竟有無掛漏重複，又必須通體排好，卷數定出，方能查校清楚也。【徐批：均請分別趕辦。】

秉章溼病，年年逢夏發作，今年獨劇。前數日，右臂作癢，用粗夏布擦之，以代指搔。因擦之稍重，皮破出水，請醫敷藥已好。近日乃自頭面、頸項、耳孔、鼻孔，兩旁胸背、腿足無不奇癢，兩手心皮中並隱有小瘰，視之直與癩蝦蟆無異。種種惡狀，實由積溼過重。往年腳縫作癢，出血出水；去、今兩年，祇癢而不出水，遂因而散之徧體，苦不可言。幸昨夜腳縫中又已出水，或可從此逐漸見愈。知關廑系，謹以縷陳。專肅，恭叩福安。受業曹秉章謹稟。五月廿四夜。

敬再稟者，選文之事，師諭沅叔各語，業已經其傳述。鏠孫寫來《選目》，足見其讀書底蘊所在。然如其說而為之，又非數年可了之事，需費亦多，不能不有所躊躇。章初意擬不論宗派，但以存事為主，以為《史傳》之輔，名之為"清文徵"。今讀鈞諭兩說，如我師所謂"文章、典制，以一書賅括之，留為後人探討之資"，此即章之初意也；又鈞諭所謂"三百年文章宗派，皆為標舉，以傳久遠"，此即鏠孫信中所謂"選為《晚晴簃文匯》，俾與《詩匯》並行"。此法卻亦甚為冠冕，若如此辦，則即首列列祖列宗御製文，一如《詩匯》之例，當亦不至有人指摘。若如章說，專以存事為主，首須避去《經世文編》及《國朝文錄》之窠臼，然搜羅又極紛繁，成之亦非容易，章以殘廢之軀，能否為我師始終經理，實不敢定。現擬即就此兩說，與沅叔、葆之、小汀等籌一簡易辦法，再請示遵。肅此，再叩福安。秉章謹再稟。【徐批：此事暫從緩議，先趕將《學案》辦完，再從長商酌也。】

民國二十六年丁丑(1937)六月初二夜①

夫子大人鈞座：

　　敬稟者，前星期六肅呈一稟，計已登鑒矣。今日星期五，又有雨，僅小汀一人冒雨到會。因《諸儒案》又編好湖北、四川兩省，其中有數人皆由他附案中提出，加以修正，補錄文字，其頁數及行數之銜接處，或有盈缺，囑家叔為之排比校核，是以特來面商。【徐批：既有附案，何必提出？有脩正補錄文字，或提出，或仍在附案亦可，請酌定。】選文一事，曾將鈞諭所示兩種辦法與小汀言之，伊亦略有意見，惟須俟與葆之見面，再行共同細商。【徐批：時局不靖，應速將《學案》趕為完成為至要也。】秉章濕病仍未大好，其瘰雖已漸平，而癢不可耐，夜間實難成寐。服理濕藥，以清甯丸為引，小溲色亦如血，內中濕熱似已漸出。惟積濕欲引之下行，腳縫中出水兩日而又乾矣。【徐批：執事之恙，大半飲食濃厚，年久釀成。須從根本病源設法調理，方能有效。未知是否，請參酌之。】蘆溝又緊戒，內外城俱閉，未知沽上能無事否？【徐批：執事暨諸同人處，均安靜否？甚念。請代為一一問候為囑。】專肅，恭叩福安。受業曹秉章謹稟。六月初二夜。

民國二十六年丁丑(1937)六月初五夜②

夫子大人鈞座：

　　敬稟者，昨奉批諭，並以珂羅版印及木刻各種墨寶頒賜家叔與章多

冊，敬謹祇領，莫名感泐。章濕病雖稍見好，而瘃仍不止，受累之至。今日，大葫蘆之子名明達者來，言其家中人口傳染猩紅熱，其父已於陽曆七月七日去世，其祖母尚在醫院未愈。雖經竭力張羅，將其父成殮，而殯葬各事，一切毫無辦法，囑章先為通告鈞座，祈即優賜賻助，或交章轉送，或逕寄買家胡同永州會館均可。【徐批：送其二十元，由陳愷交由執事轉交。】專肅，恭叩福安。受業曹秉章謹稟。六月初五夜。【徐批：連日不甚熱，執事體中當好，甚念。天熱宜食清淡為宜。請催文楷齋，《學案》速繕速刻；並請告沅叔，隨時催文楷齋速速成書。至囑至囑。】

民國二十六年丁丑(1937)六月初九夕①

夫子大人鈞座：

敬稟者，頃得孟恩溥信，知日前肅呈之稟，業經登鑒。此間戒嚴，地方尚稱安靖。惟路途不能照常通利，早晚出入殊多不便，糧價日漲，民生益苦。報紙雖有和緩之說，不知究竟若何。章濯病較前稍減，惟仍瘃不可耐，夜間每難成寐，甚以為苦，幸精神尚可支持耳。《學案稿》中頁數、行數銜接之處，有須詳核脩補者，家叔已漸次整理清楚。心如北歸後，昨日始來相晤。據云，現正催趲寫刻，決不敢多事遷延也。今日又有大雨，同人均未到會。沅叔因為其嫂開弔，亦未來。專肅，恭叩福安。受業曹秉章謹稟。六月初九夕。【徐批：心如既歸，可以督飭工匠刻日進行，速速成書，至囑至懇。】

民國二十六年丁丑(1937)六月十九夜②

夫子大人鈞座：

敬稟者，日昨奉到批諭，誦悉種切。暑熱較往年為甚，日夜汗出如

---

① 13∶17。
② 13∶1。

漿。章加以溼瘰作瘁，更難成寐，其苦不堪言狀，沽上是否平靜？唯福體康勝為頌。從前選詩時，章與敬宜一日同游香界寺，在藏經閣書櫃中，見有釋曉青《高雲堂詩集》一函，即向寺僧借歸。選錄用後，未經送還寺中，與其他各種《詩集》一同送歸五條。日前，寺僧向敬宜索取，章當囑陳愷檢出，仍交敬宜還之。惟閱《書髓樓書目》，此《詩集》業經收入藏書內矣，特將敬宜收條一紙呈鑒，請將《書目》中所列釋曉青此《集》勾去。再，當時選詩，各省均有呈送之書，江蘇為最多，亦與其他各書同歸五條收存。黃陂時代，江蘇士紳曾請發還。吳向之、劉潤琴時充秘書廳幫辦，復以此是東海時代事，應向曹某索取，嗣後未曾再來索取。其書有數十種之多，章處並未記出書目，大約均收入《書髓樓藏書目》中矣。如來索取，再行陳請發還可也。專肅稟陳，恭叩福安。受業曹秉章謹稟。六月十九夜。【徐批：諸同人均時時在念，晤為道候，不另。】

民國二十六年丁丑（1937）七月初五日^①

夫子大人鈞座：

敬稟者，一月以來，蟄伏危城，萬象震駭，一切付之定數，故亦泰然無慮。津變聞亦甚劇，未知尊處受驚否，殊深念念。此間戒嚴，最緊時，各處均不能通行，故同人見面甚稀。小汀昨日來，有新輯蔣南沙一小案，擬彙入江蘇諸儒者，又江西諸儒原祇一人，刻補出龔、王二人，庶與諸儒之名相稱，用特一併呈請鑒定。【徐批：均閱過寄回，請察入。】惟此後信件，車上能否照常攜帶，尚不可知，是以此件仍由郵寄。賤體濕病大半就好，惟頭面、手臂仍癢不可耐耳。專肅，恭叩福安。受業曹秉章謹稟。七月初五日。【徐批：此書本不分省，諸儒附案似不必按省標明，統曰《諸儒學案》。不過按省分次序列入，似合此書體例。請酌定。蔣、龔、王三人書二冊，均閱過寄回，請檢收。】

---

① 13：15。

民國二十六年丁丑（1937）七月初九日^①

夫子大人鈞座：

　　敬稟者，前月二十日，郵呈一稟，嗣又郵呈《學案稿》兩本，刻又有應呈之件，因前兩件均未得奉批諭，不知究竟達到否，是以不敢再寄。【徐批：均注明寄回。】請囑孟恩溥，即作一信示知，但言前件是否收到，不必更及其他。【徐批：已寫去矣。】章近日身體尚可支持，城內亦尚安靖。惟米糧日貴，同人皆以食將不給為慮。章寓中已攙入麩飯，同人均苦盼薪至，亦不知銀行匯兌通否，並囑恩溥，道及為盼。【徐批：當此之時，款目支取艱難，一切均大加核減，家家如此，人人如此，無可如何，同人薪水亦皆核減矣。米麩購買，人家皆籌備米糧、煤炭，不知時間擾攘長短也。】天猶甚熱，我師起居安適否？專肅，恭叩福安。受業曹秉章謹稟。七月初九日。

民國二十六年丁丑（1937）八月廿三日^②

夫子大人鈞座：

　　敬稟者，多日未奉諭言，天氣驟涼。伏唯福躬健勝，至深仰頌。節前由陳愷交到九月分薪及節款各一百元，敬謹收領，銘感無已。閏枝節款，當即飭人送去；越日，小汀、葆之兩人來會，當將薪金面交。小汀未發一言。葆之驟然言辭，云現在書已將成，應校者所剩無多，此後不再與聞此事，囑章代為陳明，並云或以仍欲南歸為言。章云：事雖無多，如有疑問，仍當隨時請教。伊云：如伊所纂之稿有錯誤者，仍當即行改正；他人之稿，則決不再行過問。言詞極為堅決，章亦未便再行挽留，擬請鈞座將其十月以後薪水，即行停支。至未了之事，現在社中雖祇餘小汀與家叔二

① 13：255。
② 13：176。

人，而皆始終一手經理之人，全體貫串，決不致稍有舛誤，務請放心。所有未刻字數，據心如云，在津曾經詳細面陳，故不再贅述。章近日精神，仍可勉強支持。仰叨福蔭，兩餐不缺，當尚不至遽委草露。若似從前之醫藥扶持，則力有不逮矣。專肅，恭叩福安。受業曹秉章謹稟。八月廿三日。【徐批：此後應繕應校之件，應請隨時督催，認真趕辦，並應催文楷齋速刻，是為至懇。天亦秋涼，體中應安健勝常，至為繫念。】

民國二十六年丁丑（1937）九月十四日①

夫子大人鈞座：

敬稟者，日昨接奉批諭，誦悉種切。刻書事已轉告沅叔，囑其嚴催矣。小汀近又作四小案，擬補入《諸儒案》者，用特呈請鑒定。【徐批：閱過寄回。】此四人外，無再須補輯之人矣。一俟此四案稿閱後發下，《諸儒案》即可完全排出。所有全書各稿，小汀已與家叔約略估量，可分為二百卷。沅叔以葆之既辭，校對者不盡得力，日來伊亦幫同校閱，我師可以放心。《諸儒案》編出，卷數分定後，全書《姓氏韻編》亦可酌手寫定。《諸儒案稿》，當陸續呈鑒。【徐批：《序文》《凡例》亦須酌定。】世緗來信云，其弟詠緗在宣城猝然中風，昏睡二十日而亡，殊可詫異。韓堯廷七、八兩月間，曾兩次過我，不發一言，小坐即去。昨得其訃，於本月初十日逝世。伊春間自輝縣歸後，我師送其三百金，據云已將壽材及衣服一一備齊，頗為欣快，不意竟已用着。我師聞之，當亦為之黯然也。秉章精神尚好，惟溼氣仍不收斂，手臂依然作痒，口中仍覺寡薄無味，殊可厭也。專肅，恭叩福安。受業曹秉章謹稟。九月十四日。附呈《學案稿》一冊。【徐批：《諸儒案》一冊，閱過寄回，請察入。細察執事之恙，須先從飲食著意，不可太濃厚，藥須和胃利濕，當可有效。】

---

① 13：127。

时间不确定者

附①

覺對於我師如何說南邊話，矍然而醒。附書於此，以博我師一笑。

【徐批：神清夢亦清，是執事心靜之徵驗。且日以脩書為志，又我兩人相交太深，凝思之至，結而為夢。此一段亦可作一小筆記也。余亦時有奉擾之詩，皆未寫寄，均載《集》中也。昨日奉答一書，並閲過《恒齋學案》一本，均交鐵林奉寄矣。】

附②

《何願船案》，閨枝以卷帙太單，擬補采《周易爻辰申鄭義》一篇，刻已由羮梅尋得《一鐙精舍文集》，照鈔補入。

姚鏡塘、潘少白兩案，日前鈞批云："不可再合，又費編纂。"然僅兩人，併之甚易，故羮梅業已併好。③【徐批：可。】首頁內，羮梅有夾簽，並以呈鑒。舊稿中一無附麗之專案太多，實不好看，閨枝及同人皆屢以為言，得有的當歸附之處，實為正辦，但不可強為附合耳。【徐批：如無附歸之處，不妨專案。】

---

① 11：218。

② 12：100。

③ 今姚學塽（鏡塘）立專案，在《清儒學案》卷一百二十四《鏡塘學案》中。潘諮（少白）附"鏡塘交游"中。